Z 35823

Paris
1822

Goethe, Johann Wolfgang von

Mémoires

Tome

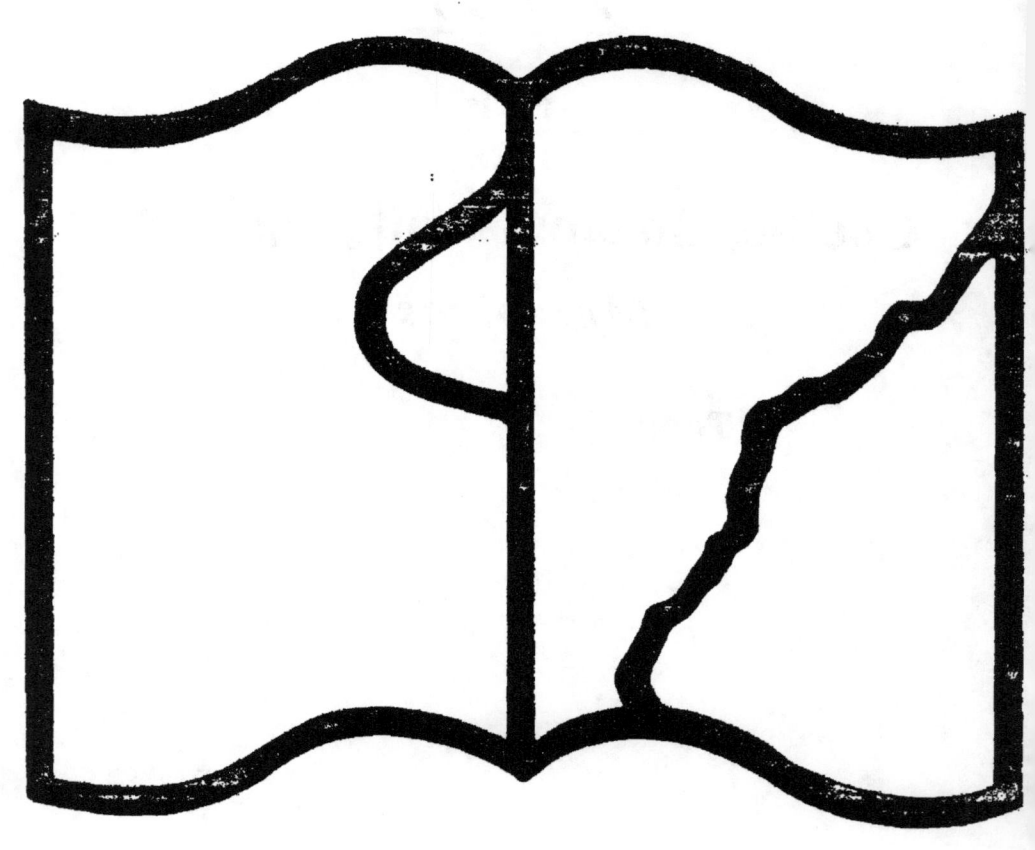

**Symbole applicable
pour tout, ou partie
des documents microfilmés**

Texte détérioré — reliure défectueuse

NF Z 43-120-11

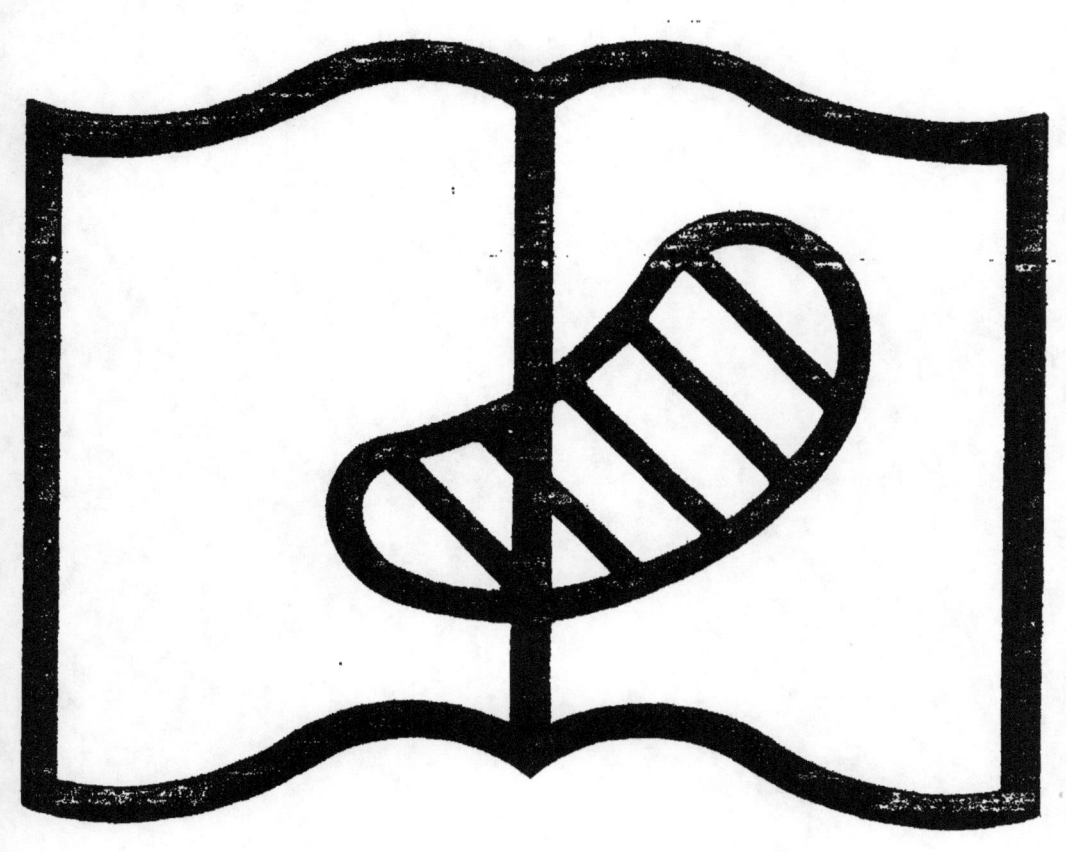

Symbole applicable
pour tout, ou partie
des documents microfilmés

Original illisible

NF Z 43-120-10

Z 35823

MÉMOIRES
DE GOETHE.

Imprimerie Schneider et Langrand, rue d'Erfurth, 4.

MÉMOIRES
DE GOETHE

TRADUITS ET PRÉCÉDÉS D'UNE INTRODUCTION

PAR HENRI RICHELOT.

ET SUIVIS DES PENSÉES ET MAXIMES DE GOETHE,

TRADUITES PAR LE MÊME.

PARIS,
CHARPENTIER, LIBRAIRE-ÉDITEUR,
29, RUE DE SEINE-SAINT-GERMAIN.

1844

INTRODUCTION.

Les ouvrages de Goethe sont assez connus en France, pour qu'on désire y connaître sa vie.

Werther, cette œuvre de jeunesse si hardie, est populaire de ce côté du Rhin depuis un demi-siècle. En révélant l'Allemagne à la France, Madame de Staël nous a fait entrevoir, dans ses grandioses proportions, le demi-dieu de la littérature allemande. Bientôt *Goetz de Berlichingen*, le *Comte d'Egmont*, *Faust* et toutes ces œuvres dramatiques, pour la plupart en dehors des convenances et des habitudes de notre scène, mais si originales, si belles, si variées, ont été livrées à notre curiosité et à notre admiration. Les plus remarquables parmi les ouvrages qui ont occupé cet esprit si vaste et cette vie si longue, jusque dans ses derniers jours, ont été successivement traduits dans notre langue, avec plus ou moins de bonheur et de retentissement; et nous avons été initiés au génie du savant, comme à celui du penseur, du poète et de l'écrivain.

Ainsi, quand nous prononçons aujourd'hui le nom de Goethe, ce n'est plus avec ce vague sentiment de respect qu'on éprouve pour les éclatantes renommées, mais avec une admiration éclairée et sentie. Fils de l'Allemagne, Goethe appartient par son intelligence au monde entier; il est de ce petit nombre d'esprits supérieurs, que présente chacune des cinq ou six grandes littératures qui ont laissé des monuments, et dont les œuvres demeurent, pour l'élite de l'humanité, un objet constant d'étude, une source intarissable de nobles émotions.

Mais on a besoin de connaître de ces hommes autre chose que les écrits; et l'on recherche pieusement les plus faibles traces de leur existence.

Ces révélations intimes qu'on appelle des mémoires, et dont on a tant abusé, trouvent leur justification dans la grandeur personnelle de celui qui les écrit ou de celui qui les inspire.

Une élévation et une chute sans exemple, et des victoires inouïes, prêtent un intérêt extraordinaire aux mémoires dont Napoléon est l'objet. Mais le génie n'agit jamais avec plus d'empire sur l'imagination des hommes, que lorsqu'il est soutenu par le prestige de la puissance et par celui de la gloire militaire; et le conquérant illustre, qui a mis en mouvement des millions d'hommes comme un troupeau, et qui a changé la face d'un empire et de tout un monde, celui-là n'a pas fait un acte qui n'éveille l'attention des penseurs, et qui n'ait pour la foule un sens mystérieux et divin. Le souvenir de l'écrivain le plus célèbre n'est pas doué d'une pareille vertu.

Cependant, lorsque celui qui, par la magie du style, est parmi nous ce que Goethe était chez les Allemands par la souplesse du génie, et qui, comme lui, dans une vieillesse robuste et glorieuse, domine du regard plusieurs générations littéraires; lorsque M. de Chateaubriand, réfugié dans sa vie privée comme dans une noble retraite, en retrace les événements intimes et cachés, c'est avec une curiosité vive, mêlée de respect, que nous attendons la publication d'un pareil récit.

On peut juger par là de l'importance des mémoires que nous offrons aux lecteurs français.

Les ouvrages de cette espèce, en effet, ont un grand charme, et offrent un vif intérêt. Dans ces aveux et dans ces épanchements, le grand écrivain déploie une grâce aimable et un rare talent de style ; car les souvenirs qu'il raconte, joyeux ou tristes, lui sont toujours chers, et sa plume est conduite par une émotion vraie. Quoi de plus attrayant qu'une biographie ? C'est un miroir qui réfléchit pour ainsi dire notre propre image, nos sentiments et nos passions, et ces mille accidents de plaisir et de peine dont notre vie est semée. S'il s'agit d'un homme supérieur, nous sommes plus émus encore ; c'est toujours la vie humaine, c'est toujours nous ; mais c'est aussi quelque chose de plus grand que nous, qui nous entraîne et qui nous subjugue. Si cet homme a produit des chefs-d'œuvre, les mémoires où nous apprenons le secret des influences et des émotions qui les ont fait éclore, ajoutent une page curieuse à l'histoire de l'art et à celle de l'esprit humain ; et ces chefs-d'œuvre, considérés, non plus seulement en eux-mêmes, mais dans leurs rapports avec la vie de l'auteur et avec son époque, sont mieux compris de nous et nous deviennent plus précieux.

Cette relation intime entre la vie d'un auteur et ses ouvrages se manifeste chez Goethe plus que chez tout autre. Écrire ne fut point pour lui une tâche, une nécessité, mais un besoin invincible de son organisation. Un démon intérieur s'agitait en lui, comme chez tous les grands hommes ; et le Dieu qui le fit écrivain et poëte, lui donna, pour révéler son génie au monde, le bien-être et les loisirs. Sous l'influence de certains événements, de certaines impressions, une idée surgissait dans son esprit ; elle y demeurait long-temps, elle s'y élaborait lentement et peu à peu ; elle n'était pas pressée d'éclore, elle attendait son jour ; après avoir grandi enfin, elle jaillissait de son cerveau, et le poëte, en la produisant, se procurait le repos de l'esprit et du cœur. La poésie, la composition était le remède suprême à tous ses maux. L'amour, ce feu qui prend vite aux nobles cœurs, comme parle le Dante, *che al cor gentil ratto si prende*, prodigua à ses jeunes années ses délices et ses tourments. Quand le poëte avait souffert, il invoquait la Muse, et il guérissait ses souffrances en les chantant et en les retraçant. C'est ainsi que toutes ses émotions aboutissaient à des œuvres d'art, et voilà comment des poëmes, nés d'une inspiration vraie et sortis de ses entrailles, ont remué les hommes. Voilà pourquoi aussi la connaissance de sa vie est indispensable pour l'intelligence de ses ouvrages.

Goethe avait atteint sa 60° année, c'était en 1809. Après avoir publié une nouvelle édition de ses œuvres complètes, il forma le projet d'écrire ses mémoires, résolu d'être sincère envers lui-même et envers les autres, et aussi véridique que ses souvenirs le lui permettraient ; mais, suivant son habitude, il ne se hâta pas de prendre la plume. En 1811, il acheva la biographie d'un peintre allemand célèbre, Philippe Hackert. Ce travail lui ayant rappelé quelques souvenirs personnels, il se demanda pourquoi il n'entreprendrait pas pour lui-même ce qu'il avait exécuté pour un autre, et il se reporta vers les premières années de sa vie. Il s'aperçut qu'il avait attendu trop tard, et qu'il aurait dû se mettre à l'œuvre du vivant de sa mère, dont l'heureuse mémoire lui aurait comme remis sous les yeux les scènes de son enfance. Mais il ne se rebuta pas, et ces fantômes évanouis, il les évoqua lui-même avec de grands efforts.

Vérité et Fiction (Wahrheit und Dichtung), tel fut le

titre modeste qu'il choisit pour cette œuvre, sous l'influence de cette conviction intime, que l'homme façonne et modèle d'après lui-même les objets présents et à plus forte raison ceux qui n'existent plus que dans sa mémoire. Il se livra d'abord sans distraction à ce travail qui lui demanda beaucoup de temps. Les deux premières parties furent achevées en 1812; la troisième commencée cette même année, fut terminée l'année suivante, mais elle ne parut qu'en 1814. Après une interruption de plusieurs années, il reprit son œuvre en 1821, mais, distrait comme devait l'être un esprit ouvert par tant de côtés, il l'abandonna bientôt; alors fut rédigée la quatrième partie, qui s'étend jusqu'à l'époque où le poëte fut appelé à la cour de Weimar, mais, qui, au lieu d'offrir une narration continue, comme les trois premières, n'est qu'un assemblage de morceaux détachés. Tels sont les éléments dont se compose l'ouvrage, qui, joint au titre que j'ai cité plus haut, un autre titre plus connu, savoir, *De ma vie*, (Aus meinem Leben). Les aveux de l'auteur sont complétés par les relations de ses voyages, et par ses *cahiers du jour et de l'année*, (Tag und Jahres Hefte), notes curieuses, mais succinctes et qui n'ont rien de littéraire, incomplètes d'ailleurs, puisqu'elles cessent en 1822, c'est-à-dire onze ans avant la fin de cette existence illustre. C'est dans ces notes que j'ai puisé les renseignements qu'on vient de lire sur la composition des Mémoires.

Au moment, donc, où Goethe entreprit cette tâche, il était plein de gloire et plein de jours; il était parvenu à cet âge, où la plupart des hommes cessent d'agir et ne vivent plus que dans le passé; il n'était pas épuisé, lui, et, dans les vingt-quatre années de vie qui lui restaient encore, il devait ajouter à la liste de ses chefs-d'œuvre; mais, en contemplant, du haut de ses soixante années, cette longue et brillante série d'études, d'efforts, d'œuvres et de succès, il pouvait éprouver un sentiment légitime de satisfaction, croire à la grandeur du rôle qu'il avait joué dans le monde, bien comprendre ce rôle, se juger digne d'une biographie enfin, se décerner lui-même cet honneur, et s'élever de ses mains sa propre statue. Lui qui, dans *Werther*, dans *Faust*, dans *Guillaume Meister*, dans tous ses poëmes, avait été constamment préoccupé d'une idée, celle d'exprimer son âme et sa vie, il composa avec joie et avec amour un ouvrage où il révélait, dans leur réalité, toutes ces sensations, tous ces sentiments intimes qu'il n'avait rendus jusque-là qu'en les déguisant et en les idéalisant; et bien que, sous une plume enchantée comme la sienne, la poésie se mêle à toute chose pour l'élever et pour l'ennoblir, dans les détails au moins, un charme irrésistible de simplicité et de vérité est répandu dans ces récits.

En entreprenant une traduction qui aidât à répandre parmi nous la connaissance de Goethe, j'ai dû commencer par régler avec moi-même l'étendue de ma tâche. Fallait-il reproduire dans notre langue tous les documents biographiques qu'il a laissés, les mémoires, les voyages, la correspondance et le journal du jour et de l'année? Mais une publication aussi volumineuse, intéressante pour quelques critiques, aurait rebuté la plupart des lecteurs; et, loin de servir de piédestal à la mémoire de Goethe, elle l'aurait étouffée et ensevelie sous la multitude des matériaux. J'étais donc tenu de me restreindre et de choisir.

On a quelquefois comparé Goethe à Voltaire pour l'universalité du génie, et cette comparaison n'est pas dénuée de fondement. Mais le philosophe de Ferney intéresse bien autrement les Français que le poëte de Weimar. Et pourtant combien la correspondance du premier trouve-t-elle de lecteurs parmi nous? Les œuvres condensées et d'un léger volume, sont les seules qui circulent ; et les monuments littéraires étendus ne sont mis à la portée du grand nombre, que par les extraits et par les morceaux choisis.

Dans le plan que je me suis tracé, j'ai écarté sans hésitation les voyages et la correspondance qui sont mêlés de trop d'éléments étrangers. Il ne restait plus par conséquent que les Mémoires et les notes qui les complètent, l'*Aus meinem Leben*, et les *Tag und Jahres Hefte*. Les Mémoires ne contiennent que les vingt-six premières années de la vie de l'auteur ; et le second de ces ouvrages renferme le reste. Mais les Mémoires sont une œuvre littéraire d'un rare mérite, et ils réunissent à l'intérêt du sujet l'attrait du style et de la composition ; s'ils sont incomplets en ce qui concerne les événements, ils sont complets, ou du moins ils suffisent, pour une vie peu remplie d'événements, toute intérieure, et dont les pensées, les méditations et les études composent le tissu ; ils présentent non-seulement dans leur germe, mais dans un épanouissement déjà assez riche toutes les facultés, toutes les aptitudes, toutes les tendances qui constituent cette individualité puissante qui s'appelle Goethe : ils nous découvrent le mystère de la création de ses premières œuvres, de celles qui ont gravé son nom dans la mémoire des hommes, de *Goetz de Berlichingen*, de *Werther*, de *Faust*, du *Comte d'Egmont* ; et ils nous initient aux secrets de son génie. Si dans les notes complémentaires, lesquelles sont intraduisibles et ne fournissent que des matériaux à dépouiller, nous suivons son développement chronologique, pendant l'espace de quatre-vingt-quatre ans ; nous connaissons suffisamment par les Mémoires, cet esprit souple, cette capacité *panoramique*, *panoramic ability*, pour répéter le mot d'un critique anglais, cité par Goethe avec complaisance ; nous l'y voyons assez complet et assez actif, assez riche d'études et d'émotions, pour suffire à cette immense carrière; nous le possédons, en un mot, et c'est à ces Mémoires que j'ai dû borner mon travail.

Mais ces Mémoires eux-mêmes, fallait-il les rendre dans leur totalité et tels qu'ils sont? Pénétré pour mon texte d'un respect religieux, j'avais adopté, je dois le dire, le système de la traduction complète, et j'avais rendu ce texte avec une scrupuleuse fidélité. Mais, après avoir accompli cette tâche, je craignis que mille détails intéressants pour ceux qui ont fait de Goethe une étude particulière, ne fussent languissants pour tous les autres; je craignis d'avoir poussé trop loin le respect de mon auteur, et d'avoir manqué le but auquel j'aspirais, par l'exagération même de mes efforts. Je communiquai ma traduction à des personnes de goût : elles écoutèrent avidement la lecture de certains passages, et supportèrent simplement le reste. Cette épreuve fut décisive pour moi.

Je compris qu'un choix sévère m'était imposé. Les Mémoires renferment des détails dont l'intérêt est circonscrit soit à l'Allemagne, soit aux habitants de Francfort, soit même à quelques familles, soit enfin à celle de l'auteur, et que la plus imposante autorité ne saurait faire goûter au reste du monde. Je les ai retranchés comme un luxe nuisible; et j'ai cru trouver ma justification dans quelques lignes des Mémoires en faveur des traductions fragmentaires.

En revanche, j'ai conservé soigneusement les études d'une enfance laborieuse et pleine de présages, les premières lueurs de ce génie précoce, les impressions et les influences qui l'excitèrent, sa formation et son développement. J'ai reproduit les circonstances qui présidèrent à la composition de ses principaux ouvrages, de *Goetz de Berlichingen* et de *Werther*, sur lesquels il s'arrête avec complaisance comme sur ses deux premiers nés, du *Comte d'Egmont* et de *Faust* qui parurent dans un temps postérieur à l'époque qui est le terme des Mémoires, mais dont la méditation remonte à celle qu'ils retracent, celle de *Faust*, surtout, qui fut à la fois une de ses premières et une de ses dernières pensées. Je me suis bien gardé d'omettre, parmi ses études, celles sur les grands hommes ses prédécesseurs, dans les œuvres desquels il s'inspira, avant de s'élever jusqu'à eux, et l'influence qu'exercèrent sur lui les maîtres de la scène française, Shakspeare, Homère et Spinosa. Je n'ai pas conservé avec moins de soin ses relations directes ou indirectes, mais toujours fécondes pour lui et intéressantes pour nous, avec les illustrations contemporaines de son pays, Klopstock, Herder, Lavater, Jacobi. Ses rapports avec la France, pour laquelle il éprouva d'abord tant d'entraînement, puis tant d'aversion, je les ai traduits fidèlement, non-seulement parce que je m'adresse aux lecteurs français, mais à cause de la suprématie littéraire et philosophique de la France. J'ai traduit aussi ses idées religieuses et ses amours. La curiosité sympathique de Goethe s'exerça de bonne heure sur les grands problèmes de la vie; et sa foi changea, suivant ses impressions diverses, aux différentes époques de son enfance et de sa jeunesse. L'amour agita de bonne heure le jeune et bel enthousiaste; mais la constance du sentiment ne lui fut pas donnée, et ses affections furent plus mobiles encore que sa foi. Dans la mobilité quelquefois contrainte de l'amant, la destinée prépare le poète qui peindra les femmes avec une inimitable vérité; et les plus ravissantes créations de ses romans et de ses drames seront un écho de ses tendres souvenirs. On ne se lasse jamais de pareils récits; ils sont délicieux sous la plume de Goethe.

« O amour ! jeune amour ! lié de ta chaîne de roses,
Malgré tout les vains discours des sages ou des cyniques,
Ces heures, et ces heures seulement, rachètent des années de
[souffrance. »

« Oh love ! young love ! bound in thy rosy band,
The sage or cynic prattle as he will,
These hours, and only these, redeem life's years of ill ! (1). »

J'aurais été bien coupable, si j'avais omis les pages destinées à immortaliser les noms de Marguerite et de Frédérique. Enfin, quand j'ai rencontré quelque anecdote curieuse et piquante, une page d'histoire habilement écrite, un épisode remarquable, comme celui des fêtes du couronnement de l'archiduc Joseph, et quelque pensée profonde ou délicate, je n'ai pas cru dévier de mon but en reproduisant ces morceaux qui ajoutent à l'intérêt de la lecture.

J'ai laissé ces divers fragments dans l'ordre où ils se présentent dans le cours des Mémoires, en les liant entre eux par quelques lignes, quand cela a été nécessaire : j'ai été aussi bref que possible, parce que, devant Goethe, il convient de s'effacer. Ils suffisent, je crois, au but que je me suis proposé : mais ils me laissent un devoir difficile, celui de retracer à grands traits, dans son complet développement et dans son unité, une vie dont ils offrent à peine le tiers et qu'ils morcellent ; ce devoir, je vais essayer de le remplir.

(1) Childe Harold's Pilgrimage.

Goëthe naquit le 28 août 1749, à Francfort-sur-le-Mein, d'une famille bourgeoise recommandable. Son père était conseiller aulique, et sa mère était la fille aînée de Jean Wolfgang Textor, le premier magistrat de la cité. Ce fut dans la maison de sa grand'mère paternelle où ils habitaient, que s'écoulèrent ses premières années; là, les vues de Rome et de ses monuments, des objets d'art et d'histoire naturelle, que le père avait rapportés d'Italie, avec un vif enthousiasme pour cette contrée, frappèrent de bonne heure ses yeux; et c'est à ces premières impressions, fortifiées plus tard par des impressions nouvelles que nous devons l'aspiration de Mignon vers l'Italie :

« Connaissez-vous la terre, où fleurit le citronnier, etc.? »
« Kennst du das Land ; wo die Citronen blühn? »

Là aussi, dans le spectacle des marionnettes dont la grand'maman régalait ses petits enfants aux jours de fête, et qui saisissait vivement cette jeune imagination, on trouve le premier éveil d'une haute vocation dramatique.

Il fut élevé et instruit dans le sein de sa famille. Son père, dont le caractère froid et sérieux contrastait avec la vivacité et la gaîté de sa mère, et que des contrariétés d'amour-propre tenaient éloigné des charges municipales, cultivait avec goût les lettres et les arts; il voulut instruire lui-même ses enfants, et il apporta dans cette tâche le soin minutieux et persévérant qu'il mettait à toute chose; il n'avait conservé que deux enfants, notre poëte et une sœur que celui-ci aima tendrement et qui l'aima de même. Sous une sévère discipline domestique, son fils apprenait avec une facilité extraordinaire, et il se distinguait déjà, entre les enfants qu'on avait réunis avec lui pour des leçons particulières, par un talent précoce de versification.

A cette éducation intérieure de la famille se joignaient les impressions du dehors. Les restes du moyen-âge dont sa ville natale était remplie, l'Hôtel-de-Ville, ou le *Romer*, avec ses cérémonies gothiques, avec ses salles ornées de tant de portraits d'empereurs, avec ses nombreux souvenirs, développaient en lui le sens historique, qui devait paraître si net et si sûr dans quelques-uns de ses écrits, et ouvraient à son esprit le passé, pendant que les foires périodiques qui étalaient à ses yeux les richesses de toutes les parties du globe, élargissaient son horizon dans le présent.

Il entrait dans sa huitième année, lorsque la guerre de sept ans éclata. Sa famille se divisa : les uns, avec son père, prirent parti pour Frédéric, les autres, avec son grand-père, pour Marie-Thérèse. Le petit Goethe s'enthousiasma pour le héros prussien ; sa libre pensée qui déjà avait été hardie à l'égard des œuvres de Dieu, s'insurgea contre des parents, qu'il trouvait injustes pour l'objet de son admiration ; et dès ce moment germaient en lui l'ironie et le dédain du monde. Pour distraire à la maison les enfants dont les promenades étaient contrariées par l'état de guerre, on fit alors reparaître les marionnettes de la grand'maman. Mais cette fois Goethe ne s'assit plus parmi les spectateurs ; lui-même dirigea les représentations, et se chargea des plaisirs du public enfantin qu'il avait rassemblé. Bientôt on monta de nouvelles pièces, on changea les costumes et les décorations ; bientôt enfin, Goethe et ses camarades remplacèrent eux-mêmes les marionnettes ; lui, par son activité qui pourvoyait à l'habillement des autres acteurs, préludait en quelque sorte à la direction future du théâtre de Weimar. En même temps il exerçait sur ses jeunes amis une autre puissance qu'il fit reconnaître à ses contemporains, il les charmait par ses récits ; il leur racontait comme vraies les aventures les plus impossibles, et il trouvait dans cet auditoire avide la plus entière crédulité. Sincère de sa nature, il mentait à la façon des poètes.

Le second jour de 1759, les Français, alliés de Marie Thérèse, occupèrent Francfort. Le comte Thorane, lieutenant du roi, fut logé dans la maison de Goethe. La conduite exemplaire de cet officier, chargé de la police militaire, et son goût pour les arts, ne purent apaiser le propriétaire, qui bouda obstinément un hôte odieux, et dont la mauvaise humeur aurait eu les conséquences les plus fâcheuses, si l'adresse de sa femme ne les avait détournées. L'enfant, qui souvent se liguait avec sa mère et avec sa sœur contre l'esprit étroit et absolu de son père, fut plus traitable que lui, et profita du séjour des Français. Durant son séjour à Francfort, le comte eut l'idée de faire exécuter des tableaux aux peintres de cette ville et des environs, notamment à Séeraz, habile paysagiste de Darmstadt, et ami particulier de la famille. Le petit Goethe, actif, éveillé, plein de goût, passait son temps avec les artistes ; il était présent, quand on commandait ou qu'on recevait les ouvrages, il donnait son avis ; il traça même le plan de douze tableaux qui devaient représenter l'histoire de Joseph, et dont quelques-uns furent exécutés ; c'est ainsi qu'il exerçait dès le bas âge ce sens du beau dont il avait été libéralement doué, et qu'il se préparait à l'un des grands rôles de sa vie, la critique des arts. Il retira de l'occupation française de bien autres avantages. En dépit d'un père prévenu contre le théâtre, mais sous la protection maternelle, il passait la plupart de ses soirées dans la salle de spectacle que des comédiens français avaient ouverte à Francfort, et où son grand-père lui avait donné ses entrées. Les diverses pièces de notre répertoire furent jouées sous ses yeux, surtout celles qui avaient alors la vogue, c'est-à-dire les comédies de Destouches et de Marivaux, et les drames de La Chaussée. Il se lia avec un enfant de la troupe, qui lui procura l'accès des coulisses. En entendant parler notre langue, soit aux acteurs sur la scène, soit à son nouvel ami, en jouant et en causant, il l'apprit avec une rapidité surprenante et finit par la parler comme la sienne propre. Il composa une petite pièce sur le modèle des drames qui l'avaient ravi, et la soumit au petit acteur comme à un docteur en art dramatique, dissertant avec un aplomb imperturbable sur les unités d'Aristote ; mais celui-ci, au nom des règles du théâtre, disloqua et remania son œuvre avec un sans-façon qui lui fit dresser les cheveux sur la tête. L'auteur désappointé consulta les principaux traités sur la matière, pour s'y éclairer sur ces règles qu'on lui opposait ; il n'en fut nullement édifié ; il lut alors tout Racine, tout Molière, et une bonne partie de Corneille, et c'est à ces grands maîtres qu'il dut sa première initiation ; mais déjà l'amour-propre blessé avait fait pénétrer dans son cœur un germe de révolte.

Après le départ des Français, les études interrompues furent reprises, et celles du dessin et de la musique s'y ajoutèrent. Les occupations de Goethe étaient variées et nombreuses comme ses facultés. S'il avait manifesté de bonne heure le sentiment des beaux-arts, déjà aussi la curiosité de l'enfant qui effeuillait les fleurs et qui plumait les oiseaux pour pénétrer le secret de leur organisation, trahissait les instincts du savant. Mais la littérature était sa vocation la plus précoce et la plus marquée ; et les langues étaient son étude favorite. Afin de mener de front plusieurs idiomes, il imagina un roman par lettres entre des frères, écrivant chacun dans une langue, en allemand ou en latin, en italien ou en français ; il est remarquable que la forme épistolaire est justement celle du premier roman qu'il publia, de *Werther*. Pour la correspondance d'un de ces frères qui avait choisi l'allemand-juif, et en même temps dans un but plus élevé, il demanda à son père un maître d'hébreu, et il l'obtint. Les premiers livres de Moïse qu'il lut avec le docteur Albrecht le transportèrent dans un monde nouveau qui le remua profondément ; au milieu des occupations et des études de toute espèce où il éparpillait ses forces, il arrêtait son imagination sur cette terre d'Orient et sur les tentes des patriarches comme sur un point fixe ; la belle et douce figure de Joseph le séduisit, et cette touchante histoire que la Bible raconte à sa manière en quelques traits vigoureux, il la détailla, lui, dans une sorte d'épopée en prose. Quand le poëme fut achevé, il le fit relier avec quelques poésies légères des années précédentes, et il présenta à son père enchanté ces prémices de son génie. La guerre de sept ans se terminait alors par la paix de Hubertsbourg, signée le 15 février 1763, et le chantre de Joseph était dans sa quatorzième année.

Ce fut peu de temps après qu'il fit la connaissance de Marguerite ; cette liaison que des vers avaient commencée, et qui fut entretenue par des vers, est bien le premier amour d'un poëte. Les fêtes du couronnement de Joseph, roi des Romains, qui animèrent la ville de Francfort pendant les premiers mois de 1764, furent comme un cadre brillant pour ces fraîches et simples amours. Hélas ! ces joies si douces furent promptement troublées : Goethe fut initié à la connaissance de la vie par la souffrance ; et de Marguerite, la belle fille du peuple, il ne lui resta plus qu'un souvenir, un type de grâce et de pureté, dont il devait orner le plus beau de ses poëmes.

Guéri d'une maladie presque mortelle que le désespoir avait causée, et préparé par les études variées de son enfance, il partit à la Saint-Michel pour l'université de Leipsick, où professaient Morus, Ernesti et le vénérable Gellert. Il quittait sans regret une ville où n'habitait plus Marguerite, et s'émancipait avec joie du joug paternel. Là, le jeune étudiant, dont les travaux eurent d'ailleurs peu de suite, fit une découverte pénible, celle de l'imperfection de son goût littéraire; inquiet, il chercha une règle du goût dans les leçons de ses professeurs, dans les théories littéraires et artistiques qui avaient cours, et dans le chaos de la littérature allemande ; il n'en trouva nulle part. Désespéré, il se brouilla avec les vers, il les prit en dégoût, et se décida finalement à jeter ses manuscrits au feu. Il ne prêta que plus d'attention aux entretiens sur les sciences naturelles qui avaient lieu à la table du conseiller Ludwig, où il dînait, et il apprit à vénérer les noms de Linnée, de Haller et de Buffon. Mais le divorce de Goethe avec la poésie ne pouvait pas durer ; la réconciliation fut prompte, et il lui rendit un culte plus éclairé ; la gravité du sujet et la concision de la forme qu'on exigeait de lui, sans lui indiquer le moyen d'y atteindre, ce fut en lui-même qu'il les chercha. Il n'exprima plus dans ses vers que des sentiments qu'il avait éprouvés, il se renferma dans le cercle de son expérience personnelle ; ainsi depuis ce moment il traduisit sous une forme poétique toutes ses impressions agréables ou tristes, et de chacune de ses œuvres il fit comme un fragment de confession.

Il s'était épris à Leipsick d'une aimable et jolie jeune fille, d'une fille du peuple comme Marguerite; celle-ci lui avait été arrachée, il exaspéra celle-là par des caprices tyranniques, et il perdit le cœur d'Annette. Le *Caprice de l'amant*, qu'il composa, comme pour appliquer son principe littéraire, fut l'expiation de sa faute et la consolation de sa douleur. Le coup-d'œil pénétrant, par lequel il avait découvert, bien jeune encore, sous la surface polie du monde, tant de misères et tant d'infamies cachées, lui inspira, à la même époque, un autre drame, *les Complices*.

Une douleur de poitrine qu'il avait contractée en gravant à l'eau forte, sous Œser, directeur de l'académie de dessin à Leipsick, dont les idées et le talent l'avaient séduit, et une détestable hygiène de jeune homme aboutirent à une maladie grave, qui le força de retourner à la maison paternelle. Les soins d'une mère et d'une sœur lui rendirent la santé. Cette maladie fait époque dans sa vie littéraire; car ce fut alors que, dans la société de Mⁿᵉ de Klettemberg, âme pieuse et mystique, et sous l'influence d'un médecin charlatan, il lut pendant tout un hiver les ouvrages des principaux alchimistes, de Welling, de Paracèlse, de Valentinus, qu'il se livra avec entraînement à l'étude des sciences occultes, et qu'il prépara *Faust* sans le savoir.

Au retour du printemps, il quitta de nouveau sa famille, mais pour une autre résidence universitaire, celle de Strasbourg; et peu de temps après son arrivée dans cette ville, il vit entrer sur le territoire français Marie-Antoinette, cette jeune archi-duchesse si brillante, qui marchait à un hymen royal si funeste. Dans cette fertile et magnifique Alsace, trois attraits d'une nature bien diverse, le saisirent et le captivèrent : la cathédrale de Strasbourg, Herder, et Frédérique, la fille du pasteur de Sésenheim. Un monument sublime, un beau génie, une jeune fille charmante, ne sont-ce pas là trois objets bien dignes de l'enthousiasme d'un jeune homme?

Elevé dans le mépris de l'architecture gothique, il s'éprit cependant de la cathédrale gothique à la première vue ; un examen réfléchi accrut encore son admiration pour ces proportions grandioses et pour cette inépuisable variété de gracieux détails ; et son imagination, retrouvant le plan primitif, compléta le chef-d'œuvre inachevé. Il revendiqua pour l'Allemagne l'architecture religieuse du moyen-âge, et si d'autres occupations ne l'avaient distrait, il se serait constitué le champion d'un art méconnu ; mais assez d'autres initiatives lui furent données, pour qu'il ne regrettât pas d'avoir laissé à d'autres celle-là. L'église de Strasbourg dressa du moins long-temps sa masse imposante à l'extrémité de tous ses horizons.

Herder, dont il dut la connaissance au hasard d'une rencontre sur un escalier, était le premier homme supérieur, avec lequel il eût été en contact. Il y a dans la société et dans la conversation d'un esprit éminent, une vertu et une excitation qu'on ne trouve pas dans la lecture de ses ouvrages. Herder, plus âgé que Goëthe de cinq ans, et déjà célèbre, acquit beaucoup d'ascendant sur celui-ci, qui le visita assidûment durant une maladie douloureuse. Goethe était charmé et subjugué par cette haute intelligence qui fermentait et qui menait sa pensée de découvertes en découvertes ; mais il était blessé en même temps par un esprit ironique, amer et dominateur. Il lui montra quelques-unes de ses œuvres que le philosophe ne daigna pas honorer d'un mot d'encouragement ; quant aux deux grands sujets qui couvaient déjà dans son sein, *Goetz* et *Faust*, il les lui cacha soigneusement. A cette époque où notre poète n'était pas moins ignoré de lui-même que du monde, il est curieux de le voir pénétré d'une vénération superstitieuse pour tout ce qui émanait de Herder, ému même par son écriture.

Frédérique était la fille cadette d'un pasteur protestant des environs de Strasbourg, chez lequel il fut introduit par un de ses camarades, et dont la famille rappelait celle du vicaire de Wakefield. De tous les amours de Goethe, c'est celui là qui a le plus de charme. Goethe que la passion n'avait encore qu'effleuré, aima éperdûment, et il fut aimé avec abandon par une fille de la nature; lui, spirituel, brillant, enthousiaste; elle, franche, gracieuse et dévouée. Les plaines de l'Alsace et les bords du Rhin embellirent cette tendre liaison de leur simple majesté. De retour à Francfort, après ses études achevées, le fils de famille se souvint de la distance morale qui le séparait de la demoiselle de campagne, et il brisa lui-même le nœud si cher à l'étudiant. Il lui en resta de longs souvenirs et de cuisants remords; pour venger et pour honorer sa victime, il retraça la lâcheté du caractère unie à l'éclat de l'esprit dans Weislingen et dans Clavijo, et toute la noblesse du dévouement dans les deux Marie.

Ainsi, ce qu'il avait aimé sur le territoire français, c'était une jeune fille, toute allemande dans son costume et dans ses allures, c'était un penseur et un monument germaniques, c'était l'Allemagne, en un mot. Rapproché momentanément de la France, il n'avait pas tardé à concevoir pour elle une aversion profonde. Tout le repoussa en elle, sa langue, sa société et sa littérature. Sa langue qu'il parlait avec facilité, il désespéra de la parler jamais correctement; sa société, il la voyait sans gloire au dehors et sans stabilité au dedans; sa littérature, il la trouva compassée et vieillissante comme Voltaire son coryphée. La haine de la France, pour un Allemand, c'était une émancipation. Il dédaigna un poste élevé à la chancellerie allemande de Versailles, pour appartenir tout entier à son pays. Ce germanisme exclusif, fruit de son séjour dans l'Alsace, convenait à celui qui devait être la pierre angulaire du grand siècle de la littérature allemande; c'était un cachet d'indépendance et d'originalité. Il est à remarquer que Byron aussi n'aima pas la France, et qu'il ne la visita point. Ces rois de l'intelligence étaient jaloux de notre souveraineté intellectuelle. Goethe et ses camarades n'eurent plus de culte que pour la nature. Bientôt, cependant, un génie sublime, mais plus rapproché de la nature que les maîtres français, s'empara de leur esprit, et leur rendit ce dont la jeunesse la plus hardie ne peut se passer, une autorité et des modèles. Shakspeare, qui depuis n'a pas eu moins de vogue, des deux côtés du Rhin, que les cathédrales gothiques, les passionna par ses qualités et par ses défauts, et il prêta sa forme au drame qui fut le début de Goethe. Celui-ci a dit quelque part de Shakspeare, qu'il est si puissant, qu'on ne peut s'empêcher de le reproduire, en croyant se produire soi-même.

Retourné dans sa famille, il fit la connaissance de Merk, esprit éminent, mais bizarre et satirique, qui devint son ami intime, et qui, à l'ardeur de son jeune enthousiasme, opposait le froid glacial d'une ironie amère. C'était en lui-même et dans sa propre vie, non moins que dans la vieille légende, qu'il trouvait ce Faust ambitieux, inquiet, qui avait tour à tour essayé de la philosophie, de la jurisprudence, de la médecine et de la théologie, et que rien n'avait satisfait; l'objet de son premier et chaste amour lui avait fourni le nom et les traits de Marguerite; Merk devint Méphistophélès, le troisième personnage du drame étrange que nous connaissons. Ainsi tous les éléments de cette grande existence littéraire se rassemblaient, et le jour de son avénement était proche. *Goetz de Berlichingen* et *Werther* parurent, et toute l'Allemagne fut émue.

Une étude assidue de Shakspeare et de l'histoire d'Allemagne inspira le premier de ces ouvrages, qui fut le point de départ de tant de drames historiques, comme le second fut celui de tant de romans psychologiques et exaltés. Cornélie, la sœur du poète, l'obligea, par son insistance, à exécuter ce drame, qui serait demeuré peut-être, sans elle, à l'état de projet. Excité par cette voix chérie, il se mit à l'œuvre et composa un premier travail, puis un second, et il en aurait fait un troisième, sans son ami Merk qui s'y opposa. Ces hésitations et ces scrupules ne plaisent pas moins qu'ils n'étonnent, dans la jeunesse d'un grand écrivain. La pièce eut un succès immense. Elle le dut au charme d'un sujet tout allemand, à cette grande et bonne figure de Goetz, qui commande l'admiration et l'amour, à l'indépendance fougueuse et populaire des idées, et à la vérité naïve des caractères et des situations. Le roman ne fut pas moins heureux. Écrit avec rapidité, il était préparé de longue main comme le drame; il le fut dans des conversations fantastiques, entretenues par Goethe, avec des personnes de sa connaissance, que son imagination évoquait, dans son cabinet de travail, et devant lesquelles il exprimait toutes ses idées et tous ses sentiments; il le fut, par des émotions vraies et par des souffrances réelles. Goethe avait éprouvé quelque chose des tortures morales de Werther, auprès d'une autre Lolotte; il avait connu ces vagues et sombres inquiétudes de la jeunesse de son temps, de tous les temps peut-être, au point de concevoir des pensées de suicide, devant lesquelles, heureusement, sa main avait défailli. Au lieu d'imiter l'extravagance du jeune Jérusalem, dont le suicide célèbre lui fournit son dénouement, il chercha un soulagement dans l'expression des sentiments douloureux qui le tourmentaient. Cette œuvre brûlante, qui a tourné tant de têtes, rendit à son auteur le calme et la sérénité; elle réussit, parce que, dans l'état moral de la jeunesse allemande qui s'y mira, elle tomba comme une étincelle sur une matière prête à s'enflammer.

Après ces deux succès éclatants, tous les yeux furent fixés sur Goethe comme sur un météore de la littérature; et il rechercha la société des célébrités intellectuelles de l'Allemagne, comme celle de ses pairs. Une liaison étroite se forma entre Lavater et lui; elle commença par une correspondance active, dans laquelle le chrétien fervent essaya inutilement de convertir le jeune sceptique; un voyage du premier, qui vint exercer à Francfort l'ascendant de sa parole, la confirma; et une visite que le poëte rendit au physionomiste, dans les montagnes de la Suisse, son royaume, la resserra encore. Comme toutes les impressions de Goethe se traduisaient en poésie, la société de Lavater lui suggéra un projet de drame sur Mahomet. Sous la foi sincère, et sous les pensées généreuses de son illustre ami, sa clairvoyance avait aperçu quelques faiblesses humaines, et le défaut de scrupules dans le choix des moyens; il se proposa de retracer, sous les traits du prophète oriental, le génie obligé, pour agir sur le monde et pour lui transmettre ses idées sublimes, de s'abaisser jusqu'à lui, et dépouillant ainsi une partie de son caractère divin, jusqu'à ce qu'il le perde tout-à-fait. Il n'exécuta pas ce projet, et il traduisit plus tard la tragédie de Voltaire. Deux épopées, qu'il conçut vers la même époque, et qui sont marquées de ce cachet d'audace qui caractérise ses premières œuvres, furent de même abandonnées par lui. L'une était Ahasvérus, ou la légende populaire du moyen-âge sur le juif-errant, élevée dans sa pensée à la hauteur d'un tableau de la religion et de son histoire; l'autre, qui avait pour titre Prométhée, un des mythes les plus célèbres du polythéisme, exprimait l'aspiration de l'homme vers l'indépendance.

Goethe ne cessait pas plus d'étudier que de produire, et il ne recherchait pas moins le commerce des morts illustres que des vivants. Poëte d'un ordre supérieur, et qui, sans être philosophe dans le sens spécial du mot, était doué de cette élévation philosophique qui est la condition de la grandeur dans l'art ou dans la science, il était tourmenté intérieurement par le besoin de solutions sur les problèmes de la vie. Dans des entretiens et dans des épanchements avec Jacobi, sur les bords du Rhin, il n'avait fait qu'exciter sa soif; il la satisfit dans la lecture de Spinoza. Le prestige d'effroi que la théologie avait créé autour de ce grand nom, ne l'arrêta pas, et sa curiosité fut irritée, au contraire, par les haines qu'il avait provoquées ; il lut ses écrits, notamment l'Ethique ; son esprit inquiet y trouva le calme, et de vives lumières sur le monde physique et sur le monde moral. Jean Paul a dit de l'opticien de La Haye, au nom de la philosophie et de la littérature allemandes : « Nous voyons tous à travers ses lunettes. » Ce fut à l'aide de ces lunettes magiques, que Goethe vit de si haut et si clair dans les mystères de la nature et de la société. Comme Shakspeare avait fixé ses idées en littérature, autant que cet esprit mobile et souple pouvait être fixé, Spinoza arrêta ses idées en philosophie ; tous les deux furent pour lui, chacun dans sa sphère, les interprètes les plus vrais de la nature.

A ces occupations sévères se mêlaient des pensées plus douces. Le cœur de Goethe était toujours ardent, et, pour citer, après lui, un proverbe français : *L'amour est un vrai recommenceur*. Ses nouvelles affections revêtent un caractère particulier. Elles ont pour objet des jeunes personnes du même rang que lui, avec lesquelles, à l'âge où il était parvenu, l'amour n'est plus qu'une charmante introduction au mariage. L'une naquit dans les jeux d'une société de jeunes gens des deux sexes, où, plusieurs soirées de suite, le sort lui donna pour compagne une jolie jeune fille, douée de toutes les qualités que l'on aime à trouver dans une femme ; pour cette femme de quelques heures, qu'il garda pour toutes les autres soirées, et à laquelle il s'attacha, le jeune écrivain, qui avait besoin d'une excitation pour produire, composa *Clavijo* en moins d'une semaine ; et sur elle il conçut des projets sérieux, qui furent goûtés de sa famille, mais que des circonstances ignorées dérangèrent, et qui n'eurent pas plus de suite que ses plans d'épopée. Un autre sentiment le remua plus vivement, et nulle femme ne l'avait subjugué encore comme cette brillante Lilli, qui subit elle-même sa puissance, comme Armide subit celle de Renaud. Les joies et les peines de cet amour agité, s'épanchèrent par une multitude de pièces fugitives. Préoccupé de ce nœud qu'il n'est permis de contracter que dans une situation régulière et nette, il essaya de s'appliquer, dans le cabinet de son père, aux travaux du jurisconsulte. Mais son union avec Lilli rencontrait des obstacles dans divers motifs de convenance, que ceux qui l'entouraient lui représentèrent avec énergie. Entre les désirs de son cœur et les conseils contraires de la raison, il s'éloigna, pour chercher le repos de l'âme et des distractions dans les montagnes de la Suisse et sous le ciel italien ; l'absence redoublant l'ardeur de sa passion, il s'arrêta sur le seuil de l'Italie, et revint à Francfort, pour supporter en présence d'une ravissante impossibilité de nouvelles et poignantes tortures. Cet état pénible ne cessa que par son appel à la cour de Weimar, qui fixa sa destinée.

Déjà la cour de Weimar commençait à devenir en Allemagne ce que celle de Ferrare avait été en Italie, et une princesse éclairée avait offert à Wieland et à d'autres littérateurs une honorable hospitalité.

L'auteur de *Goetz* et de *Werther* avait déjà eu deux

entrevues avec le prince héréditaire de Weimar, jaloux de recruter cette nouvelle gloire pour son foyer littéraire. Le père de Goethe, qu'un esprit défiant et soupçonneux tenait éloigné des grands, *procul ab Jove, procul à fulmine*, craignait pour son fils la faveur des cours. Mais celui-ci, dont le faible fut toujours de rechercher les puissances, et à qui le métier de courtisan ne répugnait pas trop, souriait des soupçons d'un homme dont l'existence bourgeoise lui était insupportable. Le nouveau duc de Saxe-Weimar ayant passé par Francfort, avec la jeune princesse qu'il venait d'épouser à Carlsruhe, le voyage de Goethe à Weimar fut décidé. Par un hasard singulier, la personne chargée de l'y conduire ne parut pas au jour convenu; le jeune émigrant, qui avait pris congé de toutes ses connaissances, attendit patiemment dans la solitude, pendant les premiers jours; mais un retard, qui semblait justifier les soupçons paternels, se prolongeant outre mesure, il s'impatienta, et, tournant le dos au nord qui l'oubliait, il se mit en route pour l'Italie. Heureusement, il fut rejoint à Heidelberg, et tout s'éclaircit. Il emportait à Weimar plusieurs œuvres commencées, entre autres, le *Comte d'Egmont*; ce drame était le fruit de longues études sur le seizième siècle, et de méditations philosophiques qui y ont laissé leur empreinte; le comte d'Egmont et le duc d'Albe, ce sont les deux puissances qu'il apercevait partout dans le monde, l'une douce, l'autre terrible; la première attirant tout à elle; la seconde courbant tout devant elle; la fatalité tragique des anciens n'est pas d'un effet plus saisissant. Plein de cette œuvre qui l'avait occupée dans les derniers temps de son séjour à Francfort, dans les dernières heures même, en s'arrachant à celle qui voulait l'empêcher de suivre l'entraînement de sa destinée, il s'écriait comme le héros flamand :

« Enfant! enfant! silence! Comme fouettés par des

esprits invisibles, les coursiers du soleil et du temps emportent le char léger de notre destin; il ne nous reste qu'à tenir fortement les rênes avec une courageuse résignation, et, tantôt à droite, tantôt à gauche, à faire éviter aux roues, ici une pierre, là un précipice. Où va-t-il, qui le sait? Il se rappelle à peine d'où il est venu. »

C'était en 1775, et Goethe avait vingt-six ans. Il avait été appelé à Weimar, dans l'année de l'avénement du duc Charles-Auguste; il fut nommé par lui en 1776 conseiller privé de légation (Geheimerlegationrath) avec entrée et voix délibérative au conseil privé; puis en 1779, membre de ce dernier corps; en 1782, il fut créé président de chambre (Kammerpresident) et anobli; en 1815, après six années d'interruption dans sa carrière administrative, il fut élevé à la dignité de ministre d'état. Il quitta les affaires en 1828, après la mort du prince son protecteur.

Un petit état, comme le duché de Saxe-Weimar, dont Balbi évalue la population à 222,000 âmes, les revenus à moins de cinq millions, et les forces militaires à 2,100 soldats, n'a pas de grandes affaires; et Goethe n'eût pas pu y déployer le génie de l'administration et de la politique, s'il l'eût joint à ses autres génies. Ces fonctions, du moins, qui lui donnaient une position officielle, n'interrompirent ni ne troublèrent ses études. Dans les pays de liberté politique, comme l'Angleterre et la France, où les plus belles années appartiennent aux affaires, les lettres, qui commencent la vie et qui la couronnent, ne sont, dans l'âge mûr, que de nobles distractions; pour Goethe, les lettres, avec les sciences et les beaux-arts, étaient ce que l'amour est pour les femmes, dans Byron, toute la vie, *whole existence*. Les dignités de la cour de Weimar favorisèrent ses goûts intellectuels, loin de les contrarier.

On a donc lieu de s'étonner, au premier abord, du silence qu'il observe à partir de cette époque. Son génie semble frappé d'un épuisement précoce. *Faust* et le *Comte d'Egmont* demeurent inachevés, et l'Allemagne ne voit paraître de lui, pendant douze ans, aucune œuvre capitale et digne de son début. Ce long intervalle, toutefois, n'est pas perdu; il s'opère dans son sein un travail intérieur, et pour lui se prépare une seconde période littéraire, qui sera marquée par le sentiment exquis du beau, comme la première a été caractérisée par l'audace et par la verve. Dans l'espace intermédiaire entre ces deux périodes, se placent plusieurs productions dramatiques de portée moindre : le *Frère et la Sœur*, petit chef-d'œuvre de grâce et de délicatesse ; le *Triomphe du sentiment*, spirituelle moquerie de la fade sentimentalité qui avait envahi l'Allemagne ; *Jéry et Bétely*, composée au retour d'un second voyage en Suisse dans lequel Goethe avait accompagné la duchesse de Weimar, et toute pénétrée de l'air des montagnes ; les *Oiseaux* enfin, écrits à la manière d'Aristophane. Mais déjà il avait conçu un grand ouvrage dont la gestation devait être longue, *Guillaume Meister*. Une pensée vraie et profonde fut le germe de ce roman : l'homme entreprend souvent des choses pour lesquelles la nature ne l'a pas fait ; un instinct secret l'avertit de s'abstenir, mais il ne s'en rend pas un compte exact, et il fait fausse route. Éclairé par moment d'un demi-jour, il se tourmente ; et, néanmoins, il se laisse entraîner encore par la vague, en résistant à demi. Beaucoup perdent ainsi leurs années les plus belles, et tombent finalement dans le désespoir. Et peut-être tous ces écarts les conduisent au plus précieux des biens, et l'on finira par leur dire, ainsi qu'au héros du roman : « Vous ressemblez à Saül, le fils de Lis, qui sortit pour chercher les ânesses de son père et qui trouva un royaume. »

Cet intervalle de douze années fut clos par un voyage en Italie, qui dura de septembre 1786 au mois de juin de l'année suivante, voyage depuis long-temps rêvé, deux fois entrepris, contrarié deux fois. Une terre vierge ou une terre illustre n'est pas visitée en vain par un homme de génie. Voyez ce que l'Amérique du Nord a été pour M. de Châteaubriand, et l'Orient pour Byron. Au moment où Goethe visita cette Italie si explorée, mais qui ne s'épuise pas, il n'était pas jeune comme le furent dans leurs pérégrinations lointaines l'auteur d'*Atala* et celui du *Corsaire*; ses deux premières grandes œuvres, *Goetz de Berlichingen* et *Werther*, étaient nées depuis long-temps sur le sol de l'Allemagne et de pur sang germanique. Ce qu'il dut à l'Italie, ce ne fut pas cette première et décisive inspiration du début, mais un nouvel élan pour produire, un sentiment de l'art plus délicat et plus pur, et des influences variées et durables. La relation de son voyage retrace avec exactitude et précision les objets sur lesquels sa vue pénétrante et son jugement non moins sain que ses yeux se sont arrêtés. Elle nous montre la triple activité du savant, de l'artiste et du poète ne sommeillant jamais. Sur le bord de la mer, dans les montagnes et dans les plaines, il étudie le sol et ses productions, mêlant à l'admiration de la nature méridionale, si attrayante pour les hommes du Nord, l'observation patiente de ses phénomènes et de ses lois; dans les villes, il étudie les mœurs, les costumes, les fêtes publiques, le genre de vie des habitants; et notre siècle, si curieux de statistique sociale et populaire, lirait avec un vif intérêt la lettre dans laquelle ce voyageur qui voit tout, décrit minutieusement les industries du petit peuple de Naples. Les œuvres des architectes, des statuaires et des peintres illustres, qu'il rencontre à chaque pas; les gondoliers de Venise, chantant les vers de l'Arioste et du Tasse, les improvisateurs, les comédiens et les chanteurs, tout l'émeut, mais comme un homme qui veut se rendre compte de tout et tout approfondir. Au milieu d'impressions et de distractions de toute espèce, la faculté créatrice, loin de languir en lui, se ranime; et, sous le soleil du midi, devant les débris imposants de l'antiquité, il achève ou il commence de nouveaux chefs-d'œuvre dramatiques. Dans cette contemplation de l'art antique, son goût s'est mûri; il parle avec un dédain sévère de ces églises gothiques, aux ornements bizarres, dont il compare trivialement les colonnes à des pipes, *Tabakspfeifensaulen*, et dont il se félicite d'être pour toujours délivré. Chose remarquable! la vue du Parthénon produisait il y a peu d'années une impression analogue sur M. de Lamartine. Goethe a mieux compris Homère sous un ciel semblable à celui de l'Ionie; et il recherche désormais l'idéal dans la nature et dans la vérité.

Iphigénie, *Egmont*, le *Tasse*, réfléchissent cette nouvelle situation morale, et inaugurent glorieusement sa seconde période littéraire. *Iphigénie*, commencée plusieurs années auparavant à Weimar, est achevée à Rome; par la simplicité, par la régularité et par la pureté de la forme, c'est une belle fille de la Grèce, sous un costume allemand; Sophocle l'eût avouée; et Goethe en sera fier. Ainsi il embrasse à la fois le classique et le romantique, et il reproduit tour à tour Shakspeare et Sophocle avec le même succès et la même originalité; il est le poète, tel que le demande le directeur de théâtre dans le prologue de *Faust* :

« Vous dites que vous êtes poète,
Commandez donc à la poésie. »

« Gebt ihr euch einmal für Poeten,
So commandirt die Poesie. »

La poésie est un esclave qui se plie à toutes les fantaisies de son despotisme. Il retourne à sa première forme dramatique, dans le *Comte d'Egmont*, commencé à Francfort, et qui a dormi pendant douze années; c'est à Rome aussi qu'il y met la dernière main, et qu'il y imprime le cachet de cette beauté idéale qui lui entre par tous les pores. Au moment où il se remet à ce travail, les scènes d'insurrection qu'il retrace se renouvellent à Bruxelles, dans le lieu même où il les a placées, comme pour attester ce qu'il appelle l'*anticipation* du poète. L'Italie, enfin, lui fournit un nouveau sujet de tragédie classique dans son poète le plus parfait. Considéré comme drame, le *Tasse* est faible et sans intérêt; et le respect pour les grands hommes, *qui est aussi une religion*, comme le disait un de nos orateurs, est blessé par la mise à nu des petitesses et des misères morales d'un chantre divin, qui fut frappé de démence; mais il est supérieur, comme peinture de mœurs et comme analyse de caractères; le poète courtisan savait quelque chose sur les poètes et sur les cours, et il exprima ce qu'il avait appris et ce qu'il avait senti à Weimar; une science profonde du cœur humain, le charme du style le plus fini et le plus délicat, et une multitude de vers heureux, qui se gravent dans la mémoire ainsi que de belles sentences, recommandent cette œuvre, qui fut terminée en 1788.

Goethe venait à peine de reprendre ses habitudes de Weimar, quand la révolution française éclata. Cette grande commotion le frappa d'épouvante; ses amis lui dirent plus tard qu'à la première nouvelle qu'il en reçut, il leur avait paru comme atteint de folie, tant il était préoccupé des conséquences terrribles qu'il y avait aperçues. Goethe avait quarante ans en 1789 ; il était arrivé à cet âge où l'esprit le plus libéral, et incontestablement il l'était, s'effraie à la pensée des bouleversements, et ne connaît pour la société d'autre voie de salut et de progrès que l'amélioration graduelle de ce qui existe. Pour lui-même, courtisan heureux, poète célèbre, il ne pouvait désirer ni plus de bien-être, ni plus de gloire. Il ne faut donc pas s'étonner si l'enthousiasme qui se saisit alors des meilleures têtes en France et en Europe, ne se communiqua point à lui, et s'il craignit au lieu d'espérer. A la suite de son maître, il fit les campagnes de 1792 et de 1793, sur les bords du Rhin. Mais son arme, à lui, était la plume, et pour combattre les envahissements révolutionnaires en Allemagne, il écrivit la petite pièce du *Citoyen-Général* (*Der Burger-General*), fine moquerie du jacobinisme. Cette impression si vive fut courte d'ailleurs. Sans fermer les yeux à ces grandes scènes du monde politique, il se retira dans le monde paisible de ses idées et de ses travaux ; au milieu des tempêtes de la société, il étudiait la nature, et, pendant que les institutions périssaient, il composait avec une sérénité parfaite, semblable à ce paysan du siége de Mayence, qu'il avait vu, derrière un faible retranchement à la portée du canon, continuer tranquillement ses travaux champêtres.

Les premières années de la révolution furent, en effet, pour lui, fécondes et remplies. En 1790, la culture des sciences physiques commença à prendre, dans sa vie, une place plus large. En 1791, il accepta la direction du théâtre de la cour à Weimar. De 1795 à 1797, il publia successivement les *Années d'apprentissage de Guillaume Meister* (William Meisters'Lehrjahre), *Faust*, *Hermann et Dorothée*.

Les *Élégies romaines*, empreintes de la grâce de Properce, et les *Épigrammes vénitiennes*, où l'on retrouve la finesse de Martial, ne furent que les distractions de l'année 1790, qui appartint à la botanique, à la physique et à l'anatomie comparée. En étudiant comme peintre et comme savant la question du coloris, Goethe découvrit, à sa grande surprise, que l'hypothèse de Newton, en cette matière, était fausse et insoutenable. Un examen attentif acheva sa conviction, et de là ses longs et vastes travaux sur la théorie des couleurs. Dans un second voyage en Italie, il séjourna quelque temps à Venise, pour attendre la duchesse Amélie, qui était à Rome. Là, un jour qu'il se promenait sur les dunes du Lido, qui séparent les lagunes de la mer Adriatique, la vue d'un crâne de mouton confirma sa foi dans ce grand principe déjà reconnu par lui, que les os du crâne ne sont que des vertèbres transformées, et fit naître en même temps dans son esprit l'idée du développement et de l'élévation progressive de la nature organisée. Charmé de cette nouvelle lumière qui frappait ses yeux, il crut plus fermement que jamais, dans son orgueil intellectuel, que la nature n'a point de mystères qu'elle ne dévoile quelque part à un observateur habile; et, dans un petit écrit, il établit cette doctrine dont il était pleinement convaincu, qu'un type commun, s'élevant par voie de transformation, circule dans toute la nature organisée; qu'à certains degrés moyens de l'échelle des êtres, il est facile à reconnaître dans tous ses éléments; mais qu'on peut le retrouver aussi au sommet de cette échelle, dans l'humanité, à travers les voiles qui l'y enveloppent. Ce n'était rien moins que la question capitale d'anatomie comparée, qui a été débattue sous nos yeux entre les deux premiers naturalistes de notre époque, MM. Geoffroi de Saint-Hilaire et Georges Cuvier.

Lorsque, en 1791, il accepta avec joie la direction du

théâtre de Weimar, on n'avait pas vu un pareil directeur de théâtre, depuis Molière. Cette fonction, si grave pour l'art et pour la civilisation, et qui confère autorité sur des hommes intelligents ; cette fonction si souvent dégradée par ceux qui l'exercent, était confiée à la plus haute intelligence de l'Allemagne ; et la petite ville de Weimar devenait ainsi une grande métropole littéraire. Le théâtre n'était ouvert dans cette ville que durant la saison d'hiver ; pendant le reste de l'année, les comédiens représentaient dans le voisinage les pièces qu'ils savaient. Goethe, qui avait étudié l'opéra dans les théâtres italiens, s'en servait comme d'un moyen facile et certain pour attirer et pour amuser le public ; tranquille de ce côté, il pouvait préparer avec tout le soin nécessaire la mise en scène du drame parlé. L'Italie et l'Espagne, la France et l'Angleterre, l'antiquité même, convoquées par lui, mirent à son service leurs richesses musicales et dramatiques. L'Allemagne ne faillit point à une scène allemande ; ses compositeurs et ses poètes étaient prêts ; les plus féconds, parmi ces derniers, furent Iffland et Kotzebue ; et la seconde année théâtrale fut inaugurée par le *Don Juan* de Mozart et le *Don Carlos* de Schiller. Depuis cette époque, jusqu'en 1815, on voit Goethe exercer sans interruption, avec activité, avec amour, cette direction, qui était comme le sceptre de la littérature remis aux mains de son souverain légitime.

Qu'on me permette de montrer ici, par une citation, la moralité de cette mission et la haute idée que Goethe s'en était faite. Au commencement de 1803, un de ses amis lui avait adressé une petite comédie, intitulée le *Cranologue*, et où la doctrine du docteur Gall était tournée en ridicule. Elle fut renvoyée sur-le-champ à son auteur, avec la lettre suivante, dont la lecture et la méditation ne sauraient être trop recommandées aux hommes qui dirigent les théâtres ou les journaux :

« En vous renvoyant votre jolie petite pièce, qui ne peut pas être représentée chez nous, je dois à une ancienne amitié de vous faire connaître nos motifs.

» Nous évitons à notre théâtre, autant que possible, tout ce qui tendrait à ravaler devant la foule les recherches scientifiques, parce que cela est dans nos principes, et aussi, parce que notre académie est dans le voisinage (à Iéna), et qu'il paraîtrait impoli de notre part de traiter avec légèreté et dérision les choses qui y sont des objets d'occupation sérieuse.

» Sans doute, plus d'un essai de la science, pour arracher à la nature un de ses secrets, peut, soit en lui-même, soit par le charlatanisme de celui qui le tente, présenter un côté ridicule, et l'on ne peut pas blâmer l'auteur comique qui se permet une épigramme en passant. Nous n'y mettons point de pédantisme, mais nous avons toujours soigneusement évité toutes les allusions de quelque étendue aux questions philosophiques ou littéraires, aux nouvelles théories médicales, etc. Par le même motif, nous ne consentirons point à livrer au ridicule la doctrine de Gall, qui, dans son étrangeté, peut, aussi bien que celle de Lavater, n'être pas dénuée de fondement ; nous pourrions d'ailleurs blesser par là des personnes respectables de notre public. »

La période littéraire de dix années, dans laquelle, après *Iphigénie*, *Egmont* et le *Tasse*, paraissent *Guillaume Meister*, *Faust*, *Hermann et Dorothée*, doit être considérée comme l'apogée de l'existence de Goethe. Alors brillent en lui la perfection du goût et l'élévation majestueuse de la pensée. Alors éclate son universalité ; il semble qu'il n'y ait pas un secret dans la vie qui échappe à l'œil perçant de l'auteur de *Faust* et de

Guillaume Meister, *Werther* et *Goetz de Berlichingen* étaient de ces œuvres passionnées, rudes, hardies, par lesquelles le génie jette subitement autour de lui un vif éclat, et d'un bond s'élance au premier rang. Les autres sont de ces œuvres profondes, étudiées, monumentales, par lesquelles versant, du trône où il s'est assis, des flots de lumière, il fonde sur des bases inébranlables sa glorieuse domination. Par les premières, il s'était emparé du temps; par les secondes, il prit possession de l'immortalité.

Faust est dans cette seconde période ce que celle-ci est dans la vie du poëte; ou plutôt, *Faust* n'appartient proprement à aucune période, et il est l'œuvre capitale de toute sa vie. Il avait été conçu par l'étudiant de Strasbourg; plusieurs scènes en avaient été écrites par le poëte à Francfort, et lues à Klopstock; l'édition de 1809 le publia remanié; il fut continué enfin et achevé par l'auteur, peu de temps avant sa mort. Ni en France, ni dans aucun pays, je crois, le second *Faust*, quelles que soient les beautés qu'il renferme, ne sera goûté comme le premier. Le transcendantalisme ne réussit pas mieux au poëte qu'au philosophe. Mais le *Faust*, qui a réussi, sauf les scènes de sorcières cependant, et qui s'enracinera toujours davantage dans l'admiration des hommes, est un drame extraordinaire. Il étonne, il amuse, il émeut, il subjugue; il est fantastique et il est plaisant, il est pathétique et il est profond. Tout s'y trouve, le ciel, la terre et l'enfer; et ce n'est pas le chaos, c'est une création imposante. Tout y est grand et tout y est vrai. Si le merveilleux, autorisé par la vieille légende, nous transporte sur des hauteurs sublimes, un trait comique, une scène de la vie commune nous ramène dans notre humble sphère. Si une intelligence supérieure nous accable de sa froide ironie, le rire nous relève et nous soulage. Mais un intérêt humain, qui manque au second *Faust*, agite, dans le premier, notre esprit et notre cœur; pour l'esprit, c'est l'éternel problème du bien et du mal, la grandeur de l'homme et sa faiblesse, ses inquiétudes continuelles et ses aspirations infinies; pour le cœur, c'est la grâce du dévouement, l'enivrement de l'amour, les entraînements de la passion. Le style est souple comme la pensée; les petites nuances sont saisies et rendues aussi bien que les grands traits. Ailleurs, Goethe imite avec génie; ici, il est lui-même. Ailleurs, il ne met qu'une partie de lui-même; on le retrouve ici tout entier. Il est grand, trois fois grand par la multitude de ses chefs-d'œuvre; mais *Faust* aurait suffi peut-être à sa gloire.

Le roman qui a pour titre les *Années d'apprentissage de Guillaume Meister*, caractérise la seconde période, de même que *Werther* caractérise la première. L'auteur de *Werther* est un esprit inquiet, ardent, exclusif, que mille choses blessent dans le monde, et qui exhale avec vivacité ses jeunes antipathies. L'auteur de *Guillaume Meister* est une intelligence calme, sereine et vaste, qui pénètre et qui comprend tout, et dont les répugnances atténuées ne s'expriment que par une pointe d'ironie. Celui-là est perdu encore dans le vague du sentiment et dans la poursuite des objets impossibles; celui-ci est voué au culte de l'art.

Cet ouvrage, dont l'idée première était déjà ancienne dans son esprit, fut composé de 1790 à 1796. Goethe commença en 1794 l'impression de la première partie, et, pour se placer lui-même sous la loi salutaire de la nécessité, il se décida à déclarer terminé un ouvrage dont la suite et le dénouement étaient pour lui un objet de sérieuse anxiété. L'année suivante, il publia cette première partie qui fut accueillie assez froidement; la plupart de ses amis, nous dit-il, se mirent sur la défensive pour résister à l'action secrète de cette œuvre nouvelle. Schiller, avec qui il venait de former une liaison étroite, fut celui sur lequel elle produisit l'impression la plus vive. En août 1796, enfin, Goethe se déchargea d'un fardeau bien cher, mais devenu bien lourd, en écrivant les dernières pages d'un livre, qu'il appelle lui-même *une production incalculable*. C'était là, cependant, une œuvre originale et puissante, tout irrégulière qu'elle était. Le roman n'a pas besoin d'un plan sévère, au même degré que le drame et l'épopée. En tirant, à mesure qu'il avance, les événements les uns des autres, et en y mêlant des incidents non arrangés et inattendus, il reproduit la vie humaine avec sa logique fatale et en même temps avec ses inconséquences et ses surprises. Après une courte hésitation, causée par la nouveauté et par l'étrangeté de l'ouvrage, l'Allemagne l'a placé au rang qui lui appartient. En France, si j'excepte les amateurs de la littérature allemande, on ne connaît guère, de *Guillaume Meister*, que Mignon et sa romance ; peut-être un traducteur habile réussira-t-il à le populariser.

C'est dans *Guillaume Meister* que les rapports intimes, qui existent entre la vie de l'auteur et ses écrits, sont le plus transparents. D'après sa manière habituelle de composer, on peut croire que Goethe y a mis plus d'un secret personnel, qu'une confession incomplète ne nous révèle pas ; mais celui qui a lu les mémoires et qui aborde le roman, s'y retrouve à chaque pas, pour ainsi dire, en pays de connaissance. Ces marionnettes, les joies de sa première enfance, sur lesquelles le jeune héros fait de si longs récits qui endorment Marianne, sa première et charmante maîtresse ; cette passion du théâtre, combattue inutilement par un père morose, et protégée par une mère indulgente ; cette maladie terrible, née d'un désespoir amoureux, et ce départ de la maison paternelle ; cette admiration pour Racine, rem-

d

placée par un autre culte, celui de Shakspeare ; cette activité intelligente, qui anime tout autour d'elle ; cet enthousiasme avec cet esprit d'analyse ; ces amours successifs, ce fils qui n'est pas le fruit de l'hymen ; cette transition de l'existence bourgeoise et monotone d'une ville de commerce à la vie brillante et animée du grand monde ; et surtout cette rare connaissance de l'art dramatique, du théâtre et des comédiens ; tout cela, et mille autres circonstances que je ne veux pas rappeler ici, était dans la réalité, avant d'être dans la fiction. Les mémoires sont la clef du roman. Les héros de Byron se ressemblent, ou plutôt sont identiques entre eux ; Childe-Harold, Conrad, Lara, sont le même être sous des noms divers, le même reflet d'une triste mais sublime misanthropie. Les héros de Goethe, ceux qui sont ses portraits, diffèrent ; Werther, Faust, Guillaume Meister, ne sont pas une seule et même figure ; ils sont frères seulement, et ils ne se ressemblent que par l'inquiétude et par l'ardeur du désir ; Werther n'est qu'un moment rapide de la vie du poète ; Faust en est l'expression la plus complète et la plus haute ; mais Guillaume Meister en est l'expression la plus réelle.

L'élévation et le charme des ouvrages de Goethe, dans cette seconde période littéraire, ne peuvent être mieux exprimés que par ces lignes que je lui emprunte à lui-même : « La véritable poésie se reconnaît à ce signe, que, sorte d'évangile mondain, par la sérénité intérieure et par le bien-être extérieur qu'elle procure, elle sait nous soulager des fardeaux terrestres qui nous accablent. Comme un ballon, elle nous emporte, avec le lest qui s'attache à nous, dans des régions plus hautes, et elle nous fait voir, à vol d'oiseau, déroulés sous nos yeux, les dédales confus de la terre. »

Ce caractère de la véritable poésie, telle qu'il la comprend, se retrouve dans le petit poème d'*Hermann et Dorothée*, plus que dans aucun autre ouvrage. Car on éprouve, en le lisant, un ineffable sentiment de bien-être, et ce sentiment est d'autant plus doux que les scènes retracées dans ce poème calme et simple composent un épisode d'une des plus violentes commotions politiques qui aient agité le monde, de la révolution française. Cette fois, la révolution française, qu'elle me permette de parler en son nom, n'en voudra pas au poète allemand. Des habitants de la frontière, fuyant devant nos armées, passent devant un bourg de l'Allemagne; un riche et charitable aubergiste du lieu envoie son fils Hermann, avec sa voiture, porter à ces malheureux des provisions et du vieux linge; une belle et courageuse jeune fille attire l'attention du jeune homme; il la choisit pour distribuer ses dons; il rentre au logis le cœur plein de la pauvre exilée, et il confie son amour à sa mère. Bientôt, accompagné des deux amis de la famille, le pasteur et l'apothicaire, il se rend, pour s'informer de la jeune fille, au village voisin, où s'est arrêtée la tribu errante. Dorothée est estimée et chérie de ses compagnons d'infortune, dont elle est la providence; elle consent à entrer comme servante chez les parents du beau, du généreux Hermann, qui a gagné son cœur, mais dont la timidité recule devant un aveu; c'est comme fiancée qu'elle est reçue dans cette maison qui sera la sienne. Tel est le fond léger de cette gracieuse épopée champêtre, de cette idylle, si l'on veut, dont chaque chant est dédié, comme l'histoire d'Hérodote, à l'une des neuf Muses. Elle fut commencée et achevée dans le mois de septembre 1796, au moment où Goethe venait de mettre la dernière main à *Guillaume Meister*. Il composa ce poème avec facilité et avec satisfaction, dit-il, et même, après bien des années, il le relisait toujours avec une émotion profonde. Il imita Homère de la même manière qu'il avait déjà imité

Rousseau, Shakspeare et Sophocle ; c'est la même grandeur, la même vérité humaine, la même grâce des détails. Grec et antique par l'exquise beauté de la forme, le poëme d'*Hermann et Dorothée* est allemand et moderne, non seulement par la langue, mais par les mœurs et par les idées. Il ne manque que de plus grands faits et des destinées plus hautes à cette miniature épique qui renferme plus d'un trait vigoureux. La discorde a éclaté parmi les fugitifs ; un homme se présente et l'apaise. Le pasteur qui a accompagné le jeune Hermann, dit à cet homme d'autorité : « Je crois voir en vous un de ces chefs anciens qui conduisaient les tribus errantes au milieu des déserts ; je crois parler avec Josué ou avec Moïse. » Le chef répond : « Notre temps peut bien être comparé aux époques les plus extraordinaires de l'histoire sacrée et profane,... et nous pouvons bien l'être, nous, à ces hommes auxquels Dieu, à des heures solennelles, apparut dans un buisson ardent : car, à nous aussi, il est apparu dans les nuées et dans la flamme. »

L'année 1794 est marquée, dans la vie de Goethe, par un grand événement : alors commença son amitié avec Schiller, amitié féconde, qui dura jusqu'à la mort de celui-ci, en 1805. Il fit, dans la même année, la connaissance d'Alexandre de Humboldt et resserra une liaison antérieure avec l'artiste suisse Henri Meyer. Ainsi, il y eut un ami pour le poëte, un ami pour le savant, un ami pour l'artiste. Mais, comme la poésie occupait la première place dans ses pensées, Schiller fut le plus près de son cœur.

Goethe et Schiller ! étroitement unis pendant neuf années ! inséparables désormais dans l'admiration des hommes ! Leurs deux noms demeurent comme les deux symboles de la littérature allemande. Celui qui a le bonheur d'être Français, et à qui sa langue maternelle prodigue les trésors de la littérature la plus belle et la plus riche, ne peut plus ignorer ni dédaigner, comme ses ancêtres, les littératures étrangères ; il doit étendre au-delà des frontières son horizon intellectuel ; mais il ne peut arrêter long-temps ses regards que sur ces rares esprits, qui sont pour lui ce que les montagnes sont pour le voyageur ; en Italie, c'est le Dante, le Tasse et l'Arioste ; en Espagne, Cervantes ; en Angleterre, Shakspeare et Byron ; sur cette terre d'Allemagne, dont les richesses poétiques ne sont ni moins abondantes, ni moins précieuses, pour être plus récentes, il choisira entre tous les autres Goethe et Schiller.

C'est un bel et touchant spectable que cette communication intime, que cet échange quotidien de pensées entre deux hautes intelligences. Par leur correspondance qui a été publiée, on peut juger de l'intérêt et de l'élévation de leurs entretiens. Goethe a dit de quelques lettres de son ami, que leur publication serait le plus beau présent qu'on pût offrir à des lecteurs intelligents. Ils étaient frères de génie ; mais cette fraternité même, qui produit l'estime, éloigne plus souvent qu'elle ne rapproche. Comment a-t-elle engendré ici l'amitié ? L'un animait de ses chefs-d'œuvre le théâtre que l'autre dirigeait ; et ces rapports continuels et obligés entre l'auteur et le directeur, créaient des conditions de rapprochement physiques, sans lesquelles l'intimité ne peut naître et subsiste difficilement. Mais l'union des âmes exige certains rapports d'esprit et de caractère. Goethe a donné une explication ingénieuse de cette association étroite de pensées et de travail : tous deux avaient le même but, mais ils employaient pour y atteindre des moyens différents ; Schiller recherchait le particulier en vue du général, il était plus philosophe ; lui dans le particulier apercevait le général ; il était plus poète. Voilà pour l'esprit. Quant au caractère, on a fait quelquefois de Goethe un de ces grands hommes sans bonté, dont Bossuet a dit : « Ils peuvent bien forcer les respects, et ravir l'admiration, mais ils n'auront pas les cœurs, » et on l'a accusé d'un égoïsme profond. Souvent on doute des sympathies humaines de ces êtres si supérieurs à leurs semblables, et l'on est disposé à croire que la grandeur de l'esprit est compensée en eux par la petitesse du cœur, surtout s'ils ont l'esprit de domination et la raillerie. Je ne ferai pas cette injure à la nature humaine ; je crois qu'on peut être grand à la fois par le cœur et par l'esprit, et je me défie des calomnies de la médiocrité. Ce que je découvre clairement dans Goethe, ce n'est pas de la dureté et de l'égoïsme, c'est une personnalité très forte et de l'autorité, *Meisterschaft*. Cette autorité ne blessa pas la nature tendre et dévouée de Schiller, et ne rencontra pas en elle un obstacle. Frère cadet par le génie comme par l'âge, celui-ci la subit naturellement et sans la sentir.

Sous les yeux et par les conseils de son ami, le talent de Schiller grandissait. Il possédait, lui, ce qui avait manqué à Goethe, au temps de sa fécondité dramatique, c'est-à-dire, un théâtre. L'auteur des *Brigands* avait déjà composé *Don Carlos*, plus approprié à la scène ; un autre sujet s'élaborait dans son esprit ; c'était *Wallenstein*, le héros de cette guerre de Trente ans, qu'il a retracée avec la même supériorité, comme poète et comme historien ; mais les fortes études de l'historien étaient pour le poète comme un embarras de richesses ; travaillant pour un théâtre, il se décida à diviser ce sujet vaste en plusieurs parties. A ce moment où les deux amis ne passaient aucune journée dans le même lieu sans se parler, aucune semaine dans des lieux voisins sans s'écrire, la rudesse et l'exagération du début se tempéraient en Schiller, et il arrivait à la vraie grandeur et à l'expression simple. En 1799, les *Piccolomini* et *Wallenstein* furent représentés. *Marie Stuart*, la *Pucelle d'Orléans*, *Guillaume Tell*, enfin, se succédèrent en peu d'années. Tel était l'heureuse et incessante activité du poète, secondée par l'activité sympathique et habile du directeur.

En même temps que Goethe ouvrait à Schiller son théâtre, Schiller ouvrait à Goethe la publication littéraire qu'il dirigeait, les *Heures*. Celui-ci y insérait des poésies légères, vieilles ou fraîches écloses, des élégies, des épîtres et des ballades : dans quelques-unes d'entr'elles, il imite avec son bonheur habituel les chants populaires et la manière d'un maître habile en ce genre parmi les Allemands, Hans Sachs, le poète cordonnier. Tous deux discutaient et décidaient en commun les diverses questions relatives à la rédaction de cet écrit périodique; Goethe était plus sévère pour l'admission des travaux; Schiller, en sa qualité d'éditeur, était plus facile. Encouragé par la confiance dont l'honoraient ses compatriotes, ce dernier entreprit une autre publication, un *Almanach des Muses*, recueil de vers servant de complément aux *Heures*, qui ne contenaient guère que de la prose. Goethe concourut aussi à cette nouvelle œuvre; sa verve lyrique se ranima; il composa alors *Alexis et Dora*, la *Fiancée de Corinthe*, le *Dieu et la Bayadère*.

Mais le résultat littéraire le plus remarquable de cette collaboration, ce furent les *Xenies*. Ces épigrammes, dont le nom est emprunté à Martial, furent l'œuvre commune des deux amis, et les occupèrent pendant plusieurs mois de l'année 1796. Inoffensives d'abord, elles s'élevèrent peu à peu jusqu'au dernier degré d'âpreté et d'amertume; et elles attaquèrent sans ménagement tous les ridicules contemporains. Dès leur apparition, elles agitèrent toute la littérature allemande, toute l'Allemagne même; elles furent blâmées comme un abus criant de la liberté de la presse. Dans un grand bal à Leipsick, où Goethe se trouva, beaucoup de membres de la société que les *Xenies* avaient blessés ou effrayés, le considérèrent avec terreur, comme l'incarnation du mauvais principe. Tant de supériorité, de gloire et de malice ameuta contre les deux poètes des haines ardentes; eux, poursuivaient leurs travaux littéraires, et ne se reposant ni le jour, ni la nuit, répondaient aux persécutions de leurs adversaires, par de nouveaux chefs-d'œuvre.

La communauté de leurs pensées éclate par l'analogie de quelques-uns de leurs ouvrages. Cette insurrection des Pays-Bas, à laquelle s'était prise avec tant d'ardeur la jeunesse de Goethe, et qu'il avait rendue avec tant de pénétration et de vigueur dans le drame d'*Egmont*, Schiller en commença le tableau détaillé dans une histoire qui va de pair avec celle de la guerre de Trente ans. Ce sujet de *Guillaume Tell*, que Schiller a resserré dans un beau drame, Goethe l'avait conçu le premier, et il avait projeté de l'étendre dans une épopée. Il nous a donné quelques détails intéressants sur ce grand sujet, auquel se rattache un autre nom célèbre, celui de Rossini.

Dans un troisième voyage en Suisse, qui eut lieu pendant l'année 1797, le lac des Quatre-Cantons et les collines de Schwitz excitèrent l'imagination de Goethe; elle voulut animer et peupler ce paysage grandiose; Guillaume Tell et ses braves compagnons s'offrirent à elle, et une épopée fut rêvée sur les lieux mêmes. Dans la pensée de Goethe, Guillaume Tell était un robuste et gigantesque facteur (*Lasttrager*), *transportant à travers les montagnes des peaux de bêtes et d'autres marchandises, gagnant sa vie sans se mêler de politique,* mais déterminé à ne supporter aucune injure personnelle; connu des plus riches parmi ses compatriotes, il vivait tranquille au milieu des oppresseurs étrangers. Le Landvogt était un de ces tyrans impitoyables dans la poursuite de leur but, mais d'ailleurs faciles, indulgents pour eux-mêmes et pour les autres, et se permettant au besoin des fantaisies joyeuses, sans s'inquiéter des conséquences. Ces deux figures ainsi nuancées imprimaient au poème cette allure mesurée et facile qui sied à l'épopée. Goethe médita long-temps ce poème et il l'avait mûri dans sa tête; mais, arrêté par les incertitudes de la prosodie allemande, il ne l'exécuta pas. Schiller, qu'il en avait souvent entretenu, s'empara du sujet, le travailla à sa manière, et, avec la permission formelle de Goethe, qui fit sans hésiter ce sacrifice, il composa un drame, qui diffère profondément du poème projeté, mais dont l'auteur dut à son ami la pensée première, un sentiment vif de cette grande histoire, et l'idée d'un Guillaume Tell, indépendant et distinct des autres conjurés. Quelques années après la mort de Schiller, Goethe voulut reprendre son plan demeuré intact; mais, au milieu des angoisses de l'Allemagne envahie, il n'eut pas la force d'exécuter l'œuvre qu'il avait conçue, au sein de la libre nature, sur les bords du lac des Quatre-Cantons.

Ainsi, dans cette association intellectuelle de deux beaux génies, Goethe, plus fier et plus hardi, était l'être qui inspire et qui engendre; Schiller, plus doux et plus patient, était celui qui exécute et qui enfante.

A la fin de l'année 1803, Mme de Staël vint visiter Weimar, et dans ses entretiens avec les hommes éminents de ce brillant pays, elle puisa les éléments du livre célèbre, qui, comme parle Goethe, ouvrit tout-à-coup une large brèche dans la muraille chinoise des préjugés français à l'égard de l'Allemagne (1). Elle était venue à temps : un an plus tard, elle aurait trouvé Weimar veuf d'une de ses gloires les plus éclatantes

(1) On ne lira pas sans intérêt ces détails curieux sur la visite de cette femme supérieure, empruntés aux notes complémentaires de Goethe, année 1804 :

« Elle poursuivait avec une ardeur opiniâtre son dessein d'étudier nos mœurs, de les assimiler à ses idées, tout en les soumettant à ces idées mêmes, de s'instruire autant que possible des détails, de se rendre compte, en femme du monde, des rapports sociaux, et de pénétrer, d'approfondir avec son tact de femme d'esprit les idées générales et ce qu'on appelle la philosophie. Je n'avais aucun motif d'être réservé à son égard, quoique je n'eusse pas toujours été bien compris de ceux auxquels je m'étais ouvert ; mais une circonstance fortuite me rendit alors défiant. Je venais de recevoir un livre français récemment publié, qui contenait la correspondance de quelques dames avec Rousseau. Ces dames avaient mystifié, dans toute la force du terme, cet homme défiant et inabordable ; elles avaient su d'abord l'intéresser par de petites histoires, et l'amener ensuite à leur écrire des lettres, qu'elles avaient réunies et fait imprimer après s'être suffisamment diverties. J'exprimai à Mme de Staël combien je désapprouvais ce procédé ; elle, loin de prendre la chose au sérieux, parut l'approuver au contraire, et me fit assez clairement comprendre qu'elle avait l'intention d'agir à peu près de même avec nous. Il n'en fallut pas davantage pour me mettre sur mes gardes, et pour me rendre circonspect et quelque peu réservé.

Les grandes qualités littéraires de cette femme de tant d'intelligence et de sentiment, sont généralement reconnues ; et les résultats de son voyage d'Allemagne témoignent assez du bon emploi qu'elle a fait de son temps.

Elle avait plus d'un but ; elle voulait étudier Weimar sous le triple point de vue moral, social et littéraire, et s'instruire de tout avec soin ; mais en outre, elle voulait être connue de

et les plus pures, une grande lumière éteinte, un précieux faisceau brisé. A la fin de 1803, et au commencement de 1804, elle put contempler cette activité lit-

nous, et par conséquent elle n'était pas moins préoccupée de produire ses opinions que de pénétrer nos idées. Elle ne s'en tenait pas là; elle voulait aussi agir sur les sens, sur le sentiment, sur l'esprit; elle voulait exciter une certaine activité qui nous manquait, disait-elle.

Comme elle n'avait pas la moindre notion de ce qui s'appelle devoir et de la situation paisible et résignée à laquelle doit se résoudre celui qui a accepté un service, elle voulait qu'on mît sans cesse la main à l'œuvre et qu'on agît à chaque moment, de même qu'en société elle voulait qu'on discutât sans cesse et qu'on agitât toujours une question.

Les hommes de Weimar, assurément, sont susceptibles d'enthousiasme; ils le sont au besoin, peut-être, d'un enthousiasme faux; mais on ne pouvait pas attendre d'eux l'exaltation française, du moins à une époque où la prépondérance française était partout menaçante, et où les esprits prévoyants apercevaient déjà l'inévitable calamité qui devait nous mettre à deux doigts de notre ruine.

Mme de Staël brigua aussi des couronnes, par ses lectures et par sa déclamation. Je m'excusai d'une soirée où elle lut Phèdre, et où les applaudissements mesurés des Allemands ne la satisfirent nullement.

Ce qu'on appelle philosopher en société, c'est s'entretenir avec vivacité sur des problèmes insolubles. C'était son plaisir le plus vif et sa passion. Naturellement, dans les conversations et dans la discussion, elle arrivait presque toujours à ces questions de pensée et de sentiment, qui, à vrai dire, ne doivent être traitées qu'entre Dieu et l'individu. Elle avait alors, comme femme et comme française, l'habitude d'appuyer fortement sur les points principaux, sans guère écouter son interlocuteur.

Tout cela éveillait en moi le mauvais génie; aussi, quelque sujet qu'on agitât, je contredisais toujours en discutant ou en doutant. Cette opposition obstinée la mettait souvent au déses-

téraire si féconde ; non seulement elle put connaître et admirer Goethe, mais elle put connaître et aimer Schiller.

poir ; c'était alors surtout qu'elle était aimable, et que sa souplesse de pensée et de répartie se produisait dans tout son éclat.

J'eus encore en tête-à-tête quelques entretiens suivis avec elle; là aussi elle était fatigante à sa manière ; elle ne souffrait pas un moment de réflexion calme sur les sujets les plus graves, et, dans sa vivacité, elle exigeait qu'on fût aussi prompt à traiter les affaires les plus sérieuses qu'à recevoir un volant.

Je vais citer un trait entre beaucoup d'autres : Mme de Staël entra un soir chez moi avant l'heure de la cour, et dès l'abord elle me dit vivement : « J'ai une grande nouvelle à vous annoncer : Moreau est arrêté avec quelques autres, et il est accusé de trahison contre le tyran. » Je prenais depuis long-temps ma part de l'intérêt général que ce noble caractère inspirait ; j'avais suivi ses actes ; je rappelai alors en moi le passé, afin, suivant mon habitude, de mieux apprécier le présent, et d'en conclure l'avenir, ou de le pressentir du moins. La dame changea de conversation ; et elle causa, suivant son usage, de mille choses indifférentes ; préoccupé de mes réflexions, je n'avais pas l'esprit présent pour lui répondre ; elle renouvela encore une fois son reproche, et dit que ce soir aussi j'étais maussade comme d'habitude, et qu'on ne pouvait avoir avec moi une conversation agréable. Je me fâchai tout de bon, et je déclarai qu'elle ne savait s'intéresser sérieusement à rien, qu'elle me prenait à l'improviste, qu'elle m'étourdissait par un coup violent, et qu'elle voulait ensuite qu'on se mît sur-le-champ à siffler ses chansonnettes et à sauter d'un sujet à un autre.

Un pareil langage était fort de son goût ; elle voulait exciter une passion, n'importe laquelle. Pour m'apaiser, elle m'exposa avec profondeur les circonstances de ce grave événement, en quoi elle montra une grande connaissance des hommes et des choses....

Quoi qu'on puisse penser et dire après coup de ces relations, il faut toujours reconnaître qu'elles ont été d'une haute impor-

En commençant l'année 1805, les deux poètes étaient pleins de projets et d'espérances, mais fatigués et souffrants. Comme délassement, ils avaient entrepris des traductions, Schiller, celle de *Phèdre*, Goethe, celle du *Neveu de Rameau*. Bientôt, retenus chez eux par la maladie, ils cessèrent de se voir et ils ne firent plus qu'échanger de courts billets. Au commencement de mai, Goethe sortit, et trouva Schiller sur le point de se rendre au spectacle; il ne voulut pas le retenir; un malaise qu'il éprouva, l'empêcha de l'y accompagner; et, devant la porte de Schiller, les deux amis se séparèrent pour ne plus se revoir. Schiller mourut le 19. Cet événement, qui fut caché pendant quelque temps à Goethe, aggrava ses souffrances physiques et morales. Quand il fut remis de cette secousse, sa première pensée fut d'achever le drame de *Démétrius* que Schiller avait commencé. Celui-ci avait l'habitude de discuter avec les autres le plan de ses ouvrages, et d'écouter patiemment tous les avis. Goethe, en particulier, avait assisté et participé par ses conseils à l'enfantement de *Wallenstein* et

tance et fécondes en conséquences graves. Cet ouvrage sur l'Allemagne, né des causeries de société dont je viens de parler, doit être considéré comme une puissante machine de guerre, laquelle, dans la muraille chinoise des préjugés antiques qui nous séparaient de la France, ouvrit tout à coup une large brèche: grâce à elle, au-delà du Rhin, et par suite au-delà de la Manche on commença à nous mieux connaître; ce qui ne nous procurait rien moins qu'une influence vivante dans l'occident tout entier. Nous devons donc bénir ces difficultés et ce conflit des caractères nationaux qui nous contrariaient alors et dont nous ne pressentions pas les résultats.

Nous devons aussi mentionner avec reconnaissance la présence de M. Benjamin Constant.

des autres pièces ; le plan de *Démétrius*, dans tous ses détails, lui était aussi présent qu'il eût pu l'être à la pensée de l'auteur lui-même. Par ce travail, il aurait poursuivi de bien chers entretiens, malgré la mort ; en continuant l'existence de son ami, il eût amoindri sa perte ; et la représentation de cette œuvre commune à tous deux aurait été une imposante solennité funéraire. Cette idée lui rendait la santé du corps et de l'âme. Mais divers obstacles en contrarièrent l'exécution ; il y renonça précipitamment, et retomba dans sa douleur. Alors seulement Schiller fut mort pour lui ; et, détournée du catafalque brillant qu'il avait voulu lui ériger, son imagination contristée se reporta sur la fosse où le cadavre avait été enterré obscurément.

Parmi les événements domestiques de la vie de Goethe, je signalerai, en 1806, son mariage avec Mme Vulpius, dans l'intimité de laquelle il vivait depuis long-temps, et, en 1807, la mort de sa vieille mère.

Depuis que la seconde période littéraire de Goethe a été close par la composition d'*Hermann et Dorothée*, on rencontre dans sa vie un long intervalle de stérilité, semblable à celui qui sépare la première période de la seconde. Mais cette stérilité serait la fécondité des autres ; cet esprit, dont les fruits sont moins précieux, n'est pas une terre épuisée qui se repose ; c'est un sol vigoureux que des cultures plus légères préparent à porter de nouvelles et riches moissons. Certes, ce n'est pas un espace vide d'activité et de génie, que celui où tant de poésies légères, élégies ou ballades, coulent de sa plume ; où il traduit la vie de Benvenuto Cellini, destinée aux *Heures* de Schiller, et le *Neveu de Rameau*, offrant cette intéressante particularité, que la traduction française de sa traduction allemande, remplaça long-temps l'œuvre égarée de Diderot ; où, de concert avec Schiller, il rassemble et façonne les éléments d'un répertoire théâtral allemand ; où, pour un théâtre qu'il gouverne toujours avec la même sollicitude, et dont les richesses dramatiques s'accroissent, il traduit *Mahomet* et *Tancrède*; où il cultive assidûment les sciences ; où, par des concours qu'il dirige, il excite les artistes de l'Allemagne ; où il écrit sur les beaux-arts le livre des *Propylées* ; où, enfin, il inspire Schiller, et remanie le premier *Faust*. Il n'y a pas de page blanche dans une pareille vie.

La troisième période s'ouvrit par le beau roman des *Affinités Electives*, *die Wahlverwandschaft*, qui parut en 1810.

Au printemps de 1807, Goethe s'était rendu aux eaux de Carlsbad, dont il avait déjà ressenti les effets salutaires, et qui, cette fois encore, furent bienfaisantes pour lui. Là, il imagina, il commença ou il finit plusieurs contes ; pour réunir dans un même cadre toutes ces œuvres légères, il évoqua de nouveau un de ses héros favoris, Guillaume Meister, qui, son apprentissage terminé, allait recommencer par les voyages une nouvelle série d'expériences ; et il conçut, je ne puis pas dire le plan, mais la pensée du livre des *Années de Voyages*, *die Wanderjahre*, dont le commencement ne fut publié qu'en 1821, et qui est resté inachevé. Le sujet des *Affinités Electives*, devait être traité en raccourci ; il eût formé un des épisodes les plus intéressants d'un ouvrage qui n'est qu'un assemblage d'épisodes ; mais l'imagination de l'auteur, fortement saisie, le développa bientôt, et le conte grandit jusqu'aux proportions du roman. Ce que ce roman renferme d'intime, nous l'ignorons ; Goethe, dont les confessions sont brèves, à partir de sa vingt-sixième année, nous dit seulement de cette œuvre de sa soixantième, qu'elle avait en lui de fortes racines, qu'on ne peut y méconnaître une plaie profonde qui craint de se cicatriser, un cœur malade qui a peur de guérir.

Edouard et Charlotte, deux nouveaux époux, mais deux anciens amants, à qui un double veuvage a permis de contracter une union jadis souhaitée, mais contrariée par leurs familles, vivent ensemble dans un beau domaine. Un ami intime du mari, que la paix a laissé sans emploi, y reçoit l'hospitalité ; et une jeune orpheline, nièce de la femme, rappelée de la pension où on l'élève, vient y retrouver sa tante. Entre ces quatre individus réunis sous le même toit, s'opèrent alors des effets analogues à ceux qui se produisent entre plusieurs corps mis en contact ; les affinités respectives se manifestent, et déterminent deux groupes, et comme deux combinaisons, où les lois de la nature contrastent étrangement avec les lois sociales. Edouard, tendre et ardent, se détache peu à peu et sans s'en apercevoir, d'une femme bonne, sensée, maîtresse d'elle-même, qu'une résolution romanesque, dictée par ses souvenirs plus que par ses sentiments, a faite son épouse ; il est attiré vers la jeune, naïve et belle Ottilie, que son ancienne amie, avant leur hymen, lui avait, à son insu, destinée, et qui éprouve pour lui une sympathie profonde. Charlotte, de son côté, est subjuguée par la raison supérieure et pratique du capitaine, qui a été, contre son gré, introduit au château ; et celui-ci s'enflamme pour elle, au sein de l'activité commune qui les rapproche. Ces attractions et ces sympathies se changent en passions, vivement exprimées par l'un des couples, comprimées délicatement par l'autre, et qui, par une série de joies et d'angoisses, d'efforts héroïques et de faiblesses, aboutissent à une horrible catastrophe. Tel est le fond d'un livre, qui, petit dans son germe, et croissant peu à peu, faillit s'étendre outre mesure, mais qui finalement, de tous les romans de Goethe, s'est trouvé le plus régulier. Par le développement des situations et des caractères, et l'art avec lequel le poète aperçoit *le général dans le particulier*, pour parler sa langue, et nous montre pour ainsi dire, *le monde dans un château*, il accuse toute la vigueur du génie.

Ce génie qui ne vieillissait pas, reparut encore tout entier dans le *Divan*, ou, littéralement, dans le *Divan Occidento-Oriental*, *West Ostlichen-Divan*, avec une grâce et une fraîcheur toutes nouvelles. Goethe s'était fait une habitude, quand le ciel politique était gros de tempêtes, de se réfugier par la pensée dans une terre lointaine. Ainsi, dans les dernières années de l'Empire, quand l'Allemagne gémissait sous la domination de la France, s'élançant jusqu'à l'extrémité de l'Ancien Continent, il s'était transporté en esprit jusqu'au sein de la Chine. A la même époque, il lut avidement les poésies de Hafis, traduites par l'orientaliste de Hammer. Échauffé par ce brillant reflet du soleil d'Orient, et suivant les traces de Hafis, comme il avait suivi celles de Shakspeare, de Sophocle et d'Homère, au moment où *le Nord, l'Ouest et le Sud s'ébranlent*, *où les trônes se brisent*, *où les empires tremblent*, il s'enfuit dans l'Est paisible, *pour respirer l'air des patriarches, pour aimer, boire et chanter, près d'une source qui rajeunit.*

    Nord und West und Sud zersplittern ;
    Throne bersten, Reiche zittern,
    Fluchte du, an reinen Osten
    Patriarchenluft zu kosten,
    Unter Lieben, Trinken, Singen,
    Soll dich Chisers Quell verjungen.

Telle fut l'origine du délicieux recueil de poésies, qui parut en 1819, sous le nom de *Divan*.

Goethe se prépara à cette composition par de longues et patientes études sur l'Orient, dont on se fera une idée, en lisant les notes détaillées qui sont annexées au poème. Il interrogea l'érudition des orientalistes, notamment celle de notre illustre compatriote, Silvestre de Sacy; et c'est ainsi qu'il fut oriental avec la même vérité qu'il avait été grec. Dans l'année 1815, après le rétablissement de la paix européenne, il alla visiter Bade et le sol qui lui avait donné le jour; le grand air, le mouvement, la vue des lieux chers à son enfance, des témoignages de sympathie, excitèrent la verve du poète sexagénaire, et firent éclore la plupart des petites pièces qui sont réunies et distribuées dans le *Divan*, comme des fleurs dans un parterre royal. Le sentiment de calme et de bien-être qu'il avait éprouvé dans ce voyage, se reflète dans ce recueil, qui charme par une aimable sagesse de vieillard et par un doux éclat de soleil couchant.

Deux ans après parut la continuation de *Guillaume Meister*, commencée depuis 1807, et de temps en temps reprise, sans être jamais menée à fin. Le roman *des Années de voyage* est plus irrégulier encore que celui des *Années d'apprentissage*; les contes dont il est parsemé sont comme autant d'étapes pour le lecteur qui voyage avec Guillaume Meister et son fils; mais, bien que ces récits particuliers soient très habilement fondus dans le récit principal, ils éparpillent l'attention, et affaiblissent l'intérêt de l'ensemble. Souvent, quand un auteur a traité un sujet avec amour et avec bonheur, il est tenté de le reprendre et de le poursuivre: tentation dangereuse à laquelle il est imprudent de céder! Rarement on est heureux deux fois avec la même idée. En toute chose, et surtout dans la littérature, il faut savoir s'arrêter à temps. Goethe a agi avec quelques-uns de ses héros, comme les auteurs dramatiques de son pays, qui ne savent pas finir leur pièce là où il faut, et qui la prolongent au-delà de l'intérêt. Qui s'avise de lire les lettres posthumes de Werther? Qui n'est pas effarouché du second *Faust*? *Guillaume Meister*, toutefois, comportait une suite; c'est un sujet élastique et illimité comme *Gil-Blas* et comme *Don Juan* de Byron. La première partie contient les expériences du jeune homme pour son propre compte; la seconde offre celles du père avec son fils. Ne sont-ce pas là les deux moitiés de la vie humaine? Dans l'un et dans l'autre roman, Goethe a rendu à sa manière ses expériences personnelles; dès l'abord on retrouve dans les *Années de voyage* sa science des pays de montagnes, acquise par des voyages fréquents; et dans ce petit Félix, si impatient de connaître les objets de la nature qui frappent ses yeux, on reconnaît ce fils qui, lors d'une visite aux mines d'Ilmenau, en 1795, rafraîchissait pour lui, par sa curiosité enfantine, des lieux connus depuis vingt ans.

Ce sont deux romans d'une nature bien diverse que les *Affinités électives* et les *Années de voyage*; le premier un, régulier, circonscrit; le second, presque sans unité, sans plan et sans limites. Mais ils se ressemblent par plus d'un côté, et peuvent servir à caractériser la troisième et dernière période de l'écrivain. La science règne dans ses œuvres littéraires comme dans sa vie; l'une de celles-ci emprunte son titre et son idée fondamentale à la chimie; et l'autre est toute minéralogique dès son début. La nature et l'art s'aidant mutuellement, l'art des Lenôtre et celui des Perraud, choisissant les lieux et les embellissant, de manière à satisfaire les yeux et le cœur, et à suffire en même temps aux exigences positives de la vie, tels sont les sujets qui le préoccupent, tel est le fond sur lequel il retrace les événements et les passions. Toutefois, comme le grand sujet est toujours l'homme lui-même, l'homme moral auquel tout se rapporte en définitive, c'est toujours de lui surtout qu'il nous entretient. Ici, plus que jamais, il parle en maître; et, soit dans les archives de Macarie, soit dans le journal d'Ottilie, son omniscience, son omniexpérience s'exprime sous la forme dogmatique de la sentence et de l'aphorisme. Que dirai-je de son style? Il est, dans tous les écrits de cette période, d'une élégance et d'une facilité incomparables.

Dans le même temps où ces trois œuvres mûrissaient, il recueillait toutes les traces d'une vie précieuse qui s'acheminait vers son terme, et il rédigeait les divers écrits biographiques, dont j'ai parlé plus haut. S'il est vrai que *Guillaume Meister* soit un portrait assez ressemblant de Goethe, on pourrait comparer l'*Aus Meinem Leben* au *Lehrjahre*, et les relations de voyage au *Wanderjahre*. Ces dernières se composent des *Voyages d'Italie et de Sicile*, du *Second séjour à Rome*, de la *Campagne de France*, du *Voyage de Suisse en 1797*, et de celui sur les *bords du Rhin, du Mein et du Necker en 1814 et 1815*. Il faut chercher dans les mémoires ce qui concerne la personne de Goethe; les voyages sont avant tout descriptifs, ils appartiennent à la nature et à l'art, ses deux idoles.

J'ai parlé à peine du savant et de l'artiste, les hommes spéciaux apprécieront l'un et l'autre. Je veux faire sentir, toutefois, en quelques lignes, l'immensité du génie de Goethe dans ces deux directions.

Parmi les beaux-arts, la musique, sans être négligée par lui, fut cultivée avec moins de goût. Son domaine de prédilection, ce furent les arts variés qui dépendent du dessin, ceux du graveur et du peintre, ceux du sculpteur et de l'architecte. Il avait manié dans sa jeunesse le crayon, le pinceau et le burin, sans atteindre au-delà du talent de l'amateur. Il les quitta pour la plume, et, de son impuissance à produire et à pratiquer, il se consola par la théorie, par la critique, et quand sa position le lui permit, par l'encouragement. Aussi souple sur ce terrain que sur celui de la littérature, il comprend à la fois les cathédrales gothiques et les temples grecs, l'école vénitienne et l'école flamande, l'art antique et l'art moderne, l'art du midi et celui du nord. Il est l'ami, le patron des artistes vivants; il est le biographe des morts. Il compose des écrits remarquables soit sur l'esthétique en général, soit sur un art en particulier. Voyageur, il est comme le pèlerin de l'art, et il en visite pieusement les sanctuaires. Dans son cabinet de travail, il suit attentivement tous les événements du monde artistique, comme il s'intéresse à toutes les nouvelles scientifiques et littéraires; il s'entoure de dessins, de tableaux, de médailles et de mille autres richesses artistiques « Que serait le monde sans les arts? » a-t-il dit. Il satisfit, lui, en les cultivant, un de ses besoins les plus impérieux et les plus doux.

Parmi les sciences, il s'attacha de préférence à celles qui recherchent les phénomènes et les lois du monde matériel. Ici encore son activité intellectuelle ne put se restreindre; une seule des sciences physiques ne pouvait lui suffire: il les embrassa toutes. Il a écrit sur l'étude de la nature en général, sur la minéralogie et la géologie, sur la météorologie, sur la botanique et sur l'anatomie. Mais la *Théorie des couleurs* est son œuvre capitale dans la science, de même que les *Propylées* le sont en esthétique. La science fut la principale occupation de ses dernières années, et elle gagnait chez lui du terrain, à mesure que la poésie et la littérature en perdaient; il apprenait toujours, quand il ne créait plus ou qu'il créait moins, et cet esprit vivace ne se reposait jamais.

Goethe ne demeura pas étranger aux sciences morales et politiques; il y avait été en quelque sorte initié par les écrits de Spinoza, et ses notes font foi qu'il lisait les principaux ouvrages de philosophie et d'histoire, publiés par ses contemporains, ceux des Jacobi, des Fichte et des Schelling, ceux des Heeren et des Raumer; l'étude de l'homme était la première à ses yeux; les observations et les pensées dont ses poèmes et ses romans abondent, portent le cachet précis et vigoureux de la science; l'auteur de *Goetz de Berlichingen* et du *Comte d'Egmont* peut être considéré comme un grand historien, et celui de *Guillaume Meister* et des *Affinités électives*, comme un grand moraliste. Toutefois, tandis qu'il étudiait la nature, ou le monde physique, à la fois en savant et en artiste, c'était en artiste, seulement, qu'il étudiait l'homme, ou le monde moral. Il contemplait le progrès des sciences sociales, il n'y coopérait pas. Il avait été détourné d'une participation active par l'impression pénible que la philosophie du dix-huitième siècle avait produite sur son esprit, et par le manque de fixité et de précision de cette branche des connaissances humaines. L'état politique de l'Allemagne et sa position officielle devaient aussi le gêner. Enfin, d'autres vocations plus décidées l'entraînaient; et la littérature, à la hauteur où il la portait, comprenait la science et la dominait.

Il est curieux de le voir, dans le dernier quart de sa vie, de son trône littéraire de Weimar exhaussé sur trois générations, l'œil ouvert sur toutes les parties du monde intellectuel, comme sur les divers compartiments d'un panorama, étudier le mouvement des littératures contemporaines, suivre au-dehors, et surtout en France, les succès de la littérature allemande, de ses propres œuvres, et de celles de Schiller, et remarquer les nouveaux météores du même ciel où il resplendissait toujours. Lord Byron, dont la bizarrerie l'avait d'abord repoussé, le séduisit bientôt par son éclat et par sa grandeur ; et, d'année en année, il répéta dans son journal les expressions de l'admiration la plus vive pour ce talent extraordinaire que sa vieillesse vit luire et s'éteindre. Il traduisit des fragments de *Manfred*, ce frère cadet de *Faust*, et les premières strophes de *Don Juan*; et au moment où le jeune poète allait combattre et mourir pour l'indépendance de la Grèce, le poète septuagénaire lui adressa quelques vers profondément sympathiques. Walter Scott, avec son rare talent pour rendre la vie au passé, obtint aussi son attention et son suffrage ; parmi les romans de ce conteur fécond, les notes de Goethe mentionnent le *Château de Kénilworth*, où peut-être celui-ci retrouvait avec orgueil une des scènes les plus touchantes de son *Comte d'Egmont*, celle où le héros de Saint-Quentin se montre à Claire, la fille du peuple dévouée, dans son costume de cour. Il fut charmé de la douceur et de la pureté de Manzoni ; il analysa ses drames, et en particulier le *Comte de Carmagnole*, avec beaucoup de soin ; et il traduisit sa belle ode du *Cinq Mai*.

C'est ainsi qu'il rendait franche et pleine justice aux gloires littéraires de l'Angleterre et de l'Italie. Il fut moins juste pour celles de la France. Il semble qu'il ait préféré Byron, Scott et Manzoni, parce que ces lumières brillantes étaient éloignées, ainsi que lui, du grand foyer des lettres et des arts ; il les aimait comme des compagnons d'exil. A la même époque, pourtant, la littérature française était riche de grands écrivains ; l'un d'eux, surtout, avec lequel l'auteur de Werther aurait dû sympathiser, et dont la célébrité avait quinze ans de date, l'auteur de *René*, poursuivait avec une splendeur toujours croissante, sa double carrière, littéraire et politique. Au lieu de ces vifs témoignages, de cette admiration expansive, dont Goethe honore les trois beaux noms que je viens de citer, je ne trouve sur M. de Châteaubriand que quelques lignes sèches, qui ne manquent pas entièrement de justesse, mais qui paraissent diplomatiques et contraintes; voici ces lignes que je traduis avec une stricte littéralité : « A côté de Bernardin de Saint-Pierre, nous trouvons M. de Châteaubriand. Talent rhétorico-poétique, avec de la passion, cherchant ses sujets dans le monde extérieur, s'élevant jusqu'aux sentiments religieux, très grande vigueur physico-morale, et se montrant tel aussi dans le monde politique. » C'est avec cette sobriété d'éloges, avec cette réserve, que le premier écrivain de l'Allemagne s'exprime sur le premier écrivain du dix-neuvième siècle.

La vieillesse de Goethe fut heureuse; le respect de l'Europe lettrée, la force de l'esprit et le travail l'accompagnèrent jusqu'à la tombe. Il acheva le *second Faust* dans la soirée qui précéda son dernier anniversaire de naissance, et il mourut à Weimar le 22 mars 1833. Il avait vu mourir avant lui son fils unique, mais il laissait une multitude d'œuvres, qui n'épuiseront jamais l'admiration ni l'étude. Il avait excellé dans toutes les branches de la littérature, dans la poésie lyrique et dans l'épopée, dans le drame et dans le roman. Dans l'épopée, il a conçu plus qu'il n'a exécuté. Mais quelle richesse d'effusion lyrique! Quelle souplesse dramatique! Quelle fécondité heureuse comme romancier! On conçoit difficilement une organisation intellectuelle plus riche et plus complète, que celle de cet homme, qui, au génie d'Homère et de Shakspeare, joint quelques rayons brillants de celui des Newton, des Buffon et des Winckelmann. Les termes de comparaison manquent:

et non seulement il ne peut être comparé, mais il peut à peine être saisi. L'étendue, cependant, ne lui ôte rien en force et en profondeur. Outre ces dons de l'intelligence qui procurent la gloire et tant de joies secrètes, la Providence lui donna tous ceux qui embellissent et élèvent la vie, la vigueur et la beauté du corps, les loisirs de l'aisance, le crédit, la puissance, l'affection des femmes, de sorte qu'on vit rarement une existence plus comblée. Quelquefois, comme le sacrificateur pare sa victime, la Providence orne ainsi pour quelques courts instants une jeune tête choisie ; elle accumula ses faveurs sur la tête de Goethe pendant l'espace de quatre-vingt-quatre années, afin de nous montrer, dans cette persévérante vitalité du génie, le plus majestueux de tous les spectacles. Byron avait eu, en poésie, la destinée éclatante et rapide d'Alexandre en politique ; Goethe eut, comme Voltaire, la plénitude de jours de Louis XIV et de Charlemagne.

Non seulement en Allemagne, mais en France, en Angleterre et dans tous les pays où l'on pense, on a écrit déjà beaucoup et l'on ne cessera d'écrire sur un homme qui sera toujours nouveau, comme la Bible et comme Homère, comme Shakspeare et comme Molière, et dont on ne croira jamais avoir sondé toutes les profondeurs. J'ai voulu aussi payer mon tribut à cette imposante mémoire ; en écrivant la courte notice qui précède d'après les renseignements qu'a laissés l'auteur lui-même, et sur les impressions vierges que j'ai cherchées dans la lecture de ses ouvrages, et en l'écrivant avec cette satisfaction intime qu'on éprouve à remuer de grandes choses et de grands noms ; en traduisant les morceaux les plus intéressants des Mémoires de Goethe, j'ai voulu ériger à celui-ci un petit monument, qui, par l'exiguïté même de ses proportions, servît mieux sa renommée qu'un travail plus vaste, et concourir ainsi, pour ma faible part, à l'une des œuvres les plus graves du dix-neuvième siècle, dans la politique aussi bien que dans la littérature et dans la science, le rapprochement de la France et de l'Allemagne.

Le présent volume se termine par un recueil de *Maximes et Pensées* qui n'a pas encore été traduit en français et qui méritait de l'être. Cet opuscule, qui appartient à l'âge avancé de l'auteur, contient des aperçus ingénieux sur les sujets les plus divers, des idées saines, élevées, auxquelles se mêlent, il est vrai, des obscurités métaphysiques, des paradoxes et même quelques lieux-communs. Ce sont les jugements d'un vieillard de génie sur les choses de la vie, de l'art et de la science, sur l'histoire, sur ses contemporains, sur ses compatriotes, sur les grands hommes et sur lui. Dans une publication destinée à montrer Goethe révélé en quelque sorte par lui-même, il convenait d'insérer ce recueil, où il se résume tout entier en brèves et piquantes formules.

Un mot, en terminant, de cette traduction. Je me suis efforcé d'y être aussi littéral que possible, et de rendre avec une scrupuleuse fidélité le texte allemand, sans cesser d'être correct dans ma langue maternelle. Avec les à peu près et les périphrases, on dénature une œuvre littéraire, on ne la traduit pas ; avec un langage bizarre qui tient à la fois de l'idiôme de l'auteur et de celui du traducteur, on la travestit. Dans un poëme où les détails d'expression ont une valeur particulière, il n'est pas mal de risquer certaines hardiesses de littéralité, qui, néanmoins, ne sont pas sans péril. Mais, dans de simples récits, tels que ceux qui composent l'*Aus Meinem Leben*, la traduction coulante, qui est celle que Goethe recommande pour toute espèce d'écrit, est sans contredit la meilleure. On n'a conquis par la traduction un écrivain étranger, que lorsqu'on a exprimé dans la langue littéraire de son pays les moindres nuances de la pensée originale.

Pour l'accomplissement de cette tâche dont je ne me dissimulais pas les difficultés, j'ai cherché un collaborateur. La plupart des traductions françaises d'ouvrages allemands sont fautives, tant le génie et les formes de la langue allemande l'éloignent de la nôtre ! Et le Français le plus versé dans la langue et dans la littérature de nos voisins d'outre-Rhin, risque beaucoup à entreprendre tout seul de traduire leurs ouvrages. Je ne me serais pas attaqué à un écrit de Goethe, sans l'aide d'un de ses compatriotes. J'ai trouvé dans M. Sander, habile professeur d'allemand, le plus utile concours. M. Sander, qui connaît plusieurs langues de l'Europe et de l'Asie, et qui possède à un haut degré l'intelligence de la littérature, habite Paris depuis plusieurs années ; et, ce sentiment des nuances fines, grammaticales et littéraires, dont il est doué, il le porte dans notre langue qu'un long usage lui a rendu familière. Il comprend les beautés des ouvrages de Goethe, et, sans être en état de les exprimer lui-même dans notre idiome, il peut du moins guider avec autorité ceux qui essaient de le faire. Mon travail doit à sa science et à son goût des améliorations notables. Cet aveu sincère, qui pourra diminuer le mérite du traducteur, sera du moins une garantie en faveur de la traduction.

Henri RICHELOT.

PREMIÈRE PARTIE.

LIVRE PREMIER.

Naissance de Goëthe ; la maison de ses parents ; le *Gérams* et les pots cassés ; la chambre de la grand'maman ; frayeurs de l'enfant pendant la nuit. — Vues de Rome et passion du père pour l'Italie. — Les marionnettes de la grand'maman. — Foires de Francfort ; le *Geleitstag* ; le tribunal des fifres. — Le tremblement de terre de Lisbonne ; effet qu'il produit sur l'esprit de Goëthe ; ses études sous la direction de son père, et sa prodigieuse facilité. — Sectes religieuses de l'époque, et culte dont elles lui suggèrent l'idée.

Le 28 août 1749, à midi sonnant, je vins au monde dans la ville de Francfort sur le Mein. La constellation était heureuse ; le soleil était dans le signe de la Vierge, et au point culminant de sa journée ; Jupiter et Vénus le regardaient amicalement ; Mercure ne lui était point hostile ; Saturne et Mars étaient dans une attitude indifférente ; seulement la lune, qui venait d'entrer dans son plein, exerçait avec beaucoup de force l'influence de son reflet, parce que son heure planétaire avait commencé au même instant. Elle s'opposa donc à ma naissance, qui ne put avoir lieu qu'après que cette heure fût écoulée.

C'est à ces aspects favorables, que les astrologues me vantèrent beaucoup dans la suite, que je dus peut-être ma conservation ; car, par la maladresse de la sage-femme, je fus comme mort en venant au monde, et l'on ne réussit qu'à force de soins à me faire voir le jour. Cette circonstance, qui avait vivement inquiété ma famille, profita du moins à mes concitoyens ; car mon grand-père, Jean Wolfgang Textor, qui était maire de la ville, prit de là occasion d'instituer un accoucheur, et de fonder ou de réorganiser l'enseignement des sages-femmes ; ce qui a pu rendre service à beaucoup de ceux qui naquirent après moi.

Quand on cherche à se rappeler les événements de ses premières années, on confond souvent les récits qu'on a entendu faire aux autres avec ses souvenirs personnels. Sans me livrer sur ce point à un examen scrupuleux, qui, d'ailleurs, ne mènerait à rien, je me souviens que nous demeurions dans une vieille maison qui se composait en réalité de deux maisons réunies. Un escalier tournant conduisait à des chambres sans communication entre elles, et des marches remédiaient à l'inégalité des étages. Le lieu favori des enfants, ma sœur cadette et moi, était le large vestibule d'en bas, où il y avait, à côté de la porte, un grand treillis en bois, par lequel on se trouvait en communication directe avec la rue et avec le grand air. Cette espèce de cage, dont beaucoup de maisons étaient pourvues, s'appelait un *gerams*. Les femmes s'y tenaient pour coudre et pour tricoter ; la cuisinière y épluchait la salade ; de cet endroit, les voisines faisaient entre elles la conversation ; et, dans la belle saison, cela donnait aux rues une physionomie méridionale. On éprouvait le sentiment de la liberté, en vivant dans cette familiarité avec le public. Par le moyen de ce treillis, les enfants firent connaissance avec le voisinage ; les trois frères d'Ochsenstein, fils orphelins du feu maire, me prirent en affection, et ils s'occupaient de moi et me taquinaient.

Ma famille aimait à me raconter les espiègleries de toute espèce, auxquelles ces hommes, d'ailleurs sérieux et réservés, m'excitèrent. Je ne raconterai qu'un de ces tours. Le marché des poteries venait d'avoir lieu ; et non seulement on avait approvisionné la cuisine pour quelque temps ; mais on avait acheté aussi des objets de ménage en miniature, pour servir de jouets aux enfants. Un bel après-midi que tout était tranquille dans la maison, je m'amusais dans le treillis avec mes plats et avec mes pots ; ne sachant plus qu'en faire, je jetai un de ces objets dans la rue, et il fit un si drôle d'effet en se cassant, que j'en fus tout joyeux. Les frères d'Ochsenstein, témoins de ma joie, qui allait jusqu'à battre, avec transport, de mes petites mains, me crièrent : encore ! Je ne perdis pas un instant, un pot s'envole ; et le même cri : encore ! se répétant toujours, je cassai peu à peu contre le pavé tous mes petits plats, tous mes petits vases, tous mes petits pots. Mes voisins continuaient à manifester leur approbation, et j'étais ravi de les amuser. Mais ma provision était épuisée, et ils criaient toujours : encore ! Je courus alors droit à la cuisine, et je pris les assiettes de faïence, qui produisirent, comme on le pense bien, un plus drôle d'effet encore en se cassant. Ainsi j'allais et venais, apportant les assiettes les unes après les autres, au fur et à mesure qu'il m'était possible de les atteindre sur la planche ; et, comme on ne se tenait pas pour satisfait, je livrai à la même destruction tout ce que je pus apporter de vaisselle de terre. On vint trop tard pour mettre le holà. Le mal était fait, et, en échange de tant de poteries cassées, on eut du moins une histoire amusante, dont les malins auteurs, surtout, se divertirent le reste de leur vie.

La mère de mon père, dans la maison de laquelle nous étions logés, occupait une grande chambre sur le derrière, qui touchait au vestibule ; et nous avions l'habitude de pousser nos jeux jusqu'à son fauteuil, et même, quand elle était malade, jusqu'à son lit. Je me la rappelle, pour ainsi dire comme une ombre, comme celle d'une belle femme maigre, toujours vêtue en blanc et avec propreté. Elle m'est toujours restée dans la mémoire, sous les traits d'une personne douce, affable et bienveillante.

..... La maison, dans son état de vétusté, avec le grand nombre de ses recoins et de ses endroits obscurs, était bien propre à exciter dans des cœurs d'enfants le frisson de la peur. Malheureusement on en était encore à ce principe d'éducation, qu'il faut ôter de bonne heure aux enfants la crainte du mystérieux et de l'invisible, et les accoutumer aux choses effrayantes. Il nous fallut dormir tout seuls, et quand cela nous était impossible, et que nous nous levions doucement de nos lits pour aller trouver les domestiques, notre père, avec sa robe de chambre à l'envers, qui le déguisait suffisamment à nos yeux, nous arrêtait au passage, et nous faisait rentrer dans nos lits, tout effrayés. On se figure aisément les mauvais effets qui en résultaient. Comment peut-on se corriger de la peur, quand on est placé entre deux épouvantails? Ma mère, toujours sereine et gaie, et désirant que les autres le fussent comme elle, imagina un meilleur expédient pédagogique. Elle sut atteindre son but par le moyen des récompenses. C'était le temps des pêches; elle promit de nous en régaler largement tous les matins, quand nous aurions surmonté notre frayeur nocturne. Elle réussit, et l'on fut satisfait des deux parts.

Ce qui, dans l'intérieur de la maison, attirait le plus mes regards, c'était une série de vues de Rome, dont mon père avait décoré une antichambre; elles avaient été gravées par d'habiles prédécesseurs de Piranèse, fort entendus en architecture et en perspective, et dont le burin est très net et très estimé. C'est là que je voyais tous les jours la Piazza del Popolo, le Colisée, la place Saint-Pierre, l'église Saint-Pierre, en dedans et en dehors, le château Saint-Ange, et bien d'autres monuments. Ces images se gravèrent profondément en moi; et mon père, d'ordinaire très laconique, avait quelquefois la complaisance de nous décrire de vive voix les objets. Il avait, pour la langue italienne et pour tout ce qui se rapporte à l'Italie, une prédilection prononcée. Il nous montrait souvent une petite collection de marbres et d'objets d'histoire naturelle, qu'il avait rapportés de ce pays; et il employait une grande partie de son temps à la rédaction, en langue italienne, de son voyage, qu'il transcrivait, de sa propre main, sur des cahiers, lentement et fidèlement.....

Mon père était vif de sa nature, et, se tenant éloigné des affaires, il aimait à transmettre à d'autres sa science et ses talents. Ainsi, dans les premières années de leur mariage, il avait obligé ma mère à écrire assidûment, ainsi qu'à jouer du clavecin et à chanter; elle se vit donc forcée d'acquérir aussi une certaine teinture de la langue italienne, et tout ce qu'il faut en savoir pour faire de la musique.

Pendant nos heures de recréation, nous nous tenions habituellement chez notre grand'mère, dont la vaste chambre suffisait amplement à nos jeux. Elle savait nous occuper avec mille bagatelles, et nous régaler avec mille friandises. Mais, un soir de Noël, elle couronna tous ses bienfaits en faisant jouer pour nous les marionnettes; et elle créa ainsi un nouveau monde dans la vieille maison. Ce spectacle inespéré saisit fortement les jeunes imaginations; il fit, particulièrement sur le petit garçon, une impression très vive, dont la réaction fut puissante et durable.

Le petit théâtre, avec ses personnages muets, qu'on nous avait d'abord seulement montrés, et qu'on nous remit ensuite pour les faire manœuvrer nous-mêmes et pour les animer, eut d'autant plus de prix à nos yeux, que ce fut le dernier legs de notre bonne grand'mère, que les progrès de la maladie dérobèrent bientôt à nos regards, et que la mort nous arracha ensuite pour jamais. Sa perte fut un événement grave pour la famille, dans la situation de laquelle elle entraînait un changement complet.

Tant que vécut notre grand'mère, mon père s'était abstenu de faire à notre maison le moindre changement, la moindre innovation; mais on savait qu'il préparait une reconstruction complète; elle fut alors commencée sur-le-champ.

Pendant cette reconstruction, Gœthe parcourut sa ville natale, dont il décrit les principaux monuments, et particulièrement l'Hôtel de Ville, ou le *Rœmer*. De ces détails locaux, nous ne conservons que ce qui concerne les foires célèbres de Francfort.

.... Une cité nouvelle, improvisée au-dedans de la ville par la construction d'un si grand nombre de boutiques, les flots de la foule et le mouvement des affaires, le déchargement et le déballage des marchandises, tout cela, dès que nous fûmes en état de sentir, excita en nous la curiosité la plus vive et une envie démesurée de possession enfantine, que le petit garçon, en grandissant, tâchait de satisfaire, tantôt d'une manière, tantôt d'une autre, suivant l'état de sa modeste bourse. Il se formait en même temps une idée de toutes les productions du globe, de ses besoins, et des objets d'échange entre les habitants de ses différentes parties.

Ces grandes époques, dont le retour avait lieu au printemps et en automne, étaient annoncées par des solennités bizarres d'autant plus imposantes, qu'elles étaient une représentation vivante du vieux temps. Le jour de l'escorte (geleitstag), tout le peuple était sur pied, et se portait en foule vers la rue de Fahrgasse, vers le pont, jusqu'au delà de Sachsenhausen (1); toutes les fenêtres étaient occupées, sans que, pendant tout le jour, il se passât rien de particulier; la foule semblait être là, uniquement pour se presser, et les spectateurs, pour se regarder les uns les autres; car ce qu'on était venu voir, n'avait lieu qu'à la nuit tombante, et l'on y croyait sur parole plutôt qu'on ne le voyait avec ses yeux.

Dans ces anciens temps d'anarchie, où chacun faisait le mal à son caprice, ou le bien à sa fantaisie, les marchands qui se rendaient aux foires étaient harcelés et rançonnés par les nobles ou par les vilains campés sur les grandes routes, de telle sorte que les princes et des cités puissantes faisaient escorter les leurs par des gens armés jusqu'à Francfort. Mais les habitants des villes impériales tenaient à leurs droits et à l'inviolabilité de leur territoire; ils allaient à la rencontre des arrivants; quelquefois alors, il s'élevait des débats pour savoir jusqu'où s'avancerait l'escorte, ou s'il lui serait permis de pénétrer jusque dans la ville. Comme cela avait lieu, non seulement dans les affaires de commerce et de foire, mais aussi à l'arrivée des grands personnages, soit en temps de paix, soit en temps de guerre, soit surtout à l'époque des élections; et que l'on en venait souvent aux voies de fait, lorsqu'une escorte, à laquelle on refusait l'entrée de la ville, voulait y pénétrer de vive force avec son maître; beaucoup de négociations se poursuivaient depuis long-temps à ce sujet, beaucoup d'arrangements avaient été conclus, quoique toujours avec des réserves des deux parts; et l'on ne renonçait pas à l'espoir d'en finir une bonne fois avec des discussions qui duraient depuis des siècles, puisque le système de précautions, à l'occasion duquel elles avaient été soutenues pendant si long-temps, et souvent avec tant de vivacité, pouvait être considéré comme à peu près inutile....

Cependant la cavalerie bourgeoise sortait ces jours-là en

(1) Faubourg de Francfort.

plusieurs escadrons, ses chefs en tête, par diverses portes ; elle rencontrait, à un endroit convenu, les cavaliers, housards ou autres, des états de l'empire, ayant le droit d'escorte, lesquels étaient bien accueillis et bien traités, avec ceux qui les commandaient ; on restait jusqu'au soir, et alors, quand on entrait en ville, on était distingué à peine de la foule qui attendait ; plus d'un cavalier bourgeois avait de la difficulté à tenir son cheval et à se tenir lui-même en selle. C'était par la porte du pont qu'entraient les convois les plus intéressants ; et c'était là aussi qu'il y avait le plus de foule. Finalement, à la nuit tombante, arrivait le courrier de Nuremberg, avec une escorte semblable, et l'on répétait que, conformément à l'usage, il devait se trouver une vieille femme dans la voiture ; c'est pourquoi, à son arrivée, les gamins des rues avaient l'habitude de pousser des cris perçants, bien qu'il ne fût plus possible de reconnaître les voyageurs. C'était quelque chose d'incroyable et d'étourdissant, que le flot de la foule qui, à ce moment, se précipitait derrière la voiture par la porte du Pont : aussi les maisons voisines étaient-elles les plus recherchées des spectateurs.

Une autre solennité, encore plus singulière, et qui amusait le public en plein jour, c'était le *Tribunal des Fifres*. Cette cérémonie rappelait ces temps reculés, où des villes de commerce considérables tentèrent, sinon de s'affranchir des impôts qui devenaient plus lourds, à mesure que le commerce et l'industrie faisaient des progrès, au moins d'en obtenir l'allègement. L'empereur, qui avait besoin de ces villes, leur accordait cette immunité, quand elle dépendait de lui, mais d'ordinaire pour une année seulement ; tous les ans, par conséquent, il fallait la renouveler. Cela se faisait au moyen de présents symboliques, qui étaient offerts, avant l'ouverture de la foire de la Saint-Barthélemy, au maire impérial ; et les convenances avaient exigé qu'on les lui offrît, quand il était en séance avec ses échevins. Bien que, plus tard, le maire ne fût plus institué par l'empereur, mais choisi par la ville elle-même, il conserva toujours ce privilège ; et les immunités des villes, ainsi que les cérémonies dans lesquelles les députés de Worms, de Nuremberg et du Vieux-Bamberg, reconnaissaient cette antique concession, s'étaient perpétuées jusqu'à notre époque. Un jour d'audience publique était annoncé la veille de la Nativité de la Vierge ; dans une portion réservée de la grande salle des empereurs, les échevins étaient assis sur des siéges élevés ; le maire, au milieu d'eux, un degré plus haut. Les procureurs chargés des pouvoirs des parties, étaient en bas, à droite ; le greffier commence à lire à haute voix les sentences importantes réservées pour ce jour ; les procureurs demandent copie des pièces, interjettent appel, ou font ce qu'ils jugent à propos de faire.

Voici tout-à-coup qu'une musique étrange annonce pour ainsi dire l'arrivée des siècles passés. Ce sont trois musiciens, dont l'un joue du vieux chalumeau, l'autre de la basse, et le troisième du haut-bois. Ils portent des manteaux bleus bordés d'or, leur musique attachée aux manches, et la tête couverte. A dix heures précises, les envoyés, accompagnés de leur suite, sortent de leur hôtel ; et, après avoir excité l'admiration des habitants et des étrangers, ils entrent dans la salle. Les débats sont suspendus ; les musiciens et la suite restent en dehors de l'enceinte ; l'envoyé y pénètre, et se place vis-à-vis le maire. Les présents symboliques qui devaient être exactement conformes à l'ancien usage, consistaient ordinairement en marchandises formant le principal objet du commerce de la ville qui les offrait. Le poivre les remplaçait toutes : c'est pourquoi l'envoyé apportait une coupe en bois d'un beau travail, remplie de poivre. Par-dessus on plaçait une paire de gants, merveilleusement tailladés et piqués, et ornés de glands de soie, comme un signe de concession octroyée et acceptée, et dont l'empereur lui-même se servait dans certaines circonstances. On voyait à côté un bâton blanc qui manquait rarement autrefois dans les actes législatifs et judiciaires. On ajoutait encore quelques pièces d'argent ; et la ville de Worms offrait un vieux chapeau de feutre, qu'elle rachetait toujours, de sorte que le même chapeau avait assisté plusieurs années de suite à cette cérémonie.

Après avoir prononcé son discours, offert son présent, et reçu du maire l'assurance du maintien de la concession, l'envoyé sortait de l'enceinte, la musique jouait, le cortège s'en

retournait comme il était venu; le tribunal poursuivait ses
affaires, jusqu'à l'introduction du second envoyé, et de
même jusqu'à celle du troisième; car on mettait un intervalle entre la venue de chacun, soit pour faire durer plus
long-temps le plaisir du public, soit encore parce que c'étaient
toujours les mêmes vénérables virtuoses, lesquels Nuremberg
s'était chargé de nourrir pour son compte et pour celui des
autres villes, et de faire conduire tous les ans à leur poste.

Cette fête avait pour nous un vif intérêt; car nous n'étions
pas peu flattés de voir notre grand-père occuper une place
aussi éminente, et, d'ordinaire, nous lui rendions ce jour-là
une visite discrète, pour recevoir, après que notre grand'-
mère aurait versé le poivre dans la boîte aux épices, un go-
belet et un bâton, une paire de gants ou une vieille pièce de
monnaie. Il était impossible de se faire expliquer ces cérémonies symboliques, où l'antiquité reparaissait comme par
enchantement, sans se reporter vers les siècles passés, sans
s'informer des mœurs, des usages et des opinions de nos ancêtres, que ces musiciens et ces députés ressuscités devant
nous, ces présents palpables dont nous devenions les posses-
seurs, faisaient revivre si étrangement à nos yeux.

...... Une catastrophe extraordinaire vint troubler profondément, pour la première fois, le calme d'esprit de l'enfant.
Le 1er novembre 1755, eut lieu le tremblement de terre de Lisbonne, et il répandit une terreur panique dans le monde entier, qui s'accoutumait depuis quelque temps à la paix et au
repos. Une grande et magnifique capitale, une cité commer-
çante et maritime, fut inopinément frappée de la calamité la
plus terrible. La terre tremble et chancelle; la mer s'enfle et
gronde; les vaisseaux se brisent les uns contre les autres; les
maisons s'écroulent, et au-dessus d'elles, les églises et les
tours; le palais du roi est en partie englouti par la mer; la
terre entr'ouverte semble vomir des flammes; car la fumée et
le feu se montrent partout au milieu des ruines. Soixante
mille hommes, tranquilles et heureux il n'y a qu'un instant,
périssent ensemble; et celui-là doit être appelé le plus heureux de tous, qui n'a pas le temps de sentir le malheur et
d'y penser. Les flammes poursuivent leurs ravages, et, avec

elles, une multitude de scélérats jusque-là cachés, et mis en liberté par cet événement. Les infortunés qui survivent, sont livrés au vol, au meurtre, à toutes les violences ; et la nature exerce de toutes parts une tyrannie sans frein.

La nouvelle de la catastrophe avait été annoncée, dans un vaste rayon, par divers indices ; en beaucoup de lieux, des secousses plus faibles s'étaient fait sentir ; dans beaucoup de sources médicinales surtout, une stagnation inaccoutumée s'était fait remarquer ; cela ne fit qu'accroître l'effet des nouvelles, qui furent connues d'abord en gros, et bientôt avec d'épouvantables détails. Cet événement fournit une ample matière aux réflexions des dévots, aux consolations des philosophes, et aux sermons du clergé. L'attention du monde se trouva ainsi fixée long-temps sur ce point ; et les cœurs, émus par le malheur d'autrui, étaient encore en proie aux inquiétudes que l'on concevait pour soi-même et pour les siens ; car il arrivait de tous côtés des nouvelles de plus en plus détaillées sur l'immense étendue des effets de cette explosion. Jamais peut-être le démon de la peur n'étendit avec la même rapidité et la même force ses terreurs sur la surface du globe.

Le petit garçon, qui entendait souvent causer sur ce sujet, n'en était pas peu troublé. Dieu, le créateur et le conservateur du ciel et de la terre, que l'explication du premier article de sa foi lui représentait comme si sage et si bon, s'était montré bien peu paternel, en enveloppant dans la même ruine le juste et l'injuste. Le jeune cœur essayait en vain de se fortifier contre ses impressions ; cela n'était guère possible ; car les sages et les docteurs eux-mêmes ne pouvaient pas s'accorder entre eux sur la manière d'envisager cette catastrophe.

.... Ces événements interrompaient à peine le cours et la suite des leçons que mon père lui-même avait résolu de donner à ses enfants. Il avait passé sa jeunesse au gymnase de Cobourg, qui tenait un des premiers rangs parmi les institutions de l'Allemagne. Il y avait puisé un fonds d'instruction dans les langues et dans tout ce qui fait la matière des études libérales ; il avait ensuite étudié le droit à Leipsick, et finalement il avait pris ses degrés à Giessen. La dissertation qu'il composa avec beaucoup de conscience et de soin, et qui a pour titre : *Electa de aditione hæreditatis* (1), est encore citée avec éloge par les professeurs en droit.

C'est un pieux désir de tous les pères, de voir se réaliser dans leurs fils ce qui leur a manqué à eux-mêmes ; c'est en quelque sorte recommencer sa carrière, et utiliser l'expérience d'une première vie. Avec la conscience de son savoir, sûr de sa persévérance à toute épreuve, et sans confiance dans les maîtres d'alors, mon père résolut d'instruire lui-même ses enfants, et de leur donner seulement les maîtres nécessaires pour quelques leçons spéciales. Déjà commençait à se répandre une sorte de *dilettantisme* pédagogique. Le ton pédant et triste des professeurs attachés aux écoles publiques l'avait provoqué sans doute. On chercha quelque chose de mieux ; et l'on oublia que toute instruction, qui n'est pas donnée par des gens du métier, est nécessairement défectueuse.

La carrière de mon père avait jusque-là répondu suffisamment à ses vœux ; je devais parcourir la même voie, mais plus commodément et en poussant plus loin que lui. Il appréciait d'autant plus mes facultés naturelles, qu'elles lui manquaient ; car tout ce qu'il possédait, il l'avait acquis par une application et une persévérance incroyables, et à force de répétitions. Il me soutint plus d'une fois, tantôt au sérieux, tantôt en plaisantant, à différentes époques, qu'il aurait fait un tout autre usage de mes dispositions, et qu'il ne les aurait pas prodiguées aussi follement que je le faisais.

Avec ma facilité à concevoir, à élaborer et à retenir, l'instruction que mon père et mes autres maîtres pouvaient me donner, ne me suffit bientôt plus, sans pourtant que j'eusse des connaissances approfondies en quoi que ce soit. La grammaire me déplut, parce que je ne vis en elle qu'une loi arbitraire ; les règles me parurent ridicules, parce qu'elles étaient infirmées par une foule d'exceptions, qu'il fallut apprendre

---

(1) Morceaux choisis sur l'adition d'hérédité.

les unes après les autres ; et sans les *Rimes du Latiniste commençant* (1), je ne sais pas ce que je serais devenu ; mais j'aimais à frapper la mesure de ces vers et à les chanter. Nous avions aussi une géographie en vers mnémoniques du même genre, où les rimes les plus absurdes étaient celles qui gravaient le mieux la leçon dans la mémoire ; celle-ci, par exemple :

Ober-Yssel viel morast
Macht das gute Land verhasst (2).

Je saisissais sans peine les figures de style et les tournures de phrases ; j'analysais vite aussi les éléments d'une pensée. Dans les exercices de rhétorique, les chries et autres travaux de ce genre, personne ne me surpassait, quoique je fusse souvent placé après les autres, par mes fautes de grammaire. Ces compositions, pourtant, causaient à mon père une joie extrême ; et il m'en récompensait par des dons d'argent, considérables pour mon âge.

Mon père enseignait l'italien à ma sœur dans la même chambre où j'avais mon Cellarius à apprendre par cœur. Ma tâche terminée, je devais demeurer tranquille ; mais j'écoutais par-dessus mon livre, et je saisis avec beaucoup de facilité la langue italienne qui me parut une charmante dérivation du latin.

J'avais encore, pour la mémoire et pour le raisonnement, d'autres ressemblances avec ces enfants qui sont devenus fameux par leurs facultés précoces. Aussi tardait-il à mon père de m'envoyer à l'université. Il déclara bientôt que j'irais, comme lui, étudier le droit à l'université de Leipsick, pour laquelle il avait conservé une grande prédilection, et que j'en fréquenterais ensuite une autre, où je prendrais mes degrés. Quant à cette dernière, le choix que je ferais lui importait peu ; mais je ne sais pourquoi il avait de la répugnance pour Gottingue, à mon grand regret ; car j'avais, moi, beaucoup

---

(1) Titre d'un livre d'école.
(2) Mot à mot : d'Over-Yssel les nombreux marais rendent le bon pays détestable.

de confiance dans cette université, et je fondais sur elle de grandes espérances.

Il me conta ensuite que j'irais à Wesslar et à Ratisbonne, ainsi qu'à Vienne, et de là en Italie, bien qu'il maintînt plusieurs fois qu'on doit voir Paris d'abord, parce qu'en revenant d'Italie, on ne prend plus de plaisir à rien.

J'aimais à me faire répéter l'histoire de l'emploi futur de ma jeunesse, surtout parce qu'elle aboutissait à des détails sur l'Italie, et finalement à une description de Naples. Le sérieux habituel de mon père semblait se dérider alors, et sa sécheresse s'animer ; et ainsi s'éveilla, dans nos jeunes âmes, un vif désir de participer aux joies de ce paradis.

Je prenais, avec des enfants du voisinage, mes leçons particulières, dont le nombre s'augmentait peu à peu. Cette instruction en commun ne me plaisait pas ; les maîtres suivaient leur routine ; et les étourderies, souvent même les méchancetés de mes camarades, apportaient le désordre, la mésintelligence et le dérangement dans des leçons déjà fort courtes. On ne connaissait pas encore chez nous les chrestomathies, au moyen desquelles l'instruction devient amusante et variée. Le Cornélius Népos, si aride pour les jeunes gens, le Nouveau Testament, trop facile, et rendu même trivial par les sermons et par l'instruction religieuse, Cellarius et Pasor, ne pouvaient nous attacher ; en revanche, une manie de rimer et de versifier s'était emparée de nous, à la lecture des poètes allemands de l'époque. Elle m'avait pris déjà auparavant, et je m'amusais, après avoir traité un sujet de composition en prose, à le traiter ensuite en vers.

Mes jeunes camarades et moi, nous nous réunissions tous les dimanches, et chacun devait présenter des vers de sa composition. Il m'arriva alors quelque chose de singulier et qui m'embarrassa long-temps ; mes poésies, quel que fût leur mérite, me semblaient nécessairement les meilleures. Mais je remarquai bientôt que mes concurrents, qui produisaient de très grandes pauvretés, croyaient la même chose des leurs, et n'étaient pas moins présomptueux que moi ; ce qui me parut plus curieux encore, ce fut de voir un enfant, excellent d'ailleurs, et pour qui j'avais de l'affection, mais tout-à-fait incapable de pareils travaux, et qui se faisait faire ses vers par son précepteur, non-seulement les estimer les meilleurs de tous, mais être pleinement convaincu qu'il les avait composés lui-même, comme il me le soutenait toujours de la meilleure foi du monde, dans l'intimité qui régnait entre nous. Témoin de cette illusion et de cette démence, je fus un jour très inquiet de savoir si je ne m'aveuglais pas comme les autres, si leurs poésies n'étaient pas réellement meilleures que les miennes, et si je ne pouvais pas être à bon droit aussi fou aux yeux de ces enfants qu'ils l'étaient à mes propres yeux. Cette pensée me tourmenta beaucoup et long-temps; car il m'était tout-à-fait impossible de trouver un critérium extérieur de la vérité; je cessai même de produire, jusqu'à ce qu'enfin ma légèreté et le sentiment de ma propre valeur me rendirent le repos; puis aussi, une composition que nos parents et nos maîtres, devenus attentifs à nos amusements, nous firent faire à l'improviste, pour éprouver nos forces, et dont je m'acquittai fort bien, et avec le suffrage de chacun.

..... Il va sans dire qu'indépendamment des autres leçons, nous recevions un enseignement religieux, continu et progressif. Mais ce protestantisme officiel, qu'on nous enseignait, n'était, à vrai dire, qu'une sorte de morale sèche; on n'avait pas l'idée d'une exposition ingénieuse, et la doctrine ne contentait ni l'âme ni le cœur. C'est pourquoi beaucoup de personnes se séparaient de l'église établie. On vit naître les Séparatistes, les Piétistes, les Moraves, les Tranquilles sur la terre, et bien d'autres, sous quelque nom qu'on les désigne, qui n'avaient tous d'autre pensée que de s'approcher de la divinité, surtout par le moyen du Christ, plus que cela ne leur semblait possible dans le culte public.

L'enfant entendait parler continuellement de ces opinions et de ces doctrines; car le clergé, comme les laïcs, prenait parti pour ou contre. Les dissidents, à quelque degré qu'ils le fussent, étaient toujours en minorité; mais leurs idées avaient l'attrait de l'originalité, de la chaleur, de la persévérance et de la fermeté. On racontait toute sorte d'anecdotes sur leurs vertus et sur la manière dont elles se manifestaient; la réponse d'un pieux ferblantier, notamment, fit sensation. Un de ses confrères, essayant de le déconcerter par cette question : « Quel est donc votre confesseur ? », il répondit, plein de sérénité et plein de foi dans la bonté de sa cause : « J'en ai un très illustre ; ce n'est rien moins que le confesseur du roi David. »

Il n'est pas étonnant que tout cela ait fait impression sur l'enfant, et l'ait disposé à des sentiments analogues. L'idée lui vint de s'approcher directement du grand Dieu de la nature, du créateur et du conservateur du ciel et de la terre, dont les marques antérieures de colère avaient été depuis longtemps effacées de sa mémoire par la beauté du monde et par les biens de toute espèce qui nous y sont donnés en partage ; mais il choisit une voie très bizarre.

Il s'était attaché particulièrement à son premier article de foi. Le Dieu, qui est immédiatement uni à la nature, qui la reconnaît et qui l'aime comme son ouvrage ; celui-là fut pour lui le vrai Dieu, un Dieu qui peut se mettre en rapport avec les hommes comme avec tout le reste, et qui veille sur eux, comme aux mouvements des étoiles, comme aux heures du jour et aux saisons, comme sur les plantes et sur les animaux. Quelques passages de l'Évangile le disaient expressément. L'enfant ne pouvait pas prêter de forme à cet être ; il le chercha, par conséquent, dans ses œuvres, et il voulut lui élever un autel à la manière du Vieux Testament. Les produits de la nature devaient être les symboles du monde ; une flamme devait brûler par dessus, et signifier l'aspiration du cœur de l'homme vers son créateur. Je choisis, dans notre collection d'histoire naturelle, les espèces et les types les meilleurs ; mais il s'agissait de les disposer et de construire un monument. Mon père possédait un beau pupitre de musique en laque rouge et à fleurs d'or, ayant la forme d'une pyramide avec plusieurs degrés, et que l'on trouvait très commode pour exécuter des quatuor, quoiqu'on eût fini par s'en servir rarement. L'enfant s'en empara, et disposa les uns sur les autres, en forme de gradins, les représentants de la nature ; ce qui était à la fois très agréable à voir et assez imposant. A un lever de soleil devait avoir lieu la première adoration ; seulement le jeune prêtre n'était pas fixé sur la manière dont il produirait une flamme qui exhalât une bonne odeur. Finalement, il eut l'heureuse idée de réunir les deux choses, au moyen de pastilles qu'il possédait, et qui ne jetèrent pas de flamme, il est vrai, mais qui brulèrent et qui répandirent le parfum le plus suave. Ce feu lent et cette vapeur douce me parurent exprimer ce qui se passait dans mon cœur, mieux que ne l'eût fait une flamme éclatante. Le soleil était depuis long-temps levé; mais les maisons voisines me cachaient l'orient. Il parut à la fin par dessus les toits; aussitôt je m'armai d'un verre ardent, et j'allumai les pastilles placées au sommet dans une belle coupe de porcelaine. Tout me réussit à souhait, et ma ferveur était au comble. L'autel resta comme un ornement particulier de la chambre qu'on m'avait donnée dans la nouvelle maison. Tout le monde n'y vit qu'une collection d'histoire naturelle bien arrangée; l'enfant, lui, savait ce que c'était, mais il n'en disait mot. Il soupirait après le renouvellement de cette cérémonie. Malheureusement, au moment où se leva le soleil le plus propice, il n'avait pas sous la main la tasse de porcelaine; il plaça les pastilles sur le dessus du pupitre, sans rien mettre entre les deux; il les alluma, et la dévotion du jeune prêtre fut si vive, qu'il ne s'aperçut du dommage causé par son sacrifice, que quand il ne fut plus possible de le réparer. Les pastilles avaient fait une horrible brûlure à la laque rouge, et aux belles fleurs d'or; et elles y avaient laissé, comme un mauvais génie qui disparait, la trace noire et ineffaçable de leurs pas. Le jeune prêtre se vit alors dans un embarras extrême. Il sut dissimuler le dommage en plaçant sur le pupitre les objets les plus riches; mais il n'avait plus le courage d'offrir de nouveaux sacrifices, et l'on serait presque tenté de considérer cet accident comme une leçon et comme un avertissement du danger qu'il y a à vouloir s'approcher ainsi de la divinité.

LIVRE DEUXIÈME.

Commencement de la guerre de sept ans; la politique divise la famille de Goëthe. — Il organise un théâtre avec ses camarades, et il amuse ceux-ci avec des contes. — Klopstock et la Messiade; anecdote plaisante à ce sujet.

..... Ainsi s'écoula, pour les habitants de Francfort, durant mon enfance, une série d'années prospères. Mais à peine avais-je, le 28 avril 1756, achevé ma septième année, qu'on vit éclater une guerre fameuse (1), qui devait exercer sur moi une grande influence pendant les sept années qui suivirent. Frédéric II, roi de Prusse, envahit la Saxe à la tête de soixante mille hommes, et, au lieu d'une déclaration de guerre préalable, il lança après coup un manifeste composé, disait-on, par lui-même, et contenant les motifs qui l'avaient déterminé et autorisé à cette entreprise si grave. Le monde qui se vit ainsi appelé non seulement comme spectateur, mais comme juge, se sépara aussitôt en deux partis; et notre famille fut une image du monde.

Mon grand-père qui, en sa qualité d'échevin de Francfort, avait porté le dais au-dessus de la tête de François Ier, pendant le couronnement, et qui avait reçu de l'impératrice une chaîne d'or massive avec son portrait, était du parti autrichien, ainsi que plusieurs de ses gendres et de ses filles. Mon père, qui avait été nommé conseiller impérial par Charles VII, et qui s'intéressait de cœur à la destinée de cet infortuné monarque, penchait vers la Prusse avec la minorité de sa famille. Bientôt nos réunions du dimanche, qui depuis plusieurs années n'avaient pas souffert d'interruption, furent dérangées. Les désaccords habituels entre parents par alliance, trouvèrent alors pour la première fois une forme pour s'exprimer. On disputa,

---

(1) La guerre de sept ans.

on s'aigrit, on se tut, on éclata. Mon grand-père, ordinairement gai, calme et d'un commerce facile, devint impatient. Les femmes essayèrent en vain de rétablir la paix; à la suite de quelques scènes désagréables, mon père fut le premier à se retirer. Nous nous félicitâmes alors chez nous, tout à notre aise, des victoires de la Prusse, qu'une tante exaltée de caractère nous annonçait ordinairement avec des transports de joie. Tout autre intérêt dut s'effacer devant celui-là, et nous passâmes le reste de l'année dans une agitation continuelle. L'occupation de Dresde, la modération du roi au début, ses progrès lents, mais sûrs; la victoire de Lowositz, les Saxons faits prisonniers, tout cela, c'étaient autant de triomphes pour notre parti. Tout ce qui pouvait être cité à l'avantage des adversaires, était nié ou amoindri; et, comme les membres de la famille du parti opposé faisaient de même, on ne se rencontrait jamais dans la rue, sans qu'il survînt quelque démêlé, comme dans Roméo et Juliette.

J'étais donc, moi aussi, pour la Prusse, ou ce qui est plus exact, pour Frédéric; car que nous importait la Prusse? C'était la personne du grand roi qui enthousiasmait tous les cœurs. Je me réjouissais de nos victoires avec mon père, et j'aimais à copier les chants de triomphe, et plus encore peut-être les épigrammes contre le parti adverse, tout plats que fussent les vers.

En ma qualité d'aîné des petits-fils et de filleul, j'avais été, dès le bas âge, dîner tous les dimanches chez mes grands parents; c'étaient, de toute la semaine, les heures où je m'amusais le plus. Mais je n'avais plus d'appétit à ces repas, où j'étais obligé d'entendre les calomnies les plus horribles sur le compte de mon héros. C'était une tout autre atmosphère que chez nous. L'affection, la vénération que j'éprouvais pour mes grands parents, diminua. Je n'osais dire mot de tout cela à la maison paternelle; mon instinct propre et les avis de ma mère m'avaient commandé le silence. Je réfléchis alors, et de même qu'à l'âge de six ans, après le tremblement de terre de Lisbonne, la bonté de Dieu m'était devenue suspecte à quelques égards, je commençai, à cause de Frédéric II, à mettre en doute la justice du public. Mon âme était naturellement portée à la vénération, et il fallait une forte secousse pour ébranler ma foi dans une chose respectable. Hélas! on nous avait prêché les bonnes mœurs, une conduite décente, non pour elles-mêmes, mais pour le monde ; il était toujours question de ce que dirait le monde, et je pensais que ce monde devait être un monde recommandable, sachant tout apprécier dignement. Et voilà que le contraire m'était démontré. Les qualités les plus rares et les plus éclatantes étaient l'objet de l'outrage et de la haine ; les plus grandes actions étaient, sinon niées, du moins défigurées et amoindries ; et cette criante injustice frappait un homme unique, un homme visiblement supérieur à tous ses contemporains, qui, tous les jours, donnait de nouvelles preuves, de nouveaux témoignages de sa force ; et elle venait, non de la populace, mais d'hommes de mérite, car mon grand-père et mes oncles étaient nécessairement tels à mes yeux. L'enfant ne se doutait pas qu'il y eût des partis, et qu'il appartint lui-même à un parti. Il croyait avoir la raison pour lui, et pouvoir affirmer que son opinion était la meilleure, parce que ceux de son parti et lui reconnaissaient la beauté de Marie-Thérèse, et ses autres qualités, et ne reprochaient pas trop à l'empereur François son amour pour les bijoux et pour les monnaies. Si le comte Daun (1) était maintes fois qualifié de *bonnet de nuit* (Schlafmutze), il pensait que cela était de toute justice.

En réfléchissant aujourd'hui à ces impressions, j'y trouve le germe de cette indifférence à l'égard du public, de ce mépris même, qui m'a possédé pendant toute une période de ma vie, et dont je ne me suis guéri que tard, à force de lumières et d'expérience. Déjà, du moins, l'injustice et la partialité humaines s'étaient révélées à l'enfant d'une manière très pénible, très funeste même, puisqu'elles l'avaient éloigné de personnes qu'il aimait et qu'il respectait. Les faits d'armes et les événements qui se succédaient avec rapidité, ne laissaient aux partis ni repos ni relâche. Nous éprouvions un triste plaisir à ranimer et à aigrir sans cesse ces folles

(1) Général autrichien.

querelles et ces maux factices, et nous continuâmes de la sorte à nous tourmenter entre nous, jusqu'à ce qu'au bout de quelques années, les Français occupèrent Francfort, et apportèrent au sein de nos maisons des incommodités réelles.

Pendant que le plus grand nombre ne trouvait dans ces événements importants, qui se passaient loin de nous, qu'un texte de conversation passionnée, il y en avait d'autres qui comprenaient toute la gravité de la situation, et qui craignaient, si la France s'en mêlait, que notre pays ne devînt le théâtre de la guerre. On nous retint à la maison avec plus de sévérité que de coutume, et l'on chercha à nous y créer toute sorte d'occupations et d'amusements. Ce fut dans ce but qu'on remit sur pied les marionnettes léguées par la grand'maman. Les spectateurs se tenaient dans ma mansarde, tandis que les acteurs, et ceux qui les dirigeaient, ainsi que le théâtre, y compris l'avant-scène, étaient placés dans une chambre voisine. L'autorisation spéciale, qui me fut accordée, d'inviter aux représentations tour-à-tour tel ou tel petit garçon, me procura, au commencement, de nombreux amis; mais la turbulence, qui est propre aux enfants, les empêcha de demeurer long-temps tranquilles. Ils troublaient le spectacle; et nous fûmes obligés de choisir un public plus jeune, qui, à tout événement, serait maintenu dans l'ordre par des nourrices et par des bonnes. Nous avions appris par cœur le grand drame primitif pour lequel le personnel des marionnettes avait été organisé, et, d'abord, nous ne jouâmes pas autre chose; mais nous en fûmes bientôt las; nous changeâmes la garde-robe et les décorations, et nous hasardâmes plusieurs pièces, qui n'étaient pas, il faut le dire, dans les proportions de ce petit théâtre. Quoique cette présomption de notre part nuisît au juste emploi de nos moyens, et finît même par nous paralyser complétement, toutefois, cet amusement, cette occupation enfantine a exercé et a développé chez moi, de mille manières, la faculté d'inventer et de représenter, l'imagination, et une certaine science technique; ce qui eût été, peut-être, impossible autrement, dans un temps aussi court, dans un espace aussi étroit, et à aussi peu de frais.

J'avais appris de bonne heure à me servir du compas et

de la règle ; car j'appliquais sur-le-champ tous les principes de géométrie qu'on m'enseignait, et j'aimais beaucoup à exécuter des ouvrages en carton. Je ne m'en tenais pourtant pas à des figures de géométrie, à des coffres et à d'autres objets de ce genre ; j'imaginai aussi de jolies maisons de plaisance, décorées de pilastres, de perrons et de toits plats; mais j'en exécutai fort peu.

Je mis, en revanche, beaucoup de persévérance, aidé que j'étais d'un de nos domestiques, tailleur de son état, à préparer un magasin d'équipements pour servir aux tragédies et aux drames, que l'envie nous prit de représenter nous-mêmes, sitôt que les poupées ne furent plus à notre hauteur. Mes camarades, il est vrai, s'étaient composé aussi de semblables équipements, et les estimaient aussi beaux et aussi bons que les miens ; mais je ne m'étais pas borné à pourvoir aux besoins d'une seule personne, et j'étais en mesure de fournir à plusieurs membres de la petite armée tout ce qu'il leur fallait ; je me rendis ainsi de plus en plus nécessaire. Il s'agissait dans ces jeux de partis adverses, de combats et de coups ; et d'ordinaire, aussi, ils se terminaient tristement par des querelles et par des brouilles, on le conçoit sans peine. En pareils cas, certains de nos camarades se mettaient habituellement de mon côté ; les autres, du parti contraire, bien qu'il y eût souvent des transfuges. Un seul de ces enfants, que j'appellerai Pylade, n'abandonna qu'une fois mon parti, à l'instigation des autres ; mais il ne put pas supporter plus d'une minute l'idée d'être mon adversaire ; nous nous réconciliâmes en versant beaucoup de larmes, et nous sommes restés fidèlement unis durant un long espace de temps.

Un grand bonheur pour lui et pour d'autres de mes amis, c'était de m'entendre dire des contes, surtout, quand je parlais à la première personne ; ils étaient enchantés qu'il me fût arrivé, à moi, leur camarade, des choses si surprenantes, sans se demander comment j'avais pu trouver temps et place pour de pareilles aventures, eux qui n'ignoraient pas comment je passais mon temps, et qui voyaient mes allées et venues. Il fallait aussi que la scène où s'étaient passés ces événements fût située, sinon dans un autre monde, au moins dans une autre contrée; et, cependant, tout était arrivé le jour même ou la veille. C'étaient eux par conséquent qui se trompaient, plus que je ne leur imposais moi-même. Si je n'avais pas appris peu à peu, conformément à ma nature, à transformer en compositions artistiques ces bulles de savon et ces gasconnades, ce début hâbleur, assurément, n'aurait pas manqué d'avoir pour moi des conséquences fâcheuses.

Si l'on étudie cette tendance de mon esprit, on y retrouvera sans doute cette présomption du poète, qui exprime avec autorité les plus grandes invraisemblances, et exige des autres qu'ils reconnaissent la réalité d'une chose qui a pu lui paraître vraie, à quelques égards, à lui-même qui l'a inventée.

.... Cependant le nom de Klopstock avait déjà produit sur nous aussi une vive impression. On s'étonnait qu'un homme si distingué eût un nom si bizarre; mais on ne tarda pas à s'habituer à ce nom, et l'on ne songea plus à la signification des syllabes qui le composent (1). Je n'avais trouvé encore dans la bibliothèque de mon père, que les poëtes des époques précédentes, ceux, surtout, qui s'étaient fait connaître et qui étaient devenus célèbres de son temps. Tous ces poëtes avaient composé des vers rimés, et mon père considérait la rime comme indispensable en poésie. Canitz, Hagedorn, Drollinger, Gellert, Kreutz, Haller, étaient rangés ensemble dans la bibliothèque, élégamment reliés en veau. A côté de ces ouvrages, était le Télémaque, traduit par Neukirch, la Jérusalem délivrée, traduite par Koppen, et d'autres traductions. J'avais, dès le bas âge, lu avec soin tous ces livres, et j'en avais appris par cœur des morceaux, qu'on me priait souvent de réciter pour amuser la compagnie. Cependant mon père vit s'ouvrir une époque pénible pour lui, par la publication de la Messiade de Klopstock, qui attira l'admiration générale sur des vers qui n'en étaient pas à ses yeux. Il s'était bien gardé, lui, d'acheter cet ouvrage; mais le conseiller Schneider, ami de notre maison,

(1) On peut trouver, en effet, dans le nom de Klopstock, deux mots, *stock*, bâton, et *klopfen*, frapper.

le fit entrer en contrebande, et le remit en cachette à la mère et aux enfants.

Dès son apparition, la Messiade avait vivement ému cet homme d'affaires actif, et qui lisait peu. Ces sentiments pieux, rendus avec tant de vérité et, en même temps, anoblis avec tant de goût, ce langage charmant, même pour ceux qui n'y voient qu'une prose harmonieuse, avaient tellement séduit cet homme, d'ailleurs fort sec, qu'il considérait les dix premiers chants, car il n'est question que de ceux-là, comme le livre de piété le plus beau possible; tous les ans, dans la semaine sainte, durant laquelle il se dérobait aux affaires, il les lisait tout seul d'un bout à l'autre, et s'y édifiait pour toute l'année. Il songea d'abord à communiquer ses impressions à son ancien ami; mais il fut consterné de rencontrer une répugnance invincible pour un ouvrage dont le fond était si précieux, uniquement à cause de la forme qui, pour lui, était une chose tout-à-fait indifférente. Ce sujet fut souvent débattu, on peut le croire, dans la conversation; mais les deux parties s'éloignaient tous les jours davantage l'une de l'autre; des scènes vives eurent lieu, et le conseiller, dont le caractère était facile, se résigna enfin à ne plus parler de son livre favori, afin de ne pas perdre à la fois un ami d'enfance et un bon dîner tous les dimanches.

Tous les hommes éprouvent le désir, bien naturel, de faire des prosélytes; aussi quelle fut la consolation intérieure de notre ami, en découvrant dans le reste de la famille les sympathies les plus vives pour son saint! L'exemplaire dont il ne se servait que l'espace d'une semaine dans l'année, nous fut confié pour le reste du temps. Notre mère le cacha, et nous nous en emparions, ma sœur et moi, quand nous pouvions, pour apprendre par cœur, dans un coin, pendant nos heures de récréation, les passages les plus saillants, et pour graver, surtout, dans notre mémoire, aussi promptement que possible, les plus gracieux et les plus passionnés.

Nous recitions à l'envi le rêve de Porcia, et nous nous étions partagé les rôles dans ce farouche entretien de désespoir entre Satan et Adramelech, précipités tous deux dans la mer Rouge. Le rôle de Satan, comme le plus furieux, m'était échu ; ma sœur s'était chargée de l'autre, qui était un peu plus larmoyant. Les malédictions horribles, mais très sonores, dont ils s'accablent réciproquement, notre bouche les articulait sans peine ; et nous saisissions toutes les occasions de nous saluer avec ces locutions infernales.

C'était un samedi soir, pendant l'hiver ; mon père se faisait toujours raser, à la lumière, afin de pouvoir s'habiller à loisir le dimanche matin, pour aller à l'église ; nous étions assis sur un escabeau, derrière le poêle ; et, pendant que le barbier savonnait mon père, nous murmurions à demi-voix nos imprécations habituelles. C'était le moment où Adramelech devait saisir Satan avec ses mains de fer ; ma sœur m'empoigna vivement, et récita ces vers, assez bas il est vrai, mais toutefois en s'animant graduellement :

« Aide-moi ! Je te supplie, je t'adore, si tu l'exiges.
» Monstre ! Réprouvé, noir criminel !
» Aide-moi ! Je souffre le tourment de la mort éternelle et
» vengeresse.
» Auparavant, je pouvais te haïr d'une haine ardente,
» furieuse !
» Je ne le puis plus maintenant ! c'est là aussi un chagrin
» poignant ! »

Jusque-là tout allait assez bien ; mais elle cria tout haut, d'une voix terrible, les paroles suivantes :

« Oh ! comme je suis brisée ! »

Le bon barbier eut peur, et laissa tomber le plat à barbe sur la poitrine de mon père. Il en résulta une scène, et l'on fit une enquête sévère, surtout en considération du malheur qui aurait pu arriver, si le barbier avait eu alors le rasoir en main. Pour éloigner de nous tout soupçon de malice, nous fîmes l'aveu de nos rôles diaboliques ; et le malheur, causé par les hexamètres, était trop manifeste, pour qu'ils ne fussent pas de nouveau proscrits et mis à l'index.

C'est ainsi que les enfants et le peuple ont l'habitude de tourner en jeu, en farce même, le grand et le sublime ; sans cela, comment seraient-ils en état de les soutenir et de les supporter ?

LIVRE TROISIÈME.

Théâtre français à Francfort, pendant le séjour des Français; Goëthe y va tous les soirs, et fait de grands progrès dans la langue française. Sa liaison avec un enfant de la troupe. Disposition de la scène à cette époque. — Combat de Bergen; les Français sont vainqueurs; chagrin du père et scène qui en résulte. — Études dramatiques de Goëthe.

Le 2 janvier 1759, les Français entrent à Francfort, et prennent possession de cette ville. Le comte Thorane, lieutenant du roi, est logé dans la maison de Goëthe, au grand mécontentement du père de notre auteur. Il y donne ses audiences, et y cause un grand mouvement. Ami éclairé des arts, le nouveau locataire fait travailler plusieurs peintres du pays, notamment le paysagiste Séccaz, ami de la famille. Le jeune Goëthe participe à leurs travaux.

.... Je crois devoir entrer dans quelques détails, pour faire comprendre comment, à cette époque, je réussis à m'exprimer avec quelque facilité en français, sans avoir appris cette langue. Je fus aidé en cette occasion par ma disposition naturelle à saisir aisément dans une langue les sons, le mouvement, l'accentuation, l'intonation et toutes les autres propriétés extérieures. Je possédais beaucoup de mots latins; l'italien me servit encore davantage; et, en écoutant les domestiques et les soldats, les sentinelles et les visites, j'en sus assez en peu de temps, sinon pour prendre part à une conversation, du moins pour suffire à des questions et à des réponses détachées. Mais le spectacle me profita bien davantage. J'avais reçu de mon grand-père une carte d'entrée, dont je faisais usage tous les jours, contre le gré de mon père, mais sous la protection maternelle. J'allais donc prendre place au parterre d'un théâtre étranger, et j'y suivais les allures des acteurs, l'expression de leurs gestes et de leur voix, avec d'autant plus d'attention, que je ne comprenais rien à ce qu'ils disaient, et que je devais, par conséquent chercher tout mon plaisir dans la pantomime et dans la déclamation. C'était la comédie que je comprenais le moins, parce qu'elle se parlait vite, et qu'il y était question des choses de la vie commune, dont les expressions ne m'étaient nullement familières. La tragédie était jouée plus rarement ; le pas mesuré, la cadence de l'alexandrin, et la généralité de l'expression, me la rendaient, sous tous les rapports, plus facile à entendre. Bientôt je me saisis d'un Racine que je trouvai dans la bibliothèque de mon père ; et j'en déclamai théâtralement les pièces, comme mon oreille et l'organe du langage qui a tant de rapports avec elle, les saisissaient ; je les déclamai avec beaucoup de vivacité, sans être en état de comprendre une tirade d'un bout à l'autre. J'appris même par cœur des morceaux entiers, et je les débitai, comme un oiseau parlant qu'on a seriné ; ce qui m'était facile, puisque j'avais appris, très jeune, les passages de la Bible les plus inintelligibles pour l'enfance, et que je m'étais habitué à les réciter sur le ton des prédicateurs protestants. Les comédies françaises en vers étaient alors très en vogue ; les pièces de Destouches, de Marivaux et de La Chaussée, étaient jouées fréquemment, et je m'en rappelle encore parfaitement plusieurs rôles caractéristiques. Molière m'a laissé moins de souvenirs. Rien ne produisit plus d'effet sur moi que l'*Hypermnestre* de Lemière, qui, à titre de pièce nouvelle, fut montée avec soin, et souvent donnée. Le *Devin du Village*, *Rose et Colas*, *Annette et Lubin*, me plurent beaucoup. Ces jeunes garçons et ces jeunes filles enrubannés, je me les rappelle encore avec leurs allures. Bientôt s'éveilla en moi le désir de connaître les coulisses ; mainte occasion s'en offrit. Car, comme je n'avais pas toujours la patience d'écouter les pièces jusqu'au bout, et que, souvent, dans les corridors, et même devant la porte, au retour de la belle saison, je me livrais à toutes sortes de jeux, avec d'autres enfants de mon âge, un bel et joyeux enfant qui appartenait au théâtre, et que j'avais vu, accidentellement il est vrai, dans plusieurs petits rôles, se joignit à nous. Ce fut avec moi qu'il s'entendit le mieux, parce que je sus me prévaloir avec lui de mon français ; et, comme il ne se trouvait ni au théâtre, ni dans le voisinage, aucun enfant de son âge et de son pays, il ne se lia que plus étroitement avec moi. Nous nous voyions dans le jour, et, même pendant les représentations, il me laissait rarement tranquille ; c'était un ravissant petit hâbleur ; il avait un babil charmant et intarissable ; les contes qu'il me débita sur ses aventures, sur ses querelles, et sur d'autres matières curieuses, me divertirent beaucoup, et, en quatre semaines, me firent faire des progrès incroyables dans la langue et dans la conversation françaises ; personne ne put s'expliquer comment j'étais arrivé tout d'un coup, et comme par inspiration, à l'acquisition de cet idiôme étranger.

Dès les premiers jours de notre liaison, il m'emmena avec lui sur la scène, et il me conduisit au foyer où les acteurs et les actrices se tenaient dans les entr'actes, et s'habillaient et se déshabillaient. Le local n'était ni convenable ni commode ; car on avait mis le théâtre dans une salle de concert, et les acteurs n'avaient point de cabinets particuliers derrière la scène. Dans une chambre latérale, passablement grande, qui avait servi antérieurement de salle de jeu, les deux sexes étaient presque toujours ensemble, et les acteurs paraissaient s'effaroucher aussi peu les uns des autres que d'enfants comme nous ; car, en prenant et en quittant leurs vêtements, ils n'observaient pas toujours la décence la plus rigide. Je n'avais rien vu encore de semblable, et bientôt, pourtant, à mesure que mes visites se répétèrent, l'habitude me fit trouver cela tout naturel.

Peu de temps après, j'éprouvai un sentiment tout nouveau pour moi. Le jeune Derones, c'est le nom que je lui donnerai, avec qui mes rapports continuaient toujours, était, à part ses gasconnades, un estimable garçon. Il me fit connaître sa sœur, qui avait une couple d'années de plus que nous ; c'était une charmante jeune fille ; elle était bien faite, elle avait les traits réguliers, le teint brun, les cheveux et les yeux noirs ; toutes ses manières avaient quelque chose de calme, de mélancolique même. Je fis tous mes efforts pour lui plaire, mais je ne pus pas attirer son attention. Les jeunes filles s'estiment beaucoup plus avancées que les garçons qui ont quelques années de moins qu'elles ; et, tournant leurs regards sur les jeunes gens, elles prennent des airs de tante vis-à-vis de l'enfant qui leur voue sa première affection....

Plus d'une fois, quand la mère était à la répétition ou en société, nous nous trouvions ensemble dans sa maison, à jouer ou à causer. Je n'y allais jamais, sans offrir à la belle fille une fleur, un fruit ou quelque autre objet qu'elle recevait toujours de très bonne grâce, et dont elle me remerciait très poliment; mais je ne vis jamais s'égayer la tristesse de son regard, et je ne m'aperçus jamais qu'elle fit attention à moi....

Mon attachement pour cette jeune fille m'aidait à supporter les extravagances du frère. Il me fallait souvent subir les récits prolixes de ses hauts faits, de ses nombreuses rixes, où il n'avait jamais apporté d'intention malveillante, mais où tout s'était fait pour l'honneur. Toujours il avait su désarmer son antagoniste, et lui pardonner ensuite; il entendait même si bien l'escrime, qu'une fois il s'était trouvé dans un grand embarras, pour avoir lancé sur un arbre élevé l'épée de son adversaire, qu'on n'avait pu reprendre ensuite sans difficulté.

Mes visites au théâtre étaient singulièrement facilitées par ma carte d'entrée qui, étant de la main du maire lui-même, me donnait l'accès à toutes les places, et aussi, par conséquent, à celles d'avant-scène. L'avant-scène était très profond, suivant le système français, et il était, sur les deux côtés, garni de sièges qui, séparés entre eux par une barrière basse, s'étageaient les uns au-dessus des autres en plusieurs rangs, de telle manière, que les premiers sièges n'étaient que peu élevés au-dessus de la scène. Ces places étaient considérées comme des places d'honneur; ordinairement elles n'étaient occupées que par des officiers, bien que le voisinage des acteurs détruisît, je ne dirai pas toute illusion, mais à proprement parler tout plaisir. Ainsi, cet usage ou cet abus, dont Voltaire se plaint si fort, existait de mon temps, et je l'ai vu de mes yeux. Quand dans un jour de foule, par exemple, lors du passage d'un corps d'armée, des officiers de distinction prétendaient à cette place d'honneur qui, d'ordinaire, était déjà occupée, on plaçait quelques autres rangs de bancs et de banquettes dans l'avant-scène et jusque sur la scène elle-même, et il ne restait plus aux héros et aux héroïnes qu'une très petite place pour révéler leurs secrets au milieu des uniformes et des ordres militaires. C'est de la sorte que j'ai vu jouer même *Hypermnestre*.

Le rideau ne tombait pas dans les entr'actes; et je mentionnerai encore un singulier usage qui dût me blesser, moi, honnête enfant de l'Allemagne, révolté de ce qu'il avait d'anti-artistique. La scène était considérée comme le plus inviolable de tous les sanctuaires; et tout désordre y devait être puni sur-le-champ comme un crime énorme de lèse-majesté envers le public. C'est pourquoi, dans toutes les comédies, deux grenadiers, l'arme au bras, se tenaient en vue de tout le monde, chacun à l'un des côtés du rideau de derrière, et ils assistaient à tout ce qui se passait dans l'intérieur de la famille. Comme le rideau n'était pas baissé dans les entr'actes, ainsi que je l'ai dit, on voyait, au moment où la musique se mettait à jouer, deux de leurs camarades venir les relever; ils allaient de la coulisse droit à eux, et ceux-ci se retiraient avec le même aplomb. Cet appareil semblait fait exprès pour détruire tout ce qui s'appelle illusion théâtrale; il était choquant au dernier point, à une époque où, suivant les maximes de Diderot et les exemples qu'il avait donnés, on réclamait pour le théâtre *la nature la plus naturelle*, et où l'illusion complète était vantée comme le but véritable de l'art dramatique. La tragédie, toutefois, était affranchie de cette police militaire, et les héros de l'antiquité avaient le droit de se garder eux-mêmes; les grenadiers se tenaient, cependant, à peu de distance derrière les coulisses.

Je dois dire encore que j'ai vu le *Père de Famille* de Diderot, et le *Philosophe* de Palissot, et que je me rappelle fort bien, dans la dernière pièce, le personnage du philosophe qui marche à quatre pattes, et qui mord dans une tête de salade crue.

.... Après trois mois d'occupation, nous nous étions habitués à peine à ce nouvel état de choses, quand la nouvelle se répandit vaguement, que les alliés étaient en marche, et que le duc Ferdinand de Brunswick approchait, pour chasser les Français des bords du Mein. On ne se faisait pas la plus haute idée de ces derniers, qui n'avaient à citer aucun succès militaire important; et, depuis la bataille de Rosbach, on se croyait en droit de les mépriser; le duc Ferdinand inspirait une confiance extrême, et tous les partisans de la Prusse attendaient impatiemment d'être délivrés des charges qui pesaient sur eux. Mon père était un peu plus gai que de coutume; ma mère était inquiète. Elle avait assez d'intelligence pour comprendre qu'il était à craindre que le petit mal présent ne fît place à une grande calamité; car il n'était que trop évident qu'on n'irait pas à la rencontre du duc, mais qu'on attendrait l'attaque dans le voisinage de la ville. La défaite et la déroute des Français, la défense de la place, ne fût-ce que pour couvrir la retraite et pour conserver les ponts, le bombardement, le pillage, tout cela se présentait à l'imagination en travail, et causait de l'inquiétude aux hommes des deux partis. Ma mère, qui pouvait tout supporter, excepté l'inquiétude, chargea l'interprète d'exprimer ses craintes au comte. Elle reçut la réponse habituelle en pareil cas : qu'elle pouvait être tranquille, qu'il n'y avait rien à craindre, qu'il fallait seulement se tenir en repos et ne parler de rien à personne.

Plusieurs corps de troupes traversèrent la ville; on apprit qu'ils faisaient halte à Bergen. Les allées et venues, les courriers à pied ou à cheval, se multipliaient de plus en plus, et notre maison était jour et nuit dans l'agitation. Pendant ces jours, je vis souvent le maréchal de Broglie, toujours aimable, toujours le même dans ses manières et dans sa tenue; et je fus charmé plus tard de trouver le nom de cet homme, dont l'extérieur m'avait laissé une impression si avantageuse et si durable, mentionné dans l'histoire avec éloge.

Enfin, après une semaine sainte agitée, arriva le Vendredi-Saint de 1759. Un grand calme annonça l'approche de l'orage. On défendit aux enfants d'aller dehors; mon père était inquiet et sortit. La bataille commença; je montai au grenier, d'où je ne pouvais pas, il est vrai, découvrir le champ de bataille, mais d'où j'entendais fort bien le bruit du canon et le feu collectif de la mousqueterie. Au bout de quelques heures, nous aperçûmes les premiers indices du combat dans une file de chariots, sur lesquels des blessés, dont les mutilations et les gestes attristaient le regard, passèrent lentement sous nos yeux, pour être transportés dans le cloître de la Sainte Vierge métamorphosé en lazareth. La compassion des habitants s'émut tout d'abord. On offrit de la bière, du vin, du pain, et de l'or à ceux qui pouvaient recevoir encore quelque chose. Mais bientôt, quand on eût aperçu dans ce convoi des Allemands blessés et prisonniers, la pitié ne connut plus de bornes, et l'on eût dit que chacun voulait se dépouiller de tout pour assister ses compatriotes souffrants.

La présence des prisonniers, toutefois, faisait augurer que les alliés avaient perdu la bataille. Mon père, pleinement convaincu dans sa passion d'homme de parti, que ces derniers remporteraient la victoire, avait eu la *témérité* d'aller au-devant des vainqueurs présumés, sans réfléchir que les vaincus devaient préalablement, dans leur fuite, lui passer sur le corps. Il se rendit d'abord à son jardin, devant la porte de Friedberg, où régnait un calme profond; de là, il s'aventura jusqu'à la lande de Bornheim, où il aperçut bientôt quelques traîneurs et quelques goujats épars, qui s'amusaient à tirer sur les bornes, de telle sorte que le plomb sifflait en rejaillissant autour du promeneur curieux. Il jugea donc plus sage de revenir sur ses pas; et quelques personnes qu'il interrogea lui apprirent une nouvelle que le bruit de l'artillerie aurait dû lui faire deviner, savoir, que les affaires des Français allaient bien, et qu'ils ne songeaient nullement à la retraite. Rentré chez lui découragé, il ne se posséda plus à la vue de ses compatriotes blessés et prisonniers. Il fit, lui aussi, à ceux qui passèrent des distributions de pain de toute espèce; mais il voulut que les Allemands fussent les seuls à les recevoir; ce qui n'était pas toujours possible, parce que le sort avait confondu dans les charrettes amis et ennemis.

Notre mère et nous, qui nous en étions rapportés d'avance à la parole du comte, et qui avions, en conséquence, passé la journée assez tranquillement, nous nous félicitâmes du résultat; notre mère, en particulier, fut satisfaite. Nous souhaitâmes à notre père même foi et même sentiment; nous le caressâmes de notre mieux; nous le priâmes de prendre quelque chose, car il était resté tout le jour à jeun; il repoussa nos caresses, refusa toute nourriture, et il se retira dans sa chambre. Notre joie n'en fut pas altérée ; l'affaire était décidée ; le lieutenant du roi, qui, ce jour-là, contre son habitude, était monté à cheval, revint enfin ; sa présence à la maison n'avait jamais été plus nécessaire. Nous courûmes à sa rencontre, nous lui baisâmes les mains, et nous lui témoignâmes notre contentement. Il parut sensible à ces témoignages. « Eh bien ! dit-il plus affectueusement que de coutume, j'en suis charmé pour vous aussi, mes chers enfants. » Il donna ordre aussitôt de nous porter des sucreries, du vin de liqueur, les choses les plus exquises en un mot ; et il se rendit dans sa chambre déjà assiégée par une foule de personnes impatientes, de demandeurs et de suppliants.

Nous fîmes une délicieuse collation, nous plaignîmes notre bon père, qui ne voulut pas en être, et nous pressâmes notre mère de le faire venir ; elle, mieux avisée que nous, n'ignorait pas le mécontentement que lui causeraient de pareils dons. Cependant elle avait préparé un petit souper, et elle aurait bien voulu lui envoyer sa part dans sa chambre ; mais il ne tolérait pas un désordre semblable, même dans les cas les plus graves ; et, après qu'on eût ôté les deux présents, on essaya de le faire descendre dans la salle à manger. Il finit par céder, bien qu'à contre-cœur, et nous ne soupçonnions pas le malheur que nous lui préparions à lui et à nous. L'escalier donnait sur les antichambres de toute la maison. Mon père, en descendant, était obligé de passer juste devant l'appartement du comte. L'antichambre de ce dernier était si pleine de monde, que le comte s'était décidé à sortir de son cabinet pour expédier plusieurs affaires à la fois ; et il le fit malheureusement au moment où mon père descendait. Le comte alla gaîment au devant de lui, et le salua, en disant : « Vous devez nous féliciter et vous féliciter vous-mêmes de l'heureuse issue de cette périlleuse affaire. — Pas du tout, répondit mon père avec colère, j'aurais voulu qu'ils vous eussent envoyé à tous les diables, eussé-je fait le voyage avec vous. » Le comte se tut un moment, puis il s'écria avec fureur : « Vous vous en repentirez, vous n'aurez pas fait impunément un tel outrage à la bonne cause et à moi. »

Cependant mon père était descendu tranquillement ; il s'assit à côté de nous, parut plus gai qu'auparavant, et se mit à manger. Nous nous en réjouissions, et nous ne savions pas la manière fatale dont il s'était déchargé le cœur. Bientôt après on demanda notre mère, et nous ne pûmes résister à l'envie de parler à notre père des friandises que le comte nous avait données. Notre mère ne revint pas. A la fin parut l'interprète. Sur un signe de sa part, on nous envoya nous coucher ; il était déjà tard, et nous obéîmes volontiers. Après une nuit d'un sommeil paisible, nous apprîmes la violente secousse qui la veille au soir avait remué la maison. Le lieutenant du roi avait commandé sur-le-champ d'arrêter notre père. Les subordonnés savaient bien qu'il ne fallait jamais contredire leur chef ; mais souvent aussi on leur avait su gré d'avoir mis du retard dans l'exécution de ses ordres. Le compère (1) interprète, à qui la présence d'esprit ne faisait jamais défaut, s'empressa de leur suggérer cet expédient. Le désordre, d'ailleurs, était si grand, qu'un retard se dissimulait et s'excusait de lui-même. Il avait fait demander n.. mère, et l'avait abouchée avec les aides-de-camp, afin qu'elle pût obtenir au moins quelque délai, par ses prières et par ses représentations. Lui-même monta promptement chez le comte, qui, maître de lui à un haut degré, s'était retiré sur-le-champ dans son cabinet particulier, et avait mieux aimé suspendre un instant la besogne la plus pressée que de décharger sur un innocent sa colère une fois excitée, et de rendre une décision compromettante pour sa dignité.

Le discours que l'interprète adressa au comte et toute la conversation qu'ils eurent ensemble, nous ont été assez souvent répétés par le gros compère, qui n'était pas peu fier de son succès, pour que je puisse aujourd'hui les raconter de mémoire.

L'interprète n'avait pas craint d'ouvrir le cabinet et d'y entrer, malgré une consigne sévère. « Qu'est-ce que vous

---

(1) Il est appelé compère, parce qu'il avait été parrain d'un enfant avec la mère de Goëthe.

voulez? lui cria le comte avec colère. Retirez-vous. Personne n'a le droit d'entrer ici que Saint Jean. »

— « Prenez-moi donc un instant pour Saint Jean, répondit l'interprète. »

— « Il faudrait pour cela bien de l'imagination. Deux comme lui n'en feraient pas un comme vous, sortez. »

— « Monsieur le comte, vous avez reçu du ciel un grand don, et c'est ce don que j'invoque. »

— « Vous voulez me prendre par la flatterie, n'espérez pas y réussir. »

— « Vous avez le grand don, Monsieur le comte, même dans les moments de passion, même dans les moments de colère, d'écouter l'opinion des autres. »

— « Eh bien! il s'agit justement d'opinions, que j'ai trop long-temps écoutées. Je sais trop bien qu'on ne nous aime pas ici, que ces bourgeois nous regardent de mauvais œil. »

— « Pas tous. »

— « Un très-grand nombre. Eh quoi! ces hommes se disent les citoyens d'une ville impériale. Ils ont vu élire et couronner leur empereur; et, quand cet empereur, injustement attaqué, court le risque de perdre ses états et de succomber sous un usurpateur; quand il a le bonheur de trouver des alliés fidèles qui prodiguent pour ses intérêts leur or et leur sang, ils ne veulent pas supporter le léger fardeau qu'on leur impose, afin d'humilier l'ennemi de l'empire. »

— « Vous connaissez en effet ces dispositions depuis long-temps, et vous les avez tolérées en homme sage; mais elles sont en minorité. Quelques personnes, fascinées par les qualités rares d'un ennemi, que vous considérez vous-même comme un homme extraordinaire, quelques personnes seulement les partagent, vous le savez. »

— « Eh bien! oui, il y a trop long-temps que je le sais et que je le tolère; sans quoi cet homme n'aurait pas osé, dans un moment aussi grave, m'adresser en face de pareilles injures. Quel que soit le nombre de ses pareils, ils seront punis dans leur représentant téméraire, et ils sauront le sort qui les attend. »

— » Du répit seulement, Monsieur le comte. »

— « Dans certaines affaires, on ne saurait mettre trop de célérité. »

— « Rien qu'un court répit. »

— « Mon voisin, vous désirez me faire commettre une faute ; vous n'y réussirez pas. »

— « Je ne veux ni vous faire commettre une faute, ni vous empêcher d'en commettre une ; votre résolution est juste ; elle siéd au Français, au lieutenant du roi ; mais songez que vous êtes aussi le comte Thorane. »

— « Le comte n'a rien à faire ici. »

— « On devrait pourtant écouter aussi ce brave homme. »

— « Eh bien ! que dirait-il donc ?

— « Monsieur le lieutenant du roi, dirait-il, depuis longtemps vous faites preuve de patience avec nombre d'esprits chagrins, mécontents, rebours, du moins quand ils ne vous poussent point à bout. Cet homme, il est vrai, vous a poussé à bout ; mais faites un effort sur vous-même, Monsieur le lieutenant, et tout le monde applaudira à votre action.

— « Vous savez que vos badinages m'amusent quelquefois, mais n'abusez pas de ma bonté ; sont-ils donc tout-à-fait aveugles, ces hommes ? si nous avions perdu la bataille, quel serait leur sort en ce moment ? Nous nous battons jusque devant les portes, nous fermons la ville, nous nous maintenons, nous nous défendons, pour couvrir notre retraite de l'autre côté du pont. Croyez-vous que l'ennemi reste les mains dans ses poches ? Il lance des grenades et tout ce qu'il a sous la main, et elles mettent le feu où elles peuvent. Que veut donc ce propriétaire ? Un boulet serait tombé dans cet appartement ; un autre l'eût suivi de près, dans cet appartement, dont j'ai épargné les maudites tapisseries chinoises, où j'ai eu la délicatesse de ne pas clouer mes cartes de géographie !... Toute la journée ils auraient dû rester à genoux ! »

— « Combien n'y en a-t-il pas qui l'ont fait ? »

— « Ils auraient dû implorer pour nous la bénédiction du ciel ; aller au-devant des généraux et des officiers, avec des témoignages de respect et de joie, au-devant des soldats fatigués, avec des rafraîchissements. Au lieu de cela, le poison de l'esprit de parti corrompt les moments de ma vie les plus beaux, les plus heureux, des moments achetés par tant d'inquiétudes et par tant d'efforts. »

— « C'est bien en effet l'esprit de parti ; mais vous ne ferez que l'aigrir en punissant cet homme. Ceux de son opinion vous feront passer pour un tyran, pour un barbare ; ils le considéreront, lui, comme un martyr qui a souffert pour la bonne cause ; et ceux du parti contraire, eux-mêmes, qui sont aujourd'hui ses adversaires, ne verront en lui qu'un concitoyen ; ils le plaindront, et tout en vous rendant justice, ils trouveront pourtant que vous avez été trop sévère. »

— « Je vous ai trop long-temps écouté ; hâtez-vous de sortir. »

— « Ecoutez encore ceci. Réfléchissez que ce serait le coup le plus fatal qui pût frapper cet homme et cette famille. Vous n'avez pas eu lieu d'être édifié des bonnes dispositions du maître de la maison ; mais sa femme a toujours prévenu tous vos désirs, et les enfants vous ont traité comme leur oncle. D'un seul coup, vous allez détruire la paix et le bonheur qui régnaient dans cette maison. Oui, je puis le dire, une bombe qui fût tombée sur cette maison n'y aurait pas causé de plus grands ravages. J'ai souvent admiré votre calme, Monsieur le comte ; fournissez-moi cette fois une occasion de vous adorer. Un guerrier est digne de vénération, quand, dans la maison d'un ennemi même, il se considère comme un hôte ; il n'y a point d'ennemi ici, il n'y a qu'un homme égaré ; faites un effort sur vous-même, et vous en retirerez une gloire immortelle. »

— « Cela serait curieux, répondit le comte en riant. »

— « Cela ne serait que très naturel, répliqua l'interprète ; je n'ai pas envoyé la femme et les enfants se jeter à vos pieds, car je sais que ces scènes vous déplaisent ; mais je veux vous dépeindre la reconnaissance de ces enfants et de cette femme ; je veux vous dire comment ils s'entretiendront toute leur vie du jour de la bataille de Bergen et de la magnanimité que vous aurez déployée ce jour-là ; comment ils feront ce récit à leurs enfants et aux enfants de leurs enfants, et sauront communiquer, même aux étrangers, l'attachement qu'ils éprouveront pour vous. Une action comme celle-là ne peut pas périr. »

— « Interprète, vous ne me prenez pas par mon faible ; je

n'ai pas coutume de songer à l'immortalité; elle est pour d'autres et non pour moi; pratiquer le bien dans le présent, ne pas négliger mes devoirs, et garder mon honneur intact, voilà mon seul souci. Assez parlé comme cela; retirez-vous maintenant....; et allez vous faire remercier des ingrats, auxquels je fais grâce. »

L'interprète, surpris et ému de ce succès inespéré, ne put retenir ses larmes, et voulut baiser les mains du comte; celui-ci le repoussa, et lui dit d'un ton grave et sévère : « Vous savez que je n'aime pas ces choses-là. » Et en disant ces mots, il reparut dans le vestibule pour expédier les affaires urgentes, et pour donner audience à tout ce monde qui attendait. L'affaire était donc arrangée; et le lendemain matin, nous célébrâmes, en mangeant le reste des sucreries que nous avions reçues la veille, l'éloignement d'un mal, dont notre sommeil, heureusement, nous avait caché la menace.

Je ne veux pas décider si l'interprète parla aussi habilement, en effet, ou si son imagination n'embellit pas la scène après coup, comme on a coutume de le faire, après avoir mené à fin une bonne entreprise; toujours est-il qu'il n'a jamais fait de variante dans son récit en le répétant. Ce jour, en un mot, fut à ses yeux, le plus agité, mais aussi le plus glorieux de sa vie.

.... Une fois délivrés de ces embarras, de ces agitations et de ces tourments, nous retrouvâmes promptement notre ancienne sécurité et cette insouciance avec laquelle nous vivons au jour le jour, la jeunesse surtout, quand rien ne l'empêche. Ma passion pour le théâtre français croissait à chaque représentation; je n'en manquais pas une; chaque fois, cependant, qu'au retour du spectacle, le souper de la famille déjà commencé, je me mettais à table, pour me contenter souvent de quelques restes, j'avais constamment à supporter les reproches de mon père, qui soutenait que le théâtre n'est bon à rien, et ne peut conduire à rien. En pareil cas, j'appelais successivement à mon aide tous les arguments à l'usage des défenseurs du théâtre, quand ils se trouvent dans un embarras semblable à celui où je me trouvais. La justice poétique rétablissait finalement l'équilibre dérangé par le vice heureux et par la vertu malheureuse. Les beaux exemples de crimes punis, par exemple, *Miss Sara Sampson* et le *marchand de Londres*, étaient cités par moi avec vivacité; mais souvent j'avais le dessous, quand, par exemple, on voyait sur l'affiche les *Fourberies de Scapin* et autres pièces semblables, et qu'on m'objectait la satisfaction que les ruses de valets intrigants et le succès des folies de jeunes débauchés font éprouver au public. Les deux parties ne vinrent à bout de se convaincre ni l'une ni l'autre; toutefois mon père ne tarda pas à se réconcilier avec le théâtre, quand il s'aperçut que je faisais des progrès incroyables dans la langue française.

Les hommes sont naturellement disposés à entreprendre ce qu'ils voient exécuter à d'autres, qu'ils en aient ou non le talent. J'avais parcouru tout le répertoire de la scène française; j'avais vu jouer plusieurs pièces deux ou trois fois; depuis la tragédie la plus sublime jusqu'à la petite pièce la plus frivole, tout avait passé devant mes yeux et devant mon esprit; et de même qu'étant enfant, j'avais osé imiter Térence, je ne manquai pas, devenu jeune garçon, et bien plus fortement ému, de reproduire aussi les formes françaises, suivant ma force et suivant ma faiblesse. On donna alors quelques pièces, moitié mythologiques, moitié allégoriques, dans le goût de Piron; elles tenaient un peu de la parodie, et elles plurent beaucoup. Ces représentations m'intéressaient vivement : on y voyait un joyeux Mercure, avec de petites ailes d'or, un Jupiter déguisé, avec les carreaux de sa foudre, une Danaé galante, ou toute autre belle visitée par les dieux, n'importe son nom, fût-ce même une bergère ou une chasseresse vers laquelle ils daignaient descendre. Et, comme ma tête fourmillait d'éléments analogues, puisés dans les métamorphoses d'Ovide ou dans le *Panthéon Mythique* de Somey, j'eus bientôt construit dans mon imagination une petite pièce semblable, dont je ne puis rien dire, sinon que la scène se passait à la campagne, et que les filles de rois, les princes et les dieux n'y manquaient pas. Le Mercure, surtout, m'était si présent, que j'aurais juré le voir de mes yeux.

Je remis une copie, très proprement transcrite par moi-même, à mon ami Derones, qui la reçut avec une dignité toute particulière et avec un air protecteur, parcourut rapidement le manuscrit, releva quelques fautes de langage, et promit enfin d'examiner l'ouvrage plus attentivement et de le juger à loisir. Je lui demandai modestement si la pièce pouvait être représentée ; il m'assura que cela n'était pas impossible. On ne réussissait guère au théâtre, disait-il, sans les protections, et il me protégerait de tout son cœur ; seulement il fallait garder le secret ; car il avait une fois fait accepter par surprise, à la direction, une pièce composée par lui-même ; et cette pièce eût été jouée infailliblement, si l'on n'avait pas découvert trop tôt qu'il en était l'auteur. Je lui promis toute la discrétion possible, et je voyais déjà, en esprit, le titre de ma pièce affiché en gros caractères au coin des rues et des places.

Quelque léger, d'ailleurs, que fût mon ami, il saisit néanmoins avec joie cette occasion de trancher du maître. Il lut la pièce avec attention, et, à une entrevue où il ne s'agissait que d'y faire quelques petits changements, il la démolit peu à peu toute entière dans le cours de la conversation, au point de n'y pas laisser pierre sur pierre. Il effaça, il ajouta, il supprima un personnage, en mit un autre à la place ; en un mot, il procéda avec tant de caprice et d'extravagance, qu'il me fit dresser les cheveux sur la tête. Le préjugé où j'étais, qu'il devait s'y connaître, après tout, lui laissa le champ libre ; car il m'avait souvent entretenu des trois unités d'Aristote, de la régularité du théâtre français, de la vraisemblance, de l'harmonie des vers et de tout ce qui s'ensuit ; et il m'en avait débité tant de choses, que je devais le considérer non-seulement comme une personne bien instruite, mais comme une autorité. Il blâmait les Anglais, il dédaignait les Allemands ; en un mot, il me répéta toute la litanie dramaturgique que je devais entendre répéter tant de fois durant ma vie.

Semblable au petit garçon de la fable, je rapportai chez moi mon œuvre en lambeaux, et j'essayai de la rétablir, mais inutilement. Comme je ne voulais pas cependant la sacrifier complètement, je fis faire, par nos secrétaires, une copie fort propre de mon premier manuscrit légèrement modifié ; je le présentai à mon père, et j'obtins par là, du moins, qu'il me laissât quelque temps souper tranquille à l'issue du spectacle.

Cet essai malheureux m'avait fait réfléchir ; je voulus alors étudier directement dans les sources, ces théories, ces lois que tout le monde invoquait, et que l'arrogance de mon prétendu maître m'avait rendues suspectes ; cette étude ne me fut pas difficile, mais elle me fut pénible pourtant. Je lus d'abord le traité de Corneille sur les trois unités, et je vis bien ce qu'on exigeait ; mais sur quoi se fondaient ces exigences? C'est ce qui ne me parut pas clair ; et mon embarras augmenta encore, quand je pris connaissance des débats élevés au sujet du *Cid*, et que je lus les préfaces dans lesquelles Corneille et Racine étaient obligés de se défendre contre les critiques qui les attaquaient, et contre le public. Il fut du moins alors évident pour moi que personne ne savait ce qu'il voulait ; qu'une pièce comme le *Cid*, dont l'effet avait été prodigieux, avait été déclarée mauvaise sur l'ordre d'un cardinal tout-puissant ; que Racine, l'idole des Français de mon temps et qui avait été aussi la mienne (car je l'avais étudié avec soin, l'échevin d'Olenschlager nous ayant fait jouer *Britannicus*, où le rôle de Néron m'avait été confié), que Racine lui-même, dis-je, n'avait pu de son vivant venir à bout des amateurs et des critiques. Tout cela ne fit qu'accroître mes incertitudes ; et après m'être long-temps tourmenté de cette polémique, de ces puérilités théoriques du siècle précédent, je les envoyai à tous les diables, et je me débarrassai résolument de tout ce fatras, parce que je croyais m'être aperçu que ces auteurs eux-mêmes, qui avaient produit des choses excellentes, quand ils se mettaient à en raisonner, quand ils expliquaient leur système, quand ils voulaient se défendre, se justifier, s'excuser, ne trouvaient pas toujours le nœud de la question. Je me hâtai de revenir aux œuvres vivantes, je fus plus zélé à suivre le théâtre, je lus plus consciencieusement et plus assidûment, tellement qu'à cette époque, j'eus la persévérance d'étudier tout Racine et tout Molière, et une grande partie de Corneille.

Les tableaux que le comte Thorane faisait exécuter dans la maison de Goëthe étant achevés, partirent pour la Provence. Le maître du logis, auquel la présence de cet hôte était insupportable, obtint qu'on lui donnât un autre logement. Peu de temps après, le comte quitta la ville, et après avoir rempli divers emplois, il mourut gouverneur d'une des colonies françaises des Indes-Occidentales.

LIVRE QUATRIÈME.

Curiosité de Goëthe pour les phénomènes naturels. — Il écrit un roman épistolaire, et il étudie l'hébreu. — Il compose un poëme avec l'histoire de Joseph. — Ses désirs de gloire littéraire.

Les Français évacuent Francfort, et la maison reçoit de nouveaux hôtes. Goëthe continue le cours de ses études ; il apprend, notamment, le dessin et la musique, auxquels son père attachait un grand prix.

.... Plus on multipliait mes études, et plus je voulais entreprendre ; et mes heures de récréation étaient employées à toute sorte d'occupations bizarres. J'avais, dès le bas-âge, éprouvé le désir d'étudier les objets de la nature. On voit souvent un penchant à la cruauté dans l'habitude qu'ont les enfants, après avoir joué quelque temps avec de pareils objets, après les avoir maniés tantôt d'une façon, tantôt d'une autre, de finir par les mettre en morceaux, par les déchirer et par les ronger. Pourtant la curiosité, le désir de connaître leur construction et leur aspect intérieur, se manifeste souvent aussi de cette manière. Je me rappelle qu'étant enfant, j'ai effeuillé des fleurs, pour voir comment les feuilles tenaient au calice, et plumé des oiseaux, pour observer comment les plumes étaient attachées aux ailes. On ne doit pas accuser ici les enfants, puisque les naturalistes croient pouvoir s'instruire par la séparation et par l'analyse, plus souvent que par l'union et par la synthèse, en ôtant la vie plutôt qu'en la donnant.

Un aimant armé et très élégamment cousu dans un morceau de drap écarlate, éprouva aussi les effets de ma curiosité. Car la puissance secrète d'attraction, exercée par cette pierre sur le morceau de fer qui lui est adapté, laquelle est susceptible de s'accroître et de porter tous les jours un poids plus fort ; cette vertu mystérieuse m'avait inspiré une telle admiration, que je me bornai long-temps à contempler ses effets. Mais je crus pouvoir obtenir quelques éclaircissements, en ôtant l'enveloppe extérieure : ce que je fis, et ce qui ne m'avança pas, car la garniture mise à découvert ne m'apprit rien de plus. Je l'enlevai aussi, et je tins dans les mains la pierre toute nue, avec laquelle je ne me lassai pas de faire, sur de la limaille et sur des aiguilles, divers essais, dont ma jeune intelligence ne retira, toutefois, d'autre profit qu'un accroissement d'expérience. Je ne sus pas recomposer l'appareil total ; les parties s'en dispersèrent, et je perdis l'intéressant phénomène en même temps que l'instrument.

Je ne fus pas plus heureux dans la construction d'une machine électrique. Un ami de la maison, dont la jeunesse coïncidait avec le temps où l'électricité avait occupé tous les esprits, nous racontait souvent qu'étant enfant, il avait désiré posséder une machine pareille ; qu'il avait étudié les éléments principaux qui la constituent, et qu'au moyen d'un vieux rouet et de quelques fioles à médecine, il avait obtenu des effets assez remarquables. Comme il nous répétait ce fait avec complaisance, et qu'il nous enseignait en même temps quelques notions générales sur l'électricité, la chose nous parut plausible, et nous nous donnâmes beaucoup de peine avec un vieux rouet et quelques fioles à médecine, sans pouvoir obtenir le moindre résultat. Notre foi n'en demeura pas moins inébranlable ; et nous fûmes très contents, à l'époque de la foire, de trouver, entre autres raretés et parmi les tours des escamoteurs et des joueurs de gobelets, de trouver, dis-je, une machine électrique.....

Goëthe apprend l'anglais, dans l'espace de quatre semaines, d'un maître qui vient s'établir à Francfort.

..... A la suite de ces leçons, mon père voulut que l'anglais maintînt son rang parmi mes autres occupations philologiques. J'avoue qu'il me pesait chaque jour davantage de prendre pour texte de mes travaux, tantôt telle grammaire, tel recueil, tel auteur, tantôt tel autre auteur, tel autre recueil, telle autre grammaire, et d'éparpiller, avec mes heures, l'intérêt que pouvaient m'inspirer les objets. L'idée me vint donc de tout embrasser à la fois, et j'imaginai un roman épistolaire, entre six ou sept frères et sœurs, qui, éloignés les uns des autres et dispersés dans le monde, se communiquent mutuellement leurs affaires et leurs pensées. Le frère aîné fait en bon allemand une relation de ses voyages, des objets de toute espèce qu'il y voit et des événements qui lui arrivent. La sœur, dans un style de femme, avec force points et de petites phrases, à peu près comme Siegwart fut écrit depuis, entretient le frère aîné ou les autres, auxquels elle répond, des événements de la maison ou d'affaires de cœur. Un des frères étudie la théologie; et il écrit ses lettres en bon latin, avec des post-scriptum en grec. Un autre, commis à Hambourg dans une maison de commerce, a de droit la correspondance en anglais; et un quatrième, plus jeune, qui séjourne à Marseille, la correspondance française. Pour l'italien, il y a un musicien, à sa première tournée. Le plus jeune, enfin, espiègle enfant gâté, à qui toutes les autres langues sont interdites, a recours au juif allemand; il met ses frères au désespoir par ses effroyables caractères, tandis que ses parents s'égaient de cette originalité.

Pour trouver un fond à cette forme singulière, j'étudiai la géographie des pays où séjournaient mes personnages; et j'animai ces détails arides de localité, par des aventures en harmonie avec leur caractère et avec leurs occupations. Les cahiers devinrent beaucoup plus volumineux; mon père fut plus satisfait de moi, et je m'aperçus bientôt de ce qui me manquait en instruction et en talent.

De pareilles entreprises, une fois commencées, n'ont point de fin ni de bornes; je l'éprouvai dans celle-ci. En essayant de me familiariser avec ce juif allemand, si baroque, et de l'écrire aussi bien que je le lisais, je m'aperçus que j'avais besoin de connaître l'hébreu. Je déclarai donc à mon père la nécessité où j'étais d'apprendre cette langue, et je sollicitai son consentement avec beaucoup d'instance; car j'avais un autre but plus élevé. J'entendais dire partout que, pour bien comprendre l'ancien Testament, ainsi que le nouveau, on doit les lire dans l'original. Je lisais le nouveau très couramment; pour que j'eusse, en effet, même le dimanche, un objet d'études, j'étais tenu, après l'office, de réciter, de traduire et même de commenter un peu les épîtres et les évangiles. Je voulais en agir de même à l'égard du vieux Testament, qui m'avait toujours séduit par son caractère original.

Mon père, qui n'aimait pas à faire les choses à demi, résolut de prier le recteur de notre gymnase, le docteur Albrecht, de me donner des leçons particulières pendant plusieurs semaines, jusqu'à ce que je possédasse les éléments les plus nécessaires d'une langue aussi simple; car il comptait que, si l'on ne pouvait pas en venir à bout aussi vite que de l'anglais, le double de temps, du moins, suffirait....

Goethe apprend en effet, avec le recteur Albrecht, l'hébreu, qui lui coûte plus de peine à apprendre qu'il ne pensait; et à ce sujet, il trace un tableau intéressant de l'histoire des patriarches, telle qu'il la conçoit et qu'il la sent. Nous omettons ce morceau, quelque intéressant qu'il soit.

Peut-être me demandera-t-on pourquoi je raconte ici avec détail des événements si connus, qui ont été répétés et commentés tant de fois. Je répondrai que je ne connais pas de meilleur moyen de montrer comment, dans ma vie distraite, dans mes études morcelées, je concentrais cependant mon esprit et mon cœur sur un seul point par une activité intérieure; car je ne saurais décrire autrement la paix qui m'entourait, au sein d'un monde extérieur, agité et bizarre. Pendant que mon imagination, constamment en travail, m'entraînait tantôt d'un côté, tantôt d'un autre; pendant que ce mélange de fable et d'histoire, de mythologie et de religion, menaçait de brouiller mes idées; j'aimais à chercher un asile dans ces contrées de l'Orient, à m'enfoncer dans les premiers livres de Moïse; et j'y trouvais, au milieu de ces nombreuses tribus de pasteurs, la plus grande de toutes les solitudes avec la plus grande de toutes les sociétés.

Ces scènes de famille, avant d'aboutir à une histoire du peuple israélite, nous présentent, en finissant, une figure, à l'aspect de laquelle la jeunesse peut se bercer d'espérances et de chimères; Joseph, le fils de l'amour conjugal le plus tendre. C'est un esprit calme et pénétrant; il se prédit à lui-même les succès qui l'élèveront au-dessus du reste de sa famille. Précipité dans l'infortune par ses frères, il demeure ferme et probe dans l'esclavage; il résiste aux tentations les plus dangereuses; il doit son salut à une prédiction, et il est élevé, suivant son mérite, à un poste éminent. Il prête son assistance, et il se rend utile, d'abord à un grand royaume, puis à sa famille. Il ressemble à son bisaïeul Abraham, par la quiétude et par la grandeur; à son grand-père Isaac, par le calme et par le dévouement. Il exerce en grand le génie industriel qu'il a hérité de son père; il ne s'agit plus de troupeaux, que l'on gagne sur un beau-père, que l'on gagne pour soi-même; ce sont des peuples, avec toutes leurs propriétés qu'on sait accaparer au profit d'un roi. Ce récit naturel est plein de grâce; seulement on le trouve trop court, et l'on se croit destiné à le rétablir dans tous ses détails.

Le développement des caractères esquissés dans la Bible n'était pas chose nouvelle pour les Allemands. Klopstock avait donné aux personnages de l'ancien et du nouveau Testament une physionomie tendre et sentimentale, qui était fort du goût du jeune garçon et de beaucoup de ses contemporains. Des travaux de ce genre exécutés par Bodmer, il ne connaissait rien ou peu de chose; mais le *Daniel dans la fosse aux lions*, de Moser, avait ému sa jeune âme. Dans cet ouvrage, un homme politique, un homme de cœur, plein de loyauté, arrive, à travers mille tribulations, au faîte des honneurs; et sa piété, par laquelle on cherche à le perdre, devient, après comme avant son élévation, son bouclier et son épée. J'avais depuis long-temps le désir d'élaborer l'histoire de Joseph; mais je ne pouvais pas me fixer sur la forme que j'adopterais, aucune des mesures qui eussent convenu à un sujet pareil, ne m'étant familière. Je préférai le traiter en prose, et je me mis à l'œuvre avec énergie. J'essayai de détacher les caractères, et de les développer, et, en intercalant des incidents et des épisodes, de composer avec cette vieille et simple histoire, un ouvrage original et neuf. Je ne réfléchis pas (la jeunesse ne réfléchit pas à de pareilles choses), qu'il me fallait pour cela un fonds, et que ce fonds ne peut être que le fruit de l'expérience. Bref, je me représentai tous les événements avec leurs moindres détails, et je m'en fis à moi-même un récit fidèle et suivi.

Je fus singulièrement secondé dans ce travail par une circonstance qui menaça de rendre cette production, et mes œuvres littéraires en général, extrêmement volumineuses. Un jeune homme heureusement doué, mais devenu idiot par excès de travail et de présomption, demeurait chez mon père en qualité de pupille, et il vivait tranquillement avec nous; il était taciturne et concentré, et, pour peu qu'on ne gênât pas ses habitudes, il était heureux et obligeant. Il avait écrit ses cahiers universitaires avec beaucoup de soin, et il s'était fait une écriture cursive et lisible. Écrire était son occupation favorite; il aimait beaucoup qu'on lui donnât quelque chose à copier, et surtout qu'on le fît écrire sous la dictée, parce qu'alors il se reportait en imagination aux années heureuses qu'il avait passées à l'université. Un pareil secrétaire était une bonne fortune pour mon père qui écrivait lentement, et dont l'écriture allemande était petite et tremblée; et ordinairement, en conséquence, soit pour ses propres affaires, soit pour celles des autres, il dictait chaque jour, pendant plusieurs heures, à ce jeune homme. Il me parut commode, à moi aussi, de l'employer dans les intervalles que mon père lui laissait, et de voir fixé sur le papier, par une main étrangère, tout ce qui me passait par l'esprit; et le don de sentir et celui d'exprimer augmentèrent chez moi avec la facilité de la rédaction et de la conservation.

Je n'avais pas encore entrepris d'ouvrage aussi sérieux que cette épopée biblique en prose. Nous étions dans un moment assez calme, et rien ne rappelait mon imagination de la Palestine et de l'Egypte. Mon manuscrit s'enflait donc tous les jours; car le poëme était écrit par tirade, à mesure que je me le contais à moi-même, pour ainsi dire, dans l'air, et il n'y avait qu'un petit nombre de feuilles à recopier de temps en temps.

Quand l'ouvrage fut fini, car, à mon grand étonnement, j'en vins à bout, je réfléchis que je possédais encore, des années précédentes, plusieurs poésies qui, même à cette époque, ne me semblaient pas à dédaigner, et qui, réunies avec *Joseph*, pouvaient composer un fort joli volume in-4°, sous le titre de *Poésies mêlées;* cette idée me séduisit, parce qu'elle me fournissait une occasion d'imiter, dans mon obscurité, les auteurs connus et en renom. J'avais composé un bon nombre de ces poésies dites anacréontiques, que j'écrivais sans effort, à cause de la facilité de la mesure et de la légèreté du fonds. Mais je n'osai pas les insérer dans mon recueil, parce qu'elles n'étaient pas rimées, et je désirais avant tout faire quelque chose qui fût agréable à mon père. Les odes sacrées ne m'y parurent que mieux à leur place; car je m'étais hardiment essayé dans ce genre, en imitant le *Jugement dernier* d'Elias Schlégel. Une ode sur la commémoration de la descente du Christ aux enfers, eut beaucoup de succès auprès de mes parents et de mes amis; et elle eut le bonheur de me plaire à moi-même quelques années après... Le tout fut rédigé et mis en ordre, et je n'eus pas besoin d'insister, pour le faire copier proprement par un jeune homme possédé de la manie d'écrire. Je courus, avec mon cahier, chez le relieur; et bientôt je remis à mon père un joli volume; il m'invita, avec un air de satisfaction marquée, à lui présenter tous les ans un in-4° pareil; ce qu'il fit sans scrupule, sachant que j'avais composé tous ces vers à mes heures de récréation.

A cette époque, Goëthe se livre à diverses occupations. Il reproduit les sermons du doyen Plitt, et il étudie les éléments du droit; il prend des leçons d'escrime et d'équitation. Il fait des recherches sur les antiquités de Francfort, et visite le quartier des Juifs. Il fréquente les artisans et les artistes, notamment l'orfèvre Lautensack, et les peintres Junker et Nothnagel, pour lesquels son père lui donne des commissions. Il est en rapport intime avec quelques hommes âgés et distingués de Francfort, savoir, d'Olenschlager, de Reineck et Huisgen.

..... Les entretiens que j'eus avec ces hommes ne furent pas sans importance, et chacun d'eux agit sur moi à sa manière. Je leur témoignais autant, et peut-être plus d'égards que leurs propres enfants; et, pour pouvoir se complaire davantage en moi, comme dans un fils chéri, chacun essayait de reproduire en moi son type moral. Olenschlager voulait que je devinsse un homme de cour, Reineck, un diplomate ; tous deux, le dernier surtout, cherchaient à me détourner de la carrière de poëte et d'auteur. Huisgen voulait faire de moi un Timon de son espèce, mais en même temps un habile jurisconsulte : métier indispensable, assurait-il, pour se défendre légalement soi et ses biens contre la canaille humaine, pour assister un opprimé, et, en tout cas, pour jouer quelque tour à un coquin ; il ajoutait que cette dernière chose n'était ni aisée ni prudente.

Si je recherchais le commerce de ces hommes, pour profiter de leurs conseils et de leurs avis, d'autres, plus jeunes, qui n'avaient sur moi qu'une avance de peu d'années, étaient pour moi un objet de vive émulation. Je citerai en première ligne les frères Schlosser et Griesbach. Toutefois, comme je formai dans la suite avec ces derniers une liaison plus étroite, qui dura sans interruption pendant bien des années, tout ce que je dirai ici, c'est qu'on nous les citait alors comme des jeunes gens distingués dans les langues et dans les autres études qui ouvrent la carrière universitaire, qu'on nous les proposait pour modèles, et que personne ne doutait qu'ils ne se signalassent un jour dans l'état et dans l'église.

Moi aussi, j'avais la pensée de me distinguer de la foule ; mais dans quel genre ? Je ne m'en rendais pas bien compte. Toutefois, comme on pense plutôt à la récompense qu'on voudrait recevoir qu'aux talents qu'on doit acquérir, je ne le dissimulerai pas, quand je rêvais à un bonheur digne d'envie, la forme la plus séduisante sous laquelle il m'apparut, était la couronne de laurier qui se tresse pour parer le front du poëte.

LIVRE CINQUIÈME.

Le premier amour de Goëthe ; Marguerite (Gretchen). — L'archiduc Joseph, couronné roi des Romains ; fêtes célébrées à Francfort, à cette occasion. — Séparation cruelle de Goëthe et de Marguerite.

..... Mon ancienne liaison avec cet enfant, que j'ai désigné plus haut sous le nom de Pylade, s'était continuée jusqu'à notre adolescence. Nous nous voyions plus rarement, parce que nos parents n'étaient pas ensemble dans les meilleurs termes ; mais, en quelque lieu qu'il nous arrivât de nous rencontrer, c'étaient toujours entre nous les mêmes transports d'amitié. Nous nous rencontrâmes une fois dans ces allées qui forment la jolie promenade entre la porte intérieure et la porte extérieure de Saint-Gall. Nous nous étions à peine souhaité le bonjour, que Pylade me dit : « Tes vers ont toujours avec moi le même sort. J'ai lu à quelques joyeux camarades ceux que tu m'as donnés l'autre jour, et nul ne veut croire que tu en sois l'auteur. — Que m'importe ? répondis-je ; nous ferons des vers, pour notre plaisir ; les autres en penseront et en diront ensuite ce qui leur plaira. — Tiens, voici justement l'incrédule. — Ne parlons pas de cela ; on a beau faire, on ne convertit pas les gens. — Non pas, répliqua mon camarade, je ne veux pas le laisser avec ses doutes. »

Après avoir échangé quelques paroles indifférentes, mon jeune ami, dans l'excès de son dévouement, ne put se contenir, et dit, non sans vivacité, à l'arrivant : « Voici mon ami, l'auteur des jolis vers, de ces vers dont vous lui contestez le mérite. — Il ne nous en voudra pas, sans doute, répondit celui-ci ; car il n'y rien pour lui que de très-honorable dans l'opinion que nous aurions, qu'il faut pour composer de pareils vers plus de science qu'on n'en peut avoir à son âge. » Je fis une réponse banale ; mon ami reprit : « Il ne sera pas difficile de vous convaincre. Donnez-lui un sujet quelconque, et il vous improvisera une pièce de vers à l'instant même. » J'acceptai cette proposition ; nous tombâmes d'accord ; et le nouveau venu me demanda si je me sentirais de force à composer une jolie lettre d'amour, en vers, qu'une jeune fille honteuse adresserait à un jeune homme, pour lui faire un tendre aveu. « Rien de plus facile, répondis-je, pourvu que j'aie ce qu'il faut pour écrire. » Il tira son portefeuille, qui renfermait un grand nombre de feuilles blanches, et je me mis sur un banc à écrire. Eux, pendant ce temps, se promenèrent, sans me perdre de vue. Je me pénétrai, sur-le-champ, de mon sujet, et je pensai au bonheur que j'éprouverais, si quelque belle était en effet éprise de moi, et me faisait un aveu en vers ou en prose. Je commençai hardiment ma déclaration, et, me servant d'une mesure qui tenait à la fois du vers burlesque et du madrigal, j'y mis tant de naturel, et je l'achevai en si peu de temps, que, lorsque je lus mon petit poëme aux deux jeunes gens, le sceptique fut saisi d'étonnement, et mon ami, d'enthousiasme. Je ne pus refuser à la demande du premier la pièce de vers qui était écrite sur son portefeuille, et je n'étais pas fâché de voir entre ses mains une preuve de mon talent. Il me quitta en m'assurant de son admiration et de son attachement ; il ajouta qu'il n'avait rien plus à cœur que de me voir souvent, et nous convînmes d'entreprendre ensemble prochainement une partie de campagne.

La partie se réalisa ; plusieurs autres jeunes gens de même condition que lui se joignirent à nous. Ces jeunes gens appartenaient aux classes moyennes, ou, pour mieux dire, aux classes inférieures ; ils ne manquaient pas d'intelligence, et ayant été un peu dans les écoles, ils avaient quelque savoir et une certaine éducation. Une ville grande et riche offre de nombreuses ressources. Ils gagnaient leur vie à faire des écritures pour les avocats, à donner aux enfants des classes peu aisées des leçons particulières, pour les pousser un peu au-delà de l'instruction des écoles élémentaires. Ils répétaient l'enseignement religieux aux adolescents qui se préparaient à la confirmation, faisaient quelques courses pour les courtiers et pour les négociants ; et le soir, surtout les dimanches et les jours de fête, ils se régalaient à peu de frais. Après m'avoir, chemin faisant, complimenté de leur mieux sur mon épître amoureuse, ils m'avouèrent l'usage comique qu'ils en avaient fait ; ils l'avaient copiée avec une écriture contrefaite, y avaient ajouté quelques allusions, et l'avaient fait parvenir à un jeune homme présomptueux, lequel fut dès-lors convaincu pleinement qu'une jeune personne qu'il avait courtisée de loin, s'était éprise de lui éperdûment, et cherchait une occasion de faire plus ample connaissance avec lui. Ils me confièrent en même temps que ce jeune homme avait une envie extrême de répondre en vers ; mais, ni lui ni aucun d'eux ne possédant le talent de la versification, ils me priaient instamment de composer moi-même la réponse désirée.

Les mystifications ont toujours été et seront toujours l'amusement des gens désœuvrés, de plus ou de moins d'esprit. Une petite méchanceté, une malice qui flatte la vanité, divertit ceux qui ne savent point s'occuper d'eux-mêmes, ni trouver hors d'eux-mêmes un but d'activité utile. Aucun âge n'est tout à fait exempt de cette démangeaison. Enfants, nous nous étions souvent dupés les uns les autres, et nombre de jeux reposent sur des mystifications et sur des attrapes. La plaisanterie dont il s'agissait ne me parut pas plus grave que les autres ; et j'y consentis. Les jeunes gens m'informèrent de quelques particularités que la lettre devait contenir ; et elle était achevée, quand nous rentrâmes.

Peu de temps après, je reçus, par l'entremise de mon ami, une invitation pressante d'assister à une réunion du soir de la petite société. C'était l'amoureux qui, cette fois, avait voulu régaler ; et il désirait remercier le camarade qui s'était si bien acquitté à son égard du rôle de secrétaire poète.

Nous nous réunîmes assez tard ; le repas était des plus modestes, le vin buvable ; quant à la conversation, elle pivota toute entière sur la mystification du jeune homme, en sa présence ; mais il était trop borné pour comprendre ; et, après avoir lu la lettre plusieurs fois, il n'était pas très éloigné de croire que lui-même l'avait écrite.

Ma bienveillance naturelle me fit trouver ces plaisanteries fort peu divertissantes ; et je ne tardai pas à me dégoûter d'entendre toujours répéter la même chose. J'aurais passé certainement une soirée maussade, sans une apparition inattendue qui me ranima. A notre arrivée, nous avions trouvé la table convenablement servie; il y avait du vin en quantité suffisante; nous nous étions mis à table, et nous étions demeurés seuls, sans avoir besoin de personne pour nous servir. Mais, à la fin, le vin ayant manqué, on appela la bonne; à sa place entra une jeune fille d'une beauté rare, d'une beauté incroyable même, dans cette condition. « Qu'est-ce que vous demandez? dit-elle, après un bonsoir poli : la bonne est malade; elle est couchée; puis-je vous servir?—Nous manquons de vin, dit l'un des convives; si tu allais nous en chercher quelques bouteilles, tu serais bien aimable. —Vas-y, Marguerite, dit un autre; ce n'est qu'à deux pas d'ici. — Pourquoi pas? » répondit-elle; et elle prit quelques bouteilles vides, et sortit lestement. Elle était peut-être encore plus jolie à voir par derrière. Le petit bonnet allait si bien à cette petite tête, qu'un cou élancé joignait aux épaules avec une grâce infinie! Tout en elle était distingué; et l'on pouvait examiner ainsi plus à son aise l'ensemble de sa personne, parce que l'attention n'était plus, comme auparavant, attirée et captivée exclusivement par le calme et par la candeur du regard, ou par les grâces de la bouche. Je reprochai à mes compagnons de l'avoir envoyée dehors toute seule, pendant la nuit; ils se moquèrent de moi, et je fus bientôt rassuré par son prompt retour; car le marchand de vin demeurait en face. « Maintenant, viens te mettre à table avec nous, » dit l'un des convives; elle obéit; mais, hélas! elle ne s'assit pas auprès de moi. Elle prit un verre où elle but à notre santé, et se retira bientôt, en nous invitant à ne pas rester réunis trop tard, et surtout à ne pas faire trop de bruit; car la mère allait se coucher. Ce n'était pas sa mère, mais celle de mes hôtes.

Depuis ce moment, l'image de cette jeune fille me poursuivit en tous lieux; c'était la première impression durable qu'une femme eût produite sur moi; et comme je ne pouvais pas trouver, et que je ne voulais pas chercher de prétexte pour revoir Marguerite dans sa demeure, mon amour pour elle me conduisit au temple, où j'eus bientôt découvert sa place; et, pendant les interminables offices protestants, j'eus le temps de m'enivrer de sa vue. A la sortie du temple, je n'osais pas lui adresser la parole, j'osais encore moins l'accompagner; et j'étais au comble de la félicité, quand elle avait paru me remarquer et répondre par un signe de tête à mon salut. Mais je ne devais pas être long-temps privé du bonheur de m'approcher d'elle. On avait persuadé à cet amoureux, à qui j'avais servi de secrétaire, que la lettre écrite en son nom avait été réellement remise à la jeune personne; et l'on avait excité à un haut degré son attente, en lui faisant croire que la réponse ne tarderait pas. C'était moi encore qui devais la rédiger, cette réponse; et la malicieuse société me fit prier instamment, par l'entremise de Pylade, d'y mettre tout mon esprit, et d'y déployer tout mon art, afin de composer un morceau charmant et achevé.

Dans l'espérance de revoir la belle fille, je commençai sur-le-champ, et j'essayai d'y mettre les choses qui m'eussent causé le plus de plaisir dans une lettre que Marguerite m'aurait adressée. Celle que je composai me parut convenir si bien à sa physionomie, à sa personne, à ses manières et à son esprit, que je ne pus m'empêcher de souhaiter la réalisation de mon rêve, et que je fus ravi en extase, à la seule pensée que je pourrais recevoir de Marguerite quelque chose de semblable. C'est ainsi que je me mystifiais moi-même, pendant que je croyais en duper un autre; et je me préparais à la fois beaucoup de joie et beaucoup de tourment. A la nouvelle sommation qu'on me fit, j'étais prêt; je promis de me rendre, et je fus exact à l'heure indiquée; il n'y avait à la maison qu'un seul de mes jeunes gens; Marguerite était assise près de la fenêtre et filait; la mère allait et venait. Le jeune homme désira entendre la lecture de ma pièce de vers; je la lui lus, non sans émotion, jetant par-dessus la feuille des regards furtifs sur la belle fille; et, comme je croyais remarquer du trouble dans toute sa personne, et une légère rougeur sur ses joues, je m'exprimais que mieux et avec plus de vivacité ce que j'aurais voulu entendre de sa bouche. Le cousin, qui m'avait souvent interrompu par des éloges, me pria à la fin de faire quelques changements. Il s'agissait de certains passages, qui convenaient mieux, en effet, à la position de Marguerite qu'à celle d'une jeune personne qui, par sa naissance et par sa fortune, occupait un rang élevé dans la ville. Après m'avoir indiqué les changements qu'il désirait, et m'avoir donné ce qu'il fallait pour écrire, il sortit pour un instant, appelé par une affaire; je demeurai assis sur le banc pratiqué dans le mur derrière la grande table, et j'essayai le remaniement de mon œuvre sur une grande ardoise qui couvrait la table presque toute entière; je me servis d'un crayon qui était toujours auprès de la fenêtre, et dont on usait fréquemment, soit pour calculer sur l'ardoise, soit pour y écrire diverses notes, soit pour se transmettre des communications entre allants et venants.

Pendant un assez long espace de temps, j'avais écrit différentes choses, et je les avais effacées; impatienté à la fin, je m'écriai : « Cela ne va pas ! — Tant mieux, dit la charmante fille d'un ton posé ; vous ne devriez pas vous mêler de pareilles affaires. » Elle se leva de son rouet, et s'approchant de la table où j'étais, elle me fit un sermon plein de raison et de douceur. « Cette affaire a l'air d'une innocente plaisanterie. C'est une plaisanterie, sans doute, mais elle n'est point innocente. J'ai déjà vu plus d'une fois nos jeunes gens se mettre dans l'embarras pour des étourderies semblables. — Mais que dois-je faire? répondis-je ; la lettre est écrite, et ils comptent sur les corrections que j'ai promises. — Croyez-moi, répliqua-t-elle, n'y changez rien ; faites mieux : reprenez-la ; mettez-la dans votre poche, retirez-vous, et tâchez d'arranger la chose par l'entremise de votre ami. J'ai encore un mot à vous dire ; car, voyez-vous, quoique je ne sois qu'une jeune fille, et que je dépende de ces parents qui ne font rien de mal, sans doute, mais qui, pour se divertir ou pour gagner de l'argent, commettent bien des imprudences, je leur ai résisté, moi, et j'ai refusé de transcrire la première lettre, comme ils l'exigeaient ; ils l'ont copiée eux-mêmes en contrefaisant leur écriture ; et ils feront autant de la seconde, s'ils n'ont pas d'autre moyen. Et vous, qui êtes un jeune homme de bonne famille, un jeune homme riche, indépendant, pourquoi consentez-vous à leur servir d'instrument, dans une affaire, dont vous ne retirerez aucun avantage, mais bien des désagréments peut-être ? » Je fus charmé d'entendre de sa bouche un discours suivi ;

car, d'ordinaire, elle ne jetait que quelques mots dans la conversation. Mon amour s'exalta ; je ne me possédai plus, et je répondis : « Je ne suis pas aussi indépendant que vous le pensez ; et à quoi me sert-il d'être riche, puisque je suis privé du bien le plus précieux que je puisse désirer ? »

Elle attira près d'elle le brouillon de mon épître, et elle le lut à demi-voix, avec beaucoup de grâce et de charme. — C'est très joli, dit-elle, en s'arrêtant à un trait naïf ; il est dommage seulement que ces vers n'aient pas une destination réelle. — Cela serait bien à désirer, m'écriai-je, et qu'il serait heureux, celui qui recevrait d'une jeune fille qu'il aimerait éperduement, une pareille attestation de son amour ! — C'est difficile, reprit-elle ; mais impossible, cela ne l'est pas. — Par exemple, continuai-je, si quelqu'un qui vous connaît, qui vous estime, qui vous respecte et qui vous adore, vous présentait cette feuille, s'il vous sollicitait instamment et de tout son cœur : qu'est-ce que vous feriez ? » Je rapprochai d'elle la feuille qu'elle avait déjà remise de mon côté. Elle sourit, réfléchit un instant, prit la plume et signa. J'étais transporté, je sautais de joie, et je voulais l'embrasser. — Pas de baiser, dit-elle, c'est chose vulgaire, mais de l'amour, si cela se peut. » J'avais repris le papier, et je l'avais mis dans ma poche. — « Personne ne l'aura plus, m'écriai-je, tout est décidé maintenant ; vous m'avez sauvé. — Achevez votre salut vous-même, dit-elle, et hâtez-vous de partir, avant que les autres ne rentrent pour vous embarrasser et pour vous tourmenter. » Je ne pouvais pas me séparer d'elle ; mais elle m'en pria avec tant de grâce, en prenant entre ses deux mains ma main droite qu'elle pressa tendrement, que j'étais prêt à pleurer ; je crus voir ses yeux se mouiller de larmes ; j'appuyai mon visage sur ses mains, et je sortis précipitamment. Je n'avais jamais éprouvé un semblable embarras.

Les premiers attachements d'un jeune cœur encore pur revêtent un caractère tout-à-fait intellectuel. On dirait que la nature ait voulu qu'un sexe fût pour l'autre une image vivante du bon et du beau. C'est ainsi que la vue de cette jeune fille et ma tendresse pour elle m'avaient révélé un nouveau monde de beauté et de perfection. Je relus cent fois mon épître ; je contemplai la signature, je la baisai, je la pressai sur mon cœur, et je m'enivrai de l'aimable aveu de Marguerite. Mais plus mon enthousiasme croissait, et plus je souffrais de ne pas pouvoir la visiter sur-le-champ, de ne pas la revoir et de ne pas lui parler; car je craignais les reproches et les importunités des cousins. Je ne pus pas rencontrer le bon Pylade, qui nous aurait servi de médiateur.

Le dimanche suivant, je me rendis à Niederrad, où ces jeunes gens avaient l'habitude d'aller, je les y rencontrai. Je fus très surpris de les voir venir à moi le visage riant, au lieu de trouver en eux du mécontentement et de la froideur. Le plus jeune, surtout, fut très affectueux; il me prit la main, et me dit : « Vous nous avez joué dernièrement un malin tour, et nous étions furieux contre vous; mais votre disparition et la soustraction de votre épître nous ont suggéré une idée excellente qui, sans cela peut-être, ne nous fût jamais venue. Vous voudrez bien nous régaler aujourd'hui, pour sceller notre réconciliation, et nous vous ferons connaître en même temps un projet que nous sommes fiers d'avoir conçu, et que certainement vous approuverez. » Cette allocution m'embarrassa beaucoup; car j'avais à peu près assez d'argent sur moi pour me régaler modestement moi et un ami; mais une société toute entière, et une société comme celle-là, qui ne savait pas toujours s'arrêter à temps, je n'avais pas le moyen d'y suffire. La proposition m'étonna d'autant plus de leur part, qu'habituellement ils se faisaient un point d'honneur de payer chacun leur écot. Ils rirent de mon embarras, et le jeune homme ajouta : « Allons-nous asseoir sous le berceau, et vous apprendrez le reste. » Nous nous assîmes : « Quand vous avez, l'autre jour, dit-il, emporté votre pièce, nous avons délibéré de nouveau sur cette affaire, et nous avons réfléchi que, sans profit quelconque, au détriment des autres, et à nos propres risques, par pure malignité enfin, nous abusions de votre talent, tandis que nous pourrions en tirer parti pour notre avantage commun. Tenez, voici deux commandes, l'une pour une chanson de noces, et l'autre pour un chant funéraire. Le second morceau doit être prêt tout de suite; le premier peut attendre huit jours. Si vous voulez bien les composer, ce qui vous sera facile, vous nous aurez régalés doublement, et nous resterons encore pour long-temps vos débiteurs. » Cette proposition me plut tout-à-fait; car les vers de circonstance, dont un bon nombre circulait chaque semaine, et qui paraissaient par douzaine, surtout à l'occasion des mariages considérables, étaient depuis long-temps pour moi un objet d'envie, et je me croyais capable de faire dans ce genre aussi bien et même mieux. L'occasion se présentait alors de faire mes preuves, bien plus, de me voir imprimé. On me donna les renseignements nécessaires sur les personnes et sur les rapports de famille; je me retirai un peu à l'écart; je fis mon plan et je composai quelques strophes. Ayant rejoint la société, et le vin n'ayant pas été épargné, ma pièce en demeura là, et je ne pus la remettre dans la soirée. « Nous avons encore jusqu'à demain soir, dirent-ils, et les honoraires que nous recevrons pour le chant funèbre, suffiront pour nous faire passer demain encore une joyeuse soirée. Vous viendrez chez nous; car il est juste que Marguerite prenne sa part de nos plaisirs, puisque c'est à elle que nous devons cette idée. » Ma joie fut extrême. En retournant chez moi, la composition des autres strophes m'occupa tout entier; j'écrivis toute la pièce avant de me coucher, et le lendemain matin je la mis très soigneusement au net. Le jour me parut démesurément long, et il était nuit à peine, que je me trouvais de nouveau dans le petit appartement, à côté de l'adorable jeune fille.

Ces jeunes gens avec qui ma liaison devenait ainsi tous les jours plus étroite, n'étaient pas des hommes communs, sans doute, mais ce n'étaient pourtant que des hommes ordinaires. Leur activité était digne d'éloge; et j'écoutais avec plaisir leurs conversations sur les voies et moyens divers par lesquels on peut amasser quelque chose; ils aimaient surtout à s'entretenir des hommes qui avaient commencé avec rien, et qui avaient fait une grande fortune. Les uns, pauvres commis, s'étaient rendus nécessaires à leurs patrons, et avaient fini par devenir leurs gendres; les autres avaient commencé par un petit commerce d'allumettes ou d'autres denrées, et ils l'avaient étendu et élevé à tel point qu'on les comptait de notre temps au nombre des négociants les plus riches. De jeunes hommes, pourvus de bonnes jambes, devaient trouver de grandes ressources et de grands profits dans le métier de galopin et dans l'entreprise des commissions et des affaires de toute espèce pour des riches paresseux. Ces entretiens nous intéressaient tous; chacun se croyait un personnage, et s'imaginait qu'il avait en lui de l'étoffe, non pas pour faire seulement son chemin dans le monde, mais pour arriver à une fortune extraordinaire. Personne ne mettait dans ces conversations plus de sérieux que Pylade, qui finit par avouer qu'il était amoureux fou d'une jeune fille, et qu'il y avait entre eux une promesse de mariage. La position pécuniaire de ses parents ne lui permettait pas d'aller aux universités; mais il avait acquis par son application une très belle écriture, la connaissance du calcul et celle des langues modernes; et pour assurer le bonheur domestique auquel il aspirait, il ne voulait rien épargner. Les cousins firent l'éloge de son zèle, sans approuver pourtant l'engagement prématuré qu'il avait contracté avec la jeune fille; ils ajoutèrent qu'ils le considéraient comme un bon et brave jeune homme, mais qu'ils ne l'estimaient ni assez actif ni assez entreprenant pour exécuter rien d'extraordinaire. Pylade leur ayant, pour sa justification, expliqué avec détail ses projets et la manière dont il voulait les réaliser, les autres furent excités par son exemple, et chacun se mit à exposer ses moyens particuliers, ses occupations, ses entreprises, la route qu'il avait déjà parcourue, et celle qu'il apercevait devant lui. Mon tour vint à la fin. Je devais, moi aussi, retracer mon présent et mes perspectives d'avenir. Pendant que j'y réfléchissais, Pylade prit la parole, et dit : « J'impose à notre ami une seule condition, afin que nous ne soyons pas trop dépassés par lui : c'est qu'il ne porte point en compte les avantages extérieurs de sa position. Il devrait plutôt inventer une fable, et nous dire ce qu'il ferait, s'il se trouvait réduit, comme nous le sommes, à ses ressources personnelles. »

Marguerite, qui n'avait pas cessé de filer jusqu'à ce moment, se leva, et se mit, suivant son habitude, au bout de la table. Nous avions déjà vidé quelques bouteilles, et je commençai très gaiment à raconter ma biographie imaginaire.

« Premièrement, leur dis-je, veuillez continuer à me procurer des pratiques. Si vous me remettez successivement le prix de tous les vers de circonstances, et que nous ne mangions pas le tout en parties de plaisir, je me serai créé déjà une certaine position. Puis vous ne m'en voudrez pas, si je me mêle aussi de votre métier. » Je leur dis alors ce qui m'avait frappé dans leurs occupations, et ce que je me jugeais capable de faire au besoin. Chacun avait évalué ses professions en argent, et je les priai de m'aider à faire mes calculs.

Marguerite avait écouté jusque-là avec beaucoup d'attention, dans cette attitude qui lui allait si bien, soit qu'elle parlât, soit qu'elle écoutât ; elle avait croisé les bras en appuyant les mains dessus, et elle les avait posés sur le bord de la table. Elle pouvait demeurer long-temps assise de la sorte, sans autre mouvement que des mouvements de tête qu'elle ne faisait jamais sans cause ni sans intention. A diverses reprises, elle avait placé un mot dans la conversation, et elle nous aidait de temps en temps de ses avis, quand nous étions embarrassés dans nos arrangements ; puis elle reprenait son silence et son calme habituels. Mes yeux ne la quittèrent pas un instant ; et l'attachement que j'éprouvais pour elle donnait à mes paroles un air de vérité et de probabilité qui m'illusionna moi-même un instant, au point que je me crus isolé et sans ressource, comme mon récit me supposait, et que la seule perspective de la posséder un jour me rendait le plus heureux des hommes. Pylade avait terminé sa confession par son mariage, et nous nous demandâmes, nous aussi, si, dans nos projets, nous allions jusque-là. — « Je ne puis pas en douter, m'écriai-je ; car, en vérité, chacun de nous a besoin d'une femme qui conserve à la maison et qui nous fasse goûter en les rassemblant les biens que nous glanons si merveilleusement au-dehors. » Je traçai alors le portrait d'une épouse selon mes vœux, et il eût été bien étonnant qu'elle n'eût pas ressemblé trait pour trait à Marguerite.

Le chant funèbre était mangé ; mais la chanson de noces était toute prête à nous venir en aide ; je surmontai toute crainte et tout scrupule ; et, comme j'avais de nombreuses connaissances, je sus cacher à ma famille mes véritables récréations du soir. Voir la charmante fille, être auprès d'elle, devint bientôt une condition indispensable de mon existence. Elle aussi s'était habituée à moi, et nous nous réunissions presque tous les jours, comme si nous ne pouvions pas faire autrement. Pylade, cependant, avait présenté sa belle dans la maison, et le couple passa plusieurs soirées avec nous. En leur qualité de fiancés, bien que dans une lointaine perspective, ils ne dissimulaient pas leur tendresse. La conduite de Marguerite envers moi était faite pour me tenir à distance. Elle ne donnait la main à personne, elle ne me la donna pas non plus ; elle ne se laissait jamais toucher ; seulement elle se plaçait à côté de moi, surtout quand j'écrivais ou que je lisais, et alors elle posait familièrement la main sur mon épaule ; elle se penchait pour regarder sur le livre ou sur la feuille de papier ; si je voulais prendre la même liberté avec elle, elle reculait et elle ne revenait qu'au bout de quelque temps. Cependant elle reprenait souvent cette attitude ; car ses gestes et ses mouvements étaient très uniformes ; ils étaient, du moins, toujours convenables, toujours beaux et gracieux. Je ne l'ai jamais vue user de cette familiarité avec un autre jeune homme.

Parmi les parties de plaisir que j'entreprenais avec diverses sociétés de jeunes gens, une des plus innocentes et des plus amusantes à la fois, c'était le voyage de Hochst par le coche ; nous faisions nos observations sur les passagers originaux qui y étaient entassés ; et nous plaisantions et nous persiflions les uns ou les autres, au gré de notre humeur joyeuse et de notre étourderie. Nous descendions à Hochst, où le coche de Mayence arrivait en même temps que nous. On trouvait dans une auberge une table très bien servie, où les plus distingués parmi les voyageurs qui remontaient la rivière ou qui la descendaient, dînaient ensemble ; après quoi, chacun poursuivait son chemin, et les coches s'en retournaient chacun au lieu du départ. Le dîner achevé, nous nous rembarquions toujours pour Francfort, et nous avions fait en très nombreuse compagnie la promenade sur l'eau la moins coûteuse possible. Une fois que j'avais entrepris cette excursion avec les cousins de Marguerite, un jeune homme, qui devait être un peu plus âgé que nous, vint se joindre à notre société, à la table d'hôte de Hochst. Il était connu de mes compagnons, et il se fit présenter à moi. Sa personne avait quelque chose d'agréable, sans être distinguée pourtant. Venu de Mayence, il nous accompagna à Francfort, où nous retournions ; et il eut avec moi une conversation très variée, concernant la constitution extérieure de la ville, les emplois et les dignités, dont il me parut fort instruit. Quand nous nous séparâmes, il se recommanda à moi, et il ajouta qu'il désirait que j'eusse de lui une bonne opinion, parce qu'il espérait, au besoin, obtenir mon appui. J'ignorais ce qu'il voulait dire par là ; mais les cousins me l'expliquèrent quelques jours après ; ils firent son éloge, et me prièrent de l'appuyer auprès de mon grand-père, pour un emploi secondaire, que leur ami désirait et qui se trouvait vacant. Je m'excusai d'abord, parce que je ne m'étais jamais mêlé de ces sortes d'affaires ; mais ils insistèrent tellement, que je me décidai à faire ce qu'ils demandaient. Je m'étais plus d'une fois aperçu que dans ces nominations aux emplois qui, souvent, hélas ! étaient considérées comme des affaires de pure faveur, la recommandation de ma grand'mère, ou celle d'une de mes tantes, n'était pas demeurée sans effet. J'étais devenu assez grand, pour prétendre, moi aussi, à quelque influence. C'est pourquoi, par amitié pour mes amis, qui déclarèrent qu'ils me seraient infiniment obligés, si je leur rendais ce service, je surmontai la timidité d'un petit-fils, et je pris sur moi de présenter un placet qui fut remis entre mes mains.

Un dimanche après le dîner, mon grand-père était très occupé dans son jardin, à cause de l'approche de l'automne, et je l'aidais de mon mieux dans ses divers travaux ; après quelque hésitation, je lui présentai ma demande et le placet. Il l'examina, et me demanda si je connaissais le jeune homme. Je lui dis en gros ce que je savais à ce sujet, et il s'en tint là. — « S'il a du mérite et de bons témoignages, dit-il, je lui serai favorable, à cause de lui et à cause de toi. » Il n'en dit pas davantage, et je n'entendis plus parler de cette affaire.

Depuis quelque temps, j'avais remarqué que Marguerite ne était plus et qu'elle s'occupait en revanche de couture et d'ouvrages très-délicats ; j'en étais fort étonné, car les jours avaient déjà commencé à décroître, et l'hiver approchait. Je ne m'arrêtai pas à cela, cependant ; mais je fus inquiet de ne pas la trouver le matin au logis, comme de coutume, et de ne pas pouvoir apprendre où elle était allée, sans adresser des questions indiscrètes. J'éprouvai un jour une bien grande surprise. Ma sœur, qui faisait des apprêts pour un bal, me pria d'aller lui acheter chez une marchande de modes ce qu'on appelait des fleurs *italiennes*; c'étaient de jolies petites fleurs qu'on faisait dans les couvents ; les myrtes, surtout, les roses naines et d'autres fleurs de ce genre étaient très-belles et très-ressemblantes. Je me chargeai de sa commission, et j'allai dans un magasin où j'avais été souvent avec elle. J'étais à peine entré, et j'avais à peine salué la marchande, que j'aperçus, assise près d'une fenêtre, une jeune demoiselle qui me parut très-jeune et très-jolie sous un bonnet de dentelle, et très-bien faite sous une mantille de soie. Il me fut aisé de reconnaître que c'était une ouvrière du magasin, car elle était occupée à mettre des rubans et des plumes sur un chapeau. La marchande m'étala ses longues caisses contenant chacune des espèces de fleurs différentes. Je les examinai, et tout en essayant de choisir, je regardai la jeune demoiselle de la fenêtre : quelle fut ma surprise, quand je découvris en elle une incroyable ressemblance avec Marguerite, et que je finis par me convaincre que c'était Marguerite elle-même ! Je n'en pus plus douter, quand elle me fit signe des yeux, et me donna à entendre que je ne devais pas avoir l'air de la connaître. Cependant je désespérais la marchande de modes par mes irrésolutions ; une jeune dame n'eût pas été plus fatigante. Je ne choisissais rien, car j'étais extrêmement embarrassé, et j'aimais mon hésitation, parce qu'elle me retenait dans le voisinage de la jeune fille dont le déguisement me déplaisait, et qui pourtant, sous ce déguisement, me paraissait plus attrayante que jamais. A la fin, la marchande parut perdre patience ; elle me remplit elle-même de fleurs toute une grande boîte de carton, que je devais présenter à ma sœur, et sur laquelle celle-ci ferait son choix. C'est ainsi qu'elle me mit pour ainsi dire à la porte de son magasin, en envoyant sa domestique avec la boîte.

J'étais rentré à peine, que mon père me fit appeler, et me confia qu'il n'était plus douteux que l'archiduc Joseph ne dut être élu et couronné roi des Romains. On ne devait pas, disait-il, laisser venir cet événement sans s'y préparer, ni le laisser passer en se bornant à ouvrir de grands yeux. Mon père voulait parcourir avec moi les procès-verbaux des deux derniers couronnements, ainsi que les dernières capitulations électorales, pour reconnaître ensuite les conditions nouvelles qu'on ajouterait cette fois. Nous feuilletâmes les procès-verbaux, et cette besogne nous occupa tout le jour et une grande partie de la soirée : pendant ce temps, la jolie fille, tantôt dans son ancien négligé, tantôt dans son nouveau costume, m'apparaissait à chaque instant au milieu des sublimes affaires du saint empire romain. Je ne pus donc pas aller la voir ce soir là, et je passai une nuit agitée et sans sommeil. L'étude de la veille fut poursuivie avec ardeur le jour suivant, et je ne pus que vers le soir rendre visite à la belle fille que je trouvai dans son costume ordinaire. Elle me regarda en souriant, mais je n'osai parler de rien en présence des cousins. Toute la société étant réunie et tranquille, elle prit la parole : « C'est bien mal à vous, dit-elle aux jeunes gens, de n'avoir pas confié à notre ami notre décision de ces jours passés. » Elle se mit alors à raconter comment, à la suite de la conversation où ils s'étaient entretenus des moyens dont chacun voulait se servir pour faire son chemin dans le monde, ils avaient agité la question de savoir comment une femme pourrait tirer parti de ses talents et de son travail, et employer son temps d'une manière utile. Un des cousins avait alors émis l'idée qu'elle entrât à l'essai chez une marchande de modes qui avait besoin d'une ouvrière. On s'était arrangé avec cette dame ; Marguerite passait chez elle un certain nombre d'heures et recevait de bons gages ; seulement les convenances lui imposaient alors une certaine toilette qu'elle laissait toujours dans le magasin, parce qu'elle ne la trouvait pas en harmonie avec ses habitudes. Cette explication me tranquillisa ; pourtant je n'étais pas content de savoir la jolie fille dans un magasin ouvert au public, et dans un endroit qui était souvent le rendez-vous du monde élégant. Je n'en fis néanmoins rien voir, et j'essayai de surmonter mes inquiétudes jalouses.

Le plus jeune des cousins ne me laissa pas le temps d'y songer; il parut bientôt avec une commande pour une poésie de circonstance; il me transmit les renseignements sur les personnes, et me pria de me mettre sur-le-champ à composer le plan de la pièce. Il avait eu déjà quelques entretiens avec moi sur la manière de traiter de semblables sujets; et comme en pareille matière j'étais très communicatif, je lui expliquai, sans me faire beaucoup prier, les règles de la composition; et je lui donnai une idée de la chose, en prenant pour exemple mes propres œuvres et ceux des autres en ce genre. Le jeune homme avait de l'intelligence, mais pas la moindre trace de génie poétique; il entrait tellement dans les détails, il désirait si fort se rendre compte de tout, que je fis tout haut cette remarque : « On dirait que vous voulez me faire concurrence et m'enlever ma clientèle. — Je ne le dissimulerai pas, dit-il en riant; et je ne vous fais aucun tort en agissant ainsi. Dans peu de temps vous irez à l'université; permettez-moi, jusqu'à cette époque, de continuer à m'instruire un peu avec vous. — De grand cœur, » répondis-je; et je l'encourageai à composer lui-même un plan, à choisir une mesure conforme au caractère du sujet, à faire, en un mot, tout ce qui était nécessaire. Il se mit sérieusement à l'œuvre, mais sans succès; ses poésies exigeaient toujours tant de corrections de ma part, que j'aurais eu beaucoup moins de peine à les refaire entièrement, et que j'aurais fait encore beaucoup mieux. Toutefois, ces leçons, cette communication de mon savoir, ce travail en commun, étaient pour nous un passe-temps agréable; Marguerite elle-même y prit part; elle eut plus d'une gracieuse inspiration, de sorte que nous étions tous contents, je puis même dire tous heureux. Elle travaillait le jour chez la marchande de modes; le soir, habituellement, nous nous réunissions; et notre bonheur ne fut pas même troublé par le ralentissement qui se faisait sentir dans les commandes de vers. Nous fûmes, toutefois, péniblement affectés un jour qu'une de nos œuvres nous fut renvoyée avec protêt, parce qu'elle n'avait pas plu à celui qui l'avait demandée. Mais nous

nous consolâmes, parce que nous considérions justement ce morceau comme notre chef-d'œuvre, et nous étions fondés à déclarer que cette personne ne s'y connaissait pas. Le cousin, qui voulait absolument apprendre quelque chose, proposa des commandes imaginaires; l'exécution nous en amusait encore assez; mais comme elle ne rapportait rien, nous fûmes obligés de mettre sur un pied plus modeste nos petits festins.

Cette grande affaire d'état, l'élection et le couronnement d'un roi des Romains, devenait de jour en jour plus sérieuse. La réunion des électeurs, fixée d'abord au mois d'octobre 1763, à Augsbourg, fut transportée, par un nouvel arrêté, à Francfort; et les préliminaires de cette grave solennité eurent lieu tant à la fin de cette année qu'au commencement de la suivante.

Une procession toute nouvelle pour nous ouvrit la marche. Un employé de la chancellerie, à cheval, accompagné de quatre trompettes, à cheval aussi, et entouré d'une garde à pied, lut à haute et intelligible voix, dans tous les coins de la ville, un édit fort long, qui nous instruisait de ce qui allait avoir lieu, et qui recommandait aux habitants une conduite convenable et conforme aux circonstances... De grandes questions furent agitées dans le sénat; et l'on ne tarda pas à voir paraître le maréchal-des-logis de l'empire, envoyé par le maréchal héréditaire, pour régler et pour fixer, suivant les anciens usages, les logements des ambassadeurs et de leur suite. Notre maison se trouvait dans l'arrondissement de l'électeur palatin; et il nous fallut nous disposer à héberger de nouveaux hôtes, fort agréables d'ailleurs. L'étage du milieu, que, dans le temps, le comte Thorane avait occupé, reçut un cavalier de l'électeur palatin; et le baron de Konigsthal, chargé d'affaires de Nuremberg, ayant pris possession de l'étage d'en haut, nous nous trouvâmes beaucoup plus gênés qu'au temps des François. Cet état de choses me fournit un nouveau prétexte pour sortir, et pour passer dans les rues la plus grande partie du jour, afin de ne rien laisser échapper de ce qui était livré aux regards du public.

Après que les changements et les préparatifs qui s'étaient

faits dans les salles de l'hôtel de ville, eurent attiré notre attention, après l'arrivée successive de chacun des ambassadeurs, et leur entrée collective et solennelle le 6 février, nous eûmes ensuite à admirer l'arrivée des commissaires impériaux, et leur visite solennelle au Rœmer. L'air noble du prince de Lichstenstein fit sensation; des connaisseurs, pourtant, soutenaient que les livrées magnifiques qu'on voyait, avaient déjà été portées dans une autre occasion, et que cette élection et ce couronnement auraient peine à atteindre l'éclat de l'élection et du couronnement de Charles VII. Nous autres jeunes gens, nous nous contentions de ce qui s'offrait à nos yeux; tout nous satisfaisait, et nous trouvions partout des sujets d'admiration.

La réunion électorale fut fixée enfin au 3 mars. La ville fut alors animée par de nouvelles cérémonies; et les visites d'étiquette que les ambassadeurs échangeaient entre eux, nous tenaient sans cesse sur pied. Nous étions obligés de regarder avec attention, parce qu'il ne s'agissait pas seulement pour nous d'ouvrir les yeux, mais de tout remarquer soigneusement, pour en rendre chez nous un compte exact, et pour composer de petits récits, que mon père et le seigneur de Konigsthal exigeaient de nous, moitié pour nous exercer, moitié pour se tenir eux-mêmes au courant. Ces exercices me furent très profitables; pour tout ce qui concerne les cérémonies extérieures, j'étais devenu en quelque sorte une gazette vivante de l'élection et du couronnement.

Goethe remarque particulièrement parmi les dignitaires qui assistent à ces cérémonies, les envoyés de l'électeur de Moyence, et le prince Esterhazy, ambassadeur de Bohême.

Toutefois, les avantages extérieurs de ces hommes accomplis s'éclipsèrent devant l'engouement qu'on avait conçu pour l'ambassadeur de Brandebourg, le baron de Plotho. Cet homme, qui se faisait remarquer par une certaine parcimonie dans son propre costume comme dans les livrées de ses gens et dans ses équipages, était renommé, depuis la guerre de sept ans, comme un héros diplomatique. A Regensbourg, en effet, le greffier April s'étant avisé d'aller, accompagné de quelques témoins, lui signifier la mise au ban de l'empire prononcée contre le roi son maître : « Vous ! une signification ! » avait-il répondu laconiquement ; et sur le champ il l'avait jeté ou fait jeter en bas de l'escalier. Nous crûmes qu'il l'avait jeté lui-même, parce que cette version nous plut davantage, et que nous nous en rapportions bien à ce petit homme ramassé, dont les yeux noirs lançaient autour de lui des regards pleins de feu. Tous les yeux étaient fixés sur lui, surtout quand il descendait de voiture. Chaque fois s'élevait une espèce de murmure joyeux, et peu s'en fallait qu'on ne l'applaudît, et qu'on ne lui criât : *Vivat* ou *bravo !* tant le roi de Prusse et tout ce qui lui était dévoué, corps et âme, étaient en faveur auprès de la multitude, laquelle indépendamment des habitants de Francfort, comptait des hommes de toutes les parties de l'Allemagne !

Toutes ces scènes m'intéressaient beaucoup, parce qu'elles avaient toujours, quelles qu'elles fussent, un but caché, une signification secrète, que ces cérémonies symboliques faisaient pour un instant revivre sous nos yeux cet empire d'Allemagne, presque enseveli sous des masses de parchemins, de papiers et de livres ; d'un autre côté, je ne pouvais pas me le dissimuler, j'éprouvais un certain malaise, quand, à la maison, je transcrivais pour mon père les débats secrets ; ce que je ne pouvais pas faire, sans reconnaître qu'il y avait là plusieurs puissances placées en face l'une de l'autre, se tenant en équilibre, et n'étant d'accord que pour contenir le souverain nouveau plus encore que l'ancien ; que chacun n'exerçait d'influence que dans l'espoir de conserver et d'étendre ses priviléges, et d'assurer davantage son indépendance. On fut même cette fois plus en garde que d'habitude, parce qu'on craignait déjà Joseph II, sa fougue et ses plans présumés.

L'auteur entre ici dans quelques détails sur les embarras que la présence de tant d'hôtes illustres cause aux habitants de la ville.

...... Quant à nous, jeunes gens, qui restions étrangers à ces tracas, nos yeux et notre imagination n'étaient pas toujours complétement satisfaits. Les manteaux à l'espagnole, les grands chapeaux à plumes des ambassadeurs, et quelques

PREMIÈRE PARTIE. 69

autres détails, donnaient bien à ces fêtes un air antique ; mais on y voyait tant de choses à moitié nouvelles, ou tout-à-fait modernes, que l'ensemble en était bigarré, peu flatteur pour l'œil, souvent même de mauvais goût. Nous fûmes, par conséquent, charmés d'apprendre qu'on faisait de grands préparatifs pour l'arrivée de l'empereur et du roi futur ; que les délibérations du collège des électeurs, auxquelles la dernière capitulation électorale avait servi de base, marchaient rapidement, et que l'élection était fixée au 27 mars. On s'occupa alors de faire venir de Nuremberg et d'Aix-la-Chapelle les insignes impériaux, et l'on s'attendait aussi à l'entrée prochaine de l'électeur de Mayence, pendant que les différends sur la question du logement continuaient toujours avec son ambassade.

Pendant ce temps, je poursuivais avec ardeur, à la maison, mon travail de greffier, et j'eus ainsi connaissance de notes qui arrivèrent de divers côtés, pour être prises en considération dans la capitulation nouvelle. Chaque état voulait que dans ce document ses franchises fussent reconnues et son crédit augmenté. Beaucoup d'observations et de vœux de cette espèce furent écartés toutefois ; bien des choses demeurèrent dans le *statu quo* ; néanmoins, les auteurs des notes reçurent les assurances les plus formelles que ce défaut de prise en considération ne tournerait nullement à leur préjudice.

Le bureau du maréchal de l'empire, cependant, était surchargé d'affaires, et d'affaires délicates ; le nombre des étrangers croissait, et il devenait tous les jours plus difficile de leur trouver des logements. On ne s'entendait pas sur les limites des divers arrondissements électoraux. Les magistrats voulaient épargner aux habitants les charges auxquelles ils ne paraissaient pas obligés ; et, il y avait, jour et nuit, à toute heure, des plaintes, des réclamations, des débats et des malentendus.

L'entrée de l'électeur de Mayence eut lieu le 21 mars. Alors on commença à tirer le canon, dont nous allions être fréquemment assourdis pendant un assez long espace de temps. Cette solennité était une des plus importantes ; car tous les personnages que nous avions vus entrer jusque-là, quelle que fût l'élévation de leur rang, n'étaient toujours que des subordonnés ; mais cette fois c'était un souverain, un prince indépendant, le premier après l'empereur, qui se présentait accompagné d'une escorte considérable et digne de son rang.

Le même jour arriva Lavater qui, à son retour de Berlin, passa par Francfort et fut témoin de cette solennité. Bien que cet appareil mondain n'eût pas le moindre prix à ses yeux, ce cortége, pourtant, dans sa magnificence et avec ses accessoires, paraît s'être nettement imprimé dans sa vive imagination ; car, plusieurs années après, quand cet homme excellent, mais original, me communiqua une paraphrase poétique de l'apocalypse de saint Jean, je trouvai que l'entrée de l'Antechrist était tracée d'après celle de l'électeur de Mayence à Francfort ; c'était le même ordre, les mêmes figures, les mêmes circonstances, jusqu'aux glands qui ornaient les têtes des chevaux isabelles.....

Mais laissons, pour le moment, l'électeur Emmeric Joseph entrer pour ainsi dire incognito à Compostelle, et revenons à Marguerite, que j'aperçus au milieu de la foule qui s'écoulait. Elle était accompagnée de Pylade et de sa fiancée ; car ces trois personnes semblaient ne pouvoir plus se séparer. A peine nous étions-nous rejoints et salués, que nous convînmes de passer la soirée ensemble ; et je fus exact au rendez-vous. La société habituelle se trouvait rassemblée ; chacun avait son récit à faire, son mot à dire, ses observations à communiquer ; chacun, en effet, avait été plus frappé de telle ou telle particularité. « Vos discours, dit à la fin Marguerite, m'étourdissent encore plus que ne l'ont fait les événements de ces jours passés ; je ne comprends rien aux différentes scènes que j'ai vues ; et je voudrais bien être éclairée sur plusieurs d'entre elles. » Je répondis qu'il me serait aisé de la satisfaire. Elle n'avait qu'à me dire sur quoi elle voulait être particulièrement renseignée. Ce qu'elle fit. Mais, en essayant de lui donner quelques explications, je m'aperçus que je ferais mieux de tout exposer avec méthode. Je comparai ingénieusement ces pompes et ces cérémonies à un spectacle, où le rideau serait baissé à volonté, pendant que les acteurs continueraient à jouer, puis serait levé de nouveau, de manière que le spectateur pût prendre quelque intérêt à la représentation. Comme j'étais alors très communicatif, quand on me laissait parler, je racontai, dans le meilleur ordre possible, tout ce qui s'était fait depuis le commencement jusqu'au jour où nous étions; pour rendre mon récit plus saisissable, je me servis du crayon que j'avais sous la main, et de la grande ardoise. Je ne fus pas trop déconcerté par quelques questions et par quelques ergoteries de nos jeunes gens, et j'achevai mon exposé à la satisfaction générale, encouragé que j'étais par l'attention soutenue que me prêtait Marguerite. Elle me remercia quand j'eus fini, et elle dit qu'elle enviait le sort de ceux qui sont instruits des affaires de ce monde, et qui savent comment tout se passe et ce que chaque chose signifie. Elle souhaita d'être un garçon, et elle reconnut poliment qu'elle me devait déjà beaucoup. « Si j'étais un garçon, dit-elle, nous irions ensemble aux universités, pour y étudier de notre mieux. » La conversation continua sur ce ton; Marguerite prit la détermination de prendre des leçons de français; car elle s'était aperçue, dans le magasin de la marchande de modes, que cette langue lui était indispensable. Je lui demandai pourquoi elle n'allait plus chez cette marchande; dans les derniers temps, en effet, n'ayant pas pu m'échapper le soir, j'avais passé plusieurs fois dans le jour devant le magasin, afin de la voir un instant. Elle me répondit que, dans ce moment d'agitation, elle n'avait pas voulu s'y exposer aux regards; mais qu'aussitôt que la ville aurait repris son calme habituel, elle se proposait d'y retourner.

Il fut question ensuite du jour de l'élection qui approchait. Je racontai tout au long ce qui devait s'y passer; et, à l'appui de mes explications, je traçai sur la table des dessins très détaillés; car j'avais parfaitement présente à la mémoire la chambre du conclave, avec ses autels, ses trônes, ses fauteuils et ses autres sièges. Nous nous quittâmes à une heure raisonnable, et dans l'état moral le plus heureux.

Car, lorsqu'un jeune couple a été formé par la nature avec une certaine harmonie, rien n'embellit plus son union que le désir d'apprendre chez la jeune fille, et le désir d'enseigner chez le jeune homme; il en résulte des relations aussi solides qu'agréables. La jeune fille voit dans le jeune homme l'auteur de sa vie intellectuelle, et celui-ci voit en elle un être qui ne doit sa perfection ni à la nature, ni au hasard, ni à une volonté unique, mais à la volonté de tous deux ; et cette action réciproque a quelque chose de si doux, qu'il n'y a pas lieu de s'étonner si, depuis l'ancien Abélard jusqu'au nouveau, de semblables rencontres entre deux êtres ont enfanté les passions les plus vives, et causé autant de bonheur que d'infortunes.

Dès le lendemain, la ville fut toute émue par les visites faites et rendues, où l'on observa la plus exacte étiquette. Ce qui m'intéressa particulièrement, en ma qualité d'habitant de Francfort, et ce qui me donna beaucoup à penser, ce fut le serment de sécurité (Sicherheitcid) que prêtèrent le sénat, la milice, la bourgeoisie, non par des représentants, mais personnellement et en masse ; d'abord, dans la grande salle du Rœmer, les magistrats et l'état-major ; puis, sur la grande place, sur le Rœmerberg, toute la bourgeoisie, selon ses degrés, ses nuances et ses quartiers divers ; puis, enfin, le reste de la milice. Là, on embrassait d'un seul coup-d'œil la société toute entière, rassemblée dans le but respectable de promettre sécurité au chef et aux membres de l'empire, et une tranquillité inaltérable au moment du grand acte qui se préparait. L'électeur de Trèves et celui de Cologne étaient arrivés aussi en personne. Le soir qui précéda l'élection, tous les étrangers furent renvoyés de la ville ; les portes furent closes, les Juifs enfermés dans leurs rues, et le citoyen de Francfort n'était pas peu fier d'être le seul témoin de cette grande solennité.

Jusque-là, tout s'était fait à la moderne ; les personnages plus ou moins éminents ne sortaient qu'en voiture ; mais nous allions les voir sortir à cheval, selon la manière antique. La foule était immense ; connaissant le Rœmer aussi bien qu'une souris connait le grenier qu'elle habite, je le parcourus, jusqu'à ce que j'arrivasse à l'entrée principale, devant laquelle les électeurs et les ambassadeurs, qui étaient venus dans des voitures de parade, et qui s'étaient réunis dans le haut, devaient monter à cheval. Les superbes coursiers, bien équipés, étaient là couverts de housses richement brodées et de toute sorte d'ornements. L'électeur Emmeric Joseph, dont la figure était belle et les manières agréables, se tenait très-bien à cheval. Je ne me souviens guère des deux autres; je me rappelle seulement que ces manteaux de princes, rouges et fourrés d'hermine, que nous étions accoutumés à voir seulement dans des tableaux, nous paraissaient très-romantiques en plein air. Les envoyés des électeurs temporels qui étaient absents, avec leurs manteaux à l'espagnole en drap d'or, brodés en or, garnis de galons d'or, charmaient aussi nos yeux; les grandes plumes, surtout, flottaient magnifiquement sur des chapeaux retroussés à l'antique. Mais, ce qui ne nous plaisait guère, c'étaient les culottes courtes à la moderne, les bas de soie blanche et les souliers à la mode. Nous aurions désiré des bottines, dorées autant qu'on l'eût voulu, des sandales, ou quelque chose de semblable, seulement pour qu'il y eût plus d'harmonie dans les costumes.

Dans cette occasion encore, l'ambassadeur de Plotho se distingua des autres par sa tenue. Il était vif et gai, et ne montrait pas un respect profond pour la cérémonie. Car, comme celui qui le précédait, homme d'un certain âge, montait difficilement à cheval, et par conséquent le faisait attendre un peu à la grande entrée, il ne put s'empêcher de rire, jusqu'à ce qu'on lui eût amené son cheval, sur lequel il sauta avec agilité, et fit admirer encore une fois en lui le digne représentant de Frédéric Second.

Le rideau fut alors de nouveau baissé pour nous. J'avais essayé de pénétrer dans l'église; mais la gêne y était plus grande que le plaisir. Les électeurs s'étaient retirés dans le sanctuaire, dans lequel de longues cérémonies tenaient lieu d'une délibération réfléchie. Après avoir long-temps attendu, après s'être long-temps poussée et pressée, la foule entendit le nom de Joseph II, proclamé roi des Romains.

L'affluence des étrangers dans la ville allait toujours croissant. Tout le monde se promenait en habits de fête, de sorte qu'on finit par ne plus faire attention qu'aux habits tout dorés. L'empereur et le roi étaient déjà arrivés à Heusenstamm, château des comtes de Schœnbrunn, et on les y avait, suivant l'usage, salués et complimentés. La ville, cependant, fêtait ce moment solennel par les cérémonies religieuses de tous les cultes, par des grand'messes et par des sermons, voilà pour le spirituel; et, quant au temporel, par une canonnade incessante, servant d'accompagnement aux *Te Deum*.

A considérer toutes ces cérémonies depuis le premier jour jusqu'à ce moment, comme une œuvre d'art calculée, on y eût trouvé peu de chose à redire. Tout était convenablement préparé; les scènes publiques, modestes au commencement, s'élevaient de plus en plus en importance; les hommes croissaient en nombre, les personnages en dignité, et leur cortège, ainsi qu'eux-mêmes, en magnificence; tout suivait ainsi une marche progressive, à tel point que l'œil le mieux préparé finissait par être ébloui.

L'entrée de l'électeur de Mayence, que nous nous sommes abstenu de décrire en détail, fut assez magnifique et assez imposante, pour représenter à l'imagination d'un homme éminent la venue prédite d'un grand dominateur du monde. Nous aussi, nous n'avions pas été médiocrement étonnés. Mais notre attente fut excitée au plus haut degré, quand on annonça l'approche de l'empereur et du roi futur. A quelque distance de Sachsenhausen, on avait dressé une tente, dans laquelle tous nos magistrats se placèrent pour rendre au chef suprême de l'empire les hommages dûs à son rang, et pour lui offrir les clés de la ville. Un peu plus loin, dans une belle et vaste plaine, on avait dressé une autre tente, une tente de parade, où tous les électeurs et tous les ambassadeurs délégués pour voter se rendirent, afin de recevoir leurs majestés; pendant ce temps leurs escortes s'étendaient sur toute la longueur du chemin, de manière à se remettre en marche, chacune à son tour, pour retourner vers la ville, en prenant dans le cortège la place qui leur était assignée. L'empereur, enfin, arriva devant cette tente, il y entra; et, après l'avoir reçu avec respect, les électeurs et les ambassadeurs prirent congé de lui, pour frayer la voie, suivant les règlements, à l'empereur. Pour nous, qui étions restés dans la ville, afin de pouvoir admirer le cortège dans l'enceinte de nos murs et dans nos rues, mieux que nous ne l'aurions pu faire en pleine campagne, la haie que la bourgeoisie formait dans ces rues, l'affluence du peuple, les plaisanteries et les facéties de toute espèce que nous entendions, nous divertirent, jusqu'à ce que le son des cloches et le bruit du canon nous annonçassent l'entrée du souverain. Ce qui devait flatter particulièrement un habitant de Francfort, c'était de voir, dans cette circonstance, en présence de tant de souverains et de représentants de souverains, la ville impériale de Francfort apparaître elle aussi, comme une petite souveraine ; car son écuyer ouvrait la marche, suivi de chevaux de selle avec des housses armoriées où l'aigle blanc apparaissait dans un champ rouge ; puis c'étaient des domestiques et des employés, des timbaliers et des trompettes ; les députés du sénat, accompagnés des serviteurs du sénat à pied, dans les livrées de la ville. Venaient ensuite les trois compagnies de cavalerie bourgeoise, très-bien montées, que, dès le bas âge, nous avions vues figurer au *Geleitstag* et dans d'autres solennités.

Nous étions fiers, pour notre compte, de cet honneur, et de notre cent millième part d'une souveraineté, qui brillait en ce moment de tout son éclat. La suite du maréchal héréditaire de l'empire et celle des ambassadeurs commis à l'élection par les six électeurs temporels, défilèrent ensuite lentement. Aucune d'elles ne comptait moins de vingt domestiques et de deux voitures de parade ; quelques-unes en avaient davantage. Celles des électeurs spirituels les éclipsaient toujours ; les domestiques et les employés attachés à la maison de ces derniers, ne pouvaient pas se compter ; les électeurs de Cologne et de Trèves réunissaient plus de vingt voitures de parade ; celui de Mayence en avait à lui seul autant. Les domestiques à pied ou à cheval étaient habillés avec un grand luxe ; les seigneurs, qui étaient dans les voitures, étaient richement et noblement vêtus, et parés des insignes de tous les ordres. La suite de sa majesté impériale surpassa, comme de raison, toutes les autres. Les cavaliers, les chevaux de main, les harnais et les housses, captivèrent tous les regards ; et seize belles voitures de parade à six chevaux, pour les valets de chambre de l'empereur, ses conseillers privés, le grand chambellan, le grand maître de la cour, le grand écuyer, terminèrent magnifiquement cette partie du cortège qui, malgré son éclat et son développement, n'était pourtant encore que l'avant-garde.

Mais les rangs se pressaient davantage, à mesure que la dignité et la magnificence augmentaient. Au milieu d'une escorte choisie de quelques domestiques, la plupart à pied, un petit nombre à cheval, les ambassadeurs eux-mêmes, ainsi que les électeurs, parurent à leur tour, rangés par ordre ascendant, chacun dans une superbe voiture de parade. Immédiatement derrière l'électeur de Mayence, dix coureurs impériaux, quarante-un laquais et huit heiduques annoncèrent leurs majestés elles-mêmes. Le somptueux carrosse, couvert sur chaque côté, même par derrière, d'une glace, vernissé, orné de peintures, de bas-reliefs et de dorures, garni dans le haut et intérieurement de velours rouge brodé, nous permit de considérer, à notre aise, dans toute leur splendeur, l'empereur et le roi, deux personnages depuis long-temps attendus. On avait fait prendre au cortège un long détour, moitié par nécessité, pour qu'il eût un espace suffisant pour se développer, moitié pour satisfaire la curiosité de toute cette foule. Il descendit Sachsenhausen, le pont, la rue Fahrgasse, puis la rue Zeile, et se dirigea vers l'intérieur de la ville, en passant par la porte Catherine, porte véritable autrefois, passage ouvert depuis l'agrandissement de la ville. Par bonheur, on avait fait réflexion que les pompes extérieures de ce monde, depuis un certain nombre d'années, occupent toujours de plus en plus d'espace en hauteur et en largeur. On avait trouvé en mesurant que cette porte, par laquelle tant de princes et d'empereurs étaient entrés et sortis, n'aurait pas pu laisser passer cette fois le carrosse de l'empereur, sans que les sculptures et les autres saillies qu'il présentait ne s'y heurtassent. On délibéra, et pour éviter un détour incommode, on se décida à dépaver, et à faciliter ainsi la marche de la voiture. C'était dans le même but qu'on avait enlevé aussi, dans les rues, les contrevents des boutiques et des magasins, afin que ni la couronne, ni l'aigle, ni les génies, n'éprouvassent heurt ou dommage.

Quand cette précieuse machine, avec son contenu non moins précieux, s'approcha de nous, et quand nous eûmes considéré les augustes personnages, nous ne pûmes pas nous empêcher de tourner ensuite nos regards sur les beaux chevaux, sur les harnais et sur les ornements en passementerie, dont ils étaient décorés; mais nous fûmes frappés, surtout, de l'air étrange du cocher et du postillon, tous deux à cheval. On les eût crus d'une autre nation, d'un autre monde même, à leurs longs habits de velours noir et jaune, et à leurs bonnets ornés de grandes touffes de plumes, conformément aux usages de la cour impériale. Tant d'objets, à ce moment, se pressaient les uns sur les autres, qu'on ne pouvait presque plus rien distinguer; la garde suisse, des deux côtés de la voiture, le maréchal héréditaire, tenant l'épée saxonne dans la main droite, les feld-maréchaux, en leur qualité de chefs de la garde impériale, à cheval derrière la voiture, les pages impériaux, en foule, et finalement la garde elle-même, avec des habits à ailes (Flugelrocken), de velours noir, richement galonnés d'or sur toutes les coutures, et, par-dessous, des justaucorps rouges et des camisoles couleur de cuir, galonnés d'or avec la même profusion. Nous étions tellement étourdis, à force de voir et de montrer, que nous regardâmes à peine les gardes du corps des électeurs, dont le costume n'était pas moins brillant. Peut-être même nous serions-nous retirés des fenêtres, si nous n'avions pas eu la curiosité de considérer nos magistrats qui fermaient la marche dans quinze voitures à deux chevaux, et notamment, dans la dernière, le greffier du sénat, avec les clés de la ville sur des coussins de velours rouge. Nous ne fûmes pas moins flattés de voir l'extrémité du cortége close par notre compagnie de grenadiers urbains; et ce grand jour nous procura une double satisfaction, comme Allemands et comme citoyens de Francfort.

Nous avions pris place dans une maison, devant laquelle devait repasser le cortége en revenant de la cathédrale. L'office divin, la musique, les formalités et les cérémonies, les harangues et les réponses, les récits et les lectures, dans l'église, dans le chœur, dans le conclave, avant le serment du maintien de la capitulation électorale, durèrent si long-temps, que nous eûmes le loisir de faire une excellente collation et de vider plus d'une bouteille à la santé du vieux et du jeune souverain. La conversation s'égara, comme cela est d'usage en pareille occasion, dans le temps passé; et plus d'une personne âgée mit la fête précédente au-dessus de la fête actuelle, au moins pour un certain intérêt humain, pour une sympathie passionnée que la première avait provoquée.

Au couronnement de François Ier, on n'avait pas été aussi tranquille qu'au moment où nous étions; la paix n'était pas encore conclue; la France, le Brandebourg et le Palatinat s'opposaient à l'élection; les troupes de l'empereur futur étaient campées à Heidelberg où il avait son quartier-général; et les insignes impériaux, arrivés d'Aix-la-Chapelle, avaient failli être enlevés par les Palatins. Cependant on négociait, et, de chaque côté, on ne prenait pas les hostilités trop au sérieux. Marie-Thérèse elle-même, quoique enceinte, venait assister en personne au couronnement enfin assuré de son époux. Arrivée à Aschaffenbourg, elle monte un yacht pour se rendre à Francfort. François part de Heidelberg dans l'espérance de rencontrer sa femme; mais il arrive trop tard, elle est déjà partie; il se jette incognito dans une petite barque, fait hâte pour la rejoindre, atteint son navire, et ils s'abandonnent à la joie de cette rencontre imprévue. Le récit en circule sur-le-champ, et tout le monde s'intéresse à ce tendre couple, favorisé d'une postérité nombreuse, et qui, depuis son union, a été inséparable....

Marie-Thérèse est accueillie dans la ville avec allégresse; elle entre dans l'hôtel de l'Empereur romain, en attendant que la vaste tente destinée à la réception de son mari soit dressée dans la lande de Bornheim. Là se trouve, parmi les électeurs spirituels, celui de Mayence seulement; parmi les députés des électeurs temporels, seulement ceux de Saxe, de Bohême et de Hanovre. Le cortége se met en marche; et, s'il lui manque quelque chose sous le rapport du nombre et de l'éclat, la présence d'une belle femme le dédommage amplement. Marie-Thérèse se tient au balcon de la maison d'où l'on domine toute la scène; elle salue son époux en criant vivat! et en

battant des mains ; le peuple enthousiasmé fait comme elle.
Bien que les grands, après tout, soient des hommes comme
les autres, le bourgeois a besoin, pour les aimer, de se les
figurer à son image ; ce qui lui est plus aisé, s'il peut voir
en eux des époux bien unis, des parents tendres, des frères
dévoués, des amis fidèles. On avait, à cette époque, désiré et prophétisé toute sorte de prospérités pour ces époux ;
et tous ces vœux se trouvaient accomplis sous nos yeux
dans la personne du fils aîné, dont la brillante jeunesse
gagnait tous les cœurs, et en qui le monde, à cause des
grandes qualités qu'il annonçait, plaçait les plus hautes
espérances.......

.... Je n'avais pas un instant pour me recueillir. A la
maison, j'avais à écrire et à copier ; dehors, je voulais tout
voir et j'étais tenu de tout regarder. Ainsi s'écoula le mois
de mars, dont la dernière moitié avait été pour nous si
prodigue en fêtes. J'avais promis à Marguerite une explication fidèle et détaillée des solemnités récentes, et de celles qui
allaient avoir lieu le jour du couronnement. Ce grand jour
approchait ; je songeais moins aux choses que j'avais à dire,
qu'à la manière dont je les dirais ; et je me pénétrais de tout
ce qui passait sous mes yeux et sous ma plume de copiste,
uniquement dans ce but prochain. Un soir, enfin, je me rendis
assez tard chez Marguerite ; mon amour-propre se flattait par
anticipation que mon nouveau récit aurait encore plus de
succès que le premier que j'avais improvisé. Mais souvent
l'impulsion du moment nous est plus propice, à nous et aux
autres par nous, que le dessein le mieux prémédité. La société
que je rencontrai, était à peu près la même que la première
fois ; mais il s'y trouvait quelques inconnus. On se mit à jouer ;
Marguerite et le plus jeune des cousins restèrent avec moi
près de la table à l'ardoise. L'aimable fille exprima avec grâce
la satisfaction qu'elle éprouvait, elle étrangère, d'avoir été
considérée comme citoyenne au jour de l'élection, et d'avoir
joui de ce spectacle unique. Elle me remercia très obligeamment des soins que j'avais eus pour elle, et de mon empressement à lui procurer, par l'entremise de Pylade, toute sorte

d'entrées, au moyen de billets, de renseignements, d'amis et de recommandations.

Les joyaux de l'empire excitaient sa curiosité. Je lui promis que nous irions les voir ensemble, si cela se pouvait. Elle fit quelques observations railleuses, en apprenant qu'on avait essayé à l'avance les habits et la couronne au jeune roi. Elle m'avait indiqué l'endroit où elle devait assister aux cérémonies du jour du couronnement; j'appelai son attention sur celles qui s'y accompliraient, et particulièrement sur celles qui pouvaient être le mieux observées de la place où elle serait.

En causant de la sorte, nous oubliâmes l'heure; il était déjà plus de minuit; et par malheur, je n'avais pas sur moi la clé de la maison, je ne pouvais pas rentrer sans éclat. Je fis part à Marguerite de l'embarras où je me trouvais. « Eh bien! dit-elle, ce qu'il y a de mieux à faire, c'est de rester ensemble. » Les cousins et les étrangers avaient eu déjà la même idée, parce qu'on ne savait pas où loger ces derniers pendant cette nuit. On se décida bientôt; Marguerite alla faire du café; les flambeaux menaçant de s'éteindre, elle commença par nous apporter une grande lampe de laiton, préparée et allumée.

Le café nous tint éveillés pendant plusieurs heures; mais, peu à peu le jeu languit, la conversation tomba; la mère dormait dans son grand fauteuil; les étrangers, las du voyage, sommeillaient dans différentes parties de la chambre; Pylade et sa fiancée étaient assis dans un coin: celle-ci avait reposé sa tête sur les épaules de son amant, et s'était endormie; lui aussi ne demeura pas long-temps éveillé. Le plus jeune cousin, assis en face de nous, de l'autre côté de la table, avait croisé les bras, et dormait le visage appuyé dessus. J'étais dans un coin de la fenêtre, assis derrière la table, Marguerite à mon côté. Nous causions à voix basse; mais enfin le sommeil la vainquit aussi, elle appuya la tête sur mon épaule et s'assoupit promptement.

J'étais donc tout seul éveillé, dans la position la plus étrange, où l'aimable frère de la mort pût me surprendre. Je m'endormis, et, quand je me réveillai, il était déjà grand jour. Marguerite était debout devant le miroir, et elle ajustait son petit bonnet; elle était plus charmante que jamais. Elle me pressa cordialement les mains, quand je pris congé d'elle. Je fis un détour pour rentrer à la maison sans être aperçu ; car, du côté de la Fosse aux Cerfs, mon père s'était ménagé dans le mur une petite vue dérobée, non sans opposition de la part du voisin.

Le jour du couronnement arriva enfin le 3 avril 1764 ; le temps était favorable, et tout le monde était sur pied. On m'avait réservé, ainsi qu'à plusieurs de mes parents et de mes amis, dans le Rœmer même, à l'un des étages supérieurs, une place excellente d'où nous pouvions tout dominer. Nous nous y rendîmes de très bonne heure, et nous regardâmes de ce lieu élevé, comme à vol d'oiseau, les préparatifs que nous avions examinés de plus près la veille. On voyait la fontaine récemment construite, avec deux grands bassins à droite et à gauche, dans lesquels l'aigle double, sur un piédestal, devait verser, de l'un de ses deux becs, du vin blanc, et de l'autre, du vin rouge. Ici, était un tas d'avoine ; là, la grande baraque en planches, où, depuis quelques jours, on voyait un bœuf gras tout entier, attaché à une broche énorme, rôtir ou cuire dans son jus, sous l'action d'un feu de charbon. Toutes les issues qui, du Rœmer, aboutissent à cet endroit, et des autres rues au Rœmer, étaient protégées des deux côtés par des barricades et par des sentinelles. La grande place se remplit peu à peu ; et bientôt se pressèrent et s'agitèrent les flots de la foule qui cherchait toujours à se porter du côté où se présentait quelque spectacle nouveau et extraordinaire.

Au milieu de tout ce désordre, régnait un silence assez profond ; et, quand le tocsin sonna, tout le peuple parut saisi de frayeur et de surprise ; l'attention de ceux qui dominaient la place, fut excitée d'abord par le cortége, au milieu duquel les seigneurs d'Aix-la-Chapelle et de Nuremberg portèrent les joyaux de l'empire à la cathédrale. Ces joyaux occupaient la première place dans la voiture, comme des choses saintes ; et les députés étaient vis-à-vis d'eux, respectueusement assis sur le banc de devant. Les trois électeurs se rendirent alors à la cathédrale. Immédiatement après la présentation des insignés à l'électeur de Mayence, la couronne et le glaive furent portés dans le quartier de l'empereur. Les préparatifs ultérieurs et diverses cérémonies occupèrent pendant ce temps, dans l'église, les principaux personnages, ainsi que les spectateurs. Nous étions assez bien renseignés pour nous représenter aisément ces cérémonies.

Cependant nous vîmes les ambassadeurs se rendre au Rœmer, d'où le dais fut porté par des officiers subalternes dans le quartier de l'empereur. Mais le maréchal héréditaire comte de Pappenheim monte à cheval; c'est un très-beau seigneur à la taille élancée, à qui le costume espagnol, le riche pourpoint, le manteau doré, le chapeau de forme élevée et à plumes, et les cheveux ondoyants, vont très-bien. Il avance, et pendant que toutes les cloches sont en branle, les ambassadeurs à cheval le suivent vers le quartier de l'empereur, plus magnifiques encore qu'au jour de l'élection. Nous aurions désiré nous trouver aussi dans cet endroit; car, ce jour-là, chacun aurait voulu se multiplier. Nous nous racontions pendant ce temps ce qui se passait : « Maintenant, disions-nous, l'empereur revêt sa parure de famille, vêtement nouveau composé sur le modèle de ceux que portaient les anciens Carlovingiens. Les officiers héréditaires reçoivent les insignes impériaux, et se mettent à cheval. L'empereur, dans sa parure, le roi des Romains, en habit espagnol, montent en même temps leurs coursiers. » Et, en ce même moment, l'immense cortège qui les précède nous les a déjà annoncés.

L'œil était déjà fatigué de voir cette multitude de serviteurs et d'employés divers costumés richement, cette noblesse à la démarche imposante; et, quand ensuite les délégués pour l'élection, les officiers héréditaires, et finalement, sous un dais magnifiquement brodé, porté par douze échevins et sénateurs, l'empereur romantiquement vêtu, et, à gauche un peu derrière lui, son fils habillé à l'espagnole, avancèrent lentement sur des chevaux superbement caparaçonnés, l'œil ne pouvait plus se suffire. On aurait désiré pouvoir, par une formule magique, enchaîner un instant seulement le spectacle; mais la procession passait sans s'arrêter, et des flots de peuple se hâtaient de remplir la place qu'elle venait de quitter à peine.

Alors on recommença à se presser ; car il s'agissait d'ouvrir une issue, conduisant du marché à la porte du Rœmer, et de construire un pont de planches, que le cortège devait franchir en sortant de la cathédrale.

Ce qui se fit dans la cathédrale, savoir, les cérémonies sans fin qui préparent et qui accompagnent l'onction, celle du couronnement et celle où le prince fut armé chevalier, nous l'apprîmes plus tard par ceux qui avaient sacrifié d'autres spectacles, pour être dans l'église.

Nous fîmes, en attendant, sans quitter nos places, un repas frugal ; pendant ces jours, nous étions forcés de nous contenter d'aliments froids. En revanche, le vin le meilleur et le plus vieux avait été apporté de toutes les caves de nos familles, de sorte que, sous ce rapport du moins, nous célébrâmes une antique fête à la manière antique.

De notre place, le pont qu'on venait d'improviser et qu'on avait recouvert d'un drap jaune, rouge et blanc, était extrêmement curieux à voir ; et l'empereur, que nous avions admiré d'abord en voiture, puis à cheval, allait paraître à pied devant nous ; et, chose remarquable, il nous plaisait davantage à pied ; cette manière de se présenter nous paraissait non seulement la plus naturelle, mais aussi la plus digne.

Des personnes âgées, qui avaient assisté au couronnement de François Ier, nous racontèrent l'anecdote suivante. Marie Thérèse, cette femme si belle, s'était mise à un balcon de la maison Frauenstein, tout près du Rœmer, pour contempler cette solennité. Quand son époux revint de la cathédrale dans son bizarre travestissement, et s'offrit à sa vue pour ainsi dire comme une ombre de Charlemagne, il leva plaisamment les deux mains, et lui montra la pomme impériale, le sceptre et les gants étranges ; l'impératrice alors rit aux éclats sans pouvoir se retenir, ce qui enchanta et édifia tout le peuple, admis de la sorte à être le témoin de la bonne et franche union domestique du couple le plus auguste de la chrétienté. Mais quand l'impératrice, pour saluer son mari, agita son mouchoir, et lui cria elle-même : *Vive l'Empereur !* l'enthousiasme et l'allégresse du peuple furent portés au comble, et les cris de joie n'eurent pas de fin.

Le son des cloches et l'avant-garde du long cortège qui avança tout doucement sur le pont bariolé, annoncèrent que tout était fini dans l'église. L'attention redoubla ; le cortège fut plus distinct que précédemment, pour nous surtout ; car il se dirigeait justement de notre côté....

Les ambassadeurs, les officiers héréditaires, l'empereur et le roi sous le dais, les trois électeurs spirituels qui s'étaient réunis à ce cortège, les échevins et les sénateurs vêtus de noir, le dais brodé en or, tout cela semblait ne former qu'une seule masse, qui, mue par une volonté unique, magnifiquement harmonieuse, et sortant du temple au bruit des cloches, resplendissait à nos yeux comme quelque chose de sacré !

Une solennité à la fois politique et religieuse est pleine d'intérêt. A nos regards s'offre la majesté terrestre, entourée de tous les symboles de sa puissance ; mais pendant qu'elle s'incline devant la majesté céleste, notre esprit aperçoit entre elles deux une sainte harmonie. Car l'individu ne peut prouver sa parenté avec la divinité que par cela seul qu'il se soumet et qu'il adore.

Les cris d'allégresse, qui du marché retentissaient jusqu'à nos oreilles, se répétèrent aussi sur la grande place, et un *Vivat* passionné sortit de mille et mille poitrines, et certainement aussi du fond des cœurs. Car cette grande fête devait être le gage d'une paix durable, dont l'Allemagne jouit, en effet, durant une longue série d'années.

On avait fait savoir par des crieurs publics, plusieurs jours auparavant, que ni le pont ni l'aigle placé au-dessus de la fontaine ne seraient donnés au pillage, et que le peuple, par conséquent, n'y toucherait pas comme autrefois. On prit cette mesure, afin de prévenir plus d'un malheur inévitable dans de pareils assauts. Mais, pour accorder au moins quelque satisfaction au génie populaire, les personnes spécialement commises à cet effet suivirent le cortège, détachèrent le drap du pont, et, après l'avoir roulé, le jetèrent en l'air. Il en résulta non point un malheur, mais un accident comique ;

le drap se déroula dans l'air, et couvrit dans sa chute une quantité d'hommes assez considérable; ceux qui avaient saisi les bouts, et qui les tirèrent, renversèrent tous ceux qui étaient au milieu, les couvrirent et les mirent au supplice, jusqu'à ce que le drap eût été déchiré ou coupé, et que chacun eût emporté un morceau de ce tissu sanctifié par les pas des majestés.

Je ne m'arrêtai pas à regarder ce divertissement ridicule; mais je descendis promptement de la place élevée que j'occupais, et j'arrivai, par une multitude d'escaliers et de corridors, au grand escalier du Roemer, par où devait monter le cortége illustre que j'avais admiré de loin. La foule n'était pas grande, parce que les issues de l'hôtel de ville étaient bien gardées; et j'eus le bonheur de trouver une place au haut de l'escalier, tout près de la grille. Alors les augustes personnages montèrent devant moi, pendant que leur suite demeurait derrière dans les corridors voûtés d'en bas; et je pus les considérer de tous les côtés, et finalement de très-près, sur un escalier tournant trois fois.

Enfin les deux monarques montèrent. Le père et le fils étaient vêtus de même, comme les Ménechmes. La parure de l'empereur, en soie couleur pourpre, richement décorée de perles et de pierreries, flattait les yeux, ainsi que la couronne, le sceptre et la pomme impériale; le tout était neuf, et l'imitation de l'antique était pleine de goût. Le monarque portait son costume avec aisance; et son visage franc et digne annonçait en même temps l'empereur et le père. Le jeune roi, au contraire, se traînait dans les amples vêtements et les joyaux de Charlemagne, comme dans un travestissement, tellement que lui-même, regardant de temps en temps son père, ne pouvait pas s'empêcher de rire. La couronne qu'on avait été obligé de rembourrer fortement, faisait sur sa tête l'effet d'un toit en saillie. La dalmatique et la *stola*, si bien adaptées et si bien cousues qu'elles fussent, ne lui allaient nullement. On admirait le sceptre et la pomme impériale; mais, on ne pouvait pas se le dissimuler, on eût mieux aimé les voir sur une haute taille en harmonie avec ces ornements.

A peine les portes de la grande salle se furent-elles fermées derrière ces personnages, que je courus à ma première place, qui, déjà occupée par d'autres, ne me fut rendue qu'avec beaucoup de peine.

Il était temps de reprendre possession de ma fenêtre; car la plus remarquable de toutes les scènes publiques allait avoir lieu. Tout le peuple s'était tourné du côté du Rœmer, et des cris de *vive l'Empereur* qui furent poussés alors, nous firent comprendre que l'empereur et le roi se montraient au peuple dans leurs ornements, au balcon de la grande salle. Non seulement ils devaient s'offrir en spectacle, mais un spectacle étrange devait se passer sous leurs yeux. D'abord, le maréchal héréditaire, beau et svelte, s'élança sur son cheval; il avait quitté son épée; dans la main droite il tenait un vase d'argent à anse, et dans la main gauche un rateau. Il poussa son cheval dans l'enceinte sur le grand tas d'avoine, galoppa dans le milieu, y remplit le vase au-delà de la mesure, fit le niveau, et rapporta le tout avec beaucoup de grâce. Le grand chambellan poussa son cheval dans le même endroit, et en rapporta une cuvette avec un pot à l'eau et un essuie-main. L'écuyer tranchant héréditaire divertit encore davantage les spectateurs en allant chercher un morceau de bœuf rôti. Un plat d'argent à la main, il franchit, à cheval aussi, les barrières jusqu'à la grande cuisine en planches, et revint bientôt avec un mets couvert, pour se diriger vers le Rœmer. Ce fut ensuite le tour de l'échanson héréditaire, qui dirigea son cheval vers la fontaine, et alla y chercher du vin. Ainsi la table impériale fut fournie, et tous les yeux se fixèrent sur le trésorier héréditaire qu'on s'attendait à voir jeter de l'or. Il montait aussi un beau cheval, auquel on voyait, suspendues et attachées aux deux côtés de la selle, au lieu de poches à pistolets, deux bourses magnifiques brodées aux armes de l'électeur palatin. A peine avait-il fait quelques pas, qu'il mit la main dans ces bourses, et sema libéralement à droite et à gauche, les pièces d'or et d'argent qui brillaient dans l'air comme une belle pluie de métal. Mille mains s'agitèrent en ce moment, pour attraper les dons; mais à peine les pièces de monnaie furent-elles jetées, que la foule se baissa et se combattit violemment pour se disputer celles qui avaient pu arriver jusqu'au sol. Ce mouvement se répétant des deux côtés, à mesure que le distributeur avançait, était très-divertissant pour les spectateurs. Finalement le tumulte fut porté à son comble, quand il jeta les bourses elles-mêmes, et que chacun essaya de saisir ce lot précieux.

Les majestés s'étaient retirées du balcon, et l'on se préparait à faire une concession au peuple qui, en pareil cas, aime mieux piller les dons que de les recevoir tranquillement et avec reconnaissance. A une époque plus rude et plus grossière, c'était la coutume de mettre au pillage l'avoine, la fontaine et la cuisine, immédiatement après le prélèvement du maréchal héréditaire, de l'échanson et de l'écuyer tranchant. Mais, cette fois, pour empêcher tout accident, on mit, autant que cela fut possible, de l'ordre et de la mesure. Toutefois, les vieilles et malignes espiègleries reparurent, par exemple, celle de faire un trou dans un sac d'avoine, qu'un individu avait chargé sur son dos. Un combat plus sérieux s'engagea cette fois, comme d'habitude, pour le bœuf rôti. On ne pouvait se le disputer que par une lutte collective. Le débat allait avoir lieu, suivant la coutume, entre deux corporations, celle des bouchers et celle des encaveurs. Les bouchers croyaient avoir les droits les mieux fondés à la possession du bœuf qu'ils avaient livré entier à la cuisine ; les encaveurs, de leur côté, appuyaient leurs prétentions sur ce que la cuisine était voisine du siège de leur corporation, et sur ce qu'ils avaient été vainqueurs les dernières fois ; on voyait encore les cornes du taureau qu'ils avaient gagné, attachées, comme trophées, à la lucarne grillée de leur lieu de réunion. Les deux corporations étaient nombreuses et comptaient des membres robustes ; mais je ne me rappelle pas laquelle remporta la victoire.

Cependant, comme une fête pareille ne peut manquer de se terminer par quelque chose de périlleux et d'effrayant, ce fut un moment terrible que celui où la cuisine en planches elle-même fut livrée au pillage. Le toit en fut couvert d'hommes en un instant, sans qu'on sût comment ils y étaient montés ; les planches furent arrachées et précipitées en bas, de telle manière qu'on eût pu croire, à distance surtout, que chacune d'elles allait tuer quelques assaillants. En un clin-d'œil la cabane fut découverte; et quelques individus se suspendirent aux traverses et aux poutres pour les désemboîter; plusieurs même étaient encore perchés en haut, quand déjà les poteaux étaient sciés en bas, et que la charpente vacillait en divers endroits et faisait craindre une chute imminente. Les personnes faciles à émouvoir détournèrent les yeux, et chacun s'attendait à un grand malheur; mais on n'entendit pas parler de la moindre contusion, et, malgré cette impétuosité et cette violence, tout se termina heureusement.

On savait que l'empereur et le roi allaient sortir du cabinet, où ils s'étaient retirés en quittant le balcon, et dîner dans la grande salle du Roemer. Nous avions pu, la veille, admirer les préparatifs du repas, et je désirais ardemment, en ce jour, y jeter au moins un coup-d'œil. Je me rendis donc de nouveau, par les sentiers accoutumés, au grand escalier qui est en face de la porte de la salle. Là, j'admirai les personnes de distinction qui remplissaient les fonctions de serviteurs du chef suprême de l'empire. Vingt-quatre comtes, apportant les mets de la cuisine, passèrent devant moi, tous magnifiquement vêtus; et le contraste de leur tenue avec la fonction qu'ils exerçaient était bien fait pour étonner un enfant...

Des sentinelles gardaient la partie de la salle par laquelle les personnes de service entraient et sortaient. J'aperçus un officier de la maison de l'électeur palatin; je lui demandai si je ne pourrais pas entrer avec lui. Il me donna, presque sans hésitation, un des vases d'argent qu'il portait; j'étais assez décemment vêtu pour le rassurer, et je pénétrai ainsi dans le sanctuaire. Le buffet palatinal était à gauche, près de la porte. Après avoir fait quelques pas, je me trouvai sur une estrade, devant le buffet.

A l'autre extrémité de la salle, près des fenêtres, sur un trône élevé et sous un dais, étaient assis l'empereur et le roi; la couronne et le sceptre étaient déposés derrière, à quelque distance, sur des coussins dorés. Les trois électeurs ecclésiastiques, ayant leurs buffets derrière eux, avaient pris place, chacun sur une estrade séparée; l'électeur de Mayence, vis-à-vis leurs majestés, celui de Trèves, à droite, et celui de Cologne, à gauche. Cette partie supérieure de la salle présentait un bel et agréable coup-d'œil ; et elle suggérait cette réflexion, que le clergé aime à vivre en bonne intelligence avec les souverains, aussi long-temps que cela est possible. En revanche, les buffets et les tables des électeurs temporels, lesquels étaient magnifiquement décorés, mais que leurs maîtres n'occupaient pas, rappelaient les différents qui s'étaient élevés peu à peu, dans le cours des siècles, entre les électeurs et le chef suprême de l'empire. Les ambassadeurs de ces derniers s'étaient déjà retirés pour dîner dans une chambre voisine ; et si un service aussi splendide pour d'invisibles convives donnait à la plus grande partie de la salle un aspect tristement fantastique, il y avait quelque chose d'affligeant à voir dans le milieu, une vaste table non occupée ; car, s'il y avait à cette table tant de places vides, c'est que ceux qui avaient le droit de s'y mettre, par motif d'étiquette et pour ne pas compromettre leur dignité dans ce grand jour, faisaient défaut, même quand ils se trouvaient dans la ville.

Mon âge et la multitude des objets qui s'offraient à ma vue, m'interdisaient les réflexions. Je m'efforçai de tout saisir, autant que possible, du regard ; et quand le dessert fut servi, et que les ambassadeurs entrèrent pour faire leur cour, je sortis, et j'allai chez de bons amis, dans le voisinage, me remettre de mon demi-jeûne de la journée, et me préparer à l'illumination du soir.

J'avais le projet de fêter sentimentalement cette soirée resplendissante ; et j'étais convenu avec Marguerite, Pylade et sa fiancée, que nous nous retrouverions quelque part, vers le soir. La ville brillait déjà de mille feux, quand je rencontrai mes amis. J'offris le bras à Marguerite ; nous nous promenâmes d'un quartier à l'autre, et nous nous sentions heureux d'être ensemble. Les cousins étaient aussi avec nous au commencement ; mais nous les perdîmes bientôt dans la foule. Devant les maisons de quelques-uns des ambassadeurs, que l'on avait magnifiquement illuminées (l'ambassadeur palatin s'était particulièrement distingué), il faisait aussi clair qu'en plein jour. Afin de n'être pas reconnu, je m'étais un peu déguisé, et Marguerite ne s'en fâcha pas.

Goethe décrit ici les illuminations bizarres du palais de Pletho, l'ambassadeur de Brandebourg, et les illuminations brillantes préparées par le prince Esterhazy.

Cet envoyé illustre, abandonnant sa résidence dont la situation n'était pas avantageuse, avait orné l'esplanade des Tilleuls, à Rossmarkt, sur le devant, d'un portail illuminé en verres de couleur, sur un fond plus magnifique encore. Des lampions traçaient tout l'encadrement. Entre les arbres s'élevaient des pyramides de feux et des globes et des piédestaux transparents; d'un arbre à l'autre, s'étendaient des guirlandes lumineuses, auxquelles pendaient des lustres. En plusieurs endroits, on distribuait au peuple du pain et des saucissons, et du vin en abondance.

Nous nous promenions tous quatre ensemble, ravis de ce spectacle; et moi, Marguerite à mes côtés, je croyais errer dans ces heureux Champs Elyséens, où l'on saisit sur les arbres des vases de cristal, qui se remplissent sur-le-champ du vin qu'on désire, et d'où l'on fait tomber des fruits que l'on métamorphose en tous les aliments qu'on veut. Nous finîmes par éprouver aussi le besoin de nourriture, et, guidés par Pylade, nous entrâmes dans un restaurant d'assez bonne apparence. N'y ayant pas rencontré d'autre convive, nous y fûmes à notre aise, et nous passâmes la plus grande partie de la nuit dans la joie et dans le bonheur, goûtant les charmes de l'amour et de l'amitié. Quand j'eus reconduit Marguerite jusqu'à sa porte, elle me baisa sur le front; ce fut la première et la dernière fois qu'elle m'accorda cette faveur; car, hélas! je ne devais plus la revoir.

Le lendemain matin, j'étais encore au lit, quand ma mère entra dans ma chambre, émue et inquiète. Lorsqu'elle éprouvait quelque peine, on s'en apercevait aisément : « Lève-toi, dit-elle, et prépare-toi à quelque chose de désagréable. On m'a appris que tu fréquentes une détestable compagnie, et que tu t'es compromis dans de très-dangereuses et de très-mauvaises affaires. Ton père est hors de lui; et tout ce que nous avons pu obtenir, c'est qu'il laissât instruire l'affaire par un tiers. Demeure dans ta chambre, et prépare-toi à ce qui va se passer. Le conseiller Schneider va venir te voir ; il a reçu cette mission de ton père, aussi bien que de l'autorité, car l'affaire s'instruit déjà et peut prendre une très-mauvaise tournure. »

Je vis bien qu'on supposait la chose pire qu'elle n'était ; mais pourtant la seule pensée que la vérité eût été découverte, suffisait pour me troubler. Mon vieil ami, l'admirateur de la Messiade, entra enfin, les larmes aux yeux ; il me prit par le bras, en me disant : « Je suis profondément affligé de me présenter chez vous dans une pareille circonstance. Je n'aurais jamais cru que vous eussiez pu vous oublier à ce point. Mais, où ne mènent pas la mauvaise compagnie et le mauvais exemple ? Et voilà comment un jeune homme sans expérience peut être entraîné peu à peu jusqu'au crime. — Je n'ai pas commis de crime, répondis-je, et je n'ai pas non plus, que je sache, fréquenté de mauvaise compagnie. — Il ne s'agit pas encore d'une défense, dit-il en m'interrompant ; il s'agit d'un interrogatoire, et d'un aveu sincère de votre part. — Que voulez-vous savoir, répartis-je ? » Il s'assit, tira un papier, et commença ainsi l'interrogatoire : « N'avez-vous pas recommandé le nommé..., à votre grand-père comme candidat à la place de....? » Je répondis : Oui. — Où avez-vous fait sa connaissance ? — Dans une promenade. — En quelle société ? » J'hésitai à répondre ; car je ne voulais pas trahir mes amis. « Le silence ne vous servira de rien, continua-t-il ; car tout est déjà suffisamment connu. — Qu'est-ce donc que l'on connaît, demandai-je ? — Que cet homme vous a été présenté par d'autres individus de son espèce, et notamment par... » Il nomma ici trois personnes que je n'avais ni vues ni connues ; ce que je déclarai sur le champ à mon interrogateur. « Vous ne voulez pas, poursuivit-il, connaître ces hommes, et vous avez eu pourtant avec eux des entrevues fréquentes. — Pas la moindre ; car, comme je l'ai déjà dit, excepté le premier, je n'en connais pas un seul ; je ne les ai jamais vus dans aucune maison. — N'avez-vous pas été souvent dans la rue....? — Jamais, répondis-je. » Cela n'était pas entièrement conformé à la vérité. J'avais une fois accompagné Pylade chez sa bien-aimée, qui demeurait dans cette rue; mais nous étions entrés par la porte de derrière, et nous étions restés dans le pavillon du jardin. C'est pourquoi je crus pouvoir répondre par cette défaite, que je n'avais pas été dans la rue elle-même.

Le brave homme m'adressa encore plusieurs questions, je pus répondre à toutes négativement; car rien de ce qu'il désirait savoir ne m'était connu. A la fin, il parut se fâcher, et me dit : « Vous récompensez bien mal ma confiance et ma bonne volonté; je viens pour vous sauver. Vous ne pouvez pas nier que vous n'ayez composé des lettres et différents écrits pour ces gens-là ou pour leurs complices, et que vous ne les ayez aidés de la sorte dans leurs mauvais coups. Je viens pour vous sauver; car il ne s'agit de rien moins que de faux testaments, d'obligations supposées et d'autres actes de ce genre. Je ne viens pas seulement comme ami de la maison; je viens au nom et par ordre de l'autorité, qui, en considération de votre famille et de votre jeunesse, veut vous épargner, vous et quelques autres jeunes gens, qui, comme vous, se sont laissé prendre au piége. » Je fus surpris de ne pas trouver parmi les personnes qu'il nomma, celles-là justement avec lesquelles j'avais eu des relations. Les rapports ne concordaient pas, ils se touchaient seulement, et je pouvais toujours espérer de ménager mes jeunes amis. Mais le brave homme devenait toujours plus pressant. Je fus obligé d'avouer que plus d'une fois j'étais rentré fort tard dans la nuit, que je m'étais procuré une clé de la maison; que j'avais été maintes fois remarqué dans des lieux publics avec des personnes de condition inférieure et d'un air équivoque; que des jeunes filles se trouvaient mêlées à tout cela; bref, tout parut avoir été découvert, excepté les noms. Cela m'encouragea à m'obstiner dans mon silence. « Ne me laissez pas me retirer ainsi, dit cet ami excellent. L'affaire ne souffre pas de retard; immédiatement après moi, il en viendra un autre qui ne sera pas aussi indulgent. N'empirez pas, par votre opiniâtreté, une affaire déjà assez mauvaise. »

Mon imagination se représenta alors avec vivacité les bons

cousins, et surtout Marguerite ; je les vis enfermés dans une prison, interrogés, punis, déshonorés ; mais l'idée me vint, comme un éclair, que les cousins, qui s'étaient, du reste, toujours conduits loyalement avec moi, avaient pu se compromettre dans de mauvaises affaires, le plus âgé, du moins, qui ne m'avait jamais plu beaucoup, qui rentrait toujours le dernier, et qui avait toujours d'assez tristes histoires à raconter. Persistant à ne point faire de révélation : — « Je n'ai, lui dis-je, personnellement rien de mal à me reprocher, et je suis tout-à-fait tranquille à cet égard ; mais il n'est pas impossible que ceux avec lesquels j'ai eu des liaisons, ne se soient rendus coupables de quelque acte imprudent ou illégal. Qu'on les recherche, qu'on les retrouve, qu'on les convainque et qu'on les punisse, si l'on veut ; je n'ai jusqu'à présent point de reproche à m'adresser ; et je ne veux pas me rendre coupable envers ceux qui se sont conduits amicalement et honorablement à mon égard. » Il ne me laissa pas achever, mais il s'écria avec quelque émotion : — « On les trouvera, ces scélérats ; ils se réunissent dans trois maisons. » Il nomma les rues, signala les maisons, et, par malheur, celle où j'allais était une des trois. — « Le premier nid, ajouta-t-il, a déjà été fouillé, et les deux autres le sont en ce moment ; dans quelques heures tout sera éclairci. Dérobez-vous, par une confession sincère, à une enquête juridique, à une confrontation et à tant d'autres vilaines choses, dont il est inutile de dire le nom. » La maison était connue et désignée. Le silence me parut alors inutile ; vu l'innocence de nos réunions, je pus même espérer, en parlant, d'être plus utile à mes amis qu'à moi-même. « Asseyez-vous, m'écriai-je ! » Il était déjà près de la porte, je le ramenai. « Je vais tout vous raconter et soulager votre cœur et le mien. Tout ce que je vous demande, c'est de ne plus douter maintenant de ma sincérité. »

Je racontai tout alors à notre ami ; j'étais calme et posé en commençant ; mais à mesure que je me rappelais et que je retraçais les personnes, les objets, les événements, en déposant, devant cette espèce de tribunal criminel, de tant de joies innocentes, de tant de passe-temps si doux, la douleur que j'éprouvais allait toujours croissant, et je finis par fondre en larmes et par m'abandonner à tout l'excès de mon émotion. L'ami de la maison, croyant que le véritable secret était en ce moment en train de se découvrir (car à ses yeux ma douleur était un indice que j'allais, bien qu'à contre-cœur, confesser quelque énormité, confession à laquelle il tenait beaucoup), fit tout ce qu'il put pour me calmer ; ce qui ne lui réussit qu'en partie, mais assez néanmoins pour me mettre en état d'achever mon récit tant bien que mal.

Tout satisfait qu'il fût de l'innocence de mes relations, il ne laissait pas d'avoir encore des doutes, et il m'adressa de nouvelles questions qui m'irritèrent encore, et qui renouvelèrent ma douleur et ma colère. J'affirmai enfin que je n'avais plus rien à dire. Je savais bien, ajoutai-je, que je n'avais rien à craindre, car j'étais innocent, et de plus, de bonne famille et bien recommandé ; mais il se pouvait que mes amis fussent aussi innocents que moi, sans être reconnus pour tels, et sans être protégés par personne. Je déclarai en même temps que si on ne voulait pas les épargner comme moi, être indulgent pour leurs égarements, et leur pardonner leurs fautes, si l'on était dur et injuste envers eux, je me donnerais la mort, et que personne ne pourrait m'en empêcher. Sur ce point aussi, notre ami essaya de me tranquilliser ; mais je n'ajoutai pas foi à ses paroles, et, en sortant, il me laissa dans un état affreux. Je me reprochai alors mon récit, et la révélation que j'avais faite de toutes nos relations. Je prévis qu'on interpréterait faussement des enfantillages, des attachements et des liaisons de jeunes gens ; que, peut-être, j'impliquerais le bon Pylade dans cette affaire, et que je le rendrais fort malheureux. Toutes ces pensées se succédaient rapidement dans mon esprit ; elles aigrissaient et elles excitaient ma douleur, qui ne connut plus de bornes ; je me jetai par terre tout de mon long, et j'arrosai le plancher de mes larmes.....

Ma mère et ma sœur venaient me visiter de temps en temps ; et elles me prodiguaient à l'envi des consolations ; elles vinrent même dès le lendemain, au nom de mon père mieux informé, m'offrir une amnistie complète ; je l'acceptai avec reconnaissance, mais je refusai opiniâtrément l'invitation de sortir avec lui pour aller voir les insignes impériaux qu'on montrait alors aux curieux, et j'affirmai que je ne voulais entendre parler ni de l'empire romain ni de rien au monde, jusqu'à ce que je fusse instruit de l'issue que cette affaire, fâcheuse sans doute, mais sans autres conséquences pour moi, aurait pour mes pauvres amis. Elles ne purent rien me dire à ce sujet, et elles me laissèrent seul. Les jours suivants, on fit encore quelques tentatives pour me décider à sortir et à prendre part aux fêtes publiques. Tout fut inutile. Ni le grand jour de gala, ni la cérémonie qui eut lieu à l'occasion des nombreuses promotions, ni le repas public de l'empereur et du roi, rien ne put me toucher. L'électeur palatin eut beau venir faire sa cour aux deux majestés, et celles-ci rendre visite aux électeurs ; une dernière réunion électorale eut beau se tenir, pour trancher les questions arriérées et pour renouveler l'union, rien ne put me tirer de ma solitude irritée. Je laissai les cloches sonner pour les actions de grâces, l'empereur se rendre à l'église des Capucins, les électeurs et l'empereur quitter Francfort, sans faire un pas hors de ma chambre. La dernière salve d'artillerie, si excessive qu'elle pût être, ne m'émut pas ; et en même temps que la fumée de la poudre se dissipa, et que le bruit s'éteignit, toute cette pompe aussi s'évanouit pour moi.

La seule satisfaction que je pusse goûter, c'était celle de ranimer en quelque sorte ma douleur et de la multiplier sous mille formes bizarres. Mon imagination tout entière, toute ma poésie et toute ma rhétorique s'étaient concentrées sur ce point malade, et menaçaient, par ce redoublement même de la vie, de plonger mon âme et mon corps dans une maladie incurable ; dans cette triste situation, rien ne me touchait, rien ne m'attirait plus. Par moments, il est vrai, je ressentais un désir immodéré de connaître le sort de mes pauvres et chers amis, le résultat de l'enquête judiciaire, et les lumières qu'on avait obtenues sur leur complicité dans les crimes ou sur leur innocence. Je me représentais tout cela, avec détail, sous toute sorte de formes, et je me persuadais qu'ils étaient innocents et très-malheureux. Je désirais par fois être affranchi de cette incertitude, et j'écrivais à l'ami de la maison des lettres pleines de menaces, pour lui demander de ne pas me cacher la marche ultérieure de l'affaire. Puis je les déchirais, ces lettres, dans la crainte d'apprendre trop clairement mon malheur, et de me voir privé de la consolation imaginaire avec laquelle je m'étais tour à tour tourmenté ou relevé.

Je passais donc le jour et la nuit dans une vive agitation, dans le délire et dans l'abattement; et finalement je me trouvai heureux de l'invasion assez violente d'un mal physique qui obligea mon père d'appeler le médecin et d'employer tous les moyens pour me calmer. On crut y réussir en m'affirmant que toutes les personnes plus ou moins impliquées dans le délit avaient été traitées avec la plus grande indulgence, que mes amis particuliers avaient été renvoyés avec une légère réprimande, comme tout-à-fait innocents; que Marguerite enfin avait quitté la ville pour retourner dans son pays. Cette dernière nouvelle fut celle qu'on tarda le plus à m'apprendre; j'étais loin d'en être satisfait; car ce n'était point, à mes yeux, un départ volontaire, mais seulement un exil ignominieux. Mon état physique et moral ne fut pas amélioré par ces révélations; mes souffrances redoublèrent; et, ingénieux à me tourmenter, j'eus tout le temps de me composer le roman le plus bizarre, un roman dont le dénouement inévitable était une catastrophe tragique.

FIN DE LA PREMIÈRE PARTIE.

DEUXIÈME PARTIE.

LIVRE SIXIÈME.

Dénouement de l'histoire de Marguerite. — Dispositions de Goethe à l'égard de la philosophie. — Ses émotions dans la solitude. — Portrait de sa sœur. — Société de jeunes gens qui se réunit autour de celle-ci ; les couples tirés au sort. — Études diverses de Goethe, cas qu'il fait de la langue latine ; il se prépare à partir pour une université. — Son séjour à Leipsick ; influence de diverses personnes sur son goût littéraire.

On place auprès du jeune adolescent un précepteur, pour veiller sur lui. Le maître obtient l'affection et l'estime de son élève, qui, bientôt, peut s'ouvrir à lui sur le sujet qui le préoccupe.

Je ne tardai pas à l'entretenir sur ce sujet ; je me soulageai le cœur en retraçant avec ses moindres circonstances mon bonheur passé ; il comprit à la fin, en homme de sens, qu'il n'avait rien de mieux à faire que de m'apprendre le résultat avec détail, afin d'éclairer mon jugement sur le tout, et de pouvoir m'exhorter sérieusement à me calmer, à rejeter derrière moi le passé, et à commencer une vie nouvelle. Il commença par des révélations sur des jeunes gens honorables, qui s'étaient livrés d'abord à des mystifications imprudentes, puis à de bouffonnes infractions de police, puis enfin, à des escroqueries divertissantes, et à d'autres actes équivoques du même genre. De là était résulté une petite conjuration dans laquelle étaient entrés des hommes sans conscience ; en falsifiant des pièces, en contrefaisant des écritures, ils avaient commis plusieurs actes coupables, et ils en préparaient de plus coupables encore. Les cousins, dont je finis par demander des nouvelles avec impatience, étaient tout-à-fait innocents ; il n'avaient eu avec ces jeunes gens que des rapports très généraux, et l'on ne trouva pas en eux la moindre complicité. Le protégé que j'avais recommandé à mon grand père, recommandation qui m'avait impliqué dans l'instruction, était un des plus corrompus ; et il avait sollicité l'emploi en question, principalement afin d'être à même d'entreprendre et de cacher certains mauvais coups. A la fin, je ne pus plus me contenir, et je demandai ce qu'était devenue Marguerite, pour laquelle j'avouai résolument la tendresse la plus vive. Mon ami secoua la tête en riant : « Tranquillisez-vous, répondit-il ; cette jeune fille s'en est fort bien tirée ; et elle a emporté de magnifiques attestations de son innocence. On n'a pu trouver en elle que bonté et que douceur. Messieurs les instructeurs eux-mêmes se sont intéressés à elle, et ils n'ont pu lui refuser la permission qu'elle demandait de quitter la ville. Quant aux aveux qu'elle a faits à votre sujet, mon cher ami, ils l'honorent également ; j'ai lu moi-même sa déclaration dans les actes secrets, et j'ai vu sa signature. — Sa signature, m'écriai-je, qui m'a rendu en même temps si heureux et si malheureux ! Qu'a-t-elle donc déclaré ? Qu'a-t-elle signé ? »

L'ami hésita à répondre, mais la gaîté peinte sur son visage me fit voir qu'il ne me cachait rien de grave : « Puisque vous voulez le savoir, répondit-il enfin, quand il a été question de vous et de vos rapports avec elle, elle a dit avec une franchise parfaite : « Je ne puis pas nier que je ne l'aie vu souvent et avec plaisir, mais je l'ai toujours considéré comme un enfant, et mon attachement pour lui n'était que celui d'une sœur. Dans plus d'une occasion, je lui ai donné de bons conseils ; et, loin de le pousser à des actes équivoques, je l'ai empêché de prendre part à des espiègleries qui auraient pu avoir pour lui des suites fâcheuses. »

Il continua à faire parler Marguerite en gouvernante ; mais il y avait long-temps que je ne l'écoutais plus, car j'étais indigné qu'elle m'eût traité d'enfant dans l'instruction, et je me erus guéri subitement de toute passion pour elle; j'assurai même à mon ami que tout était fini désormais. Aussi je ne parlai plus d'elle, je ne prononçai plus son nom; mais il me fut impossible de renoncer à la mauvaise habitude de penser à elle, de me remettre devant les yeux sa personne, son air, ses manières, qui me parurent alors tout autres, je dois le dire. Je ne pouvais pas souffrir qu'une jeune fille, plus âgée que moi de deux ans au plus, me considérât comme un enfant, moi qui m'estimais un jeune homme plein de raison et de mérite. Son air froid et dédaigneux, qui avait eu pour moi tant de charmes, me révolta alors; les familiarités qu'elle se permettait à mon égard, mais qu'elle ne me donnait pas le droit de lui rendre, me devinrent tout à fait odieuses. J'aurais encore passé sur tout cela, si la signature qu'elle avait mise à mon épître amoureuse, et qui était de sa part une déclaration dans les règles, ne m'avait autorisé à la considérer comme une coquette égoïste et rusée. Sous la toilette de modiste, elle ne me sembla plus aussi innocente; et je ne cessai de retourner dans mon esprit ces réflexions sévères, jusqu'à ce que je l'eusse dépouillée de toutes ses qualités aimables. Mon esprit était convaincu, et je croyais pouvoir la dédaigner; son image seulement me donnait un démenti à moi-même, chaque fois qu'elle m'apparaissait, et j'avoue que cela arrivait encore assez souvent.

Cependant ce dard m'avait été arraché du cœur, et je cherchai les moyens de venir en aide à la force intérieure de guérison que possède la jeunesse. Je pris courage, et ce qui cessa d'abord, ce furent les larmes et la colère que je considérai comme tout-à-fait puériles. Grand pas de fait vers mon rétablissement. Souvent, pendant la moitié de la nuit, je m'étais abandonné à toute la violence de mon désespoir, tellement qu'à force de pleurs et de sanglots, j'en étais venu à ne pouvoir presque plus avaler; j'éprouvais des douleurs en mangeant et en buvant, et la poitrine qui tient de si près à l'estomac, parut souffrir aussi. Le chagrin que je ressentis de cette découverte, me réveilla de ma langueur; je me révoltai à la pensée de sacrifier mon sommeil, mon repos et ma santé pour une jeune fille qui s'était complu à me considérer comme un enfant à la mamelle et à s'arroger à mon égard une sagesse de nourrice....

Goethe chercha une distraction à ses peines dans l'étude de la philosophie sous la direction de son précepteur, ou de son ami, comme il l'appelle, lequel était élève de l'université d'Iéna.

Le point le plus grave sur lequel nous différions, était celui-ci : je soutenais qu'il n'est pas nécessaire de faire de la philosophie une science distincte, parce que la philosophie est renfermée toute entière dans la religion et dans la poésie. Il ne voulait point admettre cette doctrine ; il essayait de me prouver, au contraire, que la poésie et la religion doivent avoir la philosophie pour base ; ce que je niai obstinément, et, dans la suite de nos entretiens, je trouvais à chaque pas des arguments en faveur de mon opinion. Car, comme la poésie implique nécessairement une certaine foi à l'impossible, la religion, une foi pareille à l'impénétrable, la position des philosophes qui voulaient prouver et expliquer l'un et l'autre dans le domaine de la science, me parut très difficile ; et je ne tardai pas à m'apercevoir, en lisant l'histoire de la philosophie, que chacun d'eux cherchait toujours une base différente, et que le sceptique finissait par prouver qu'il n'y avait de base ni de fond nulle part.

Cette histoire de la philosophie, toutefois, que mon ami se vit obligé de parcourir avec moi, parce que je ne pouvais pas prendre goût à l'exposition dogmatique, m'intéressa vivement, mais seulement en ce sens que toutes les doctrines, toutes les opinions me parurent aussi bonnes les unes que les autres, autant, du moins, que je pouvais les comprendre. Ce qui me plut surtout dans les hommes et dans les écoles des âges les plus reculés, c'est que la poésie, la religion et la philosophie formaient un tout, et je ne mis que plus de vivacité à soutenir ma première opinion, en faveur de laquelle semblaient fortement témoigner le livre de Job, le cantique et les proverbes de Salomon, ainsi que les chants d'Orphée et d'Hésiode. Mon ami avait pris le petit Brucker pour base de son exposé, et plus nous avancions, moins je le comprenais. Je ne me rendais pas bien compte de ce que voulaient les premiers philosophes grecs. Je vis dans Socrate un homme excellent, un sage qui, dans sa vie et dans sa mort, méritait d'être comparé au Christ. Je trouvai aussi, dans ses disciples, une grande ressemblance avec les apôtres, qui se divisèrent aussitôt après la mort du maître, et dont chacun prit pour la vérité un point de vue borné. Ni la subtilité d'Aristote, ni l'abondance de Platon ne fructifièrent en moi. En revanche, je m'étais de bonne heure épris des Stoïciens, et j'achetai alors Épictète, que j'étudiai avec passion. Mon ami me voyait avec regret m'enfermer dans ce point de vue spécial, dont il ne pouvait me retirer ; car, malgré la variété de ses études, il ne savait pas déterminer avec précision le nœud de la question. Il lui aurait suffi de me dire que, dans la vie, le tout est d'agir; que le plaisir et la douleur se rencontrent d'eux-mêmes. Cependant on peut laisser faire la jeunesse ; elle ne s'arrête pas long-temps à de fausses maximes ; la vie ne tarde pas à l'en arracher de force ou à l'en séparer doucement.

Au retour de la belle saison, Goethe parcourut avec son ami les environs de la ville ; il recherchait les lieux écartés, et un endroit solitaire et pittoresque, au fond d'un bois, attirait ses pas de préférence.

.... J'eus à peine entraîné de force en ce lieu mon ami qui aurait préféré se trouver en plein champ, près d'un cours d'eau, au milieu des hommes, qu'il me déclara en plaisantant que je me conduisais comme un véritable enfant de la Germanie. Il m'expliqua, d'après Tacite, comment nos ancêtres recherchaient les émotions que la nature nous prépare, d'une manière si grandiose, dans ces solitudes avec sa simple architecture. J'interrompis son récit, en m'écriant : « Que cet endroit délicieux n'est-il dans une contrée sauvage et lointaine ! Que ne pouvons-nous l'entourer d'une haie qui nous sanctifie lui et nous, et qui nous sépare du monde ! Certes, il n'y a pas de plus beau culte que celui qui se passe d'images, et qui résulte de l'entretien de notre cœur avec la nature. » Ce que j'éprouvai alors, m'est encore présent ; ce que je dis, je ne puis plus le retrouver. Mais ce qui est certain, c'est que les sentiments vagues, infinis de la jeunesse et des peuples incultes se prêtent seuls au sublime, lequel, pour être excité en nous par des objets extérieurs, ne doit pas avoir de forme, ou doit être revêtu d'une forme insaisissable, et nous environner d'une grandeur qui nous surpasse.

Tous les hommes éprouvent plus ou moins une pareille disposition de l'âme, et ils cherchent tous également à satisfaire de diverses manières ce noble besoin. Mais de même que le sublime est produit aisément par le crépuscule et par la nuit, où les figures se confondent, et est dissipé au contraire par le jour qui détache chaque objet; il doit aussi être anéanti par les progrès de la civilisation, s'il n'a pas le bonheur de trouver un asile dans le beau et de s'unir intimement à lui; ce qui les rend tous deux également indestructibles et immortels.

Mon ami le philosophe m'abrégeait encore ces courts moments de plaisirs; mais inutilement j'essayais, en reparaissant dans le monde, dans un milieu pâle et maigre, de réveiller en moi de pareils sentiments; je pouvais à peine en conserver le souvenir. Mon cœur, toutefois, avait été trop ému pour pouvoir se calmer; il avait aimé, et l'objet de son amour lui avait été ravi; il avait vécu et sa vie avait été diminuée. Un ami, qui laisse apercevoir trop clairement qu'il a l'intention de vous former, ne saurait vous plaire; une femme, au contraire, qui vous forme en ayant l'air de vous gâter, se fait adorer comme un être céleste qui vous apporte le bonheur. Mais cette image sous laquelle l'idée du beau m'était apparue, s'était éloignée: elle me visitait souvent sous l'ombrage de mes chênes; mais je ne pouvais pas la fixer, je me sentais irrésistiblement entraîné à chercher au loin dans le monde quelque objet pareil.

Goethe avait cependant un aimant, qui le ramenait vers la maison paternelle, c'était une sœur chérie, dont il trace ainsi le portrait.

.... Plus jeune que moi d'une année seulement, elle avait toujours partagé ma vie, depuis que je me connaissais; et nous étions étroitement unis. A cet attrait naturel se joignit encore une impulsion résultant de notre situation de famille; d'un côté, un père affectueux et bon, sans doute, mais sérieux, et qui, cachant un cœur très tendre, exprimait avec une logique incroyable, une sévérité de fer, afin de donner à ses enfants la meilleure éducation possible, et de maintenir et d'élever sa maison sur les fondements solides où elle était établie; d'un autre côté, une jeune mère qui n'était arrivée à la conscience d'elle-même qu'avec ses deux aînés et en eux; tous trois, à mesure que le monde se découvrait à leur vue saine, disposés à vivre et à goûter les plaisirs du moment. Cette opposition au sein de la famille se trancha davantage avec le temps. Le père poursuivit son but sans s'émouvoir et sans s'interrompre; la mère et les enfants ne purent pas renoncer à leurs sentiments, à leurs prétentions, à leurs désirs.

Dans un pareil état de choses, il était naturel de voir le frère et la sœur se serrer l'un contre l'autre, et se ranger du côté de leur mère, pour ressaisir au moins en détail les joies qui leur étaient refusées en gros. Mais, comme les heures de retraite et de travail étaient très longues en comparaison des instants de récréation et de plaisir, pour ma sœur surtout qui ne pouvait pas quitter la maison aussi long-temps que moi, le besoin qu'elle ressentait de s'entretenir avec moi était encore accru par les sentiments de langueur dont elle m'accompagnait loin du logis.

Et comme, dans les premières années, le jeu et l'étude, la crue et l'éducation, avaient été tout à fait communs entre le frère et la sœur, qu'on aurait pu prendre pour deux jumeaux, cette communauté, cette intimité subsista encore à l'époque où nos forces physiques et morales se développèrent. Ces préoccupations de la jeunesse, cet étonnement qu'on éprouve au moment où s'éveillent ces désirs des sens qui se revêtent de formes intellectuelles, ces besoins de l'esprit qui se revêtent de formes sensuelles, toutes les réflexions sur ce sujet, qui nous obscurcissent l'esprit plus qu'elles ne l'illuminent, comme un brouillard couvre la vallée au-dessus de laquelle il s'élève; les erreurs et les illusions nombreuses qui en résultent: le frère et la sœur éprouvaient tout cela en se donnant la main; et ils étaient loin de s'éclairer sur leur étrange état, la sainte pudeur de leur proche parenté les écartant toujours violemment l'un de l'autre, quand ils voulaient se rapprocher et s'expliquer......

Elle était grande ; sa taille était belle et élégante ; elle avait dans les manières une certaine dignité naturelle, qui se perdait dans une douceur pleine de charme. Les traits de son visage, dépourvus de caractère et de beauté, révélaient un être qui n'était ni ne pouvait être d'accord avec lui-même. Ses yeux, qui n'étaient pas les plus beaux, mais les plus remarquables que j'aie jamais vus, excitaient l'attente la plus grande ; quand ils exprimaient un sentiment d'attachement, d'amour, ils brillaient d'un éclat sans égal ; et cependant cette expression n'était pas proprement tendre, comme celle qui vient du cœur et qui implique le désir et l'aspiration ; cette expression venait de l'âme, elle était pleine et riche, elle semblait vouloir donner seulement, sans avoir besoin de recevoir.

Mais, ce qui défigurait complétement son visage, au point que, plus d'une fois, elle paraissait véritablement laide, c'était la mode de l'époque qui non seulement découvrait le front, mais faisait tout, avec ou sans intention, pour l'agrandir. Elle avait le front de femme le plus parfait, arqué de la manière la plus pure, et, avec cela, de forts sourcils noirs et des yeux proéminents ; il en résultait un contraste peu attrayant, s'il ne repoussait pas dès le premier abord. Elle le reconnut de bonne heure ; et ce sentiment devint plus pénible, quand elle arriva à cet âge où les deux sexes éprouvent une joie innocente à se plaire l'un à l'autre.....

Si une jeune femme peut être dédommagée du manque de beauté, ma sœur l'était amplement par la confiance sans bornes, par le respect et par l'affection que toutes ses amies lui portaient ; elles éprouvaient toutes les mêmes sentiments pour elle. Une société charmante s'était réunie autour d'elle ; des jeunes gens, en assez grand nombre, s'y étaient introduits ; les autres demoiselles avaient trouvé chacune un ami ; elle seule était délaisssée.

Cependant une liaison tendre ne tarda pas à se former entre la sœur de Goethe et un jeune Anglais, qui fut introduit dans la maison.

..... La belle saison et le beau pays furent mis à profit par cette société joyeuse ; on fit de fréquentes promenades sur l'eau, parce que de toutes les parties de plaisir, ce sont les plus sociales; toutefois, que nos promenades eussent lieu sur eau ou sur terre, les attractions particulières de chacun ne tardaient pas à se manifester; les couples se formaient; les quelques jeunes gens qui n'étaient pas engagés (j'étais de ce nombre) durent renoncer à la société des femmes....

Un de nos amis, qui se trouvait dans ce cas, et qui n'avait pas trouvé de moitié, ce qui tenait surtout à ce qu'avec un heureux caractère, il manquait de tendresse, et, avec beaucoup d'intelligence, de ces attentions sans lesquelles des liaisons de cette espèce ne peuvent se concevoir; ce jeune homme, après avoir souvent déploré sa situation avec esprit et gaîté, promit une fois de présenter à la réunion prochaine une proposition dans son intérêt et dans celui de la société tout entière. Il tint parole; car, après une brillante partie sur l'eau et une délicieuse promenade, campés sur l'herbe entre des collines ombragées, assis sur des rocs couverts de mousse et sur des troncs d'arbres, nous avions tranquillement et gaîment achevé un repas champêtre; quand le camarade, nous voyant tous contents et dispos, nous commanda avec une dignité bouffonne de former un demi-cercle, se plaça devant nous, et prononça le discours suivant avec emphase : « Très dignes amis et amies, accouplés et non accouplés ! Vous voyez déjà par cette apostrophe, combien il est nécessaire qu'un prédicateur vienne sermoner notre société et remuer sa conscience. Une partie de mes nobles amis est accouplée, et s'en trouve bien sans doute; une autre ne l'est pas, et s'en trouve fort mal; je puis l'affirmer par ma propre expérience; et bien que les tendres accouplés forment ici la majorité, je les prie de considérer pourtant si ce n'est pas un devoir social de songer au bien-être de tous. Pourquoi nous réunissons-nous en grand nombre, si ce n'est pas pour nous occuper les uns des autres? Et comment pouvons-nous le faire, si tant de petits groupes se forment au sein de notre société? Je suis très loin de vouloir rien dire contre d'aussi belles liaisons, ou de vouloir y toucher; mais chaque chose a son temps ! C'est là un beau mot, un grand mot, mais auquel, il faut le dire, personne ne pense, du moment qu'il s'amuse. »

Il continua, avec une vivacité et une gaîté toujours croissantes, à opposer les vertus sociales aux sentiments tendres. « Ceux-ci, dit-il, ne peuvent jamais nous manquer ; nous les portons toujours avec nous, et chacun y arrive sans effort à la perfection ; mais ceux-là, nous devons les rechercher, nous devons nous évertuer pour y atteindre, et, quelques progrès que nous y fassions, nous ne les possédons jamais complètement. » Alors il entra dans quelques détails. Plus d'un de nous se sentit attaqué ; et nous ne pûmes pas nous empêcher de nous regarder les uns les autres ; mais le camarade avait ce privilége, de pouvoir tout dire impunément ; et il poursuivit sans interruption :

« Ce n'est pas assez de révéler le mal ; c'est même un tort de le découvrir, si l'on ne sait pas, en même temps, indiquer le remède. Je ne veux pas, mes amis, comme un prédicateur de la semaine sainte, vous exhorter en termes généraux au repentir et à la réforme ; je souhaite, au contraire, à tous les aimables couples, le bonheur le plus long et le plus durable, et pour y concourir moi-même plus sûrement, je propose de rompre et de supprimer ces charmants petits groupes pendant nos heures de réunion. J'ai déjà, continua-t-il, songé à l'exécution, pour le cas où j'obtiendrais votre assentiment. Voici une bourse dans laquelle se trouvent les noms des Messieurs ; tirez, Mesdemoiselles, et veuillez pendant huit jours, honorer du titre de vos serviteurs ceux que le sort vous aura désignés. Ils n'auront droit à ce titre qu'au sein de notre société ; sitôt qu'elle se séparera, ces unions seront rompues ; et votre cœur choisira celui qui vous ramènera chez vous. »

Une grande partie de la société fut ravie de cette harangue et du ton avec lequel il la débita, et parut approuver l'idée ; quelques couples, pourtant, restaient le regard fixe, et avaient l'air de ne pas y trouver leur compte ; c'est pourquoi l'orateur reprit avec une vivacité comique :

« En vérité, je suis surpris que personne ne se lève et ne vienne, tandis que quelques-uns hésitent encore, appuyer ma proposition, en faire ressortir les avantages, et m'épargner la peine d'être mon propre panégyriste. Je suis le plus âgé d'entre nous; Dieu me le pardonne. Ma tête est déjà chauve; c'est le résultat de mes grandes réflexions.

(Il ôta ici son chapeau).

« Mais je la montrerais avec joie et avec fierté, si ces réflexions, qui me dessèchent la peau, et qui me dépouillent de la plus belle des parures, pouvaient être seulement de quelque utilité aux autres et à moi. Nous sommes jeunes, mes amis, cela est beau; nous deviendrons vieux, cela est triste; nous ne nous voulons pas de mal entre nous, cela est charmant et c'est de notre âge. Mais bientôt, mes amis, les jours viendront où nous aurons chacun des sujets de nous vouloir du mal à nous-mêmes; chacun, alors, verra à s'arranger avec lui; mais les autres aussi nous feront bien des reproches, et là précisément où nous nous y attendons le moins; c'est à quoi nous devons nous préparer, et il faut commencer dès maintenant. »

Il avait débité tout ce discours, mais surtout la dernière tirade, avec le ton et les gestes d'un capucin; car, comme il était catholique, l'occasion ne lui avait pas manqué d'étudier à loisir l'éloquence de ces pères. A ce moment, il parut hors d'haleine; il essuya son jeune front chauve, qui lui donnait tout-à-fait l'air d'un prêtre; et par ces bouffonneries, il amusa tellement cette société joyeuse, que chacun aurait voulu l'entendre encore. Mais au lieu de continuer, il tira la bourse, et se tournant vers sa voisine : « Il s'agit d'essayer, s'écria-t-il; l'œuvre louera le maître. Si dans huit jours ce jeu ne nous plaît pas, nous y renoncerons, et nous nous en tiendrons à l'ancien système. »

Moitié de gré, moitié de force, les demoiselles tirèrent leurs billets, et il était aisé de s'apercevoir que cette petite opération mettait diverses passions en jeu. Il se trouva heureusement que les joyeux furent séparés, et que les sérieux demeurèrent ensemble; et ce fut ainsi que ma sœur garda son Anglais; ce dont ils surent gré tous deux au dieu de l'amour et du bonheur. Les nouveaux couples formés par le hasard furent aussitôt unis par le prêtre; on but à leur santé, et on leur souhaita à tous une joie d'autant plus vive, que la durée devait en être plus courte. Ce fut certainement le moment le plus gai que notre société eût passé depuis long-temps. Les jeunes hommes qui n'avaient point eu de jeune personne en partage, furent chargés, pendant cette semaine, de pourvoir aux besoins de l'esprit, de l'âme et du corps, comme s'exprimait notre orateur, mais à ceux de l'âme surtout, assurait-il, parce que les deux autres sauraient bien se suffire à eux-mêmes.

Les commissaires, qui voulurent sur-le-champ se montrer dignes de leurs fonctions, mirent en train des jeux nouveaux et tout à fait jolis; ils nous préparèrent, à quelque distance, la surprise d'un souper; ils illuminèrent le yacht à notre retour nocturne, bien que cela ne fût pas nécessaire par le clair de lune qu'il faisait; mais ils s'excusèrent sur ce qu'il convenait tout à fait à la nouvelle organisation de la société d'éclipser les tendres regards de la lune par des lumières terrestres. Au moment où nous mîmes pied à terre, notre Solon s'écria : « *Ite missa est;* » chacun accompagna jusqu'au sortir de la barque la dame que le sort lui avait donnée, et il l'abandonna ensuite à son véritable amant, reprenant la sienne en échange.

A la réunion suivante, cet arrangement hebdomadaire fut maintenu pour tout l'été, et l'on recommença le tirage. Il va sans dire que cette idée plaisante changea la face de notre société, et que chacun fut excité à produire son esprit et sa grâce, et à faire la cour la plus galante à sa belle d'un moment, ayant la certitude de posséder une provision d'amabilité suffisante pour une semaine....

.... Nos plaisirs de société n'exigeant qu'une soirée par semaine, et les préparatifs de ces fêtes qu'un petit nombre d'heures, j'avais tout le temps de lire, et, je le croyais du moins, d'étudier. Pour être agréable à mon père, je répétai assidûment le petit Hopp, je me mis en état de soutenir un examen sur chacune de ses parties; j'appris aussi tout ce qu'il y a d'essentiel dans les Institutes. Mais une curiosité inquiète m'entraîna plus loin; je m'enfonçai dans l'histoire de la littérature ancienne, et de là, dans une véritable encyclopédie; car je parcourus l'*Isagoge* de Gessner et le *Polyhistor* de Morhov, et j'acquis par là des notions générales sur la manifestation d'une multitude de merveilles dans la science et dans la vie. Par ce travail assidu et hâtif, poursuivi nuit et jour, je me brouillai les idées plus que je ne me formai l'esprit; mais je m'égarai dans un dédale plus grand encore, quand je trouvai Bayle dans la bibliothèque de mon père, et que je m'y plongeai.

Une conviction fondamentale, qui se renouvela constamment en moi, ce fut celle de l'importance des langues anciennes ; car, dans la confusion de mes principes littéraires, je revenais toujours à celui-ci, que tout modèle d'éloquence et toute perfection sont renfermés en elles. J'avais laissé là l'hébreu et mes études bibliques, ainsi que le grec, où mon savoir ne s'étendait pas au-delà du Nouveau-Testament. Je ne m'attachai que plus sérieusement au latin, dont les chefs-d'œuvre sont plus à notre portée, et qui, à côté de tant de magnifiques productions originales, nous offre le résumé du travail de tous les autres siècles dans les traductions et dans les œuvres des savants les plus distingués. Je lisais donc beaucoup de latin, et cela avec une grande facilité, et je croyais comprendre les auteurs, parce que rien ne m'échappait du sens littéral de leurs écrits. J'étais même fort blessé du mot orgueilleux de Grotius, qu'il lisait Térence autrement que les enfants. Heureuse la jeunesse dans son étroite sphère ! Ou plutôt heureux les hommes en général qui, à chaque période de leur existence, peuvent s'estimer accomplis, et qui ne recherchent ni le vrai ni le faux, ni l'élevé ni le profond, mais seulement ce qui est conforme à leur nature ! J'avais donc appris le latin de la même manière que l'allemand, le français et l'anglais, par routine seulement, sans règle et sans méthode. Ceux qui connaissent l'état de l'instruction des écoles à cette époque, ne s'étonneront pas si je m'affranchis de la grammaire ainsi que de la rhétorique. . . .

La Saint-Michel, époque à laquelle je devais partir pour l'université, approchait, et j'étais intérieurement très ému, par la vie comme par la science. Je m'expliquai mieux l'antipathie que j'éprouvais pour ma ville natale. Par l'éloignement de Marguerite, mon cœur s'était brisé ; il fallait du temps pour que les parties de la jeune plante se rejoignissent, et pour qu'elle réparât une première lésion par une végétation nouvelle. Mes promenades dans les rues de Francfort avaient cessé ; je ne fis plus, comme tout le monde, que les courses indispensables. Je ne retournai plus dans le quartier qu'avait habité Marguerite, pas même dans le voisinage; et, de même que mes vieux murs et mes vieilles tours avaient peu à peu cessé de me plaire, la constitution de la cité me mécontenta aussi; tout ce qui m'avait semblé jusque-là respectable, m'apparut sous un jour fâcheux. Petit-fils du maire, les vices secrets de cette espèce de république ne m'étaient pas demeurés cachés; ajoutez à cela que les enfants éprouvent un étonnement profond et se livrent à un examen sévère, sitôt qu'une chose qu'ils ont jusque-là respectée sans réserve, leur devient suspecte à quelques égards. Le chagrin impuissant des honnêtes gens en lutte avec ceux que les partis gagnent et corrompent, ne m'était devenu que trop clair; j'éprouvais pour l'injustice une haine sans bornes; car les enfants sont tous des rigoristes en morale. Mon père, qui ne prenait part que comme simple particulier aux affaires de la ville, exprimait avec vivacité le mécontentement que lui causaient maintes espérances déçues. Et ne le voyais-je pas, malgré tant d'études, d'efforts, de voyages, et une éducation si variée, mener finalement entre les murs de sa maison une vie solitaire que je n'ambitionnais nullement? Tout cela réuni pesait sur mon cœur comme un horrible fardeau, dont je ne pus me délivrer qu'en essayant de me tracer un plan de vie tout autre que celui qui m'était prescrit. Je rejetai dans ma pensée les études de jurisprudence, et je me vouai exclusivement aux langues, aux antiquités, à l'histoire et à toutes les études qui s'y rattachent.

J'aimais toujours à exprimer en vers ce que je remarquais en moi-même, dans les autres et dans la nature. Ma facilité croissait toujours, parce que je composais d'instinct, et qu'aucune critique ne m'avait troublé; et si je n'avais pas dans mes productions une foi entière, je pouvais bien les considérer comme défectueuses, mais non comme tout-à-fait mauvaises. Quelque défaut qu'on pût y relever, j'étais intimement convaincu que je ferais nécessairement de mieux en mieux, et que je serais cité un jour honorablement, à côté de Haguedorn, de Gellert et de leurs pareils. Une pareille destinée, cependant, me parut vide et insuffisante; je voulais me livrer sérieusement aux études solides ; et , en fortifiant mon talent par une intelligence plus parfaite de l'antiquité , me mettre promptement en état d'occuper une chaire universitaire ; ce qui me parut la chose du monde la plus digne d'envie, pour un jeune homme qui se proposait de se former lui-même et de contribuer au développement des autres.

Dans cette disposition d'esprit , j'avais toujours Gottingue devant les yeux. Toute ma confiance reposait sur Heyne, sur Michaëlis et sur leurs collègues ; mon vœu le plus ardent était de m'asseoir à leurs pieds et d'écouter attentivement leurs leçons. Mais mon père fut inflexible. Quelque effort que fissent plusieurs amis de la maison, qui étaient de mon avis, il voulut absolument que j'allasse à Leipsick. Alors je crus user d'un droit de légitime défense , en prenant la résolution de suivre un plan de vie et d'études à moi, contraire à son opinion et à son désir. L'obstination de mon père qui, sans le savoir, s'opposait à mes desseins , me confirma dans mon impiété, tellement que je ne me fis pas scrupule de l'écouter passivement pendant des heures entières, quand il me traçait et qu'il me répétait le cours d'études et le plan de conduite que je devais suivre dans les universités et dans le monde.

. . . . . C'est ainsi qu'à certaines époques les enfants se séparent des parents , les serviteurs des maîtres, les protégés des protecteurs ; et cette tentative de voler de ses propres ailes , de se rendre indépendant, de vivre pour son propre compte , qu'elle réussisse ou non , est toujours conforme au vœu de la nature.

A son arrivée à Leipsick, Goethe se présente, muni de lettres de recommandation , dans plusieurs maisons de la ville, notamment chez le conseiller aulique Bœhme, dont la femme exerce sur lui quelque influence.

. . . . . Ce fut sur mon goût que Mme Bœhme exerça le plus d'influence , d'une manière négative , il est vrai, et en cela du moins elle était parfaitement d'accord avec les critiques. La fluide abondance de Gottsched avait inondé le monde allemand d'un véritable déluge, qui menaçait de submerger les montagnes les plus hautes. Jusqu'à ce qu'une pareille inondation s'écoule, jusqu'à ce que le limon se dessèche, il faut bien du temps; et, comme à toutes les époques, il y a une foule de poëtes imitateurs, l'imitation du flasque et du mou produisit un fatras dont on n'a plus guère l'idée aujourd'hui. Trouver mauvais le mauvais, telle était la plus grande malice, tel était le triomphe des critiques du temps. Avec un peu de bon sens, une teinture superficielle des anciens, et une connaissance un peu plus approfondie des modernes, on croyait posséder une mesure applicable à tout. Mᵐᵉ Bœhme était un esprit cultivé, à qui l'insignifiant, le faible et le commun répugnaient; de plus, elle avait un mari qui vivait fort mal avec la poésie, et qui ne tolérait pas même ce qu'à la rigueur elle aurait approuvé. Pendant quelque temps, il est vrai, elle m'écouta avec patience, quand je prenais la liberté de lui réciter des vers ou de la prose d'auteurs connus et déjà en crédit; car alors, comme dans mon enfance, je retenais sans peine tout ce qui m'avait causé quelque plaisir; mais sa condescendance ne fut pas de longue durée. Elle commença par déprécier horriblement devant moi les poëtes à la manière de Weisse, dont on récitait les vers avec enthousiasme, et qui m'avaient particulièrement charmé. En y regardant de plus près, je ne pus pas lui donner tort. J'avais osé quelquefois aussi lui réciter des vers de ma façon, mais en gardant l'anonyme; ils ne furent pas mieux traités que les autres. Bientôt ainsi ces prairies brillantes que le parnasse allemand offrait dans ses vallons, et où je me promenais avec tant de joie, furent impitoyablement fauchées; et je fus réduit à retourner moi-même le foin desséché, et à railler comme une chose morte ce qui, peu de temps auparavant, m'avait procuré tant de plaisir.

A ces leçons vint en aide, sans le savoir, le professeur Morus, homme d'une douceur et d'une politesse exquises, dont j'avais fait la connaissance à la table du conseiller Ludwig, et qui m'accueillit avec beaucoup d'obligeance, lorsque je lui demandai la permission de lui rendre visite. Tout en le consultant sur les anciens, je ne lui cachai pas les sympathies que m'inspiraient quelques modernes; comme il traitait ces matières avec plus de calme que Mᵐᵉ Bœhme, et, ce qui était bien pis, avec plus de connaissance de cause, il me dessilla les yeux, d'abord à mon grand chagrin, puis à mon étonnement, puis enfin à mon édification.

Il faut ajouter encore les jérémiades habituelles, par lesquelles Gellert, dans son cours, essayait de nous détourner de la poésie. Il ne voulait que des compositions en prose, et il corrigeait toujours ces dernières de préférence. Il ne considérait les vers que comme un triste accessoire, et, ce qu'il y avait de pis, ma prose même ne trouvait pas grâce aisément devant ses yeux. J'avais l'habitude, conformément à mon ancien système, d'imaginer chaque fois le plan d'un petit roman, auquel je donnais la forme épistolaire. Les sujets étaient passionnés ; le style sortait du ton de la prose habituelle ; et le fonds, certes, ne trahissait pas, chez l'auteur, une connaissance intime du cœur humain. Je fus donc fort peu encouragé par notre maître, bien qu'il examinât mes travaux avec le même soin que ceux des autres, qu'il les corrigeât à l'encre rouge, et qu'il ajoutât çà et là quelque réflexion morale. Quelques-unes de ces feuilles, que j'ai conservées long-temps avec plaisir, ont, hélas ! à la longue, disparu de mes papiers.

Pour bien élever la jeunesse, les personnes mûres doivent se garder de lui interdire les choses qui lui plaisent, quelles qu'elles puissent être, et de l'en dégoûter, à moins d'en avoir quelque autre à lui recommander à la place, ou à y substituer. Chacun protestait contre mes goûts et contre mes penchants ; et ce qu'on me recommandait en revanche était si loin de moi, que je ne pouvais pas en apprécier le mérite, ou si près que je ne le trouvais pas meilleur que ce qu'on blâmait. Mon esprit fut troublé. Je m'étais promis les meilleurs résultats d'un cours d'Ernesti, sur l'*Orateur* de Cicéron ; je m'instruisis bien un peu dans cet enseignement ; mais je ne m'y éclairai pas sur la question qui m'intéressait le plus. Je cherchais une règle du jugement, et je crus m'apercevoir que personne n'en avait ; car personne n'était d'accord avec les autres, même pour les modèles qu'il citait ; et où aurions-nous été chercher une règle du jugement, quand on relevait tant de défauts dans les écrits d'un homme comme Wieland, ces écrits charmants qui nous ravissaient ?

Dans ces distractions de toute espèce, dans ce morcellement de mon existence et de mes études, il se trouva que je prenais ma pension chez le conseiller Ludwig. Il était médecin et botaniste ; et, outre Morus, la société ne comptait guère que des médecins débutants ou avancés dans leur carrière. Pendant ces heures de repos, je n'entendis causer que médecine ou histoire naturelle ; et mon imagination fut entraînée sur un terrain tout nouveau. J'entendis prononcer avec vénération les noms de Haller, de Linnée et de Buffon ; et, si plus d'une fois un débat s'éleva au sujet des erreurs dans lesquelles ces hommes avaient pu tomber, on finissait par s'entendre, en s'inclinant devant la supériorité reconnue de leurs titres. Les sujets de conversation étaient intéressants et graves, et ils excitaient mon attention. Je me familiarisai peu à peu avec beaucoup de mots techniques et avec une vaste terminologie que je m'empressai d'apprendre ; car je craignais alors d'écrire des vers, bien qu'il s'en offrît à moi spontanément, ou de lire un morceau de poésie, dans la crainte où j'étais d'en être satisfait pour le moment, et d'être obligé ensuite de le déclarer mauvais comme tant d'autres.

Cette incertitude en matière de goût et de jugement m'inquiéta tous les jours davantage, au point de me réduire finalement au désespoir. J'avais emporté avec moi celles de mes œuvres d'enfant que j'estimais les meilleures, moitié dans l'espoir d'en tirer quelque honneur, moitié dans le but de constater plus aisément mes progrès ; mais je me trouvai dans la cruelle situation d'un homme à qui l'on impose un changement complet d'opinion, une renonciation à tout ce qu'il a aimé et approuvé jusque-là. Au bout de quelque temps et après quelques combats, je fus saisi d'un si profond mépris pour mes travaux commencés ou finis, qu'un jour je brûlai au foyer de la cuisine, poésie et prose, plans, esquisses et projets, et la fumée épaisse qui remplit toute la maison, ne causa pas peu de crainte et d'inquiétude à notre bonne vieille hôtesse.

LIVRE SEPTIÈME.

Théorie littéraire des Suisses. — Annette : les larmes du Tilleul, conduite bizarre de Goethe à l'égard de cette jeune fille ; il écrit le *Caprice de l'Amant* et les *Complices*. — Comparaison du culte catholique et du culte protestant.

Goethe continue ses travaux littéraires. Ici se trouve un tableau de la littérature allemande du temps ; les écrivains et les théories sont passés en revue ; nous citerons seulement un passage sur la théorie littéraire des Suisses, dont le fondement était l'assimilation de la poésie à la peinture, et qui aboutissait à de singulières conséquences.

..... Des images donc! Mais où chercher ces images ailleurs que dans la nature? Le peintre imite visiblement la nature ; pourquoi le poète ne ferait-il pas de même? Mais la nature, telle qu'elle s'offre à nous, ne peut pas être imitée ; elle renferme tant de choses insignifiantes et de nulle valeur ; il faut donc choisir, mais qu'est-ce qui déterminera le choix? On s'attachera à ce qui est important ; mais qu'est-ce qui est important?

Pour répondre à toutes ces questions, il paraît que les Suisses réfléchirent long-temps, car il leur vint une idée bizarre et tout à fait jolie : ils prétendirent que ce qu'il y a de plus important, c'est le nouveau ; et après avoir médité quelque temps ce principe, ils découvrirent que le merveilleux est toujours plus nouveau que tout autre chose.

Ils avaient ainsi rassemblé à peu près toutes les conditions de la poésie ; restait une difficulté, c'est que le merveilleux peut être vide et sans rapport avec les hommes. Mais ce rapport absolument nécessaire devait être moral, et l'amélioration de l'homme devait clairement en résulter : un poème avait donc atteint le but suprême, lorsqu'il réunissait à toutes les autres conditions celle d'être utile. Ce fut en vertu de ces principes qu'on voulut apprécier les différents genres de poésie ; et celui qui imitait la nature, qui était merveilleux et qui avait en même temps un but, une utilité morale, devait être déclaré le premier et le meilleur. Après bien des réflexions, on finit par assigner avec une pleine conviction le premier rang aux fables composées à la manière d'Esope.

Si étrange que puisse nous paraître aujourd'hui cet enchaînement d'idées, il exerça cependant l'influence la plus marquée sur les meilleures têtes. Gellert et ensuite Lichtwer se livrèrent à ce genre de composition. Lessing lui-même s'y essaya, et bien d'autres y appliquèrent leur talent; ce qui prouve la vogue qu'il avait obtenue. La théorie et la pratique réagissent toujours l'une sur l'autre; dans les œuvres des hommes, on peut retrouver leurs principes; et, dans leurs principes, on peut présager leurs œuvres.

A ce tableau de la littérature se mêle le récit d'un nouvel amour. Annette (Annchen), une jolie fille de la maison que le jeune étudiant habite, captive son cœur.

. . . . . J'étais épris de mon nom, comme tous les hommes, et je l'écrivais partout, comme les jeunes gens, ou comme les hommes sans éducation. Une fois je l'avais gravé très élégamment et très soigneusement sur l'écorce polie d'un tilleul d'âge moyen. L'automne suivant, quand ma tendresse pour Annette était à son apogée, je gravai son nom au-dessus du mien. Cependant, vers la fin de l'hiver, amant capricieux, j'avais cherché mille fois querelle à celle-ci pour la tourmenter. Au printemps, le hasard me conduisit dans le même lieu; la sève qui circulait dans les arbres avec vigueur, avait jailli à travers les incisions qui formaient son nom, et sur lesquelles la croûte n'était pas encore formée; et elle arrosait de ses innocentes larmes de plante les caractères déjà endurcis du mien. Me voir ainsi arrosé de ses larmes, moi dont les boutades les avaient fait si souvent couler, cela me consterna. Le souvenir de mes torts et de son amour me fit venir à moi-même les larmes dans les yeux; je me hâtai d'aller lui demander deux ou trois pardons, et j'en fis sur cet événement une idylle que je n'ai jamais pu lire sans plaisir, ni réciter aux autres sans émotion.

. . . . . A cette période flasque, dans laquelle étaient tombées mes premières années, je participai franchement, en compagnie de beaucoup d'hommes recommandables. Les nombreux manuscrits in-quarto que j'avais laissés à mon père pouvaient l'attester suffisamment ; et que d'essais, que de plans, que de projets exécutés à demi s'étaient dissipés en fumée, par découragement de ma part plutôt que par conviction ! Alors, principalement grâce aux conversations, grâce aux leçons des professeurs, grâce à tant d'opinions contraires, et surtout à mon commensal le conseiller aulique Pfeil, j'appris à estimer de plus en plus la gravité du sujet et la concision de la forme, sans toutefois être enseigné où chercher celle-ci et comment atteindre celle-là. L'extrême médiocrité de ma position, l'indifférence de mes camarades, la réserve des professeurs, l'isolement où je vivais des hommes éclairés de la ville, l'insuffisance complète de la nature qui m'entourait, m'obligeaient à tout chercher en moi-même. S'il me fallait, pour mes poésies, un texte vrai, sentiment ou pensée, je dus fouiller dans mon sein ; si, pour une peinture poétique, j'avais besoin d'une vue immédiate de l'objet ou de l'événement, je n'osais pas sortir du cercle des choses qui pouvaient me toucher et me passionner. A ce point de vue, j'écrivis d'abord de petits poëmes sous forme de chanson, ou en vers libres ; ils sont éclos d'une réflexion, ils roulent sur un événement passé, et ils tournent le plus souvent à l'épigramme.

Telle fut l'origine de cette disposition qui m'est restée pendant toute ma vie, à transformer en figure, en poëme, tout ce qui me causait de la joie ou du tourment, tout ce qui m'occupait à un autre titre, et à me mettre ainsi d'accord avec moi-même, non moins pour fixer mes idées sur les objets extérieurs que pour me calmer intérieurement. Ce talent m'était nécessaire plus qu'à personne, à moi que mon naturel emportait toujours d'une extrémité à l'autre. Toutes les œuvres que, depuis ce moment, j'ai livrées au public, ne sont que les fragments d'une grande confession ; et ce livre est un essai hardi pour la compléter.

.... J'avais reporté sur Annette la tendresse que j'avais éprouvée pour Marguerite ; je ne dirai rien d'Annette, si ce n'est qu'elle était jeune, jolie, gaie, aimable, et assez pleine d'agréments, pour mériter d'obtenir quelque temps une place dans un cœur, comme une petite sainte, et d'y être l'objet de ces hommages qu'il est souvent plus doux de rendre que de recevoir. Je la voyais tous les jours sans obstacle ; elle aidait à préparer les aliments que je mangeais ; elle m'apportait le soir le vin que je buvais ; et la société choisie avec laquelle je dînais était une garantie que la petite maison, fréquentée, hors le temps des foires, par un nombre d'hôtes restreint, méritait sa bonne réputation. Il s'offrait mainte occasion de divertissement et de plaisir ; mais comme Annette ne pouvait guère s'éloigner de la maison, nos passe-temps étaient un peu maigres. Nous chantions les chansons de Zacharie, nous jouions le duc Michel de Kruger, et c'était un mouchoir noué qui représentait le rossignol. Pendant quelque temps tout alla assez bien : mais plus de semblables rapports sont innocents, moins ils offrent de variété et de chance de durée. Je fus donc saisi de ce mauvais esprit qui nous porte à chercher un sujet d'amusement dans les tourments de celle que nous aimons, et à abuser du dévouement d'une jeune fille par des caprices tyranniques. La mauvaise humeur que m'avaient fait éprouver la non-réussite de mes essais poétiques, l'impossibilité apparente où j'étais de m'éclairer sur ce point, et les coups d'épingles que je recevais de côté et d'autre, je crus pouvoir la décharger sur Annette, parce qu'elle m'aimait réellement et de tout son cœur, et qu'elle s'efforçait constamment de me plaire. Par de petites jalousies aussi injustes qu'absurdes, je flétris pour elle et pour moi les plus beaux de nos jours.

Elle supporta long-temps cette conduite avec une incroyable patience dont j'eus la dureté d'abuser ; mais à ma honte et à mon désespoir, je m'aperçus à la fin que son cœur s'était éloigné de moi, et que la folle jalousie que je m'étais permise de gaieté de cœur et sans motif, n'était peut-être plus dénuée de fondement. Il y eut entre nous des scènes terribles qui n'aboutirent à rien ; je sentis alors que je l'aimais véritablement, et que je ne pouvais pas vivre sans elle. Mon amour redoubla, et prit toutes les formes dont la passion est susceptible dans de pareilles circonstances ; je finis même par prendre le rôle qui, jusque-là, avait appartenu à la jeune fille. Je fis tous mes efforts pour lui être agréable, pour l'amuser même par le moyen des autres; car je ne pouvais renoncer à l'espérance de regagner son affection. Mais il était trop tard. Elle était perdue pour moi; et la violence avec laquelle je vengeai ma faute sur moi-même, en abusant, comme un insensé, de mon physique, pour faire souffrir mon moral, a beaucoup contribué aux maux corporels qui m'ont paralysé pendant quelques-unes des plus belles années de ma vie. Cette perte même m'aurait peut-être anéanti tout-à-fait, si le talent poétique ne m'avait prodigué ses abondantes ressources de guérison.

Déjà, plus d'une fois, je m'étais aperçu de mon manque d'égards. La pauvre enfant me faisait peine véritablement, quand je la voyais outragée ainsi par moi de gaieté de cœur. Je me représentai son état, le mien, et en même temps le bonheur d'un autre couple de notre société, et cela si fréquemment et d'une manière si détaillée, qu'à la fin je fus entraîné à composer un drame avec cette situation; ce qui fut pour moi une expiation à la fois pénible et instructive. Telle est l'origine de la plus ancienne entre celle de mes pièces dramatiques qui sont restées, la petite pièce intitulée: le *Caprice de l'amant*, œuvre naïve, mais où éclate aussi l'énergie d'une passion ardente.

Mais le monde, profond, sérieux, agité comme il l'est, s'était déjà révélé à moi. Mon histoire avec Marguerite et les suites qu'elle avait eues m'avaient fait jeter prématurément les yeux dans les secrets dédales de la société civile. Religion, mœurs, lois, rangs, relations, habitudes, tout cela ne règne qu'à la surface de la vie des cités. Les rues bordées de superbes maisons sont proprement tenues, et chacun s'y conduit avec décence; mais le désordre n'est souvent que plus affreux au-dedans, et un dehors poli couvre, comme un mince plâtrage, plus d'un mur délabré, qui croule pendant la nuit, et qui produit un effet d'autant plus terrible, que la chute arrive au milieu d'un calme profond. Combien de familles n'avais-je pas vues de près ou de loin, par des banqueroutes, par des divorces, par des séductions, par des meurtres, par des vols domestiques, par des empoisonnements, ou précipitées dans l'abîme ou placées misérablement près du bord ! Et, tout jeune que j'étais, j'avais, en pareil cas, souvent porté secours ; car, comme ma franchise éveillait la confiance, que ma discrétion était éprouvée, que mon activité ne craignait aucun sacrifice et préférait, pour s'exercer, les cas les plus périlleux, j'eus fréquemment occasion de m'entremettre, d'apaiser les esprits, de détourner un orage, de faire, en un mot, tout ce qui convient en pareille occasion ; je ne pouvais pas manquer de faire alors, par moi-même ou par d'autres, plus d'une douloureuse et humiliante expérience. Pour me consoler, je projetai plusieurs drames, et j'écrivis les expositions de la plupart. Mais comme l'intrigue était toujours pénible, et que presque toutes ces pièces menaçaient d'un dénouement tragique, je les abandonnai les unes après les autres. Les *Complices* sont la seule que j'achevai ; le ton gai et burlesque de cette pièce, sur un seul ro tableau de famille, est mêlé de je ne sais quoi d'oppressant, qui fait qu'elle serre le cœur dans l'ensemble, tout en amusant dans les détails. Les actions illégitimes, crûment exprimées, blessent le sens esthétique et le sens moral ; et c'est pour cela que ce drame n'a pu être admis au théâtre allemand, bien que les imitations qui évitèrent cet écueil y aient été vivement applaudies.

Les deux pièces dont je viens de parler, toutefois, présentent, sans que j'en aie eu conscience en les écrivant, un point de vue plus élevé. Elles mettent en relief la tolérance prévoyante dans l'appréciation morale des actions ; et elles expriment dramatiquement, en traits un peu âpres et un peu rudes, cette pensée profondément chrétienne : « Que celui-là qui se croit exempt de péché, jette la première pierre. »

Parmi les professeurs de l'université, Gellert, professeur de littérature, est celui qui agit le plus sur Gœthe. Il se distingue particulièrement par la tendance morale et religieuse de ses leçons.

..... A cette occasion, je ne puis m'empêcher de revenir un peu sur mon enfance, pour montrer que les actes solennels de la religion publique doivent être liés et enchaînés entre eux, pour qu'elle produise tous les effets qu'on attend d'elle.

Le culte protestant a trop peu de richesse et trop peu de suite, pour pouvoir servir de lien à une société. Il arrive de là que des membres se séparent, forment de petites communions, ou mènent paisiblement les uns à côté des autres leur vie de citoyens, sans culte quelconque. Aussi l'on se plaignait depuis long-temps de voir diminuer d'année en année le nombre de ceux qui fréquentaient les temples, et dans la même proportion, celui des personnes qui demandaient à communier. La cause de ces deux faits, de ce dernier surtout, est très facile à trouver; mais qui osera la dire? Nous allons l'essayer.

Dans les choses morales et religieuses, aussi bien que dans les choses physiques et civiles, l'homme n'aime pas à agir sans préparation; une série d'actes, formant une habitude, lui est nécessaire; ce qu'il doit aimer, ce qu'il doit faire, il ne peut pas le concevoir unique et séparé; et, pour qu'il répète volontiers un acte quelconque, il faut que cet acte ne lui soit pas devenu étranger. Si le culte réformé manque de richesse dans l'ensemble, on trouvera, en l'examinant dans ses détails, que le protestant a trop peu de sacrements; qu'il n'en a qu'un même, dans lequel il soit actif, la communion; car, quant au baptême, il le voit s'accomplir dans les autres seulement..... Les sacrements sont ce qu'il y a de plus élevé dans la religion, le signe sensible d'une faveur et d'une grâce extraordinaire de la divinité. Dans la communion, les lèvres humaines reçoivent le corps d'un Dieu, et un céleste aliment leur est offert sous la forme d'un aliment terrestre. Ce sens est le même dans tous les cultes chrétiens; quel que soit d'ailleurs, chez ceux qui participent à ce sacrement, le degré de foi dans le mystère ou d'accommodement avec la raison, il reste toujours une action sainte et grande, qui se met dans la réalité à la place du possible et de l'impossible, à la place de ce que l'homme ne peut pas obtenir et dont il ne peut pas se passer. Mais un pareil sacrement ne doit pas être isolé; aucun chrétien n'y participera avec la véritable joie qu'il comporte, si le sens symbolique ou sacramentel n'est pas entretenu en lui. Il doit être accoutumé à considérer la religion intérieure du cœur et la religion extérieure de l'église comme parfaitement identiques, comme le grand sacrement général qui se démembre en beaucoup d'autres, et qui communique à ses parties sa sainteté, son indestructibilité et sa perpétuité.

Un jeune homme et une jeune fille se donnent la main, son pour un salut passager ou pour une danse ; le prêtre les bénit, et l'union est indissoluble. Peu de temps après, ces époux apportent sur les marches de l'autel un être qui leur ressemble ; il est purifié avec l'eau sainte, et tellement incorporé à l'église, qu'il ne peut perdre ce privilége que par l'apostasie la plus scandaleuse. L'enfant s'exerce lui-même, dans la vie, aux choses de la terre ; il doit être instruit dans les choses du ciel. S'il résulte de l'examen que son instruction est complète, il est alors accueilli dans le sein de l'église comme un citoyen actif, comme un vrai et volontaire fidèle, non sans des signes extérieurs qui rehaussent la dignité de cet acte. Alors décidément il est chrétien ; alors seulement il connaît ses avantages, et il connaît en même temps ses devoirs. Mais, en attendant, il a éprouvé des sensations diverses et étranges en sa qualité d'homme ; les leçons et les punitions lui ont révélé le triste état de son intérieur ; les leçons et les transgressions dureront toujours ; mais il n'y aura plus de punitions. Au milieu de la confusion sans fin où il doit se perdre, par le conflit qui s'élève entre les exigences de la nature et celles de la religion, il trouve un admirable moyen de salut, celui de conter ses faits et ses méfaits, ses faiblesses et ses doutes à un homme vénérable, spécialement commis pour cela, qui sait le calmer, l'avertir, le fortifier, le châtier par des peines également symboliques, lui rendre le bonheur par une absolution complète de ses fautes, et lui remettre, purifiée et blanchie, la table de son humanité. C'est ainsi que, préparé et calmé par plusieurs actes sacramentels qui, à les examiner de près, ont chacun leur ramification, il s'agenouille pour recevoir l'hostie ; et afin que le mystère de cet acte sublime s'accroisse encore, il ne voit le calice que dans le lointain ; ce n'est point une nourriture et un breuvage profane qui rassasient ; c'est un céleste aliment qui fait désirer un céleste breuvage.

Que le jeune homme, pourtant, ne croie pas que tout soit dit ; que l'homme lui-même ne le croie pas. Car, dans les rapports terrestres, nous finissons bien par nous accoutumer à exister par nous-mêmes ; et là, encore, les connaissances, la raison et le caractère ne suffisent pas toujours ; mais dans les choses du ciel, notre éducation n'est jamais achevée. Le sentiment élevé qui est en nous, et qui, souvent, y est comprimé, est assailli par tant d'objets extérieurs, que nos propres ressources ne suffisent pas toujours à nous procurer le conseil, la consolation et l'assistance dont nous avons besoin. Mais c'est à cause de cela même que des moyens de salut sont disposés pour la vie entière ; et un homme intelligent et pieux est toujours prêt à ramener dans la bonne voie ceux qui s'égarent, et à délivrer ceux qui sont à l'étroit.

Et ce qui a été ainsi éprouvé pendant toute la vie, doit déployer aux portes de la mort sa puissance curative avec une activité décuple. A la suite d'habitudes intimes contractées dès l'enfance, le moribond accepte avec ferveur ces assurances symboliques, expresses ; et là où toute garantie disparaît, une garantie céleste lui assure une éternité de bonheur. Il se sent profondément convaincu que ni un élément hostile, ni un esprit malveillant ne peut l'empêcher de revêtir un corps glorieux, pour participer, dans des rapports directs avec la divinité, aux félicités sans bornes qui émanent d'elle.

Finalement, afin que l'homme soit sanctifié tout entier, ses pieds aussi sont oints et bénis. Dans le cas possible d'une guérison, ils éprouvent de la répugnance à toucher ce sol terrestre, dur, impénétrable : une élasticité merveilleuse leur est communiquée, pour qu'ils repoussent au-dessous d'eux la motte de terre qui les a jusque-là attirés. Et ainsi, au moyen d'une chaîne brillante d'actes respectables et sacrés, dont nous n'avons fait qu'indiquer sommairement la beauté, le berceau et la tombe, à quelque distance que le hasard les place l'un de l'autre, se tiennent par un indissoluble anneau.

Mais toutes ces merveilles spirituelles ne poussent pas, comme d'autres fruits, sur le sol de la nature ; elles ne peuvent être ni semées, ni plantées, ni cultivées sur ce sol. Il faut les demander à un autre terrain ; ce qui ne réussira ni à tous les individus, ni dans toutes les saisons. Ce qu'il y a de plus sublime dans ces symboles, une vieille et pieuse tradition nous le fournit. Nous apprenons qu'un homme a été, entre les autres, favorisé, béni et sanctifié d'en haut. Mais afin qu'elle ne soit pas prise pour un don naturel, cette grande faveur, liée à des devoirs difficiles, doit être transmise aux autres par un élu, et le plus grand bien qu'un homme puisse obtenir, sans pouvoir néanmoins en conquérir et en saisir de lui-même la possession, est conservé et perpétué sur la terre par une hérédité spirituelle. Bien plus, dans l'ordination du prêtre, se trouve rassemblé tout ce qui est nécessaire pour accomplir efficacement ces saints actes, dont on favorise la foule, sans qu'on lui demande d'autre effort que celui d'une foi et d'une confiance sans bornes. Ainsi le prêtre, représentant le suprême bénisseur, dans la série de ses devanciers et de ses successeurs, dans la société de ceux qui sont ordonnés avec lui, apparaît avec d'autant plus de majesté, que ce n'est pas sa personne qu'on honore, mais sa fonction ; que ce n'est pas son signe devant lequel nous plions les genoux, mais la bénédiction qu'il donne, laquelle ne nous paraît que plus sainte et plus directement descendue du ciel, parce que l'instrument terrestre ne saurait ni l'affaiblir ni l'atténuer par ses péchés, ni même par son infamie.

Comme cet enchaînement véritablement spirituel est brisé dans le protestantisme ! car une partie de ces symboles est considérée comme apocryphe, un petit nombre seulement comme canonique ; et comment nous préparer par l'insignifiance des uns à la sublimité des autres ?

J'avais reçu, dans le temps, l'instruction religieuse d'un brave ecclésiastique, vieux et débile, qui était depuis plusieurs années le confesseur de la maison. Je savais, sur le bout des doigts, le catéchisme avec sa paraphrase, et *l'ordre du salut*; je possédais toutes les sentences de la bible, sur lesquelles la foi repose; mais je ne retirai point de fruit de tout cela ; car comme on m'avait assuré que le bon vieillard suivait une vieille formule, ses instructions n'eurent plus de charmes pour moi ; je passai la dernière semaine dans toute sorte de distractions; je mis dans mon chapeau des feuilles empruntées à un ancien ami, et que celui-ci avait dérobées à l'ecclésiastique, et je lus sans âme et sans intelligence toutes ces choses que j'aurais bien su rendre avec sentiment et avec conviction.

Mais ma bonne volonté et mon élan, dans cette occasion importante, se trouvèrent paralysées encore davantage par une routine sèche et inintelligente, au moment où je dus m'approcher du confessionnal. J'avais à me reprocher bien des faiblesses, mais non de grands défauts; et la conscience même que j'en avais les diminuait, parce qu'elle me montrait la force morale qui était en moi, et qui, avec le ferme propos et la persévérance, devait finir par triompher du vieil homme. On nous dit que nous valions beaucoup mieux que les catholiques, parce qu'au confessionnal nous n'avons pas besoin de rien avouer de particulier; que cet aveu n'est pas convenable, quand nous voudrions le faire. Cela ne me satisfit pas; car j'avais les doutes religieux les plus singuliers, et j'aurais voulu saisir cette occasion de les éclaircir; comme cela ne pouvait pas être, je me composai une confession qui, exprimant fidèlement mon état, révélait, en termes généraux, à un homme sensé, ce qu'il m'était défendu d'expliquer en détail. Mais quand j'entrai dans le vieux chœur des Carmes déchaussés, que je m'approchai de l'étrange armoire grillée, dans laquelle Messieurs les ecclésiastiques ont coutume de se mettre en pareil cas, quand le sacristain m'ouvrit la porte, que je me vis enfermé avec mon père spirituel dans l'étroit espace, et qu'il me souhaita le bonjour avec sa voix faible et nasillarde; aussitôt, toute lueur s'éteignit dans mon esprit et dans mon cœur; ma confession soigneusement apprise par cœur, ne voulut pas sortir de ma bouche; j'ouvris, dans mon embarras, le livre que j'avais à la main, et j'y lus une courte formule, la première venue, laquelle était si générale que chacun aurait pu la prononcer sans scrupule. Je reçus l'absolution, et je me retirai un peu tiède; j'allai le lendemain avec mes parents à la table du Seigneur, et je me conduisis, pendant quelques jours, comme il convenait de le faire, après une action aussi sainte.....

LIVRE HUITIÈME.

Le cordonnier de Dresde. — Mlle de Klettenberg. — Études cabalistiques de Goethe. — Ses idées cosmogoniques.

Goethe emploie la plus grande partie de son temps à s'occuper de dessin et de gravure, sous la direction d'OEser, directeur de l'académie de dessins à Leipsick. Il fait un voyage à Dresde pour y visiter le musée. Nous nous bornerons à traduire un court fragment au sujet d'un cordonnier de cette ville, chez lequel Goethe descend, sur une lettre de recommandation d'un étudiant en théologie.

.... Je m'informai de mon cordonnier, et je ne tardai pas à le trouver dans le faubourg. Assis sur son escabeau, il me fit un accueil amical, et il dit en riant, après avoir lu la lettre: « Je vois, mon jeune monsieur, que vous êtes un singulier chrétien. — Comment cela, mon maître? répondis-je. — Singulier n'est pas pris en mauvaise part, continua-t-il ; on qualifie de la sorte quelqu'un qui n'est pas conséquent avec lui-même ; et je vous appelle ainsi, parce que vous vous montrez le disciple de notre Seigneur en un point, mais non dans le reste. » — Sur la prière que je lui fis de s'expliquer, il ajouta: « Vous paraissez vouloir annoncer une bonne nouvelle aux pauvres et aux humbles ; cela est beau, et cette imitation de notre Seigneur est digne d'éloge ; mais vous auriez dû réfléchir en même temps qu'il s'asseyait de préférence à la table des heureux et des riches où régnait la joie, et qu'il ne dédaignait pas le parfum du baume ; et vous, vous trouverez chez moi tout le contraire. »

Ce joyeux début me mit de bonne humeur, et nous fîmes pendant quelques instants assaut de plaisanteries. La femme du cordonnier était là, réfléchissant aux moyens de loger et de traiter un pareil hôte. Il eut encore à ce sujet des saillies fort heureuses, faisant allusion non seulement à la Bible, mais à la chronique de Gottfried ; et, après que nous fûmes co venus que je resterais, je remis ma bourse à la garde de mon hôtesse, et je la priai de s'en servir, pour peu qu'elle en eût besoin. Il voulait la refuser, et donnait à entendre, toujours en plaisantant, qu'il n'était pas aussi gueux qu'il en avait l'air ; mais je vainquis sa résistance, en disant : « Et quand ce ne serait que pour changer l'eau en vin, aujourd'hui qu'il n'arrive plus de miracle, une recette aussi éprouvée que celle-là ne peut pas être superflue. » L'hôtesse parut s'accommoder de mieux en mieux de mes façons de parler et d'agir ; nous ne tardâmes pas à nous entendre, et nous passâmes très gaîment la soirée. Le cordonnier était toujours le même, parce que tout chez lui découlait d'une même source. Il était doué d'un rare bon sens, qui avait pour base une humeur gaie, et il se plaisait dans une activité uniforme et habituelle. Travailler sans relâche, tel était son premier et son plus impérieux besoin ; tout le reste, il le regardait comme fortuit, et cette opinion entretenait son bonheur. Je crus devoir le ranger, de préférence à beaucoup d'autres, parmi ces hommes qu'on a appelés des philosophes pratiques, des sages sans le savoir...

Le mauvais régime que suivait Goethe ne tarda pas à compromettre sa santé ; il fut obligé de s'en retourner au sein de sa famille, dans un état alarmant. Pendant ce séjour à Francfort, il trouve, dans la société de sa mère plusieurs dévotes, notamment Mlle de Klettenber, dont le contact le dispose aux idées mystiques, comme on en jugera par les fragments qui suivent.

..... A la tête de ces dévotes était Mlle de Klettenberg. C'est elle dont les entretiens et la correspondance ont fourni la matière des *aveux d'une belle dme*, qu'on trouve insérés dans *Guillaume Meister* (1). Elle était d'une constitution délicate et d'une taille moyenne ; ses manières affectueuses et naturelles avaient pris un agrément particulier dans la vie du grand monde et des cours. Sa mise élégante rappelait le costume des Sœurs Moraves. La gaîté et le calme d'esprit ne l'abandonnaient jamais. Elle considérait la maladie comme un élément

(1) Roman de Goethe.

nécessaire de son éphémère existence terrestre ; elle souffrait avec la plus entière résignation, et dans les intervalles où elle ne souffrait pas, elle était vive et causante. Sa conversation favorite, sa conversation unique pour ainsi dire, c'étaient les expériences morales que l'homme qui s'observe lui-même peut faire sur sa propre personne ; joignez-y les sentiments religieux, qu'elle envisageait, avec beaucoup de grâce, d'originalité même, comme naturels et comme surnaturels...

Par suite de la direction toute spéciale qu'elle avait suivie dès le bas âge, de la grande position dans laquelle elle était née et dans laquelle elle avait été élevée, de la vivacité et de l'originalité de son esprit, elle n'était pas en très bonne intelligence avec les autres femmes qui parcouraient la même voie de salut. Mme Griesbach, la plus distinguée, paraissait trop sévère, trop sèche, trop savante ; elle savait, elle pensait, elle embrassait plus que les autres qui se contentaient de développer leurs sentiments ; et elle leur était par conséquent incommode, aucune d'elles ne pouvant ni ne voulant emporter avec elle un si gros bagage sur la route de la félicité. Mais aussi la plupart, il faut le dire, étaient un peu monotones, s'attachant, comme elles le faisaient, à une certaine terminologie qu'on aurait pu comparer à celle des sentimentalistes qui vinrent plus tard. Mlle de Klettenberg faisait route entre les deux extrêmes ; et elle paraissait se mirer avec une certaine complaisance dans le portrait du comte Zinzendorf, dont les opinions et les actes annonçaient une haute naissance et une grande position. Elle trouva alors en moi ce qu'elle désirait, un jeune homme vif, aspirant, lui aussi, vers un bien inconnu, un jeune homme qui ne pouvait pas être regardé comme un grand pécheur, mais qui n'avait pas lieu d'être content de son état, et dont ni le corps ni l'âme n'étaient sains. Elle appréciait les facultés dont la nature m'avait doué, et les talents que je m'étais acquis. L'aveu qu'elle faisait de mes qualités n'avait rien d'humiliant pour elle ; car premièrement elle ne songeait point à rivaliser avec un homme, et en second lieu, elle se croyait bien supérieure à moi, sous le rapport de l'éducation religieuse. Mon inquiétude, mon impatience, mes efforts, mes essais, mes recherches, mes projets et mes hésitations, elle les expliquait à sa manière ; et loin de me dissimuler son opinion, elle m'avoua sans détour sa pensée à cet égard : c'est que je n'étais dans les bonnes grâces d'aucun Dieu. Je m'étais cru, dès le bas âge, en très bon termes avec mon Dieu ; je me figurais même, par suite de diverses expériences, qu'il était en reste avec moi ; et j'étais assez hardi pour croire que j'avais quelque chose à lui pardonner. Cette présomption se fondait sur mon extrême bonne volonté, qu'il aurait dû, à mon avis, encourager davantage. On pense bien que mon amie et moi, nous eûmes à ce sujet bien des débats, lesquels se terminaient toujours de la manière la plus amicale, et quelquefois elle finissait par me dire, comme le recteur Albrecht, que j'étais un drôle de garçon, pour lequel il fallait être indulgent.

. . . . . Le médecin était un homme impénétrable, mystérieux, au regard fin, à la parole insinuante, et il jouissait d'un grand crédit parmi les dévots. Par son activité et par ses attentions, il était la consolation de ses malades ; mais ce qui avait surtout grossi sa clientèle, c'était l'art avec lequel il montrait quelques remèdes mystérieux, de sa façon, qu'il tenait en réserve, et dont personne n'osait parler, parce que, dans notre ville, il était sévèrement interdit aux médecins de les administrer. Il ne faisait pas un égal mystère de certaines poudres qui étaient sans doute quelque digestif ; mais il avait un sel merveilleux, qui ne devait être employé que dans les cas extrêmes, et dont il n'était question qu'entre les adeptes, bien que personne ne l'eût jamais vu et n'en eût jamais éprouvé les effets. Pour exciter et pour affermir la foi dans la possibilité d'un remède universel comme celui-là, le médecin recommandait à ceux de ses malades chez qui il rencontrait des dispositions favorables, certains livres mystico-alchimiques, et il leur donnait à entendre que, par une étude particulière de ces livres, on pouvait arriver à composer soi-même ce précieux remède ; ce qui était nécessaire, puisque, par des motifs physiques, et surtout par des motifs moraux, la recette ne s'en transmettait pas aisément ; pour comprendre ce grand œuvre, pour le produire et pour en tirer parti, on devait connaître dans leur ensemble les secrets de la nature, parce qu'il n'était pas spécial, mais universel, et qu'il pouvait être produit également sous diverses formes et sous diverses figures. Mon amie avait prêté l'oreille à ces paroles séduisantes. La santé du corps touchait de si près à la santé de l'âme; et pouvait-on rendre aux hommes un service plus signalé, et leur donner une plus grande preuve de sympathie, qu'en essayant d'acquérir un moyen de calmer tant de douleurs, de détourner tant de dangers? Elle avait déjà étudié en secret l'*opus mago-cabalisticum* (1) de Welling; mais comme l'auteur se hâte lui-même d'obscurcir et de couvrir la lumière qu'il communique, elle chercha un ami qui lui tînt compagnie dans cette alternative de lumière et d'obscurité. Il suffit d'un léger effort pour m'inoculer cette maladie. J'achetai l'ouvrage qui, comme tous les écrits de cette espèce, se prétendait issu, en ligne droite, de l'école néo-platonicienne. J'eus grand soin, en étudiant ce livre, de noter exactement les allusions obscures, où l'auteur renvoie d'un passage à l'autre, et promet ainsi de découvrir ce qu'il cache; et j'indiquai en marge les numéros des pages destinées à s'éclaircir les unes les autres. Néanmoins le livre demeura encore assez obscur et assez inintelligible; on finissait tout au plus par se familiariser avec une certaine terminologie; et, après s'en être servi à sa guise, si l'on ne comprenait rien, on croyait au moins dire quelque chose. Ce livre mentionnait ses devanciers avec beaucoup d'éloge; nous voulûmes remonter nous-mêmes aux sources. Nous nous occupâmes alors des œuvres de Théophraste Paracelse et de Basilius Valentinus, ainsi que de celles d'Helmont, de Starkey et d'autres, dont nous essayâmes de comprendre et d'étudier la doctrine et les écrits, plus ou moins basés sur la nature et sur l'imagination. L'*Aurea catena Homeri* (2) me plut particulièrement; la nature y est représentée d'une manière fantastique peut-être, mais dans un magnifique enchaînement. Ainsi nous employâmes, tantôt seuls, tantôt ensemble, beaucoup de temps à ces étranges matières; et nous

(1) L'œuvre mago-cabalistique.
(2) La chaîne d'or d'Homère.

passâmes agréablement les soirées d'un long hiver, pendant lequel je fus obligé de garder la chambre....

. . . . . . Un livre important, qui me tomba entre les mains, m'émut fortement, ce fut l'histoire de l'église et des hérésies, par Arnold. Cet historien n'est pas seulement un penseur; c'est aussi un homme de foi et de sentiment, ses principes s'accordaient avec les miens, et ce qui me charma surtout dans son ouvrage, ce fut qu'il me fit concevoir une idée plus avantageuse de beaucoup d'hérétiques qu'on m'avait jusque-là représentés comme des insensés ou comme des impies. Nous portons tous en nous l'esprit de contradiction et l'amour du paradoxe. J'étudiai avec soin les doctrines diverses; et comme j'avais entendu dire assez fréquemment que chaque homme en définitive a sa religion à lui, rien ne me parut plus naturel que de croire que je pouvais bien, moi aussi, me créer la mienne, et je le fis avec joie. Le neo-platonisme était la base de cette religion, l'hermétisme, le mysticisme et la cabale y fournissaient des éléments, et je me construisis de la sorte un monde d'une physionomie assez bizarre.

J'aimais à me figurer une divinité qui se produit elle-même de toute éternité; mais comme la production ne se conçoit pas sans multiplicité, elle devait nécessairement apparaître immédiatement comme un second être, que nous reconnaissons sous le nom du fils; tous deux devaient poursuivre l'acte de la production, et ils se retrouvaient dans un troisième qui était aussi vivace, aussi éternel que l'ensemble. Ainsi se fermait le cercle de la divinité, et ils n'avaient pas pu, eux-mêmes, produire un autre être qui fût complètement égal à eux. Pourtant, comme l'impulsion productrice durait toujours, ils en créèrent un quatrième, qui renfermait déjà en lui une contradiction, puisqu'il devait être, comme eux, absolu, et, pourtant en même temps contenu en eux et limité par eux, c'était Lucifer, à qui toute la puissance créatrice était transmise, et dont toute autre existence devait sortir. Il prouva sur le champ son activité infinie, en créant tous les anges, en les créant tous à son image, absolus, mais contenus en lui et limités par lui. Environné d'une pareille gloire, il oublia sa haute origine, et il crut la trouver en lui-même; et de cette première ingratitude résulta tout ce qui nous semble en contradiction avec la pensée et avec les vues de la divinité. Plus il se concentra en lui-même, plus il fut malheureux, de même que tous les esprits dont il avait entravé la douce ascension vers leur origine. Et ainsi arriva ce qui nous a été représenté sous la forme de la chute des anges. Une partie d'entre eux se concentra avec Lucifer; l'autre se retourna vers son origine. De cette concentration de la création entière, car elle était issue de Lucifer, et elle devait le suivre, résulta tout ce qui nous apparaît comme matière, ce que nous nous représentons comme pesant, solide et obscur, mais ce qui, découlant, non directement, au moins par filiation, des êtres célestes, est aussi absolument puissant, aussi éternel que le père et que les grands pères; comme tout le mal, si nous pouvons l'appeler ainsi, ne résultait que de la direction exclusive suivie par Lucifer, c'en était fait de la meilleure moitié de cette création; car tout ce qui est obtenu par la concentration, elle le possédait; mais tout ce qui peut être opéré seulement par l'expansion lui manquait; et ainsi la création tout entière aurait pu se détruire elle-même par une concentration constante, s'anéantir avec Lucifer son auteur, et perdre tout droit à une éternité semblable à celle de Dieu. Les Elohim contemplèrent pendant quelque temps cet état de choses; ils avaient le choix ou d'attendre l'arrivée de ces Eons, avec lesquels ils auraient eu de nouveau champ libre et place pour une création nouvelle, ou bien de remanier le présent, et de venir en aide à ses imperfections selon leur infinité. Ils optèrent pour le dernier parti, et, par leur seule volonté, ils suppléèrent en un moment à toutes les imperfections que le succès de l'entreprise de Lucifer avait entraînées. Ils donnèrent à ces êtres infinis la faculté de s'étendre, de se mouvoir vers eux; le pouls de la vie fut rétabli, et Lucifer lui-même ne put pas se soustraire à cette influence. C'est l'époque où parut ce que nous connaissons sous la forme de lumière, et où commença ce que nous avons l'habitude de désigner par le mot de création. Bien que celle-ci se multipliât graduellement par la force vitale, toujours active, des

Elohim, il manquait encore un être apte à rétablir l'union originelle avec la divinité, alors fut produit l'homme qui devait être en tout semblable à la divinité, son égal même, mais qui se trouva par là, lui aussi, dans le cas de Lucifer, c'est-à-dire, à la fois absolu et limité ; et comme cette contradiction qui se trouve à toutes les catégories de l'existence devait se manifester en lui, et qu'une conscience nette, ainsi qu'une volonté décidée devait accompagner toutes les phases de sa vie, il était aisé de prévoir qu'il serait à la fois la plus parfaite et la plus imparfaite, la plus heureuse et la plus malheureuse des créatures. Aussi ne tarda-t-il pas à jouer exactement le rôle de Lucifer. Se séparer de ses bienfaiteurs, c'est là la véritable ingratitude ; et ainsi cette seconde chute fut éclatante, bien que toute la création ne soit rien et n'ait jamais rien été qu'un mouvement alternatif d'éloignement de l'origine et de retour vers elle.

On voit aisément que la rédemption doit être considérée non-seulement comme résolue de toute éternité, mais comme éternellement nécessaire, de sorte qu'elle doit se renouveler sans cesse pendant toute la durée de l'enfantement et de l'existence. Rien n'est plus naturel à ce point de vue que de voir la divinité elle-même, qui s'était déjà préparée à revêtir une enveloppe, prendre la forme de l'homme, et partager pour un court espace de temps sa destinée, afin, par cette assimilation, d'exalter la joie et d'adoucir la douleur. L'histoire de toutes les religions et de toutes les philosophies nous apprend que cette grande vérité, dont les hommes ne peuvent pas se passer, a été transmise par diverses nations, en divers temps, de différentes manières, même dans les fables et dans les mythes les plus étranges, conformes à l'état imparfait de la civilisation...

LIVRE NEUVIÈME.

Arrivée de Goethe à Strasbourg ; première vue de la cathédrale et de l'Alsace. — Passage de Marie-Antoinette. — Portrait de Lerse. — Description de la cathédrale ; réflexions sur l'architecture gothique. — Les deux filles du maître de danse.

Revenu à la santé, Goethe quitta de nouveau la maison paternelle, pour continuer ses études universitaires. Mais cette fois il se rendit à l'université de Strasbourg.

...... J'étais descendu à l'hôtel de l'Esprit. Je sortis aussitôt, pour contenter mon désir le plus ardent, et pour m'approcher de la cathédrale, qui m'avait été montrée de loin par mes compagnons de voyage, et sur laquelle mes yeux étaient demeurés fixés dans une assez longue étendue de chemin. Lorsque, de la petite rue qui y conduisait, j'aperçus ce colosse, et que je me trouvai ensuite tout auprès, sur la place peu spacieuse où il s'élève, il produisit sur moi une impression que je fus incapable de débrouiller sur le champ, et qui me resta pour l'instant obscure, pendant que je montais en hâte au faîte de l'édifice pour ne pas manquer le moment précieux d'un soleil brillant, à la faveur duquel j'allais découvrir, en un seul coup d'œil, ce vaste et riche pays.

Je vis donc, du haut de la plate-forme, cette belle contrée qui était devant moi, et dans laquelle je devais séjourner et vivre quelque temps, les prés d'alentour remplis, entremêlés d'arbres superbes et touffus, cette richesse surprenante de végétation, qui, suivant le cours du Rhin, en marque les rives, les îles et les bas fonds. Le terrain plat qui descend du côté du sud, et qui est arrosé par l'Ill, est également décoré d'une verdure brillante ; même du côté de l'ouest, près de la montagne, se trouvent beaucoup de vallons, où des bois et des prairies présentent un aspect attrayant, tandis que la partie septentrionale, plus accidentée, est coupée de petits ruisseaux, en nombre infini, qui hâtent partout la végétation. Si l'on se représente, entre ces plaines qui s'étendent délicieusement, entre ces bois agréablement parsemés, cette terre si propre au labourage et si bien cultivée, verdoyante et mûrissante, les meilleures et les plus riches parties marquées par des villages et par des fermes, ce grand espace à perte de vue, sorte de nouveau paradis préparé pour la race humaine, terminé, à des distances diverses, par des montagnes moitié cultivées, moitié couvertes de forêts, on comprendra le ravissement avec lequel je bénis ma destinée, qui m'avait assigné pour un certain laps de temps une aussi belle résidence.

Un premier coup d'œil jeté ainsi sur un pays nouveau, que nous devons habiter, a d'ailleurs cela de charmant et de mystérieux à la fois, que tout ce que nous avons sous les yeux, est comme un tableau sur lequel on n'a encore rien écrit. Aucune douleur ni aucune joie n'y sont gravées encore; gai, pittoresque, animé, cet espace est encore muet pour nous; l'œil ne s'attache aux objets que pour l'intérêt qu'ils possèdent par eux-mêmes; et nulle inclination, nulle passion n'a encore fait particulièrement ressortir tel ou tel point; mais un pressentiment de l'avenir agite déjà le jeune cœur, et une vague curiosité appelle en silence les événements qui doivent arriver, et qui, quels qu'ils soient, heureux ou malheureux, revêtiront insensiblement le caractère de la contrée.

Descendu de la hauteur, je demeurai encore assez long-temps en face du vénérable édifice; mais ni la première fois, ni dans les premiers temps, je ne pus parfaitement m'expliquer la sensation que cette œuvre merveilleuse produisait sur moi; elle me fit l'effet d'une masse monstrueuse, qui m'eût effrayé, si elle ne m'avait pas paru en même temps compréhensible par sa symétrie, agréable même par le fini de ses détails. Cette contradiction, pourtant, ne me préoccupa nullement; et je laissai ce monument prodigieux agir sur moi par son seul aspect.

. . . . . Marie-Antoinette, archiduchesse d'Autriche, reine de France, allait passer par Strasbourg, en se rendant à Paris. Les fêtes par lesquelles on rappelle au peuple qu'il y a des grands dans le monde, furent préparées avec beaucoup de soin et de magnificence ; je remarquai surtout l'édifice construit sur une île du Rhin, entre les deux ponts, où la princesse devait être reçue et remise entre les mains du délégué de son époux. Ce bâtiment était peu élevé, il offrait dans le milieu une grande salle, de plus petites sur les deux côtés ; puis venaient d'autres chambres, qui s'étendaient encore un peu derrière ; bâti avec plus de solidité, il aurait pu servir de maison de plaisance à d'augustes personnages. Mais ce qui me le rendit très-intéressant, ce furent les tapisseries dont on avait garni tout l'intérieur, et je n'épargnai pas les *busel* (petite pièce d'argent alors courante), afin d'obtenir du portier la permission d'y renouveler mes visites. Là, je vis pour la première fois un échantillon de ces tapisseries brodées d'après les cartons de Raphaël, et cette vue produisit sur moi un grand effet, en me faisant connaître, dans de grandes dimensions, le bon et le parfait, bien que je n'eusse que des imitations sous les yeux. J'allais et je venais sans cesse, et je ne pouvais pas me rassasier de cette vue, j'étais tourmenté d'un désir que je ne pouvais satisfaire, celui de comprendre ce qui me causait un plaisir aussi vif. Je trouvai les salles latérales très-agréables et très-gaies ; mais la salle principale ne me parut que plus effrayante. On l'avait tendue avec des tapis de haute-lice plus grands de beaucoup, plus brillants et plus riches que les autres ; ils étaient entourés d'ornements à profusion, et brodés d'après les tableaux de maîtres français modernes. Ce genre là aussi aurait pu me plaire, parce que ma sensibilité et mon jugement n'étaient pas aisément exclusifs, mais le sujet me révolta au dernier point. Ces tableaux présentaient l'histoire de Jason, de Médée et de Creuse, par conséquent, un exemple de l'union la plus infortunée qui fût jamais. A la gauche du trône on voyait la fiancée luttant contre la mort la plus cruelle, entourée d'amis gémissants ; à droite, le père regardait avec horreur ses enfants égorgés à ses pieds, pendant que la furie montait dans l'air sur son char attelé de dragons. Et afin que l'absurde se joignît à l'horrible et à l'abominable, à droite, derrière le velours rouge du dos du trône brodé en or, tournait en anneaux la queue blanche du bélier magique, tandis que la bête elle-même vomissant des flammes, et Jason luttant avec elle étaient entièrement cachés par cette précieuse draperie.

Alors toutes les maximes dont je m'étais pénétré à l'école d'OEser, s'insurgèrent dans mon sein. Il y avait déjà défaut de goût et d'intelligence à mettre le Christ et les Apôtres dans les salles latérales d'un édifice nuptial; et sans aucun doute, les conservateurs des tapisseries royales n'avaient consulté que la mesure des chambres; je pardonnais aisément une faute dont je m'étais si bien trouvé; mais une bévue comme celle de la grande salle me mit hors de moi-même; et, avec vivacité, avec chaleur, je pris mes compagnons à témoin de cette faute de goût et de convenance: « Quoi! m'écriai-je, sans prendre garde aux assistants, est-il permis de mettre sous les yeux d'une jeune reine le tableau des plus horribles noces qui jamais aient été célébrées peut-être, et cela au premier pas qu'elle fait sur la terre où elle va régner? N'y a-t-il donc pas parmi les architectes, parmi les décorateurs, parmi les tapissiers français, un seul homme qui comprenne que les tableaux agissent sur les sens et sur le cœur, qu'ils produisent des impressions, qu'ils éveillent des pressentiments? N'est-ce pas comme si, à la frontière, on avait présenté à cette princesse si belle, et, disait-on, si amoureuse du plaisir le spectre le plus hideux. » Je ne sais plus ce que je dis encore; mais à ce moment, mes compagnons entreprirent de me calmer et de me faire sortir, afin d'éviter le scandale. Ils m'assurèrent ensuite que tout le monde ne s'avise pas de chercher une signification dans les tableaux; pour eux, du moins, rien de semblable ne leur était venu à l'esprit; et la population de Strasbourg tout entière, avec celle de la campagne qui allait affluer, pas plus que la reine elle-même avec sa cour, n'aurait jamais de pareilles imaginations.

Je me rappelle encore très bien cette reine si belle, si distinguée, à l'air à la fois enjoué et noble. Visible comme elle l'était pour nous tous dans son carrosse à glaces, elle paraissait, dans une causerie intime avec les dames de sa suite, plaisanter de la foule qui affluait sur son passage. Le soir, nous parcourûmes les rues, pour voir les illuminations des divers édifices, notamment le sommet étincelant de la cathédrale, dont nos yeux ne pouvaient assez se repaître, de près ou de loin.

La reine poursuivit son voyage; le peuple des campagnes s'écoula, et la ville reprit bientôt sa tranquillité habituelle. Avant l'arrivée de la princesse, on avait pris un arrêté fort raisonnable, savoir, qu'aucune personne difforme, ou estropiée, ou atteinte d'une maladie dégoûtante, ne se montrerait sur son passage. On en plaisanta, et je composai une petite pièce de vers français, où je mettais en opposition l'arrivée du Christ, qui semblait avoir habité ce monde surtout à cause des malades et des paralytiques, et l'arrivée de la reine qui faisait fuir ces malheureux. Mes amis en furent satisfaits : un Français, au contraire, qui demeurait avec nous, en critiqua sans pitié les expressions et la mesure, et, à ce qu'il paraît, avec pleine raison ; je ne me rappelle pas d'avoir depuis lors composé d'autre pièce de vers en français.

A peine l'heureuse arrivée de la reine dans la capitale nous fut-elle connue, que nous apprîmes une nouvelle horrible: au feu d'artifice de la fête, par suite d'une négligence de la police, une foule de personnes à cheval et en voiture avaient péri dans une rue encombrée de matériaux de construction, et la ville avait été plongée dans le deuil et dans la douleur au milieu de ces solennités nuptiales. On essaya de cacher la grandeur du mal au couple royal ainsi qu'au public, en enterrant les morts en cachette, de sorte que beaucoup de familles ne furent certaines d'avoir perdu les leurs dans cet effroyable événement que par la disparition complète de ceux-ci. Je n'ai pas besoin de dire que dans cette occasion les horribles tableaux de la grande salle se représentèrent avec vivacité à mon esprit ; car personne n'ignore combien sont puissantes certaines impressions morales, quand elles s'incorporent en quelque sorte à des impressions matérielles.

Parmi les commensaux et les amis de Goethe, se trouvait un nommé Lerse, dont nous reproduirons en partie le portrait, à cause de l'usage que notre auteur a fait de son nom et de son caractère dans une de ses œuvres les plus célèbres.

En nous servant d'arbitre dans nos querelles intérieures,

Lerse montra constamment la plus grande impartialité; et, quand une affaire ne pouvait plus s'arranger avec des paroles et des explications, il s'y prenait de telle manière que la satisfaction qu'on attendait était honorable sans causer de malheur. Nul homme, en effet, ne s'y entendait mieux que lui; il avait coutume de dire, que, le ciel ne l'ayant pas destiné à être un héros de guerre ou d'amour, il se contentait du rôle de second, comme on l'entend en style de roman et d'escrime. L'humeur toujours égale, et le caractère bon et ferme dont il offrait un parfait modèle, laissèrent dans mon esprit des traces aussi profondes qu'agréables; quand j'écrivis *Goetz de Berlichingen*, je saisis cette occasion de publier un témoignage de notre amitié; et je donnai le nom de Franz Lerse à ce brave personnage qui sait se subordonner avec tant de noblesse.

La cathédrale de Strasbourg avait tout d'abord excité l'admiration du jeune étudiant; il ne se borna pas à cette simple impression, et fit une étude détaillée de ce monument remarquable.

..... Plus je considérais la façade de cette cathédrale, plus se fortifiait et se débrouillait en moi cette première impression, que le sublime y est uni à l'agréable. Pour que le gigantesque, en se présentant comme masse à nos yeux, ne nous effraie pas, pour que nous ne nous y perdions pas en cherchant à pénétrer ses détails, il faut qu'il contracte une alliance contre nature et en apparence impossible; il faut qu'il s'unisse à l'agréable. Comme nous ne pouvons exprimer l'effet que produit la cathédrale, qu'en supposant l'union de ces deux qualités incompatibles, nous voyons par là la haute estime que nous devons faire de ce vieux monument, et nous nous mettons sérieusement à expliquer comment des éléments contradictoires peuvent se pénétrer et s'associer paisiblement.

Laissant pour le moment les tours, toutes nos réflexions se porteront sur la façade, dont l'aspect est imposant, sous la forme d'un carré long, élevé sur son plus petit côté. Quand nous nous en approchons pendant le crépuscule, au clair de la lune, dans une nuit étoilée, dans un moment, enfin, où les parties deviennent plus ou moins indistinctes et finissent par s'effacer, nous ne voyons qu'un mur colossal, dont les proportions sont de l'effet le plus satisfaisant. Quand nous considérons ce monument pendant le jour, et que, par la force de notre esprit, nous faisons abstraction des détails, nous y reconnaissons une façade, qui non seulement clôt les espaces intérieurs de l'édifice, mais cache aussi diverses parties latérales. Les ouvertures de cette immense surface se rapportent aux besoins de l'intérieur de l'édifice ; d'après ces besoins, nous pouvons la diviser en neuf parties. La grande porte du milieu, qui est située vis-à-vis la nef principale, se présente tout d'abord à nos yeux ; à ses deux côtés, s'en trouvent deux plus petites, appartenant aux deux nefs latérales ; au-dessus de la porte principale, notre regard rencontre l'ouverture circulaire, destinée à répandre dans l'église et sous ses voûtes une lumière mystérieuse. Sur les faces on aperçoit deux grandes ouvertures obliques, en forme de carrés longs, qui contrastent d'une manière frappante avec celle du milieu, et qui laissent voir qu'elles appartiennent à la base des tours qui s'élèvent de chaque côté. Au troisième étage sont rangées les unes à côté des autres trois ouvertures, destinées au beffroi et à d'autres besoins du culte. Le tout est terminé horizontalement en haut par la balustrade de la galerie, au lieu de l'être par un entablement. Quatre piliers qui partent du sol soutiennent les neuf espaces que je viens de décrire, les terminent et les séparent en trois grandes sections perpendiculaires.

De même qu'on ne peut contester de belles proportions à la masse tout entière, ces piliers et les compartiments déliés qu'ils forment entre eux, donnent aux détails de la façade un aspect symétriquement léger.

Si nous poursuivons notre abstraction, si nous nous figurons ce mur gigantesque, nu, avec de fermes contreforts, percé de toutes les ouvertures nécessaires, mais de celles-là seulement ; si nous reconnaissons enfin à ces grandes divisions des proportions convenables, l'ensemble, sans doute, sera grave et noble ; mais il sera toujours triste et sévère ; et, dans sa nudité, il paraîtra sans art ; car une œuvre, dont l'ensemble se compose de parties grandes, simples et harmonieuses, produit bien une impression de noblesse et de majesté ; mais la véritable jouissance, celle que la satisfaction engendre, ne peut résulter que de l'harmonie de tous les détails dans leur développement.

En cela justement, l'édifice que nous considérons nous satisfait au plus haut degré ; car nous voyons tous ces ornements entièrement en harmonie avec la partie qu'ils décorent ; ils y sont subordonnés, et semblent en dériver. Une pareille variété cause toujours un vif plaisir, quand elle s'appuie sur les convenances de l'art, et que par conséquent elle éveille en même temps l'idée de l'unité ; et ce n'est que dans de pareilles conditions que l'exécution est estimée comme la cime de l'art.

Par de tels moyens, une muraille solide, impénétrable, qui doit s'annoncer comme la base de deux tours se perdant dans les nues, apparaîtra, reposant sur elle-même et se soutenant par elle-même, mais en même temps légère et gracieuse ; et, bien que percée en mille endroits, elle donnera l'idée d'une inébranlable solidité.

Ce problème est résolu avec un bonheur infini. Les ouvertures du mur, ses parties solides, les piliers, chaque chose, enfin, a son caractère spécial qui résulte de sa destination particulière ; ce caractère se communique par degrés aux subdivisions. De la sorte, tout est décoré harmonieusement ; le grand comme le petit se trouve à la place qui lui appartient, peut être saisi aisément, et le gigantesque devient agréable. Je me borne à mentionner les portes s'enfonçant en perspective dans l'épaisseur du mur, et dont les piliers et les ogives sont chargés d'une multitude d'ornements ; l'ouverture et la rosace qu'elle forme par sa rondeur, le profil de ses baguettes, ainsi que les délicates colonnettes des sections perpendiculaires. Représentez-vous les piliers s'enfuyant par degrés avec leurs petits édifices pointus, élancés, s'élevant aussi dans l'air, disposés en manière de dais pour protéger les statues des saints, et soutenus par des colonnes légères ; et finalement, chaque nervure, chaque chapiteau, apparaissant sous la forme d'un bouton de fleurs, d'une rangée de feuilles ou de quelque autre image naturelle façonnée d'après les convenances de la pierre. Examinez maintenant, sinon l'édifice lui-même, au moins les copies de l'ensemble et des détails, afin d'apprécier et d'animer ma description. Elle pourra paraître exagérée à beaucoup de personnes ; car moi-même, bien que je fusse enthousiasmé dès le premier coup-d'œil par ce monument, il me fallut beaucoup de temps pour me pénétrer profondément de sa beauté.

Ayant vécu parmi des détracteurs de l'architecture gothique, je ressentais une antipathie profonde pour cette prodigalité et pour cette confusion d'ornements, dont le désordre donnait un aspect désagréable à des monuments d'un caractère religieux et sombre ; ce qui m'avait confirmé dans cette disposition hostile, c'était que les œuvres de ce genre qui s'étaient présentées à ma vue, étaient toutes des œuvres sans génie, n'offrant ni beauté des proportions, ni harmonie véritable. Mais cette fois, une nouvelle révélation sembla luire à mes regards ; car, loin de retrouver ces défauts dans le monument, je ne pus qu'admirer sans réserve.

A mesure que je regardai et que je réfléchis davantage, je fis de nouvelles découvertes. J'avais déjà aperçu l'harmonie des parties principales, le goût et la richesse des ornements jusque dans les plus petits détails ; mais alors je reconnus l'enchaînement de ces ornements divers entre eux, la liaison entre les parties principales, l'unité des détails similaires, il est vrai, mais extrêmement variés dans leur forme, depuis le sacré jusqu'au gigantesque, depuis la feuille jusqu'à la pointe. Plus j'examinais, et plus j'étais frappé d'étonnement ; plus je m'amusais et je me fatiguais à mesurer et à dessiner, et plus mon admiration croissait ; de sorte que j'employai beaucoup de temps, soit à étudier l'édifice tel qu'il existait, soit à rétablir dans ma pensée et sur le papier ce qui manquait, ce qui était inachevé, notamment dans les tours.

Trouvant cet édifice bâti avec tant de perfection sur une ancienne terre allemande et dans une époque toute allemande, apprenant de plus, que le nom de l'architecte, qu'on lisait sur une tombe modeste, était allemand par la consonnance et par l'origine, j'entrepris, dans mon enthousiasme pour cette œuvre d'art, de changer le nom mal famé de gothique, donné jusqu'alors à cette architecture, et de la revendiquer pour mon pays, en lui donnant celui d'architecture allemande; oralement d'abord, puis dans un petit mémoire adressé au docteur Erwin de Steinbach, je mis au jour mes sentiments patriotiques.

. . . . . Je sais qu'il est bien facile d'attaquer ce vieux dicton allemand, si bon, si consolant : Ce qu'on désire dans le jeune âge, on le possède dans ses vieux jours. Il est facile d'alléguer plus d'une expérience contraire; mais beaucoup d'arguments plaident en sa faveur, et je vais dire ce que j'en pense.

Nos désirs sont les pressentiments des facultés qui sont en nous, les précurseurs des choses que nous sommes capables d'exécuter. Ce que nous pouvons et ce que nous désirons, se présente à notre imagination hors de nous et dans l'avenir; nous éprouvons une aspiration vers un objet que nous possédons déjà secrètement. C'est ainsi qu'une anticipation passionnée transforme une possibilité vraie en une réalité imaginaire. Quand une telle tendance est prononcée en nous, à chaque pas de notre développement, une portion de notre désir primitif s'accomplit, dans des circonstances favorables, par la voie directe, dans des circonstances défavorables, par un détour d'où nous ne manquons jamais de regagner l'autre route. C'est ainsi qu'on voit des hommes arriver par la persévérance à la possession des biens terrestres; ils s'entourent de richesse, d'éclat et de faste extérieur. D'autres, avec plus de sûreté encore, recherchent des avantages moraux; et ils obtiennent une claire vue des choses, le calme du cœur et la sécurité pour le présent et pour l'avenir.

Mais il y a une troisième tendance qui est la réunion des deux autres, et dont le succès est le plus certain. Quand la jeunesse de l'homme tombe dans un temps fécond où la création l'emporte sur la destruction, et qui éveille de bonne heure en lui le pressentiment de ce qu'une pareille époque réclame et promet, poussé par des circonstances extérieures à une intervention active, il se prendra tantôt à un objet tantôt à un autre, et il sentira en lui le désir d'étendre son action dans tous les sens. A la faiblesse de la nature humaine s'ajoutent mille obstacles fortuits, qui font qu'ici une œuvre commencée est interrompue, et que là une chose saisie tombe des mains; et les désirs se gaspillent les uns après les autres. Mais si ces vœux étaient nés dans un cœur pur, et s'ils étaient en harmonie avec les besoins de l'époque, on peut être tranquille, en voyant les œuvres s'interrompre et les choses tomber à droite et à gauche; et l'on peut être certain que non seulement elles seront reprises et relevées, mais aussi que bien des objets connexes qu'on n'a pas touchés, et auxquels on n'a pas même pensé, seront mis en lumière. Si, dans le cours de notre vie, nous voyons accomplir par les autres une œuvre pour laquelle nous nous sommes senti antérieurement une vocation, mais à laquelle nous avons été obligés de renoncer, comme à tant d'autres; alors surgit ce noble sentiment, que c'est l'humanité collective seulement, qui est l'homme véritable, et que l'individu ne peut être content et heureux, que s'il a le courage de se sentir dans l'ensemble.

Cette réflexion est opportune ici; car, quand je songe au penchant qui m'entraînait vers ces vieux édifices, quand je calcule le temps que j'ai consacré à la seule cathédrale de Strasbourg, le soin avec lequel j'ai étudié plus tard celle de Cologne et celle de Fribourg, en appréciant toujours davantage le mérite de ces monuments, je suis tenté de me reprocher de les avoir tout-à-fait perdus de vue plus tard, et, attiré comme je l'étais par un art plus vaste, de les avoir même complètement négligés. Mais quand je vois de nos jours l'attention se diriger de nouveau sur ces objets, le goût pour eux, la passion même renaître et fleurir; quand je vois des jeunes gens de mérite, saisis par cette passion, consacrer sans réserve leurs forces, leur temps, leurs soins, leur fortune, à ces monuments d'un monde qui n'est plus; je me dis avec plaisir que ce que je voulais et ce que je désirais, avait son prix. J'ai la satisfaction de voir que non seulement on sait apprécier ce qui a été exécuté par nos ancêtres, mais qu'on essaie même de rétablir, au moins par le dessin, le plan primitif des œuvres existantes, mais inachevées, afin de nous familiariser avec l'idée, qui est toujours le commencement et la fin de toute entreprise, et qu'on s'efforce d'éclaircir et d'animer par une méditation sérieuse un passé où l'on n'aperçoit d'abord que confusion. Je ferai ici un éloge particulier du brave Sulpice Boisserré, occupé sans relâche à reproduire, dans un magnifique ouvrage enrichi de gravures, la cathédrale de Cologne, comme un modèle de ces gigantesques conceptions, qui voulaient atteindre jusqu'au ciel, à la manière des monuments de Babylone, et qui étaient tellement disproportionnées avec nos moyens terrestres, qu'elles durent nécessairement s'arrêter dans l'exécution. Si nous nous étions étonnés jusqu'ici de la grandeur de ces édifices, ce sera avec la plus grande admiration que nous apprendrons ce qu'on projetait.

Puissent cependant des entreprises artistiques et littéraires de cette espèce être dignement encouragées par tous ceux qui possèdent pouvoir, fortune et influence, afin que la grande et gigantesque conception de nos ancêtres nous soit révélée, et que nous nous formions une idée de leurs projets. Les lumières qui en résulteront ne demeureront pas stériles, et nous pourrons prononcer sur ces œuvres un jugement équitable. Ce jugement sera plus éclairé, si l'activité de notre jeune ami, indépendamment de la monographie consacrée à la cathédrale de Cologne, poursuit jusque dans ses détails l'histoire de l'architecture pendant notre moyen-âge. Si l'on publie tout ce qu'il est possible de savoir sur la pratique régulière de cet art, si on le fait connaître sous tous les points de vue, en le comparant avec l'architecture gréco-romaine, et avec l'architecture orientalo-égyptienne, il ne restera que peu de chose à faire dans cette direction. Quand les résultats de ces efforts patriotiques seront livrés à la publicité, je pourrai, comme je le fais aujourd'hui dans les épanchements intimes de l'amitié, répéter avec une véritable satisfaction, en le prenant dans l'acception la meilleure, ce mot, que les vœux du jeune âge sont comblés dans la vieillesse.

Afin de participer aux fêtes alsaciennes, Goethe prend des leçons de danse; il lui arrive chez le maitre une tendre et dramatique aventure.

. . . . . Il avait deux filles ; toutes deux étaient jolies, et n'avaient pas vingt ans. Instruites dès le bas âge dans l'art de la danse, elles s'y montraient fort habiles ; et l'élève le plus maladroit aurait appris quelque chose en dansant avec elles. Elles étaient toutes deux très gentilles, et ne parlaient que le français ; je m'observais avec soin, pour ne pas leur paraître gauche et ridicule. J'eus le bonheur d'obtenir leurs éloges, et de les trouver toujours disposées à danser un menuet au son du petit violon du papa, et même, ce qui était plus fatigant pour elles, à m'enseigner la valse et les pirouettes. Leur père n'avait pas, je crois, beaucoup d'élèves, et elles menaient une vie fort retirée. C'est pourquoi elles me priaient souvent, à la fin de la leçon, de rester un moment à causer avec elles, et je ne demandais pas mieux, parce que la cadette me plaisait beaucoup, et que leur tenue était très décente. Nous lisions quelquefois, chacun à notre tour, quelques pages de roman. L'aînée, qui était aussi jolie, plus jolie peut-être encore que sa sœur, mais que j'aimais moins que celle-ci, était plus aimable et plus complaisante pour moi. A l'heure de la leçon, elle se trouvait toujours prête, et plus d'une fois elle la prolongeait, au point que je me croyais obligé d'offrir deux cachets ; mais le père n'en acceptait qu'un. La cadette, au contraire, sans être mal disposée pour moi, était plus réservée ; et il fallait toujours que le père l'appelât, pour qu'elle vînt relever sa sœur.

Le motif de cette conduite me fut révélé un soir. Une fois que, la leçon de danse finie, je voulus entrer dans le salon, l'aînée me retint, et me dit : « Restons ici un instant ; car je dois vous avouer que ma sœur est avec une femme qui tire les cartes, et qui doit l'éclairer au sujet d'un ami absent, qui possède son cœur, et sur lequel elle place toutes ses espérances. Le mien est libre, ajouta-t-elle, et il faut bien que je m'accoutume à le voir dédaigné. » Je lui adressai quelques paroles obligeantes, et je lui répondis que, pour s'assurer de la vérité, elle n'avait qu'à interroger aussi la science de cette femme ; que moi-même j'avais envie de le faire ; que depuis longtemps je désirais m'éclairer sur un pareil sujet, mais que la foi m'avait toujours manqué. Elle me reprocha mon incrédulité, et jura qu'il n'y avait rien de plus infaillible que les réponses de cet oracle, seulement qu'il ne fallait pas le consulter à la légère et pour rire, mais sérieusement. Elle finit par se décider à entrer avec moi dans le salon, après s'être assurée que l'opération était accomplie. Nous trouvâmes la sœur cadette de très belle humeur ; elle fut à mon égard plus empressée que d'habitude ; elle plaisanta, et fut presque spirituelle ; rassurée sur le cœur de son ami absent, elle ne voyait pas de mal à être aimable avec l'ami présent de sa sœur, car j'étais tel à ses yeux. On cajola la vieille ; on promit de la bien payer, si elle voulait dire aussi la bonne aventure à la sœur aînée et à moi. Elle étala son petit bagage avec les préparatifs et les cérémonies ordinaires, pour la belle fille d'abord. Elle considéra avec soin la position des cartes ; mais elle parut hésiter, et elle refusa de s'expliquer. « Je le vois bien, dit la cadette, qui était déjà initiée à l'interprétation de la table magique, vous hésitez et vous ne voulez révéler rien de fâcheux à ma sœur ; mais c'est une carte maudite ! » L'aînée pâlit, elle se contint pourtant, et elle dit : « Parlez toujours, je n'en mourrai pas. » La vieille, après avoir poussé de profonds soupirs, lui fit voir qu'elle était amoureuse, qu'elle n'était pas aimée, qu'une tierce personne s'interposait, et bien d'autres choses semblables. L'excellente jeune fille ne put cacher son trouble. La vieille crut réparer un peu le mal, en lui faisant espérer des lettres et de l'argent. — « Des lettres, dit la belle enfant, je n'en attends pas ; et de l'argent, je n'en veux pas. S'il est vrai que j'aime, comme vous le dites, je mérite un cœur qui réponde à mon amour. — Nous allons voir si les choses ne prendront pas une meilleure tournure, » reprit la vieille, en mêlant les cartes et en les étalant une seconde fois ; mais nous vîmes de nos yeux le mal s'aggraver encore. La belle était non-seulement isolée, mais entourée de mille chagrins ; l'ami s'était éloigné un peu, et les figures intermédiaires s'étaient rapprochées. La vieille voulait recommencer une troisième fois, dans l'espoir d'un résultat plus heureux ; mais la belle enfant ne put plus se contenir, elle pleura à chaudes larmes, son beau sein palpita violemment, elle nous tourna le dos et s'enfuit du salon. J'étais irrésolu. L'amourir me retenait auprès de l'une, la pitié m'entraînait auprès de l'autre, ma situation était pénible. « Consolez Lucinde, dit la cadette, suivez-la. » J'hésitais encore; comment eussé-je pu la consoler, sans l'assurer au moins d'une espèce d'attachement, et pouvais-je le faire dans un pareil moment, avec froideur et réserve? « Allons-y ensemble, dis-je à Emilie. — Je ne sais pas si ma présence lui fera du bien, répondit-elle. » Nous allâmes pourtant, mais nous trouvâmes la porte fermée aux verroux. Nous eûmes beau frapper, appeler, prier; Lucinde ne répondit pas. « Laissons-la tranquille, dit Emilie, puisqu'elle le veut. » Je me rappelai alors sa conduite depuis le commencement de notre connaissance; elle avait toujours quelque chose d'emporté et d'inégal; et c'était surtout en ne me faisant point sentir ces défauts qu'elle manifestait son attachement pour moi. Que devais-je faire? Je payai généreusement la vieille pour le mal qu'elle avait causé; et j'allais me retirer, quand Emilie me dit: « Je tiens à ce que les cartes soient tirées pour vous aussi. » La vieille était prête: « Permettez-moi de ne pas rester, » m'écriai-je; et je descendis l'escalier.

Le lendemain, je n'eus pas le courage d'aller chez elles. Le surlendemain, Emilie me dépêcha, dès le matin, un petit garçon qui m'avait porté plus d'un message de la part des sœurs, et qui leur remettait de la mienne des fleurs et des fruits; elle me faisait dire de ne pas manquer de venir dans la journée. Je vins à l'heure habituelle, et je trouvai le père tout seul; il corrigea encore bien des imperfections dans mes pas, dans ma manière d'entrer et de sortir, dans mon port et dans mes gestes, et il parut content de moi. La sœur cadette vint vers la fin de la leçon, et dansa avec moi un très gracieux menuet, où ses mouvements furent pleins de charmes; et le père assura avoir rarement vu sur son plancher un couple plus joli et plus agile. Après la leçon, j'allai dans le salon comme d'habitude; le père sortit. Je demandai des nouvelles de Lucinde: « Elle est couchée, dit Emilie, et j'en suis contente; vous pouvez être tranquille. Ses souffrances morales s'adoucissent plus aisément, quand elle se croit physiquement malade; elle n'a pas envie de mourir, et elle fait alors tout ce que nous voulons. Nous lui faisons prendre certains remèdes, elle se repose ; et ainsi peu à peu s'apaisent les flots irrités. Elle est très bonne, très aimable dans ces maladies imaginaires ; comme au fond elle se porte bien, et qu'elle n'est tourmentée que par sa passion, elle imagine toute sorte de morts romanesques, dont elle a une frayeur charmante, à la manière des enfants auxquels on parle de revenants. Elle m'a déclaré hier soir avec une grande véhémence qu'elle mourrait certainement cette fois, et qu'au moment où elle serait sur le point d'expirer, mais alors seulement, il fallait lui ramener l'ingrat et perfide ami qui s'était d'abord montré si aimable pour elle, et qui la traitait maintenant si mal ; qu'elle lui adresserait d'amers reproches, et qu'elle rendrait l'âme aussitôt après. — « Je n'ai point à me reprocher, m'écriai-je, de lui avoir montré de la tendresse ; je connais quelqu'un qui peut mieux que personne me rendre ce témoignage. » Emilie sourit et reprit : « Je vous comprends ; et si nous ne sommes pas prudents et résolus, nous nous trouverons tous fort embarrassés. Qu'est-ce que vous direz, si je vous prie de ne pas continuer vos leçons ? Vous avez tout au plus quatre cachets du dernier mois. Mon père a déjà déclaré qu'il serait inexcusable de continuer à recevoir votre argent, à moins que vous ne voulussiez vous adonner plus sérieusement à l'art de la danse, mais que vous possédez tout ce qu'un homme du monde a besoin d'en savoir. — « Et ce conseil de fuir votre maison, c'est vous qui me le donnez, Emilie ! répondis-je. — « Oui, dit-elle, c'est moi, mais ce n'est pas de mon propre mouvement ; écoutez : quand vous vous êtes enfui avant-hier, j'ai fait tirer les cartes après vous, et la même réponse s'est répétée trois fois, et toujours plus claire. Vous étiez entouré de toute sorte de biens et de plaisirs, d'amis et de grands seigneurs ; l'or ne manquait pas ; les dames se tenaient à quelque distance ; ma pauvre sœur était toujours la plus éloignée ; une autre, au contraire, se rapprochait toujours de vous ; mais elle n'arrivait pas jusqu'à votre côté ; car un tiers se plaçait entre elle et vous. Je dois vous avouer que j'avais pris la seconde dame pour moi ; et après cet aveu, vous comprendrez mieux mon avertissement. J'ai promis à un ami, éloigné en ce moment, mon cœur et ma main, et jusqu'à ce jour, je l'ai aimé par-dessus toute chose ; il serait possible pourtant que votre présence eût dorénavant plus d'effet. Et quelle serait votre position entre deux sœurs que vous auriez rendues malheureuses, l'une par votre tendresse, l'autre par votre indifférence ? Et tout ce tourment pour rien, pour quelques instants ! Car si nous n'avions pas su déjà qui vous êtes, et ce que vous êtes en droit d'espérer, je l'aurais lu sur la carte assez distinctement. Adieu, dit-elle », — et elle me tendit la main. J'hésitais : — « Eh bien ! ajouta-t-elle, en me menant vers la porte, afin que ce soit la dernière fois que nous nous parlons, prenez ce qu'autrement je vous refuserais. « Elle me sauta au cou, et me donna le baiser le plus tendre ; je l'embrassai, et je la pressai sur mon cœur.

En ce moment, la porte latérale s'ouvrit ; sa sœur s'élança dans un négligé décent, quoique léger, et elle s'écria : « Tu ne seras pas seule à lui dire adieu. » Émilie me lâcha, et Lucinde me saisit ; elle se serra fortement contre mon cœur, pressa sur mes joues ses cheveux noirs, et demeura quelque temps dans cette posture. Je me trouvai alors, entre les deux sœurs, dans une angoisse semblable à celle qu'Émilie m'avait prédite un instant auparavant. Lucinde me lâcha à son tour et me regarda gravement. Je voulus prendre sa main et lui adresser quelques mots affectueux, mais elle se détourna, fit quelques pas dans la chambre avec vivacité, puis se jeta à l'angle du sopha. Émilie s'approcha d'elle ; elle fut repoussée aussitôt ; et alors commença une scène, dont le souvenir m'est encore pénible, et qui, bien que dans la réalité elle n'eût rien de théâtral, et qu'elle fût très-naturelle, au contraire, de la part d'une vive et jeune française, ne pourrait être dignement reproduite sur le théâtre que par une actrice habile et pleine de sentiment.

Lucinde accabla sa sœur de reproches : « Ce n'est pas le premier cœur, s'écria-t-elle, qui se tourne vers moi et que tu m'enlèves. N'en a-t-il pas été de même de l'absent qui a fini par te choisir pour fiancée sous mes yeux ? J'ai dû être témoin de votre amour, je l'ai supporté; mais je sais tout ce qu'il m'a coûté de larmes. Tu m'as dérobé encore celui-ci sans renoncer à l'autre : et combien ne sais-tu pas en retenir à la fois ? Je suis franche et bonne, et chacun croit bientôt me connaître et être en droit de m'abandonner ; toi, tu es dissimulée et discrète ; et le monde s'imagine que tu tiens des merveilles en réserve. Mais il n'y a rien qu'un cœur froid, égoïste, qui sait sacrifier tout à lui-même ; caché comme il est au fond de ta poitrine, on ne le connaît pas mieux que mon cœur fidèle et ardent, que je porte à découvert comme mon visage. »

Émilie ne répondit pas ; elle était assise auprès de sa sœur qui s'échauffait toujours davantage en parlant et qui trahit certaines particularités, qu'il aurait été mieux de me laisser ignorer. Elle chercha à calmer sa sœur, et me fit signe par derrière de m'éloigner ; mais comme la jalousie et le soupçon ont mille yeux, Lucinde aussi parut avoir remarqué ce geste. Elle se leva, et vint à moi tranquillement. Elle s'arrêta devant moi, et parut réfléchir. Puis elle dit : « Je sais que je vous ai perdu, je n'ai plus de prétention sur vous. Mais tu ne l'auras pas non plus, ma sœur ! » En disant ces mots, elle me prit la tête, en mettant les deux mains dans mes cheveux ; elle pressa mon visage contre le sien, et me baisa à plusieurs reprises sur la bouche : « Maintenant, s'écria-t-elle, craignez ma malédiction ; malheur et malheur à tout jamais à celle qui la première après moi baisera ces lèvres ! Ose maintenant renouer avec lui ! Je sais que le ciel m'exaucera cette fois. Et vous, Monsieur, retirez-vous le plus vite que vous pourrez. »

Je descendis précipitamment l'escalier, avec le ferme propos de ne plus mettre le pied dans cette maison.

———

LIVRE DIXIÈME.

Les poètes allemands : Klopstock, Gleim. — Goethe se lie avec Herder. — Réflexions sur l'ingratitude et sur la reconnaissance — Goethe projette *Goetz de Berlichingen* et *Faust*. — Réflexions sur le pasteur de campagne. — Visite de Goethe au pasteur de Sésenheim ; Frédérique.

Goethe retrace ici la position subalterne des poètes allemands de l'époque, qui n'obtenaient de considération que lorsqu'ils joignaient d'autres titres à leur talent.

Mais le temps approchait où le génie du poète allait se révéler à lui-même, se créer ses rapports particuliers, et jeter les fondements d'une considération indépendante. Tout se rencontrait en Klopstock, pour inaugurer une telle époque. Au physique comme au moral, Klopstock était jeune et pur. Sous l'influence d'une éducation sérieuse et solide, il attacha, dès le bas âge, une haute importance à sa personne et à toutes ses actions ; et mesurant à l'avance chacun des pas qu'il faisait dans la vie, il aborda, dans le pressentiment de toute sa force intérieure, le sujet le plus élevé et le plus fécond.

Le Messie, ce nom sanctifié par des vertus infinies, allait lui devoir une glorification nouvelle. Le Sauveur était le héros qu'il se proposait d'accompagner, à travers les bassesses et les souffrances de la terre, jusqu'aux sublimes triomphes du ciel. Le poète eut à déployer tout ce qu'il avait de divin, d'angélique et d'humain dans sa jeune âme. Elevé dans la Bible, et nourri de sa sève, il vécut alors avec les patriarches, avec les prophètes et les précurseurs, comme s'ils étaient devant ses yeux. Tous, depuis des siècles, n'ont d'autre mission que celle de former un cercle lumineux autour de l'être unique, dont ils contemplent l'humiliation avec étonnement, et à la transfiguration duquel ils prendront une part glorieuse. Car enfin, après des heures de trouble et d'effroi, le juge éternel dévoilera son visage, reconnaîtra son fils, Dieu comme lui; et celui-ci lui ramènera les hommes égarés, il ramènera même un esprit déchu. Les cieux s'animent, mille voix d'anges retentissent autour du trône; et un éclat amoureux se répand sur l'univers qui, peu d'instants auparavant, avait les regards fixés sur le lieu où s'accomplissait un sacrifice horrible. La paix céleste, que Klopstock éprouvait dans la conception et dans l'exécution de ce poëme, se communique aujourd'hui encore à tous ceux qui lisent les dix premiers chants, et qui font taire en eux les exigences auxquelles une culture plus avancée ne renonce qu'avec peine.

La dignité du sujet exalta dans le poëte le sentiment de sa propre personnalité. Lui-même devait être admis un jour dans le chœur céleste; l'Homme-Dieu devait le distinguer, lui adresser, face à face, pour ses efforts, des remerciments que déjà, sur cette terre, tous les cœurs sensibles et pieux lui avaient assez tendrement exprimés par des larmes pures; c'étaient là des idées et des espérances naïves et enfantines, comme un cœur parfait peut les concevoir et les entretenir. C'est ainsi que Klopstock acquit le droit de se considérer comme une personne sainte, et qu'il s'appliqua dans sa conduite à la pureté la plus scrupuleuse. Jusque dans sa vieillesse, il ne s'inquiétait pas peu d'avoir adressé ses premiers hommages à une femme qui, ayant épousé un autre homme, l'avait laissé dans le doute si elle l'avait réellement aimé, et si elle avait été digne de lui. Les sentiments qui l'attiraient vers Méta, cet attachement intime, calme, cette union courte et sainte, la répugnance que l'époux survivant montra pour un second mariage, sont de ces choses qu'il est permis de se rappeler dans la société des élus.

Cette vénération pour lui-même fut exaltée encore par l'accueil qu'il avait trouvé, sur la terre hospitalière du Danemark, dans la maison d'un homme d'état éminent et d'un excellent homme.... Là, dans une haute société, qui vivait à part, il est vrai, mais qui néanmoins s'appliquait à la civilité et à la politesse à l'égard des autres hommes, sa tendance se prononça encore davantage. Un maintien composé, une parole mesurée, un certain laconisme, même en parlant avec franchise et avec décision, lui donnèrent pendant toute sa vie un certain air diplomatique et ministériel, qui semblait contraster avec les sentiments tendres qui étaient dans sa nature, bien que les deux choses découlassent d'une même source....

Toutefois l'assistance prêtée à ceux qui s'essayaient dans la vie et dans la poésie, n'a jamais été citée comme une de ses qualités caractéristiques.

Ce patronage des jeunes gens dans la carrière littéraire, le désir de pousser des hommes pleins d'espérance, mais disgraciés de la fortune, et de leur faciliter la voie, a fait la gloire d'un Allemand qui, sous le rapport de l'importance qu'il se donna à lui-même, doit être nommé en seconde ligne, mais qui est au premier rang, sous le rapport de l'action personnelle. Tout le monde comprend qu'il s'agit ici de Gleim. Occupant un emploi obscur, il est vrai, mais lucratif, habitant une ville heureusement située, pas trop grande, animée par une certaine activité militaire, civile et littéraire, et d'où s'écoulaient les revenus d'un grand et riche établissement (1), non sans qu'une partie de ces revenus ne demeurât au profit de l'endroit, il sentit en lui une vive impulsion productrice, qui, toutefois, quelle qu'en fût la force, ne le satisfit pas entièrement; c'est pourquoi il s'abandonna à une autre, plus puissante peut-être, celle d'exciter les autres à produire. Ces deux activités s'entremêlèrent l'une à l'autre sans interruption pendant toute sa longue carrière. Il se serait aussi bien passé de respirer que de composer et de faire du bien; et en aidant des talents nécessiteux dans les embarras du début ou du déclin, en rendant des services réels à la littérature, il se fit tant d'amis, de débiteurs et de clients, qu'on lui pardonna ses poésies diffuses; la seule reconnaissance qu'on pût lui témoigner pour ses nombreux bienfaits, c'était de supporter ses vers.

.... Un événement très-grave, et qui devait avoir pour moi des conséquences majeures, ce fut la connaissance que je fis de Herder, et la liaison intime qui en résulta. Il avait

(1) Gleim demeurait à Halberstadt, où il était homme d'affaires d'un couvent.

accompagné dans ses voyages le prince de Holstein-Eutin qui se trouvait dans un état moral fâcheux; et il était venu avec lui jusqu'à Strasbourg. Quand notre société connut sa présence dans la ville, elle désira vivement le voir ; j'eus le premier ce bonheur d'une manière imprévue et fortuite. J'étais allé à l'hôtel de l'Esprit rendre visite à je ne sais quel étranger de distinction. Au bas de l'escalier, je trouvai quelqu'un qui allait monter avec moi, et que j'aurais pu prendre pour un ecclésiastique. Les cheveux poudrés de cet homme étaient relevés en boucles rondes; il portait un habit noir, et ce qui était plus remarquable, un long manteau de soie noire, dont les bouts avaient été ramassés et cachés dans la poche de l'habit. Cet extérieur un peu bizarre, mais en somme élégant et agréable, et dont j'avais déjà entendu parler, ne me permit pas de douter un instant que ce ne fût le célèbre étranger; et les paroles que je lui adressai durent sur-le-champ le convaincre que je le connaissais. Il me demanda mon nom, qui n'avait pas de signification pour lui; mais ma franchise parut lui plaire; car il y répondit par une grande bienveillance; et, pendant que nous montâmes l'escalier, il parut disposé à entrer en conversation. Je ne me souviens pas chez qui je montais; mais, en quittant Herder, je lui demandai la permission d'aller le voir; il me l'accorda poliment. Je ne manquai pas d'user plusieurs fois de cette faveur, et Herder me séduisit toujours davantage. Il avait dans les manières une certaine douceur, pleine de convenance et de dignité; son visage était rond, son front saillant, son nez un peu retroussé, sa bouche un peu relevée, mais d'une originalité pleine de grâce. Sous de noirs sourcils brillaient deux yeux noirs comme du charbon, et toujours puissants, bien que l'un d'eux fût ordinairement rouge et enflammé ! Il m'adressa diverses questions, afin de me connaître moi et ma position, et sa force d'attraction agissait toujours de plus en plus sur moi. J'étais très-confiant ; et, pour lui particulièrement, je n'eus pas de secrets. Toutefois l'action répulsive de sa personne ne tarda pas à paraître, et me causa quelque malaise.

Herder, pendant son séjour à Strasbourg, subit une opération douloureuse.

.... Pendant toute la durée de cette cure, je visitai Herder le matin et le soir ; je restai même auprès de lui des journées entières ; et je m'accoutumai promptement à sa raillerie et à son blâme, appréciant chaque jour davantage ses belles et grandes qualités, l'étendue de ses connaissances, et la profondeur de sa pensée. Ce généreux bourru m'impressionna fortement. Il avait cinq ans de plus que moi, ce qui est beaucoup à l'âge où nous étions ; et, reconnaissant son mérite, rendant de mon mieux justice à ses travaux, je lui laissai prendre sur moi un grand ascendant. Cependant je n'étais pas à l'aise avec lui ; car les personnes plus âgées que moi, que j'avais connues jusque-là, avaient mis beaucoup de ménagement dans les conseils qu'elles m'avaient donnés, elles m'avaient même gâté par leur condescendance ; pour lui, on avait beau faire, on ne pouvait jamais espérer son approbation. Ainsi, les sentiments d'affection et de respect qu'il m'inspirait combattant sans cesse avec le malaise qu'il me causait, il en résulta en moi un désaccord intérieur, le premier de ce genre que j'eusse encore éprouvé. Comme ses conversations étaient toujours graves, soit qu'il questionnât, soit qu'il répondît ou qu'il s'épanchât d'une manière quelconque, chaque jour et à chaque moment, il provoquait en moi de nouvelles idées. A Leipsick, j'avais contracté des habitudes étroites et bornées ; et la connaissance générale que j'avais de la littérature allemande n'avait pu s'accroître dans l'état où je m'étais trouvé à Francfort ; ces occupations mystico-religioso-chimiques, dont j'ai parlé, m'avaient même entraîné dans des régions absurdes, et ce qui depuis quelques années s'était passé dans le vaste monde de la littérature, m'était demeuré presque entièrement inconnu. Voici tout-à-coup que, par Herder, je fus mis au courant de tous les nouveaux efforts et des diverses tendances. Lui-même avait déjà acquis une assez grande célébrité, et, par ses fragments, par les *Forêts antiques* et autres ouvrages, il s'était placé à côté des hommes les plus éminents qui, depuis un certain temps, eussent fixé sur eux les yeux du pays. Il est impossible de saisir et de retracer le mouvement qui s'opéra dans cet esprit, la fermentation qui régna dans cette organisation. Mais, certes, ce travail intérieur fut grand, et on le reconnaîtra sans peine, si l'on songe à tout ce que Herder a exercé d'influence, à toutes les œuvres qu'il a produites depuis cette époque pendant un si grand nombre d'années.

Goethe éprouva quelques désagréments dans le commerce de Herder ; la conduite de ce dernier, qui ne reconnut pas un service comme il le devait, lui inspire les lignes suivantes sur l'ingratitude et sur la reconnaissance.

.... La reconnaissance et l'ingratitude sont au nombre de ces phénomènes qui se produisent à chaque instant dans le monde moral, et pour lesquels les hommes ne peuvent jamais s'entendre entre eux. J'ai coutume de distinguer le manque de reconnaissance, l'ingratitude et la répugnance à être reconnaissant. Le manque de reconnaissance est naturel à l'homme, il est inné en lui ; car il provient d'un heureux et léger oubli des choses fâcheuses et des choses agréables, sans lequel la continuation de la vie serait impossible. Il faut à l'homme tant de préparations et de coopérations extérieures pour qu'il jouisse d'une existence supportable, que s'il voulait rendre au soleil et à la terre, à Dieu et à la nature, à ses ancêtres et à ses parents, à ses amis et à ses compagnons, le tribut de reconnaissance qui leur est dû, il ne lui resterait plus ni temps ni sentiment pour recevoir ni pour goûter de nouveaux bienfaits ; si l'homme, tel que l'a fait la nature, s'abandonne à cette légèreté, une froide indifférence prévaut toujours davantage en lui, et il finit par regarder son bienfaiteur comme un étranger au préjudice duquel, dans l'occasion, il ne craindra pas d'agir, s'il y trouve son intérêt. C'est là seulement ce qui mérite proprement le nom d'ingratitude....

Répugner à être reconnaissant, toutefois, ou répondre à un bienfait par une humeur chagrine et morose, est chose très rare et qui ne se rencontre que chez des êtres d'élite, chez des hommes, nés avec de grandes facultés et avec le sentiment de leur mérite, dans une condition inférieure ou dans une situation gênée, qui ont été obligés dès le bas âge, d'avancer en luttant pas à pas, et d'accepter de tous côtés une aide et une assistance, plus d'une fois empoisonnées et rendues amères par le manque de tact du bienfaiteur ; ce qu'ils reçoivent est terrestre, et ce qu'ils donnent en échange est d'une nature plus haute ; de sorte qu'à vrai dire, il ne peut y avoir de compensation....

Herder flétrissait pour lui et pour les autres les plus beaux jours ; car cette humeur chagrine qui s'était emparée de lui, dans sa jeunesse, il n'avait pas eu plus tard assez de force d'esprit pour la maîtriser....

Dans un essai biographique, il est bien permis de parler de soi-même. Je suis, de ma nature, aussi peu reconnaissant que qui que ce soit ; et, le bien qu'on m'a fait s'effaçant de ma mémoire, le vif sentiment d'un désaccord momentané pouvait m'entraîner aisément à l'ingratitude.

Pour que cela n'arrivât pas, je me suis accoutumé de bonne heure à me rappeler avec joie, à l'occasion de toutes les choses que je possède, comment elles se trouvent en mon pouvoir et de qui je les ai reçues, par cadeau, échange ou achat, ou de quelque autre manière que ce soit. J'ai pris l'habitude, en montrant mes collections, de mentionner les personnes par l'entremise desquelles j'ai obtenu chaque objet, de rappeler même la circonstance, le hasard, l'occasion et la coopération les plus indirectes qui m'ont procuré tout ce qui m'est cher et précieux. Ainsi s'animent les objets qui nous entourent ; nous les apercevons dans une filiation intellectuelle, sympathique ; en faisant revivre le passé, nous élevons et nous enrichissons l'existence du moment ; les auteurs des dons se présentent mille fois à notre esprit ; nous rattachons à leur image un bon souvenir ; l'ingratitude devient impossible, et la reconnaissance, quand l'occasion s'en présente, devient facile et agréable. En même temps la pensée se reporte sur les objets immatériels que nous possédons, et nous aimons à nous rappeler l'origine et la source de ces biens d'un ordre plus élevé.

Le fragment qui suit nous montre l'idée de deux des grandes œuvres de Goethe germant dès cette époque dans son esprit.

« . . . . . Je cachai, avec le plus grand soin à Herder, la

préoccupation où j'étais de certains sujets qui avaient pris racine chez moi, et qui allaient grandir peu à peu jusqu'à la hauteur de créations poétiques. C'était Goetz de Berlichengen et Faust. La biographie du premier m'avait remué profondément. La figure de cet homme rude et passionné pour le bien, qui se défend par son propre courage dans des temps de violence et de désordre, excita vivement ma sympathie. L'intéressante et comique légende, dont le second était le sujet, retentit et bourdonna dans ma tête sur tous les tons. Et moi aussi j'avais parcouru toutes les sciences, et de bonne heure j'en avais senti la vanité. Moi aussi j'avais fait toute sorte d'essais dans le monde, et j'en étais toujours revenu plus mécontent et plus tourmenté. Je portais en tout lieu ce sujet avec bien d'autres, et j'en faisais mes délices dans mes heures solitaires, sans toutefois en rien écrire. Mais ce que je cachai surtout à Herder, ce fut ma chimie cabalistique, et ce qui s'y rapportait; je m'en occupais pourtant encore en secret avec plaisir....

Parmi mes travaux poétiques, je crois lui avoir présenté les *Complices*; néanmoins je ne me rappelle pas d'avoir reçu de lui le moindre conseil ni le moindre encouragement; malgré tout cela, il était toujours pour moi le même homme; tout ce qui émanait de lui produisait sur moi une impression sinon agréable, du moins profonde; son écriture exerçait sur moi un effet magique. Je ne me rappelle pas d'avoir déchiré ou perdu une de ses lettres, ni même une adresse écrite de sa main; toutefois, les vicissitudes nombreuses des lieux et des temps n'ont pas laissé entre mes mains un seul document de ces beaux jours de pressentiments et de bonheur.

Ici commence le récit des amours de Goethe et de Frédérique, un des morceaux les plus intéressants de cette biographie. Les réflexions qui suivent lui servent de préliminaire.

.... Un pasteur protestant, dans une campagne, est peut-être le plus beau sujet d'idylle moderne qu'on puisse trouver; comme Melchisédech, il est prêtre et roi en même temps. Ordinairement il tient à la condition la plus innocente qui puisse se concevoir sur la terre, par des occupations et par des rapports de famille semblables ; il est père, il est chef de famille, il est laboureur, et il est, par conséquent, un membre véritable de la commune. Sur cette base terrestre, si pure et si belle, repose sa vocation supérieure ; il est chargé d'introduire les hommes dans la vie, de s'occuper de leur éducation spirituelle, de les bénir aux époques principales de leur existence, de les instruire, de les fortifier, de les consoler, et là où la consolation tirée de la vie présente ne suffit pas, d'exciter et de garantir l'espérance d'un avenir plus heureux. Figurez-vous un pareil homme, avec des principes purs, humains, assez fort pour ne s'en départir dans aucune circonstance, et par cela même élevé au-dessus de la foule, dont on ne peut attendre ni pureté ni fermeté ; donnez-lui les connaissances nécessaires pour ses fonctions, et une activité gaie, uniforme, passionnée même et ne négligeant à aucun moment le soin de faire le bien ; et il possédera déjà un assez bel ensemble de qualités. Ajoutez-y la médiocrité indispensable pour que non seulement il puisse vivre dans une petite société, mais pour qu'au besoin il veuille descendre dans une société plus petite encore ; accordez-lui la bonté du cœur, l'esprit de conciliation, la fermeté, et toutes les qualités estimables d'un caractère prononcé : par dessus tout cela une sereine indulgence et une tolérance souriante pour ses propres fautes et pour celles des autres ; et vous aurez un portrait assez fidèle de notre excellent vicaire de Wakefield.

La peinture de ce caractère au milieu de sa carrière de joies et de souffrances, et l'intérêt croissant de la fable, produit par l'alliance du naturel avec l'extraordinaire, font de ce roman un des meilleurs qu'on ait jamais écrits ; il offre en outre un rare mérite, celui d'être tout-à-fait moral, chrétien même dans le sens élevé du mot, de montrer le bon vouloir et la persévérance dans le bien récompensés, de fortifier la confiance illimitée en Dieu, et d'attester le triomphe définitif du bien sur le mal, et tout cela sans la moindre trace de bigoterie ni de pédantisme. L'auteur a été préservé de ces deux écueils par la supériorité de son esprit, qui se montre dans tout le cours du roman sous la forme de l'ironie ; et c'est là ce qui fait paraître ce petit ouvrage aussi sensé qu'attrayant. Le docteur Goldsmith possède incontestablement une rare connaissance du monde moral, de ses qualités et de ses défauts ; mais en même temps il doit remercier Dieu d'être Anglais, et attacher un grand prix aux avantages que lui procurent son pays et sa nation. La famille qu'il retrace, est placée à l'un des derniers degrés du bien-être social ; et, néanmoins, elle se trouve en contact avec les plus hauts personnages ; son cercle étroit, qui se resserre encore, s'enchevêtre dans le grand monde, par le cours naturel des choses dans cette société ; cette petite nacelle flotte sur les flots brillants et agités de la vie anglaise ; et, dans le bien comme dans le mal, elle doit attendre dommage ou secours de la flotte immense qui navigue auprès d'elle.

. . . . . . Mon commensal Weyland, Alsacien de naissance, qui, pour égayer sa vie monotone et laborieuse, allait de temps en temps à la campagne visiter des amis et des parents, m'obligea maintes fois dans mes petites excursions, en me présentant lui-même en divers endroits et dans plusieurs familles, ou en m'en procurant l'entrée par ses lettres de recommandation. Il m'avait souvent parlé d'un pasteur de campagne, qui occupait une bonne cure près de Drusenheim à six lieues de Strasbourg, et qui avait une femme sensée et deux filles charmantes. Il ne manquait jamais de me vanter les vertus hospitalières et l'amabilité de cette famille. Il n'en fallait pas tant pour mettre en campagne un jeune cavalier qui avait déjà pris l'habitude de passer à cheval et en plein air tous ses jours et toutes ses heures de loisir. Cette partie fut donc convenue entre nous ; mais j'exigeai de mon ami la promesse de ne dire de moi ni bien ni mal en m'introduisant dans la maison, et de me traiter avec indifférence ; je lui demandai aussi la permission de me présenter avec une mise, sinon misérable, au moins pauvre et négligée. Il y consentit, et se promit beaucoup de divertissement.

C'est un caprice bien excusable chez de grands personnages, que celui de dissimuler parfois leurs avantages extérieurs, pour laisser agir tout seul le mérite propre et intérieur qu'ils possèdent comme hommes ; aussi l'incognito des princes et les aventures qui en résultent ont-elles toujours beaucoup de charme ; on y voit des divinités travesties, qui doivent attacher un double prix aux bons offices qu'on leur rend, et qui ont la faculté ou de ne pas faire attention aux désagréments qui leur surviennent, ou de s'y soustraire. La satisfaction que Jupiter trouva dans l'incognito chez Philémon et Baucis, et Henri IV, chez des paysans, après une partie de chasse, est tout-à-fait naturelle, et l'on y prend part volontiers ; mais qu'un jeune homme sans importance et sans nom s'avise, lui aussi, de rechercher ce plaisir, cela passera aux yeux de bien des gens pour une impardonnable suffisance. Toutefois, comme il n'est pas question ici de l'éloge ou du blâme que méritent mes principes et mes actes, mais de leur manifestation et de leur production, il faut bien, pour cette fois, dans l'intérêt de notre récit, excuser la présomption du jeune homme ; d'autant mieux, je dois le dire, que le goût des déguisements fut éveillé en moi dès le bas âge par mon père lui-même, quelque sérieux qu'il fût.

Cette fois, grâce à de vieilles hardes de ma garde robe, et à d'autres que j'empruntai, et aussi, grâce à la coiffure que je me fis, je m'étais, sinon défiguré, du moins arrangé si singulièrement, que mon ami ne put s'empêcher de rire, chemin faisant, surtout lorsque j'imitais, avec une rare fidélité, la tenue et les gestes de ces caricatures à cheval qu'on appelle des *cavaliers latins*. La chaussée qui était magnifique, le temps qui était superbe et le voisinage du Rhin nous mettaient de la plus belle humeur. Nous nous arrêtâmes un instant à Drusenheim, lui, pour remettre sa toilette en ordre, moi, pour me rappeler mon rôle dont je craignais de sortir. Le caractère de l'Alsace, pays de vastes plaines, est fortement marqué dans cet endroit. Nous suivîmes un joli sentier à travers les prairies, nous arrivâmes bientôt à Sésenheim ; nous laissâmes nos chevaux à l'auberge, et nous nous dirigeâmes tranquillement du côté de la cour du presbytère. « Ne juge pas cette maison par son aspect, me dit Weyland ; elle a l'air d'une vieille et mauvaise cabane de paysan ; le dedans n'en est que plus jeune. » Nous entrâmes dans la cour ; l'ensemble me plut infiniment ; car il offrait ce caractère qu'on appelle pittoresque et qui avait produit sur moi un effet magique dans l'école flamande. L'action que le temps exerce sur les ouvrages des hommes, y était très apparente. La maison, la grange et l'écurie étaient arrivées à cet état de dégradation, où l'on hésite si l'on doit entretenir ou réédifier, et où l'on n'entretient plus sans rebâtir encore.

Tout était calme et abandonné dans la cour comme dans le hameau. Nous ne trouvâmes que le père; le reste de la famille était aux champs; c'était un petit homme, concentré en lui-même, et néanmoins aimable; il nous salua et nous proposa des rafraichissements; nous refusâmes. Mon ami alla trouver les dames, et je demeurai seul avec notre hôte: « Vous vous étonnez peut-être, me dit-il, de me voir si mal logé dans un village riche et avec un emploi lucratif; mais cela vient de l'irrésolution. Depuis long-temps la paroisse, et même les autorités supérieures, m'ont promis la reconstruction de la maison; on a déjà tracé plusieurs plans; on les a examinés, modifiés; on en a complètement rejeté, on n'en a exécuté aucun. Cet état de choses dure depuis tant d'années, que mon impatience a peine à se contenir. » Je lui répondis ce que je jugeai propre à entretenir ses espérances et à exciter son zèle. Il me dépeignit alors les personnes de qui ces affaires dépendaient: et, quoiqu'il ne fût pas très fort comme peintre de caractère, je compris parfaitement bien pourquoi cette affaire ne marchait pas. La confiance que me témoignait cet homme avait quelque chose de particulier; il me parlait comme s'il me connaissait depuis dix ans, sans que rien, dans son regard, me permit de supposer que j'eusse attiré son attention.

Mon ami rentra enfin avec la mère. Elle parut me regarder avec d'autres yeux que son mari; son visage était régulier, et l'expression en était intelligente; elle devait avoir été belle dans sa jeunesse. Elle était grande et maigre, pas trop pourtant pour l'âge qu'elle avait; vue par derrière, elle avait encore l'air jeune et agréable. Bientôt la fille aînée entra précipitamment; elle demanda Frédérique, comme les deux autres l'avaient déjà demandée elle-même. Le père affirma ne l'avoir point vue, depuis qu'elles étaient sorties toutes trois. La jeune personne courut dehors à la recherche de sa sœur; sa mère nous apporta des rafraîchissements, et Weyland poursuivit, avec les deux époux, une conversation qui roulait toute entière sur des personnes et sur des affaires de leur connaissance; comme il arrive ordinairement entre amis qui se rencontrent au bout de quelque temps de séparation, et qui se demandent et se donnent des nouvelles concernant les membres d'une société nombreuse. J'écoutai, et j'appris ainsi ce que cette société pouvait me promettre.

La fille aînée rentra brusquement dans la chambre, inquiète de n'avoir pas trouvé sa sœur. On se tourmentait au sujet de celle-ci; on blâmait en elle telle ou telle mauvaise habitude; mais le père disait tranquillement: « Laissez-la faire, elle reviendra bien. » Elle rentra, en effet, au même moment, et un astre charmant se leva sur ce ciel champêtre. Les deux sœurs étaient vêtues à l'allemande, comme on disait; et ce costume national, qui avait presque disparu, allait fort bien à Frédérique. Une jupe à falbala, ronde, blanche, et assez courte pour laisser voir le plus joli pied du monde jusqu'à la cheville, un corset blanc et juste, et un tablier de taffetas noir; telle était sa toilette, qui tenait le milieu entre celle de la paysanne et celle de la dame de ville. Svelte et légère, elle marchait comme si ses pieds n'eussent eu rien à porter, et son cou semblait trop délicat pour les épaisses tresses blondes qui tombaient de sa jolie tête; ses yeux bleus et doux lançaient autour d'elle des regards intelligents; son joli nez retroussé se levait ingénument en l'air, comme s'il ne pouvait pas y avoir de souci dans le monde; son chapeau de paille lui pendait au bras; et j'eus ainsi le bonheur, dès le premier coup-d'œil, de la voir paraître devant moi avec toute sa grâce et avec tous ses attraits.

Je commençai alors à jouer mon rôle avec plus de réserve, un peu honteux que j'étais de me moquer de ces braves gens, que j'avais tout le loisir d'observer; car les demoiselles continuèrent la conversation avec vivacité et avec gaîté. Tous les voisins et tous les parents furent encore passés en revue; et il s'offrit à mon imagination un tel essaim d'oncles et de tantes, de cousins et de cousines, d'allants et de venants, de compères et d'hôtes, que je me crus dans la société la plus animée. Tous les membres de la famille m'avaient adressé quelques paroles ; la mère jetait toujours les yeux sur moi en allant et venant ; mais Frédérique fut la première à entrer en conversation avec moi, et comme je prenais et que je feuilletais des papiers de musique qui se trouvaient là, elle me demanda si je faisais de la musique : sur ma réponse affirmative, elle me pria de jouer quelque chose ; mais le père ne me le permit pas ; les convenances exigeaient, disait-il, qu'on régalât d'abord son hôte par quelque morceau de musique ou par quelque chanson.

Elle exécuta plusieurs morceaux avec une certaine facilité, mais comme on joue à la campagne, et sur un clavecin que le maître d'école aurait dû depuis long-temps accorder, s'il en avait eu le loisir. Elle voulut ensuite chanter une romance mélancolique ; mais elle ne put en venir à bout. Elle se leva, et dit en souriant, ou plutôt avec cet air de gaîté douce, dont son visage était toujours empreint : « Si je chante mal, je ne puis pas m'en prendre au clavecin ni au maître d'école : mais attendez que nous allions nous promener, et vous entendrez mes chansons alsaciennes et suisses, qui iront bien mieux.

Au souper, mon esprit fut en proie à des préoccupations qui m'avaient assailli déjà auparavant, et je demeurai pensif et muet, bien que je fusse assez souvent arraché à mes réflexions par la vivacité de la sœur aînée et par la grâce de la cadette. J'éprouvai un étonnement inexprimable de me trouver en personne dans la famille du vicaire de Wakefield. Le père ne pouvait pas être comparé, sans doute, à cet homme accompli : mais où trouvera-t-on son pareil ? En revanche, toute la dignité qui caractérise l'époux, se retrouvait ici chez l'épouse. On ne pouvait regarder celle-ci, sans éprouver pour elle un respect mêlé de crainte. On trouvait en elle les traces d'une bonne éducation ; ses manières étaient posées, franches, gracieuses et attirantes.

Si la sœur aînée n'avait pas l'éclatante beauté d'Olivia, elle était bien faite du moins ; elle était vive, emportée peut-être ; elle montrait une activité extrême, et secondait en tout sa mère. Frédérique pouvait sans peine occuper la place de

Sophie Primerose ; car il est peu question de Sophie ; on fait remarquer seulement qu'elle était aimable ; et Frédérique l'était réellement. Comme les mêmes occupations, la même situation produisent en tout lieu des résultats semblables, sinon identiques, il se faisait, il se disait-là beaucoup de choses qui s'étaient faites et qui s'étaient dites chez le vicaire de Wakefield. Lorsqu'un fils, plus jeune que ses sœurs, depuis longtemps annoncé, et attendu par le père avec impatience, s'élança dans la chambre, et vint se mettre à table avec nous sans façon, et sans faire presque attention aux hôtes, j'eus beaucoup de peine à ne pas m'écrier : « Te voilà donc aussi, Moïse ! »

La conversation du dîner sortit du cercle étroit du village et de la famille, et il fut question de diverses aventures, arrivées en différents lieux. Frédérique, qui était assise auprès de moi, prit de là occasion pour me décrire quelques endroits qui méritaient d'être visités. Comme une anecdote en provoque toujours une autre, je me mêlai davantage à la conversation, et je contai à mon tour ; l'excellent vin du cru n'ayant point été épargné, je risquais de sortir de mon rôle ; mais mon ami, plus prudent que moi, prit prétexte du beau clair de lune, et proposa une promenade qui fut acceptée sur-le-champ. Il offrit le bras à l'aînée, moi à la cadette ; et nous parcourûmes ainsi les vastes champs, où le ciel, s'étendant au-dessus de nos têtes, attirait plus nos regards que l'immense plaine qui se déroulait à nos pieds. Cependant il n'y avait rien dans la conversation de Frédérique qui rappelât le clair de lune ; par la lucidité de son langage elle faisait, pour ainsi dire, de la nuit le jour ; rien n'y trahissait ou n'y éveillait un sentiment ; seulement ses expressions avaient un rapport plus direct à ma personne, quand elle retraçait sa vie, le pays et ses relations, par le côté qui pouvait m'intéresser ; car, ajoutait-elle, elle espérait que je ne ferais point une exception, et que je reviendrais les voir, comme l'avaient fait avec plaisir tous les étrangers qui étaient venus une fois chez eux.

Il m'était bien doux d'écouter en silence les détails qu'elle me communiquait sur le petit monde où elle vivait, sur les hommes qu'elle estimait. Elle me donna par là, de son existence, une idée claire et charmante, qui produisit sur moi un effet puissant; car j'éprouvai tout-à-coup un regret profond de n'avoir pas vécu plus tôt auprès d'elle, et, en même temps, un sentiment pénible de jalousie à l'égard de tous ceux qui avaient eu jusque-là ce bonheur. J'épiais déjà, comme si j'en avais eu le droit, tous les portraits d'hommes qu'elle me faisait, sous quelque nom qu'ils se présentassent, voisins, cousins ou compères, et je dirigeais mes conjectures tantôt d'un côté, tantôt d'un autre; mais quelle découverte aurais-je pu faire, ignorant que j'étais de toutes les relations de la famille? Elle devenait toujours plus communicative, et moi toujours plus taciturne. J'éprouvais un plaisir infini à l'écouter, et comme je l'entendais seulement, et que ses traits flottaient dans le même crépuscule qui couvrait tous les objets, je croyais voir dans son cœur, ce cœur qui devait me paraître bien pur, puisqu'il s'ouvrait à moi dans un babil naïf.

A peine fûmes-nous retirés, mon camarade et moi, dans la chambre qu'on nous avait préparée, que Weyland fit éclater sa satisfaction par de joyeuses plaisanteries, et se félicita beaucoup de la surprise qu'il m'avait ménagée en m'introduisant dans une famille semblable à la famille Primerose. J'adhérai à cette comparaison, et je lui exprimai ma reconnaissance. « En vérité, dit-il, c'est le roman tout entier. Cette famille ressemble à l'autre trait pour trait; le monsieur déguisé peut se faire à lui-même l'honneur de représenter M. Burschell; pour moi, comme, dans la vie commune, les traîtres ne sont pas aussi nécessaires que dans les romans, je consens à prendre ici le rôle du neveu, mais je me conduirai mieux que lui. » Je quittai ce sujet de conversation, quelque agréable qu'il fût pour moi, et je demandai sur l'honneur, à Weyland, s'il ne m'avait pas trahi. Il me jura que non, et je m'en rapportais bien à lui. Pour me donner une preuve de sa sincérité, il me dit que ces dames avaient demandé plusieurs fois des nouvelles du joyeux commensal de Strasbourg, dont il leur avait raconté tant d'espiègleries. Je passai ensuite à d'autres questions. Frédérique a-t-elle aimé? Aime-t-elle? Est-elle promise? Il me répondit à toutes ces questions négativement. « En vérité, repris-je, je ne puis comprendre cette gaîté naïve ; si elle avait aimé, qu'elle eût été malheureuse et qu'elle se fût résignée, dans ces hypothèses seulement, je pourrais la concevoir. »

Notre causerie se prolongea très avant dans la nuit ; et néanmoins j'étais éveillé dès le point du jour. Le désir de revoir Frédérique semblait irrésistible en moi ; mais, en m'habillant, je fus scandalisé de la garde-robe maudite que je m'étais témérairement choisie ; et plus ma toilette avançait, plus je me trouvais misérable ; car tout avait été calculé pour que je le parusse. J'aurais pu encore, au besoin, rectifier ma coiffure ; mais lorsque j'emprisonnai mon corps dans l'habit gris et râpé que j'avais emprunté, et dont les manches courtes me donnaient l'air le plus absurde, mon désespoir fut extrême, d'autant plus que je ne pouvais me voir que partiellement dans mon petit miroir, et qu'un côté me semblait toujours plus ridicule que l'autre.

Mon ami s'était éveillé pendant cette toilette ; et son visage qui sortait de dessous la couverture de soie rembourrée, exprimait la satisfaction d'une bonne conscience et de joyeuses espérances pour la journée. Il y avait long-temps que j'enviais ses belles hardes qui étaient sur une chaise, et, si elles eussent pu aller à ma taille, je les aurais emportées à sa barbe ; j'aurais changé de costume dehors ; et, m'enfuyant dans le jardin, je lui aurais laissé ma défroque maudite ; il aurait été assez obligeant pour l'endosser, et l'affaire aurait eu dès le matin un dénouement joyeux ; mais on ne pouvait pas songer à cet expédient, et aucun autre ne se présentait à ma pensée. Reparaître devant Frédérique dans un costume sous lequel mon ami avait pu me présenter comme un étudiant en théologie, laborieux et habile, mais pauvre, devant Frédérique, qui pourtant avait parlé la veille avec tant de bonté à mon personnage d'emprunt ; cet effort m'était absolument impossible. Je demeurai quelque temps contrarié et pensif, et j'appelai à mon aide toutes les ressources de mon esprit ; mais elles me firent défaut. Lorsqu'enfin, du lit où il était étendu à son aise, Weyland, après avoir quelque temps fixé les yeux sur moi, poussa un grand éclat de rire, et s'écria : « C'est vrai, tu as l'air prodigieux ! » Je répondis avec vivacité : « Et je sais ce que j'ai à faire, adieu, tu m'excuseras. » — Est-ce que tu es fou, » s'écria-t-il, en sautant de son lit et en cherchant à m'arrêter ? Mais déjà j'étais hors de la chambre, au bas de l'escalier, hors de la maison et de la cour, et en chemin vers l'auberge; en un instant mon cheval fut sellé, et dans l'emportement de ma douleur, je pris le galop vers Drusenheim, je traversai le bourg et je poursuivis ma route, toujours au galop.

Quand je me crus à une assez grande distance, je ralentis le pas de mon cheval, et je sentis alors avec quel regret infini je m'éloignais. Je me résignais à mon sort, je me rappelais tranquillement la promenade de la veille au soir, et je nourrissais en moi l'espérance secrète de revoir bientôt Frédérique. Ce sentiment calme ne tarda pas néanmoins à faire place encore à une vive impatience; et je résolus de me rendre en hâte à Strasbourg, de faire ma toilette, de prendre un bon cheval frais; j'aurais été de retour avant le dîner, comme ma passion s'en flattait, ou, ce qui était plus vraisemblable, au dessert, et certainement dans la soirée; et j'aurais sollicité mon pardon.

J'allais piquer des deux, pour mettre à exécution ce dessein, quand une autre idée, qui me parut très-heureuse, me vint à l'esprit. J'avais remarqué, la veille, dans l'auberge de Drusenheim, un des fils de la maison, lequel était très proprement vêtu, et, le matin même, m'avait salué de la cour où il se livrait à des occupations champêtres. Il était de ma taille, et je lui avais trouvé une ressemblance vague avec moi. Aussitôt pensé, aussitôt fait. J'avais à peine tourné bride, que je me retrouvais à Drusenheim; je mis mon cheval à l'écurie; et je demandai sans façon au jeune paysan, s'il voulait bien me prêter ses habits, pour une petite plaisanterie que je projetais à Sésenheim. Il ne me laissa pas achever, il accepta la proposition avec joie et m'approuva fort de vouloir amuser ces demoiselles; elles étaient si bonnes et si aimables, surtout *mam'selle Rique*, et leurs parents voyaient avec plaisir la joie et la gaîté régner dans leur maison. Il me considéra avec attention; et, me prenant sans doute, sur mon costume, pour un pauvre hère, il dit : « Si vous voulez vous insinuer dans la maison, vous prenez le bon chemin. » Notre changement de costume était déjà bien avancé, et je n'aurais pas trouvé mauvais qu'il m'eût refusé ses habits de fête en échange de mes guenilles; mais il était confiant, et, d'ailleurs, il avait mon cheval dans son écurie. Je fus bientôt prêt et paré, je me rengorgeais, et mon camarade parut regarder avec satisfaction sa ressemblance. « Touchez-là, frère, dit-il, en me tendant la main dans laquelle je frappai fort; mais n'approchez pas trop de ma belle, car elle pourrait s'y méprendre. »

Mes cheveux étaient assez longs alors pour qu'il me fût permis de les arranger à peu près comme les siens, et après l'avoir regardé à plusieurs reprises, je pris un bouchon de liège brûlé, et je trouvai fort piquant de rendre mes sourcils presque aussi épais que les siens et de les rapprocher, afin, dans mon projet énigmatique, de faire de mon extérieur une autre énigme. « N'avez-vous pas, lui dis-je, au moment où il me présentait son chapeau paré de rubans, n'avez-vous pas pour la cure une commission qui me donne le moyen de m'y présenter naturellement? — Oui, répondit-il, mais il faut que vous attendiez deux heures. Nous avons chez nous une accouchée; je vais m'offrir pour porter à la femme du pasteur le gâteau d'usage, et vous le porterez. L'orgueil a ses souffrances; la plaisanterie doit avoir les siennes. » Je pris le parti d'attendre, mais ces deux heures me parurent d'une longueur infinie, et je mourais d'impatience, quand je vis s'écouler la troisième, avant que le gâteau sortît du four. Je le reçus enfin tout chaud; et, par le plus beau soleil du monde, je me mis en route, muni de ma lettre de créance, et accompagné pendant un bout de chemin par mon Sosie; celui-ci promit de venir vers le soir m'apporter mes vêtements; mais je l'en dissuadai avec force, et je me réservai de venir lui rapporter les siens moi-même. Je n'avais pas fait encore beaucoup de chemin, avec mon présent que je portais dans une serviette très propre, quand j'aperçus de loin mon ami avec les deux jeunes personnes qui venaient vers moi. Mon cœur se serra, ce qui n'était pas en harmonie avec l'habit que je portais. Je m'arrêtai, je soupirai, et je me mis à réfléchir à ce que je ferais. Je reconnus alors que le terrain m'était très propice ; car, entre eux et moi, il y avait un ruisseau, et, de chaque côté, une lisière de prairies qui séparait encore les deux sentiers. Quand ils furent en face de moi, Frédérique, qui, elle aussi, m'avait aperçu de loin, me cria : « Georges, qu'apportes-tu ? » J'eus soin de me cacher le visage avec mon chapeau que j'ôtai, et en même temps je levai en l'air la serviette avec son contenu. « Un gâteau de baptême ! s'écria-t-elle ; alors, comment se porte ta sœur ? — Fort bien, lui dis-je, en essayant de prononcer, sinon à l'alsacienne, au moins avec un accent étranger. — Porte-le à la maison, dit l'aînée, et si tu ne trouves pas maman, donne-le à la bonne ; mais attends-nous, nous serons bientôt de retour, entends-tu ? » Je continuai gaîment mon chemin, plein d'espoir que tout se passerait bien, puisque le commencement avait été si heureux ; et j'eus bientôt atteint le presbytère. Je ne trouvai personne ni dans la maison ni dans la cuisine ; je ne voulus pas déranger le pasteur, que j'avais lieu de croire occupé dans son cabinet d'étude ; c'est pourquoi je me mis sur le banc devant la porte, le gâteau auprès de moi, et je m'enfonçai mon chapeau sur le visage.

J'aurais peine à me rappeler une sensation plus délicieuse que celle que j'éprouvai alors. Me retrouver assis sur ce seuil que je venais de franchir précipitamment, dans un moment de désespoir ; avoir déjà revu Frédérique, avoir entendu de nouveau sa voix chérie, peu de temps après que ma douleur avait redouté une longue séparation, l'attendre à chaque instant elle-même, ainsi que le moment d'une découverte dont la pensée me faisait tressaillir, dont je n'avais pas à rougir pourtant, malgré l'équivoque de ma situation ; et débuter enfin par un tour aussi comique qu'aucun de ceux dont on s'était diverti la veille ! L'amour et la nécessité sont les meilleurs des maîtres ; ils m'inspiraient tous deux ici, et le disciple ne se montrait pas indigne d'eux.

Mais la servante sortit de la grange : « Eh bien ! me cria-t-elle, les gâteaux ont-ils réussi ? Comment se porte ta sœur ? — Tout va bien, » répondis-je ; et je montrai les gâteaux, sans lever les yeux. Elle prit la serviette, et dit en grognant : « Qu'as-tu donc encore aujourd'hui? Est-ce que par hasard Barbette en aurait regardé un autre? Ne nous en fais pas porter la peine. Le joli mariage que cela va faire, si cela continue ! »

Comme elle parlait assez haut, le pasteur se mit à la fenêtre, et demanda ce qu'il y avait; elle le lui expliqua; je me levai, et je me tournai vers lui, en me couvrant toujours la figure avec mon chapeau; il m'adressa quelques paroles bienveillantes, et m'invita à rester; je me dirigeai du côté du jardin, et je me disposais à y entrer, quand la femme du pasteur, qui revenait par la porte de la cour, m'appela. Comme le soleil me donnait dans le visage, j'usai encore une fois de l'avantage que me procurait mon chapeau, et je lui fis une révérence; elle rentra au logis, après m'avoir prié de ne pas m'en aller sans avoir pris quelque chose. Je me promenai dans le jardin; tout, jusque-là, avait parfaitement réussi; mais j'étais ému en pensant que les jeunes gens n'allaient pas tarder à venir. Tout-à-coup la mère s'approcha de moi et se disposait à m'adresser une question, quand elle vit mon visage, que je ne pouvais plus cacher; la parole lui manqua. « Je cherche George, dit-elle, après un moment de silence; et qui est-ce que je trouve? Est-ce vous, mon jeune monsieur? Combien de formes avez-vous donc? — Au sérieux, je n'en ai qu'une, répondis-je; pour rire, autant que vous voudrez. — Je ne veux pas vous contrarier, dit-elle en riant; sortez par le jardin, et allez dans les prés jusqu'au coup de midi; puis revenez, et j'aurai préparé votre plaisanterie. » J'obéis, mais quand j'eus franchi les haies des jardins du village, et que je me disposais à entrer dans les prairies, quelques paysans vinrent à passer, et me mirent dans l'embarras. Je me dirigeai alors vers un bosquet voisin qui couronnait une petite éminence; et je me proposais d'y demeurer caché jusqu'à l'heure convenue. Mais, quelle fut ma surprise en y entrant ! Je rencontrai un joli emplacement, entouré de bancs, d'où l'on jouissait d'une vue magnifique. Ici étaient le bourg et la tour de l'église; là, Drusenheim, et, derrière lui, les îles boisées du Rhin; les montagnes des Vosges, vis-à-vis; et enfin, la cathédrale de Strasbourg. Ces divers tableaux, avec un ciel clair, étaient enfermés dans des cadres de feuillages, de sorte qu'on ne pouvait rien imaginer de plus agréable ni de plus gai. Je m'assis sur un des bancs, et je remarquai sur l'arbre le plus gros, une petite planche longue, avec cette inscription : *Repos de Frédérique.* L'idée ne me vint pas que je fusse venu pour troubler ce repos ; car une passion naissante a cela de beau, que, de même qu'elle ne s'aperçoit pas de son commencement, elle ne peut pas concevoir la pensée de sa fin, et que, dans le sentiment de sa joie et de son bonheur, elle ne soupçonne pas qu'elle puisse causer quelque mal.

J'avais eu à peine le temps de regarder autour de moi ; et je commençais à m'égarer dans de douces rêveries, quand j'entendis quelqu'un s'approcher ; c'était Frédérique elle-même. « Georges, que fais-tu ici ? me cria-t-elle de loin. — Ce n'est pas Georges, répondis-je en m'élançant vers elle, c'est quelqu'un qui a mille pardons à vous demander. » Elle me considéra avec étonnement ; mais elle se remit sur-le-champ, et dit, après avoir poussé un profond soupir : « Vilain jeune homme, que vous m'avez fait peur ! — Le premier déguisement m'a poussé au second, lui dis-je ; celui-là eût été inexcusable, si j'avais pu savoir chez qui j'allais ; vous me pardonnez sans doute celui-ci, puisqu'il vous rappelle quelqu'un que vous traitez avec tant de bonté. » Ses joues pâles s'étaient colorées du plus beau rose. « Vous ne serez pas du moins traité plus mal que Georges ! Mais asseyons-nous. J'avoue que la peur m'a passé dans tous les membres. » Je m'assis auprès d'elle, extrêmement ému. « Nous savons par votre ami, dit-elle, toute votre histoire jusqu'à ce matin ; mais racontez-nous le reste. » Je ne me le fis pas dire deux fois ; je lui peignis sous des couleurs si comiques mon personnage de la veille et mon évasion subite, qu'elle en rit de tout son cœur, avec une grâce charmante ; puis, je continuai mon récit avec toute la réserve possible, mais avec assez de chaleur, cependant, pour qu'on pût y voir une déclaration d'amour sous la forme historique.

Je fêtai le bonheur de la retrouver par un baiser sur sa main, qu'elle laissa dans la mienne. Si, dans notre promenade de la veille, au clair de lune, elle avait fait tous les frais de la conversation, à mon tour, je payai ma dette avec usure. Le plaisir que j'éprouvais de la revoir et de pouvoir lui exprimer tout ce que j'avais caché la veille, était si grand que, dans mon expansion, je ne m'apercevais pas qu'elle était devenue elle-même pensive et muette. Elle soupirait de temps en temps; je lui demandai itérativement pardon de la frayeur que je lui avais causée. Je ne sais combien de temps nous restâmes ensemble; mais nous entendîmes appeler *Rique! Rique!* C'était la voix de sa sœur. « Cela fera une belle histoire, dit la jolie demoiselle en reprenant toute sa gaîté. Elle vient de mon côté, ajouta-t-elle, en se penchant en avant pour me cacher à moitié; détournez-vous un peu pour qu'on ne vous reconnaisse pas sur-le-champ. » La sœur entra dans l'enceinte; mais elle n'était pas seule, Weyland l'accompagnait; tous deux, en nous apercevant, restèrent comme pétrifiés.

Quand nous voyons la flamme sortir tout-à-coup avec violence d'un toit paisible, ou que nous rencontrons un monstre dont la difformité révolte et épouvante à la fois; l'horreur dont nous sommes frappés n'est pas aussi profonde que celle qui nous saisit, lorsque nous apercevons inopinément, de nos propres yeux, quelque chose que nous jugions moralement impossible. « Qu'est-ce que cela signifie? s'écria la sœur aînée, avec la vivacité de la frayeur? Qu'est-ce que c'est que cela? Toi avec Georges! Ta main dans la sienne! Comment l'expliquer? — Ma chère sœur, répondit gravement Frédérique, le pauvre garçon me demande pardon; il a aussi un pardon à te demander; mais il faut que tu le donnes d'avance. — Je n'y comprends rien, je n'y conçois rien, » répondit l'aînée, en hochant la tête, et regardant Weyland qui, avec son calme habituel, restait là tranquille, et contemplait la scène sans rien manifester. Frédérique se leva et m'entraîna avec elle : « Point d'hésitation, s'écria-t-elle; qu'on demande le pardon et qu'on le donne. — Eh bien! oui, repris-je, en me rapprochant de la sœur aînée, j'ai besoin d'être pardonné. » Elle recula, poussa un grand cri et devint toute rouge; puis elle se jeta sur le gazon, et rit aux éclats, sans pouvoir se modérer. Weyland sourit avec satisfaction, et s'écria : « Tu es un excellent jeune homme! » Puis il me secoua la main. Il n'était pas prodigue de caresses ; mais ses serrements de main avaient quelque chose de cordial et d'expressif ; il n'en était pas moins avare.

Après nous être un peu remis de notre émotion, nous retournâmes vers le bourg. J'appris en chemin comment cette singulière rencontre avait eu lieu. Frédérique avait quitté, à la fin de la promenade, ses deux compagnons, pour aller dans sa retraite goûter un moment de repos avant le dîner ; et, les deux autres étant rentrés au logis, la mère les avait priés d'aller chercher Frédérique en toute hâte, parce que le repas était prêt.

La sœur aînée s'abandonna à une gaîté folle ; et, quand elle apprit que sa mère avait déjà découvert le secret, elle s'écria : « Il reste encore à attraper mon père, mon frère, le garçon et la servante. » Nous étions déjà près de la haie du jardin ; Frédérique prit les devants avec mon camarade, pour rentrer à la maison. La servante était occupée dans le jardin ; Olivia, car je puis bien donner à la sœur aînée ce nom du roman, lui cria : « Écoute, j'ai quelque chose à te dire. » Elle me laissa près de la haie, et courut vers la jeune fille. Leur conversation me parut sérieuse. Olivia lui mit en tête que Georges, ayant rompu avec Barbe, paraissait avoir envie de l'épouser. Cela était loin de déplaire à la belle. Je fus appelé alors pour confirmer ces dires. La jolie et robuste enfant baissa les yeux et demeura dans cette attitude, jusqu'à ce que je fusse tout près d'elle. Mais quand elle aperçut tout-à-coup un visage étranger, elle aussi poussa un grand cri et se sauva. Olivia me dit de courir après elle et de la retenir, pour l'empêcher de rentrer à la maison et d'y donner l'éveil, ajoutant qu'elle voulait y aller elle-même, pour voir où en était son père. Elle rencontra en chemin le garçon, qui s'intéressait à la servante : j'avais rejoint celle-ci, et je la retenais. « Figure-toi quel bonheur ! dit Olivia au garçon ; Barbe a été plantée là ; et Georges épouse Lise. — Il y a long-temps que je m'en doutais, » dit le brave jeune homme, et il resta tout confondu.

J'avais fait comprendre à la servante qu'il ne s'agissait plus que d'attraper le papa. Nous nous dirigeâmes vers le domestique, qui nous tourna le dos et voulut s'éloigner ; mais Lise l'atteignit ; et celui-ci, ayant été détrompé, fit aussi les gestes les plus comiques. Nous nous rendîmes ensemble à la maison. Le dîner était servi, et le père était déjà dans la chambre. Olivia, qui me tenait caché derrière elle, s'arrêta sur le seuil, et dit : « Mon père, tu veux bien que Georges dîne avec nous ; mais tu lui permettras de garder son chapeau ? — Comme il voudra, dit le vieillard ; mais pourquoi donc ? Est-ce qu'il s'est blessé ? » Elle me fit avancer, comme j'étais, le chapeau sur la tête. « Non, dit-elle, en m'introduisant dans la chambre ; mais il a dans son chapeau une nichée d'oiseaux qui pourraient s'envoler et faire un tapage d'enfer... »

Le pasteur prit bien la plaisanterie, sans trop savoir ce qu'elle signifiait. A ce moment, elle m'ôta le chapeau de dessus la tête, fit une révérence, et m'en fit faire une semblable. Le vieillard me regarda et me reconnut ; mais sans sortir de sa gravité sacerdotale : « Eh bien ! monsieur le candidat, s'écria-t-il, en levant un doigt menaçant, vous avez changé bien vite ; et je perds, dans l'espace d'une nuit, un aide qui me promettait si loyalement de me remplacer quelquefois en chaire pendant la semaine. » Il rit ensuite de tout son cœur, me salua affectueusement, et nous nous mîmes à table. Moïse arriva beaucoup plus tard ; car, comme un dernier né, et comme un enfant gâté qu'il était, il avait pris l'habitude de ne pas entendre la cloche du dîner. Il faisait d'ailleurs peu d'attention à la société, même en causant. Afin de le mieux tromper, on m'avait placé, non entre les deux sœurs, mais au bout de la table, où Georges se mettait quelquefois. Se trouvant derrière moi en entrant, il me donna une grande tape sur l'épaule, en disant : « Bon appétit, Georges. — Grand merci, mon jeune monsieur, répondis-je. » Ma voix et ma figure, qui lui étaient étrangères, lui causèrent un moment de surprise. « Qu'en dis-tu, s'écria Olivia, ne trouves-tu pas qu'il ressemble beaucoup à son frère ? — Oui, par derrière, répondit Moïse qui s'était remis promptement, comme au premier venu. » Il ne jeta plus les yeux sur moi, et ne s'occupa que d'avaler en hâte les mets pour lesquels il avait été devancé. De temps en temps il lui prenait fantaisie de se lever de table, et de se donner quelque besogne à faire dans la cour ou dans le jardin. Au dessert, arriva le véritable Georges, qui acheva d'animer la scène. On allait le railler sur sa jalousie, et le blâmer de s'être donné en moi un rival; mais il fut plus modeste et plus malin qu'on ne le pensait, et il brouilla ensemble gaîment, lui, sa fiancée, les demoiselles et moi, tellement qu'à la fin on ne s'y retrouva plus, et qu'on le laissa en paix boire un verre de vin et manger une tranche de son gâteau.

Après le dîner, on parla de faire une promenade; mais je ne pouvais pas décemment en être sous mes habits de paysan. Le matin ces dames, en apprenant quel était celui qui s'était enfui si précipitamment, s'étaient rappelés d'avoir dans une armoire une belle polonaise, appartenant à un cousin, que, pendant son séjour, il avait coutume de porter à la chasse. Je la refusai sous toutes sortes de prétextes comiques, mais au fond par un sentiment de vanité, ne voulant pas compromettre sous le costume du cousin la bonne impression que j'avais produite sous les habits de paysan. Le père nous avait quittés pour faire sa méridienne; la mère était occupée de son ménage, suivant son habitude. Cependant mon camarade m'invita à conter une histoire; j'y consentis. Nous nous rendîmes sous un vaste berceau, et je narrai un conte que j'ai écrit plus tard, sous le titre de la Nouvelle-Mélusine.

Ce conte obtint un grand succès; l'auteur fait à ce sujet les réflexions suivantes :

Que ceux qui, lisant cette fable imprimée, douteraient qu'elle ait pu produire un pareil effet, fassent réflexion que la véritable action que l'homme est destiné à exercer, est celle du présent. Écrire est un abus du langage; lire tranquillement tout seul est une triste compensation de la parole. C'est par sa personnalité que l'homme agit avec toute sa force sur ses semblables, que la jeunesse exerce le plus d'influence sur la jeunesse; et de là naissent les effets les plus purs. C'est là ce qui anime le monde, et ce qui l'empêche de périr moralement ou physiquement. Je tenais de mon père une certaine faconde didactique; de ma mère, le don de retracer avec gaîté et avec verve tout ce que l'imagination enfante et embrasse, de rajeunir des fables connues, d'en inventer de nouvelles et de les raconter, d'inventer même en racontant. Par le don qui me venait de mon père, j'étais le plus souvent incommode dans le monde ; car, qui se prête à écouter les opinions et les sentiments d'autrui, ceux d'un jeune homme surtout, dont le jugement, faute d'expérience, paraît toujours insuffisant ? Ma mère, en revanche, m'avait doué richement pour tout ce qui sert aux plaisirs de la société. Le conte le plus vide a déjà pour l'imagination un grand charme ; s'il a le fond le plus léger, il est accueilli par l'esprit avec reconnaissance.

Avec des contes qui ne me coûtaient rien, je me faisais aimer des enfants, j'animais et je divertissais la jeunesse, et j'appelais sur moi l'attention des personnes plus âgées. Les habitudes de la société m'ont forcé bientôt de renoncer à ces exercices d'esprit ; et je n'ai que trop perdu par-là, pour l'agrément de ma vie et pour le libre développement de mon intelligence ; ces deux facultés ne me demeurèrent pas moins pendant toute ma vie, accompagnées d'une troisième, le besoin de parler par figures et par paraboles. Le docteur Gall, aussi pénétrant que spirituel, reconnaissait chez moi ces qualités en vertu de sa doctrine, et il m'assurait en conséquence que j'étais né pour être un orateur populaire. Cette révélation me fit trembler ; car si elle avait été vraie, vivant comme je l'ai fait dans un pays qui n'a pas de tribune, quelque autre carrière que j'eusse essayée, j'aurais toujours, hélas ! manqué ma vocation.

TROISIÈME PARTIE.

LIVRE ONZIÈME.

Continuation des amours de Goethe et de Frédérique. — Opinions du jeune étudiant sur la langue et sur la littérature française. — Son enthousiasme pour Shakspeare. — Son départ de Strasbourg et ses adieux à Frédérique.

De retour à Strasbourg, Goethe reprit ses études de littérature et de jurisprudence. Mais cette intelligence ouverte par tant de côtés, prit goût à la médecine. Ces travaux divers avaient altéré sa santé. Le professeur dont il suivait la clinique s'en aperçut.

...... Cette fois il ne termina pas sa leçon, comme d'habitude, par une instruction relative à quelque maladie qu'on venait d'observer; mais il dit gaîment : « Messieurs, nous avons devant nous quelques jours de vacances. Profitez-en pour vous récréer ; les études ne demandent pas seulement du sérieux et de l'application ; elles veulent aussi de la gaîté et de la liberté d'esprit. Donnez à votre corps du mouvement ; parcourez à pied et à cheval ce beau pays ; celui qui y est né reverra avec plaisir des lieux connus ; l'étranger y éprouvera de nouvelles sensations et en rapportera d'agréables souvenirs. »

Nous n'étions que deux, à vrai dire, à qui cette recommandation pût s'adresser ; puisse cette recette avoir été accueillie par mon camarade comme elle le fut par moi ! Je crus entendre une voix du ciel, et j'allai en hâte louer un cheval et faire ma toilette. J'envoyai chez Weyland; mais on ne put pas le trouver. Ma résolution ne fut pas ébranlée, malheureusement les préparatifs traînèrent en longueur, et je ne pus pas me mettre en route aussi promptement que je l'avais espéré. Quelque vitesse que j'imprimasse à mon cheval, je fus surpris par la nuit. Il n'y avait pas, du reste, à se tromper de chemin, et la lune éclairait mon entreprise amoureuse. Le vent était frais, le temps brumeux ; je pris le galop pour ne pas attendre jusqu'au lendemain matin à voir Frédérique.

Il était déjà tard, quand je descendis de cheval à Sésenheim. Je demandai à l'aubergiste s'il y avait encore de la lumière chez le pasteur ; il m'assura que les jeunes demoiselles ne faisaient que de rentrer au logis ; il croyait avoir entendu dire qu'elles attendaient un étranger. Je fus contrarié ; car j'aurais désiré être le seul hôte. Je me hâtai, afin de paraître du moins le premier, si tard qu'il fût. Je trouvai les deux sœurs assises devant la porte ; elles ne parurent pas très surprises de me voir ; mais je fus étonné, quand Frédérique dit à l'oreille d'Olivia, assez haut néanmoins pour être entendue de moi : « Ne l'ai-je pas bien dit ? le voilà. » Elles m'introduisirent dans la chambre, où je trouvai une petite collation servie. La mère me salua comme une vieille connaissance ; mais, quand l'aînée me vit à la lumière, elle rit aux éclats ; cette jeune fille n'avait aucun empire sur elle-même.

Après cet accueil un peu singulier, la conversation devint sur-le-champ franche et gaie ; et ce qui me demeura caché le soir, me fut expliqué le lendemain matin. Frédérique avait prédit mon arrivée ; et qui n'éprouve pas quelque satisfaction dans la réalisation d'un pressentiment, fût-il même funeste ? Tous les pressentiments que l'événement confirme, inspirent à l'homme une plus haute idée de lui-même, parce qu'il est autorisé à se croire doué d'une sensibilité assez délicate pour percevoir des rapports éloignés, ou assez pénétrante pour découvrir des enchaînements nécessaires et néanmoins incertains. Le mystère des rires d'Olivia me fut également éclairci ; elle confessa qu'elle avait été fort surprise de me voir cette fois bien mis et paré ; quant à Frédérique, loin de regarder cette toilette comme une affaire d'amour-propre, elle aima mieux n'y voir que le désir de lui plaire.

Frédérique m'invita de grand matin à promener avec elle. Sa mère et sa sœur étaient occupées à tout préparer pour recevoir des hôtes. Je goûtai près de l'aimable fille les charmes d'une matinée de dimanche à la campagne, telles que l'inestimable Hébel (1) nous les a retracées. Elle me dépeignit la société qu'on attendait, et me pria de la seconder, afin que tous les divertissements fussent goûtés en commun, autant que possible, et qu'un certain ordre y présidât. « Ordinairement, dit-elle, on se disperse en groupes ; on ne goûte qu'à la volée les plaisanteries et les jeux, de sorte que bientôt une partie de la société n'a plus d'autres ressources que de prendre des cartes, et l'autre, de se livrer follement à la danse. »

Nous arrêtâmes donc ce qu'on ferait avant et après le dîner ; nous nous apprîmes réciproquement de nouveaux jeux de société ; nous étions d'accord et contents, quand la cloche nous appela au temple où, assis à côté de Frédérique, je ne fus pas ennuyé par un sermon un peu sec du pasteur.

Le temps est toujours rapide auprès de ceux que l'on aime ; cette heure s'écoula pour moi, néanmoins, sous l'influence de certaines pensées. Je me redisais les qualités que Frédérique venait de manifester si ingénument devant moi ; la gaîté réfléchie, la naïveté avec la conscience d'elle-même, l'humeur joyeuse avec la prévoyance ; qualités qui semblent incompatibles, mais qui se trouvaient réunies chez elle, et donnaient un grand charme à son extérieur. D'un autre côté, j'avais à faire sur moi-même des réflexions plus sérieuses, et bien faites pour modérer ma gaîté.

Depuis que Lucinde, cette jeune fille passionnée, avait maudit et sanctifié mes lèvres (car toute consécration contient ces deux effets), j'avais été assez superstitieux pour m'abstenir de baiser aucune jeune fille, craignant d'exercer sur son âme une influence fatale. Je surmontai donc tous les désirs qui entraînent un jeune homme à ravir à une charmante jeune fille cette précieuse faveur. Mais, au sein même de la société la plus morale, une pénible épreuve m'attendait. Car ces jeux, plus ou moins spirituels, qu'on appelle des jeux innocents, et

(1) Poète allemand.

qui servent à rassembler et à unir une société jeune et joyeuse, reposent en grande partie sur des gages, et, au tirage de ceux-ci, les baisers ne sont pas les rançons les moins estimées. Je pris le parti de ne pas donner de baisers; et, comme une privation et un obstacle provoquent de notre part des efforts auxquels nous n'aurions pas été disposés sans cela, je déployai tout ce que je possédais de talent et de gaîté, pour me tirer d'affaires, de telle sorte que la société et moi nous y gagnions au lieu d'y perdre. Si des vers étaient demandés pour retirer un gage, on s'adressait à moi le plus souvent. J'étais toujours prêt; et, en pareille occasion, je trouvais toujours quelque compliment pour la maîtresse de la maison, ou pour la jeune personne qui avait été la plus aimable pour moi. S'il arrivait qu'un baiser me fût ordonné, j'avais recours à quelque faux fuyant dont on était également satisfait; et comme j'avais eu le temps d'y penser, les idées heureuses ne me manquaient pas; les improvisations, néanmoins, avaient toujours le plus de succès.

Quand nous retournâmes à la maison, les hôtes, qui étaient arrivés de différents côtés, formaient déjà des groupes joyeux; Frédérique les réunit, les invita à sortir pour se rendre dans la retraite que l'on connaît, et elle les y conduisit. On y trouva des rafraîchissements en abondance, et l'on résolut d'y attendre l'heure du dîner au moyen des jeux innocents. Je sus alors, de concert avec Frédérique, qui ne soupçonnait pas mon secret, arranger et mener à fin des jeux sans gages, et d'autres jeux où les gages se retirent sans baisers.

J'avais besoin de toute mon habileté et de toutes mes ressources; car la société qui m'était d'ailleurs tout-à-fait étrangère, paraissait avoir promptement soupçonné une intelligence entre l'aimable fille et moi; et elle se donnait déjà malicieusement toute la peine possible pour m'imposer ce que je m'efforçais secrètement d'éviter. Car, dès qu'on découvre une inclination naissante entre deux jeunes gens, on essaie de les embarrasser ou de les rapprocher davantage, de même que plus tard, quand une passion s'est déclarée, on s'efforce de les désunir; les hommes ne s'inquiètent nullement s'ils font du bien ou du mal, pourvu qu'on les amuse.

Je fus à même, dans le cours de cette matinée, d'étudier avec quelque attention toutes les allures de Frédérique; tellement que depuis ce moment, mon opinion sur elle ne changea pas. Les saluts affectueux des paysans qui s'adressaient à elle, montraient qu'elle était pleine de bonté pour eux, et qu'ils la voyaient avec plaisir. L'aînée était au logis à aider sa mère ; on ne demandait à Frédérique aucun travail qui exigeât des efforts physiques ; on la ménageait, disait-on, à cause de sa santé.

Il y a des femmes qui nous plaisent davantage dans un salon ; il y en a d'autres qui sont mieux en plein air. Frédérique était de ces dernières : son allure et sa taille n'étaient nulle part plus séduisantes que quand elle se promenait sur un sentier élevé ; la grâce de ses manières semblait rivaliser avec la terre fleurie, et l'inaltérable sérénité de son visage avec le ciel bleu. Ce doux éther qui l'entourait, elle le portait avec elle à la maison ; et l'on ne tardait pas à s'apercevoir avec quelle facilité elle savait dissiper tous les nuages et effacer les impressions de toutes les petites contrariétés.

La joie la plus pure que puisse vous faire goûter la personne que l'on aime, est celle de voir qu'elle charme les autres. Frédérique, en société, savait plaire à tout le monde. En promenade, elle volait tantôt d'un côté, tantôt d'un autre, comme un esprit de vie, et elle remplissait le vide qui pouvait se faire sentir quelque part. J'ai déjà dit la légèreté de ses mouvements ; elle était ravissante, surtout, quand elle courait. Comme le chevreuil semble accomplir sa destinée, quand il s'élance légèrement par dessus les moissons naissantes, de même elle paraissait exprimer plus clairement son individualité, quand elle courait d'un pas léger, sans choisir son chemin, pour chercher un objet oublié ou perdu, pour rappeler un couple écarté, ou pour donner un ordre nécessaire. Elle ne perdait jamais haleine, et son pas était toujours assuré ; aussi l'inquiétude de ses parents pour sa poitrine paraissait-elle exagérée à beaucoup de personnes.

Le père qui se promenait avec nous dans les prairies et dans les champs, avait souvent de tristes compagnons. C'est pourquoi je me joignais à lui ; et il ne manquait pas de reprendre son thème favori, et de m'entretenir avec détail de la reconstruction projetée du presbytère. Ce jour-là, il se plaignit surtout de n'avoir pas pu recouvrer les plans qui avaient été tracés avec soin, et sur lesquels il aurait voulu réfléchir et méditer diverses améliorations. Je lui répondis qu'il était facile de les remplacer, et j'offris de tracer un plan; ce qui était pour le moment la chose essentielle. Il accepta la proposition; le maître d'école devait m'aider à prendre les mesures nécessaires; le pasteur courut sur le champ prier celui-ci de tenir sa toise prête pour le lendemain matin.

Quand il se fut éloigné, Frédérique me dit : « Vous êtes bien bon de flatter le faible de mon père, et de ne pas faire comme les autres, qui, ennuyés de cette conversation, l'évitent ou changent brusquement de sujet. Je dois vous avouer que nous autres nous ne désirons pas la reconstruction; elle coûterait trop cher à la paroisse et à nous-mêmes. Nouvelle maison, nouveau mobilier. Nos hôtes ne seraient pas mieux chez nous, ils sont accoutumés à la vieille maison. Ici, nous pouvons exercer largement envers eux l'hospitalité, là nous nous trouverons à l'étroit dans un espace plus vaste. Voilà la vérité; mais continuez toujours à lui être agréable; je vous en remercie de tout mon cœur. »

Une autre jeune personne qui se joignit à nous, parla de divers romans, et demanda si Frédérique les avait lus. Celle-ci répondit que non, elle avait peu lu en effet; elle avait grandi au sein d'une existence douce et morale, et son éducation n'était pas sortie de cette sphère. Je brûlais de parler du vicaire de Wakefield; mais je n'osai pas le faire; la ressemblance des situations était trop frappante et trop délicate. « J'ai beaucoup de plaisir à lire les romans, dit-elle; on y trouve de si jolies personnes auxquelles on voudrait bien ressembler ! »

Le lendemain matin nous prîmes la mesure de la maison. Cela se fit assez lentement; car je n'étais pas plus exercé à cette besogne que le maître d'école. Il en résulta finalement une esquisse passable. Le bon père m'exposa ses projets, et ne fut pas fâché de me voir partir, pour exécuter plus commodément le plan à la ville. Frédérique me congédia galment;

car elle était sûre de ma tendresse comme je l'étais de la sienne; et la distance de six lieues, qui nous séparait, avait disparu. Il était si facile de venir jusqu'à Drusenheim, par la diligence, et, par cette voiture ainsi que par des messagers ordinaires et extraordinaires, d'entretenir une correspondance; Georges devait nous servir de facteur.

De retour à la ville, je me levai de grand matin (car il n'y avait plus de long sommeil pour moi), afin de travailler au plan que je traçai de mon mieux. Cependant j'avais envoyé des livres à Frédérique, en les accompagnant d'un petit mot affectueux. Je reçus réponse sur-le-champ; et son écriture légère, élégante et simple me ravit. Le contenu et le style étaient également naturels, bons, tendres et vrais; et l'agréable impression qu'elle avait faite sur moi, fut ainsi entretenue et renouvelée. Je me plaisais à me remettre devant les yeux les perfections de cet être charmant; et je nourrissais l'espérance de la revoir bientôt et pour plus de temps.

Je n'eus pas besoin d'une nouvelle recommandation du bon professeur; par son allocution, il m'avait guéri à propos et si radicalement, que je n'eus plus guère envie de le revoir, lui ni ses malades. Ma correspondance avec Frédérique s'anima. Elle m'invita à une fête, à laquelle les amis d'outre-Rhin devaient venir aussi, et elle me pria de faire mes dispositions pour un plus long séjour. En conséquence, je chargeai sur la diligence une valise bien garnie; et, après quelques heures, j'étais auprès de Frédérique. Je trouvai une nombreuse et joyeuse société, je pris le père à part, je lui présentai le plan dont il parut enchanté; je lui communiquai les idées qui m'avaient guidé dans l'exécution; il ne se sentait pas de joie; il loua part entièrement la propreté du dessin: je m'étais, dès le bas âge, appliqué à cette qualité; cette fois d'ailleurs je m'étais donné plus de peine que de coutume, et j'avais pris le papier le plus beau possible. Mais ce plaisir fut bientôt troublé pour notre bon hôte. Contre mon avis, dans la joie de son cœur, il présenta le plan à la société. Bien loin de s'y intéresser autant qu'il espérait, les uns ne firent pas la moindre attention à ce précieux travail; d'autres, qui croyaient s'y connaître un peu, firent pis encore, ils prétendirent que l'*ébauche* n'était pas conforme aux règles de l'art; le vieillard ayant détourné les yeux un instant, ils manièrent ces jolies feuilles comme si c'étaient des brouillons, et l'un d'entre eux traça ses projets de correction avec tant de rudesse et avec de si durs coups de crayon sur le papier délicat, qu'on ne pouvait plus songer à lui rendre sa propreté première.

J'eus peine à consoler le vieillard chagrin dont on avait si brutalement troublé la joie; ce fut en vain que je lui assurai que je ne considérais moi-même le travail que comme une ébauche, qui devait nous servir de texte de conversation et de base pour de nouveaux dessins. Malgré tous ces efforts, il nous quitta de mauvaise humeur; et Frédérique me remercia des attentions que j'avais eues pour son père, ainsi que de la patience avec laquelle j'avais enduré la malhonnêteté des convives.

Mais auprès d'elle il n'y avait pour moi ni douleur ni contrariété.

La société se composait de jeunes compagnons assez bruyants, qu'un vieux monsieur s'efforçait de surpasser..... Déjà, au déjeuner, on n'avait pas épargné le vin; on fit honneur au dîner qui était très somptueux. Et l'on déploya un appétit que l'exercice auquel on s'était livré par une assez grande chaleur avait excité...

Je goûtais un bonheur infini à côté de Frédérique, j'étais expansif, gai, spirituel, parlant haut, et néanmoins contenu par le sentiment, par le respect et par l'attachement. Les dispositions de Frédérique étaient les mêmes, elle était franche, gaie, affectueuse et communicative. Nous paraissions ne vivre que pour la société, et c'était l'un pour l'autre seulement que nous vivions.

Après le repas, on se réunit à l'ombre; on se livra à des jeux de société, et les jeux de gages eurent leur tour. Au tirage, on fit mille étourderies; les gestes que l'on demanda, les actes qu'on enjoignit, les tâches qu'on imposa, tout témoignait une joie folle et immodérée. Je contribuai par des facéties à ces joyeux transports; Frédérique brilla par des saillies malignes; et jamais elle ne m'avait paru si aimable; mes scrupules bizarres, superstitieux s'étaient évanouis; et quand l'occasion s'offrit de baiser tendrement ma bien-aimée, je ne la laissai pas échapper, et et je me refusai encore moins la récidive.

Le vœu de la société fut à la fin exaucé ; la musique se fit entendre, et tout le monde courut à la danse. Les allemandes, les valses et les pirouettes, formèrent le commencement, le milieu et la fin. Ces danses nationales étaient familières à tous ; je fis honneur à mes romanesques maîtresses de danse ; et Frédérique qui dansait comme elle marchait, comme elle sautait et comme elle courait, était ravie de trouver en moi un cavalier très exercé. Nous dansâmes presque toujours ensemble ; mais nous fûmes bientôt obligés de nous arrêter, parce qu'on lui conseillait de tous côtés de se reposer. Pour nous dédommager, nous fîmes une promenade solitaire, en nous tenant les mains ; et, dans la retraite silencieuse, nous nous donnâmes l'embrassement le plus tendre et l'assurance la plus sincère de notre amour passionné.

Nous revînmes avec les personnes âgées qui avaient quitté le jeu. A la collation, on ne se contint pas davantage ; on dansa très avant dans la nuit, et les santés ainsi que les autres excitations à boire ne manquèrent pas plus qu'au dîner.

Après avoir dormi pendant quelques heures d'un profond sommeil, un sang échauffé et en ébullition me réveilla. C'est dans de pareilles heures et dans de pareilles situations que les soucis, que les remords ont coutume de fondre sur les hommes étendus sans défense. Des tableaux passionnés s'offrirent à mon imagination : je vis Lucinde, au moment où, après le baiser le plus ardent, elle s'éloignait de moi en délire, et les joues en feu, les yeux étincelants, prononcer ces malédictions dont elle ne voulait menacer que sa sœur, mais dont elle menaçait à son insu des personnes étrangères et inoffensives. Je vis Frédérique, debout en face d'elle, pétrifiée par cette vue, pâle et ressentant les conséquences de cette malédiction. Je me trouvai entre elles et eux, aussi peu capable de détourner l'influence spirituelle de cette aventure que d'éviter ce baiser, présage de malheur. La santé délicate de Frédérique semblait hâter le malheur dont elle était menacée, et son amour pour moi me parut funeste : j'aurais voulu être éloigné de cent lieues.

Mais je ne veux pas taire ce qu'il y avait là encore de douloureux pour moi. Un certain orgueil entretenait chez moi cette superstition ; mes lèvres, bénies ou maudites, me semblaient plus précieuses ; et je ne trouvais pas peu de satisfaction personnelle dans le sentiment de ma conduite réservée ; car je m'interdisais des plaisirs innocents, moitié pour conserver cette vertu magique, moitié pour ne pas nuire à quelque être pur en la perdant.

Mais désormais tout était perdu, perdu sans retour ; j'étais revenu à l'état ordinaire ; je croyais avoir nui à la femme la plus aimée, lui avoir causé un tort irréparable ; et ainsi cette malédiction, au lieu de se retirer de moi, était rentrée de mes lèvres dans mon cœur.

Tout cela bouillonnait à la fois dans mon sang échauffé par l'amour et par le délire, par le vin et par la danse ; tout cela brouillait mes idées, torturait mon cœur, de telle sorte que, le souvenir du bonheur de la veille s'y joignant, un désespoir infini s'empara de moi. Heureusement la lumière du jour m'apparut par une fente des volets ; et le soleil qui parut, vainqueur de toutes les puissances de la nuit, me remit sur mes pieds ; je fus bientôt en plein air, et promptement calmé, sinon guéri.

La superstition, ainsi que d'autres chimères, perd très aisément de sa force, quand, au lieu de flatter notre vanité, elle lui fait obstacle, et prépare des moments pénibles à cet être délicat ; nous nous apercevons alors que nous pouvons nous en défaire, dès que nous le voudrons ; et nous y renonçons avec d'autant plus de facilité, que l'objet que nous y dérobons nous est plus profitable. L'image de Frédérique, le sentiment de son amour, la gaîté qui régnait autour d'elle, tout me reprochait d'avoir pu, dans un jour de bonheur, accueillir en moi de si tristes oiseaux de nuit. Je crus les avoir mis en fuite pour toujours. Mon intimité croissante avec la charmante fille me rendit la gaîté ; et je m'estimai bien heureux, lorsque en nous quittant cette fois, elle me donna publiquement un baiser, comme aux autres amis et aux parents.

Toute sorte d'affaires et de distractions m'attendaient à la ville; je m'en arrachais pour me recueillir avec ma bien-aimée dans une correspondance désormais suivie avec régularité. Elle était la même dans ses lettres : soit qu'elle racontât une nouvelle, soit qu'elle fît allusion à des événements connus, qu'elle traçât une esquisse légère, ou qu'elle jetât une réflexion en passant, sa plume paraissait aller et venir, courir et sauter, avec la même légèreté et le même aplomb. J'aimais beaucoup aussi à lui écrire; car, en évoquant ses perfections, ma tendresse redoublait loin d'elle, et ce mode d'entretien ne le cédait en rien à une conversation véritable; il eut même pour moi dans la suite plus de charme et plus de prix.

La superstition avait nécessairement disparu. Elle prenait sa source, il est vrai, dans les impressions de mes premières années; mais l'esprit de l'époque, la fougue de la jeunesse, le commerce avec des hommes froids et sensés, tout lui était contraire; et je ne connaissais peut-être pas une seule personne à qui l'aveu de mes rêveries n'eût paru complètement ridicule. Mais ce qu'il y eut de fâcheux, ce fut que cette chimère, en me quittant, laissa après elle une appréciation vraie de la situation dans laquelle se trouvent les jeunes gens dont les inclinations précoces ne peuvent jamais se promettre un succès durable. Il me servit bien peu d'être tiré de mon erreur, puisque ma raison ne fit que me tourmenter davantage. Ma passion redoubla, à mesure que j'appréciai mieux le mérite de cette fille excellente; mais le temps approchait, où j'allais perdre tant d'amour et de bonté, peut être pour toujours.

Pendant quelque temps, nous avions mené ensemble une vie calme et heureuse, quand le camarade Weyland s'avisa d'apporter le vicaire de Wakefield à Sésenheim; et, quand il fut question d'en faire lecture, il me le présenta à l'improviste, comme un livre sans conséquence. Je gardai mon sang-froid, et je lus avec autant de bonne humeur et d'aisance que je pus. Les visages de mes auditeurs s'épanouirent..... Ils s'apercevaient eux-mêmes dans un miroir qui était loin de les enlaidir. Ils ne s'en faisaient pas l'aveu explicite; mais ils ne pouvaient pas s'empêcher de reconnaître qu'ils se trouvaient là avec des êtres de leur famille pour l'esprit et pour le cœur.

Tous les hommes bien organisés sentent, en avançant dans la vie, qu'ils ont deux rôles à jouer dans le monde, l'un réel et l'autre idéal; et c'est dans ce sentiment qu'il faut chercher la source de tout ce qui est noble. Quel est le rôle réel qui nous est départi, l'expérience ne nous le révèle que trop clairement. Nous sommes rarement éclairés sur le second.

Parmi les efforts les plus pardonnables pour élever un peu sa nature, pour atteindre au niveau des natures les plus élevées, il faut ranger la propension des jeunes gens à se comparer à des héros de romans. Cette propension est tout-à-fait innocente, et, quoi qu'on dise, elle nous occupe à une époque où nous serions réduits à périr d'ennui ou à chercher des distractions passionnées.

On ne cesse de répéter la litanie des effets funestes des romans. Et quel mal y a-t-il donc qu'une jolie jeune fille, ou un beau jeune homme se mette à la place d'un être plus heureux ou plus malheureux qu'ils ne le sont eux-mêmes? La vie sociale a-t-elle tant de prix, ou les besoins quotidiens absorbent-ils l'homme si complètement qu'il doive s'interdire toute noble ambition? Les noms de baptêmes historiques et poétiques qui, en dépit des ecclésiastiques baptiseurs, se sont glissés dans l'église allemande, à la place des saints, sont, il faut le reconnaître, les petits rejetons de ces fictions romanesques. Mais cette tendance même à anoblir son enfant par un nom sonore, n'eût-il pas d'autre mérite, cette tendance est louable; et cette association du monde imaginaire avec le monde réel répand sur toute la vie de la personne un reflet gracieux. Une belle jeune fille, que nous appelons avec plaisir par son nom de Berthe, nous croirions l'offenser en l'appelant Urselblandine. Certes, les lèvres d'un homme bien élevé se refuseraient à prononcer un pareil nom, à plus forte raison celles d'un amant. Ne blâmons pas les critiques froids et sévères, de tourner en ridicule et de condamner tout ce qui est empreint d'un caractère fantastique; mais le philosophe, qui connaît le cœur humain, doit savoir les estimer leur prix.....

Nous nous habituâmes de plus en plus à être ensemble; on

me regardait comme un membre de la société. On laissait aller les choses, sans se demander précisément ce qui en résulterait. Et quels parents ne se croient pas obligés de laisser pendant quelque temps leurs filles et leurs fils dans une situation flottante, jusqu'à ce que le hasard les établisse pour la vie, mieux que n'eût pu le faire un plan mûri de longue main?

On croyait pouvoir s'en rapporter entièrement aux principes de Frédérique, ainsi qu'à ma loyauté, dont on avait conçu une haute idée, après m'avoir vu me refuser scrupuleusement les caresses les plus innocentes. On s'abstenait de toute surveillance à notre égard, d'après la coutume du pays, et il nous était permis, en petite ou en grande compagnie, de parcourir la contrée et de visiter les connaissances du voisinage. Sur l'une et sur l'autre rive du Rhin, à Haguenau, à Port-Louis, à Philippsbourg, à Ortenau, je retrouvai séparément les personnes que j'avais vues réunies à Sésenheim; nous rencontrâmes partout un accueil bienveillant et hospitalier; et chacun nous ouvrit sa cuisine et sa cave, aussi bien que son jardin et ses vignobles, et que la campagne toute entière. Les îles du Rhin furent souvent alors le but de nos promenades sur l'eau....

Chaque moment du jour, chaque partie de l'année, dans ce superbe pays, remplissait le cœur d'émotions graves et sublimes. On n'avait qu'à s'abandonner à la sensation présente pour goûter cette clarté d'un ciel pur, cet éclat d'un sol riche, ces soirées tièdes, au côté de sa bien-aimée ou non loin d'elle. Pendant des mois entiers, nous eûmes des matinées pures et embaumées, où le soleil déployait toute sa magnificence, en abreuvant la terre d'une abondante rosée; et, pour varier le spectacle, des nuages s'amoncelaient souvent au-dessus des montagnes lointaines, tantôt dans une région, tantôt dans une autre. Ils demeuraient des jours, des semaines entières même, sans altérer la pureté du ciel; et les orages passagers rafraîchissaient la campagne, et embellissaient la verdure qui, de nouveau, brillait au soleil, tout humide encore. Un double arc-en-ciel et les bordures bicolores d'un ruban céleste d'un gris sombre, presque noir, me parurent les plus beaux, les plus colorés, les plus vifs, mais aussi les plus légers que j'aie jamais observés.

Sous ces influences, se réveilla tout-à-coup en moi la verve poétique que je n'avais pas ressentie depuis long-temps. Je composai, pour Frédérique, beaucoup de chansonnettes sur des airs connus. Elles auraient pu former un joli petit volume; il en est resté fort peu; on les reconnaîtra aisément au milieu de mes autres poésies.

Mes études de toute espèce et mes autres affaires m'obligeaient souvent de retourner à la ville; ces absences donnaient à notre tendresse une vie nouvelle, qui nous préservait de toutes les contrariétés, d'ordinaire inséparables de ces petites liaisons amoureuses. Loin de moi, elle travaillait pour moi, et elle méditait quelque divertissement nouveau pour mon retour; loin d'elle, je m'occupais pour elle, afin de lui paraître nouveau, par de nouveaux présents, par une nouvelle inspiration. Les rubans peints commençaient alors à être à la mode; je lui en peignis plusieurs, et je m'empressai de les lui envoyer avec un petit poème, parce que je devais cette fois tarder plus que je ne l'avais pensé...

Notre amour eut une épreuve à subir; je dis une épreuve, bien que ce ne soit pas le mot propre. Cette famille des champs à laquelle je m'étais attaché, avait à la ville des parents qui vivaient dans la considération et dans l'aisance. Les jeunes gens de ces maisons venaient souvent à Sésenheim. Les personnes âgées, mères et tantes, qui ne se remuaient pas aussi aisément, entendaient faire tant de récits de la vie qu'on y menait, de la grâce croissante des demoiselles, de mon influence même, qu'elles voulurent d'abord me connaître; et après plusieurs visites de ma part, où elles m'accueillirent fort bien, elles désirèrent nous voir une fois tous ensemble; elles croyaient d'ailleurs avoir des politesses à rendre aux habitants de Sésenheim.

La négociation dura long-temps. La mère avait peine à quitter son ménage. Olivia avait en horreur la ville pour laquelle elle n'était pas faite; Frédérique était peu disposée à y aller; et l'affaire traîna en longueur, jusqu'à ce qu'une circonstance la décida; il me fut impossible de me rendre à la campagne pendant toute une quinzaine, et l'on aima mieux se voir à la ville, et avec quelque gêne, que de ne pas se voir du tout. Je trouvai donc mes jeunes amies, que j'étais habitué à ne voir que sur une scène champêtre, et dont l'image ne m'était apparue que sur un fond de rameaux qui tremblent, de ruisseaux qui coulent, de prairies aux fleurs qui s'inclinent, dans un horizon à perte de vue; je les vis pour la première fois dans des salons de ville, vastes sans doute, mais étroits pour elle, au milieu de tapis, de glaces, de pendules et de magots en porcelaine.

Le sentiment qu'on éprouve pour ceux qu'on aime est si vif, que le milieu où ils sont ne le modifie que faiblement; mais le cœur exige du moins le milieu approprié, naturel, accoutumé. La vivacité avec laquelle le présent m'affecte, me fit péniblement sentir les discordances du moment. La tenue décente, calme et noble de la mère, était tout-à-fait en harmonie avec cette société; elle ne se distinguait pas des autres femmes; Olivia, en revanche, paraissait impatiente, comme un poisson sur la grève. De même qu'ordinairement elle m'appelait dans le jardin, ou, si nous étions dans les champs, m'attirait à l'écart, quand elle avait quelque chose à me dire en particulier, de même alors, elle m'entraînait dans une embrasure de croisée; elle le faisait gauchement, il est vrai, sentant bien qu'elle blessait les convenances, mais elle ne le faisait pas moins. Elle avait à me dire la chose du monde la plus insignifiante, rien que je ne susse déjà; qu'elle souffrait horriblement, qu'elle aurait voulu être au bord du Rhin, au-delà du Rhin, en Turquie même. Quant à Frédérique, elle était extrêmement remarquable dans cette circonstance. A vrai dire, elle n'était pas moins déplacée que sa sœur; mais ce qui témoignait en faveur de son caractère, c'était qu'au lieu de s'accommoder à la situation, elle modelait sans le savoir la situation d'après elle. Elle se conduisait à l'égard de la société, comme elle faisait à la campagne. Elle savait animer chaque moment. Elle mettait tout en mouvement, sans gêner personne, et par là elle mettait à l'aise la société qui ne peut être gênée que par l'ennui. Elle satisfit complètement de la sorte le vœu des tantes de la ville, qui avaient désiré être une fois témoins, sur leurs canapés, de ces jeux et de ces divertissements champêtres, dont on leur avait tant parlé. Après cela, elle examinait et elle admirait, mais sans envie, la garde-robe, les parures, et tout le luxe des nièces de la ville, habillées à la française. Elle était également à son aise avec moi, et elle me traitait comme d'habitude. Elle semblait ne m'accorder qu'une préférence : elle adressait ses désirs et ses vœux à moi plutôt qu'à un autre, et elle me reconnaissait en conséquence comme son serviteur.

Un des jours suivants, elle invoqua ses droits avec assurance, en me communiquant le désir que ces dames avaient exprimé de m'entendre lire. Les demoiselles de la maison avaient beaucoup parlé de mes lectures ; car à Sésenheim, je lisais tout ce qu'on voulait et toutes les fois qu'on voulait. J'y consentis sur-le-champ, seulement je réclamai quelques heures de tranquillité et d'attention. On me les accorda, et dans la soirée, je lus Hamlet d'un bout à l'autre, en me pénétrant de mon mieux du sens de la pièce, et en mettant dans mon débit une vivacité et une passion juvéniles. Je fus fort applaudi. Frédérique avait de temps en temps poussé de profonds soupirs, et une rougeur passagère avait coloré ses joues. Ces deux indices d'un cœur tendre et intérieurement ému, au milieu de sa gaîté apparente et de sa tranquillité extérieure, ne m'étaient pas inconnus ; et c'était la seule récompense à laquelle j'aspirasse. Elle recueillit avec joie les remercîments qu'elle reçut pour avoir provoqué cette lecture ; et elle ne se refusa pas, avec sa gentillesse ordinaire, la petite vanité d'avoir brillé en moi et par moi.

Cette visite à la ville ne devait pas être longue, mais le départ fut retardé. Frédérique fit tout son possible pour amuser la société ; je ne négligeai rien non plus dans ce but ; mais les abondantes ressources qui sont si fécondes à la campagne, tarirent bientôt à la ville, et la situation devint très pénible, l'aînée ayant fini peu à peu par perdre la tête. Les deux sœurs étaient les seules de la société qui fussent habillées à l'allemande. Frédérique ne s'était jamais imaginée autrement, et elle se croyait présentable partout sous ce costume. Elle ne se comparait à personne ; mais Olivia ne pouvait pas supporter de paraître habillée en servante, dans une société qui paraissait si distinguée. A la campagne, elle ne faisait guère attention, dans les autres, à la toilette de la ville ; elle ne la désirait pas ; mais à la ville, elle ne pouvait pas souffrir celle de la campagne.

Tout cela, avec les autres avantages des dames de la ville, avec les mille riens d'une existence toute opposée, fermenta tellement, pendant plusieurs jours, dans son cœur passionné, qu'il me fallut lui prodiguer toute sorte d'attentions tendres, afin de la calmer, selon le désir de Frédérique. Je craignais une scène violente. Je vis le moment où elle allait se jeter à mes pieds, et me conjurer, par tout ce qu'il y a de saint, de la sauver de cette situation. Elle était un ange de bonté quand elle était libre d'agir à sa fantaisie ; mais une contrainte comme celle-là lui causait aussitôt un profond malaise, et pouvait la pousser au désespoir. J'essayai de hâter ce que la mère et Olivia désiraient, et ce qui ne répugnait pas à Frédérique. Je ne manquai pas de féliciter cette dernière de n'avoir pas fait comme sa sœur ; je lui dis combien j'étais charmé de la trouver toujours la même, et aussi libre dans cette société que l'oiseau sur la branche. Elle fut assez aimable pour répondre que j'étais là, qu'elle était partout heureuse quand j'étais auprès d'elle.

Je les vis partir enfin, et mon cœur fut soulagé ; car j'avais sympathisé avec la situation de Frédérique et d'Olivia ; je n'éprouvais pas, sans doute, d'aussi vives angoisses que celle-ci, mais je n'étais pas aussi tranquille que celle-là.

Goethe passe sa thèse à Strasbourg, le 6 août 1771. Plusieurs personnes qui s'intéressent à lui, l'engagent à cultiver l'histoire et le droit public, et lui offrent pour perspective une chancellerie allemande à Versailles.

. . . . . Je vais expliquer ici comment tous ces projets ont avorté, et comment il est arrivé que j'ai quitté la France pour me retourner du côté de l'Allemagne. . . . .

Il y a bien peu de biographies qui puissent retracer un progrès pur, calme et constant de l'individu. Notre vie est comme le tout dans lequel nous sommes contenus, un composé incompréhensible de liberté et de nécessité. Nos désirs sont un présage de ce que nous accomplirons au milieu de toute espèce de circonstances. Mais ces circonstances nous saisissent suivant leur mode particulier. Le *quoi* est en nous ; le *comment* dépend rarement de nous ; nous ne devons pas rechercher le *pourquoi*.....

J'aimais la langue française dès le bas âge... Sans grammaire et sans maître, par la conversation et par la seule pratique, elle m'était devenue familière comme une autre langue maternelle. Je désirais alors y acquérir une facilité plus grande, et, comme seconde résidence scolaire, je préférai Strasbourg aux autres universités ; mais, hélas ! je devais y éprouver le contraire de ce que j'avais espéré, et être éloigné de la langue et des mœurs françaises, au lieu d'être attiré vers elles.

Les Français, qui sont généralement polis, sont indulgents à l'égard des étrangers qui commencent à parler leur langue ; vous ne les verrez jamais les railler pour une faute de langage, ni les en blâmer expressément. Toutefois, comme les atteintes portées à leur idiome les blessent, ils ont l'habitude de répéter l'idée sous une autre forme, et pour ainsi dire de la confirmer poliment, mais de se servir, en le faisant, de l'expression propre qu'on aurait dû employer, et d'indiquer ainsi la bonne voie aux personnes intelligentes et attentives.

Quelque profitable que soit ce procédé pour un homme qui veut s'instruire, et qui a assez d'abnégation pour descendre au rôle d'écolier, il a néanmoins quelque chose d'humiliant ; occupé comme on l'est du sujet dont on parle, on se trouve trop souvent interrompu, distrait ; on s'impatiente, et on laisse tomber la conversation. Cela m'arrivait à moi plus qu'à personne ; je croyais toujours exprimer quelque chose d'intéressant ; et j'aurais voulu, en revanche, une réponse un peu significative, et non pas toujours une simple rectification de l'expression, ce qu'on se permettait souvent à mon égard, mon français étant beaucoup plus bigarré que celui d'aucun autre étranger. J'avais retenu les locutions et les intonations des domestiques, des valets de chambre et des sentinelles, des comédiens jeunes et vieux, des jeunes premiers, des paysans et des héros de théâtre ; et cet idiome de Babel allait se compliquer encore davantage par le mélange d'un singulier ingrédient ; car j'allais entendre les prédicateurs protestants français, et je visitais leurs temples avec plaisir, parce que ces visites me faisaient faire une promenade, le dimanche, à Bockenheim. Ce n'est pas tout ; comme l'Allemagne du 16e siècle m'intéressait toujours davantage, je ne faillai pas à comprendre dans cette prédilection la France de cette grande époque. Montaigne, Amyot, Rabelais, Marot étaient mes amis, et excitaient ma sympathie et mon admiration. Tous ces éléments divers faisaient de mon langage un véritable chaos ; le sens de mes paroles échappait le plus souvent à mon interlocuteur, à cause de leur étrangeté, et le Français le mieux élevé ne pouvait pas me reprendre avec politesse, mais il était obligé de me blâmer formellement et de me donner des leçons...

Peut-être me serais-je résigné, si un mauvais génie ne m'avait soufflé à l'oreille que tous les efforts d'un étranger pour parler la langue française seraient toujours stériles ; qu'une oreille exercée reconnaissait un Allemand, un Italien, un Anglais sous son travestissement français ; qu'on pourrait être toléré, mais non accueilli dans le sein de l'église hors de laquelle il n'y a point de beau langage.

... De la langue, nous nous tournâmes vers la politique. Nous n'avions guère sujet, sans doute, de vanter notre constitution allemande ; nous reconnaissions qu'elle ne se composait que d'abus légaux ; mais par cela même elle était bien supérieure à la constitution française d'alors, qui était une complication d'abus illégaux, où le gouvernement n'employait son énergie qu'à contre-temps, et ne pouvait empêcher qu'on n'annonçât déjà publiquement, sous les plus noires couleurs, une révolution radicale.

En revanche, si nous regardions vers le Nord, nous voyions luire Frédéric, l'étoile polaire, autour de laquelle l'Allemagne, l'Europe, le monde même, semblaient tourner. Sa supériorité en toute chose éclata notamment lors de l'introduction dans les armées françaises de l'exercice à la prussienne et même du bâton prussien. Nous lui pardonnions d'ailleurs sa prédilection pour une langue étrangère, satisfaits que nous étions de voir ses poètes, ses philosophes et ses littérateurs français continuer à lui causer du tourment, et déclarer maintes et maintes fois qu'il ne devait être après tout considéré et traité que comme un intrus.

Mais ce qui nous éloignait des Français plus que tout le reste, c'était l'allégation impolie qu'ils ne cessaient de reproduire, que les Allemands en général manquaient de goût, et Frédéric lui-même, en dépit de ses prétentions à la culture française. Nous voulûmes nous consoler, par le dédain, de cette sentence, qui se joignait, comme un refrain, à tous les jugements; mais nous avions beaucoup de peine à nous l'expliquer; car, comme nous l'entendions dire, Ménage avait déjà affirmé que les écrivains français possédaient toutes les qualités, excepté le goût; et l'on nous apprenait aussi du Paris contemporain que les auteurs modernes en masse manquaient de goût, que Voltaire lui-même ne pouvait pas échapper complètement à ce blâme suprême. Déjà, antérieurement et à diverses reprises, ramenés vers la nature, nous ne voulions admettre que la vérité et la sincérité du sentiment, et l'expression vive et énergique qu'il revêt.

> L'amitié, l'amour, la fraternité,
> Ne se produisent-ils pas d'eux-mêmes?

C'était là la devise, le cri de guerre, par lequel les membres de notre petite troupe universitaire avaient coutume de se reconnaître et de s'encourager. Cette maxime régnait dans nos régals en commun, où, je dois le dire, *Vetter Michel* (1), ce brave Allemand que tout le monde connaît, ne manquait pas de nous visiter.

Si, dans ce court exposé, on ne voit que des causes extérieures fortuites et des circonstances personnelles, j'ajouterai que la littérature française avait certaines qualités, faites pour repousser, et non pour attirer un jeune homme ardent. Elle était vieille et distinguée; et, à ces deux titres, elle ne pouvait pas séduire la jeunesse qui cherche autour d'elle la liberté et la vie.

Depuis le 16e siècle on n'avait jamais vu la littérature française interrompue dans sa marche. Même les troubles inté-

---

(1) Ou le *Cousin Michel*, type allemand.

sieurs, politiques et religieux aussi bien que les guerres étrangères, avaient hâté ses progrès; mais, comme on le disait généralement, il y avait plus d'un siècle qu'elle avait jeté son éclat le plus vif. Au milieu de circonstances favorables, une riche moisson avait mûri tout-à-coup, et avait été heureusement récoltée; de telle sorte que les plus grands talents du dix-huitième siècle devaient se résigner modestement à glaner.

Cependant, bien des choses avaient vieilli, la comédie, la première. La comédie avait été obligée de se renouveler sans cesse, pour s'adapter, moins parfaite sans doute, mais douée d'un intérêt nouveau, à la vie et aux mœurs de l'époque. Quant aux tragédies, beaucoup avaient disparu du théâtre, et Voltaire n'avait pas laissé échapper la belle occasion qui s'était offerte à lui d'une édition des œuvres de Corneille, pour montrer les nombreuses imperfections d'un devancier, que, d'après l'opinion commune, il n'avait pas atteint.

Et ce Voltaire lui-même, la merveille de son siècle, était suranné comme cette littérature, à laquelle, pendant près d'un siècle, il avait donné la vie et la loi. Auprès de lui existaient et végétaient encore, à un âge plus ou moins actif, plus ou moins heureux, beaucoup de littérateurs qui peu à peu disparurent. L'influence de la société sur les écrivains devenait chaque jour plus puissante; car la bonne compagnie, composée de personnes de naissance, de rang et de fortune, choisissait la littérature pour une de ses principales occupations; et celle-ci était devenue par là sociable et distinguée. Les personnes de distinction et les littérateurs se formaient réciproquement, et ils devaient réciproquement se gâter; car tout ce qui est distingué est exclusif de sa nature, et la critique française était aussi devenue exclusive, négative, dédaigneuse et médisante. La haute classe jugeait les écrivains avec cet esprit; les écrivains, avec un peu moins de décence, se conduisaient semblablement entre eux, et même avec leurs protecteurs; si l'on ne pouvait pas imposer au public, on essayait de le surprendre, ou de le gagner par l'humilité; et de là résulta, toute abstraction faite des commotions intérieures de l'église et de l'état, une telle fermentation littéraire, que Voltaire lui-même avait besoin de son activité immense et de toute sa supériorité, pour ne pas être emporté par le torrent de la négation universelle. Déjà on l'appelait tout haut un vieil enfant capricieux ; ses travaux infatigables et persévérants étaient considérés comme les efforts stériles d'un vieillard épuisé ; on ne voulait plus admettre ni respecter certains principes qu'il avait soutenus durant sa vie entière, et à la propagation desquels il avait voué son existence ; son Dieu, par le culte duquel il continuait à faire divorce avec l'athéisme, on le lui contestait ; et lui-même, le grand père et le patriarche, était obligé, comme les plus jeunes parmi ses concurrents, d'épier le moment, de courir après une faveur nouvelle, d'être trop bon pour ses amis, trop méchant pour ses ennemis, et, sous l'apparence d'un zèle passionné et sincère, d'agir sans franchise et sans vérité. Etait-ce donc la peine d'avoir mené une vie si active et si grande, pour la finir d'une manière plus dépendante qu'on ne l'avait commencé ? Ce qu'un pareil état de choses avait d'insupportable, n'échappait pas à sa haute intelligence et à sa sensibilité délicate : par moments il se déchargeait le cœur en prenant des élans subits, lâchait la bride à son humeur, et poussait quelques bottes violentes qui, le plus souvent, faisaient grimacer à la fois ses amis et ses ennemis ; car chacun croyait pouvoir le regarder d'en haut, bien que personne ne fût de sa taille. Un public qui n'entend jamais que des jugements de vieillards, acquiert aisément la prudence de la vieillesse ; et il n'y a rien de pire, que des jugements mûrs dans un esprit qui ne l'est pas.

Pour nous, jeunes hommes qui, dans notre amour germanique pour la nature et pour la vérité, avions toujours devant les yeux la loyauté envers nous-mêmes et envers les autres, comme le meilleur guide dans la vie et dans l'étude, la déloyauté partiale de Voltaire et le travestissement de tant d'objets respectables nous révoltaient de plus en plus, et notre antipathie pour lui augmentait chaque jour. Sous prétexte d'attaquer les prêtres, comme il disait, il croyait ne pouvoir jamais assez dénigrer la religion et les livres saints sur lesquels elle s'appuie ; et il m'avait ainsi péniblement affecté. Mais quand j'appris que, pour discréditer la tradition d'un déluge, il niait tous les coquillages fossiles, et qu'il n'y voyait que des jeux de la nature, il perdit entièrement ma confiance; car l'évidence m'avait montré assez clairement sur la montagne de Basch, que je me trouvais sur un ancien lit desséché de la mer, au milieu des dépouilles de ses habitants primitifs. Oui, ces montagnes avaient été autrefois couvertes par les eaux; était-ce avant ou pendant le déluge, cela m'importait fort peu; mais enfin la vallée du Rhin avait été un lac immense, un golfe à perte de vue; on ne pouvait pas m'ôter cette conviction. Je ne fus que plus résolu à étudier avec soin les terres et les montagnes, quel que fût le résultat que je dusse obtenir.

La littérature française était donc vieille et distinguée, en elle-même et dans la personne de Voltaire. Faisons encore quelques réflexions sur cet homme remarquable :

La vie active et sociale, la politique, le profit en grand, l'intimité des maîtres du monde, et l'exploitation de cette intimité pour devenir lui-même un des maîtres du monde; tel fut de bonne heure le but des vœux et des efforts de Voltaire. Personne ne s'est fait dépendant avec autant de facilité pour être indépendant. Il réussit à subjuguer les esprits; sa nation fut à lui.

En vain ses adversaires déployèrent des talents médiocres et une haine immense; rien ne put l'atteindre. Il ne put pas, il est vrai, gagner les bonnes grâces de la cour de France; mais en revanche, des rois étrangers furent ses tributaires. Catherine et Frédéric-le-Grand, Gustave de Suède, Christian de Danemarck, Poniatowski de Pologne, Henri de Prusse, Charles de Brunswick, se reconnurent ses vassaux; des papes eux-mêmes crurent devoir le flatter par quelques condescendances. L'éloignement de Joseph II pour lui fut loin de faire honneur à ce prince; si ce dernier eût joint à une raison si ferme, et à des sentiments si élevés, un peu plus d'esprit et une meilleure appréciation des choses intellectuelles, lui et ses entreprises ne s'en seraient pas mal trouvés.

Ce que j'expose ici en abrégé, et avec une certaine suite, retentissait alors stérilement et confusément à nos oreilles, comme le cri du moment, comme une cacophonie incessante. On n'entendait jamais que les louanges des ancêtres. On démandait du bon et du neuf; mais quand on présentait du neuf, on n'en voulait pas. A peine sur la scène, depuis long-temps glacée, un patriote avait-il fait paraître des sujets nationaux, palpitants; à peine le *Siége de Calais* avait-il obtenu un succès d'enthousiasme, que la pièce patriotique, avec ses pareilles, fut trouvée creuse et détestable de tous points. Les tableaux de mœurs de Destouches, qui m'avaient tant diverti étant petit garçon, étaient déclarés faibles; le nom de ce digne homme était oublié; et combien d'autres écrivains ne pourrais-je pas nommer, au sujet desquels on m'avait reproché de juger en provincial, lorsqu'en présence de ceux qui étaient emportés par le moderne courant littéraire, j'exprimais la moindre sympathie pour eux et pour leurs ouvrages?

Nous étions chaque jour plus désenchantés, nous autres jeunes Allemands. D'après nos principes, d'après notre nature particulière, nous aimions à retenir les impressions des objets, à les élaborer lentement...... Nous étions convaincus que, par une attention sincère, par une application soutenue, on découvre quelque chose dans chaque objet.... Nous ne méconnaissions pas non plus que cette grande et belle société française nous offrait bien des avantages, bien des richesses; car Rousseau nous avait tout-à-fait séduits. Mais, si nous considérions sa vie et sa destinée, il avait été réduit, pour récompense suprême de ses travaux, à vivre à Paris, inconnu et oublié.

Quand nous entendions parler des encyclopédistes, et que nous ouvrions un volume de leur immense ouvrage, il faisait sur nous le même effet qu'on éprouve, quand, dans une grande manufacture, on passe au milieu de broches et de métiers innombrables en mouvement; et que ce tintamarre et ce fracas, ce mécanisme qui trouble les yeux et l'esprit, le problème d'un établissement où tout s'enchevêtre avec une variété infinie, la pensée de tout ce qu'il faut pour préparer une pièce de drap, font prendre en dégoût l'habit même qu'on porte sur le corps.

Diderot avait assez d'affinité avec nous; car, en tout ce que les Français reprennent en lui, c'est un véritable Allemand. Mais son point de vue était trop élevé, son horizon trop large, pour que nous pussions nous ranger auprès de lui. Ses enfants de la nature, toutefois, qu'il relève et qu'il anoblit avec une rare éloquence, nous plurent beaucoup; ses braves contrebandiers et braconniers nous ravirent; et, dans la suite, cette engeance n'a que trop pullulé sur le parnasse allemand. Ce fut encore lui qui, ainsi que Rousseau, propagea le discrédit de la vie sociale, préparation secrète à ces révolutions terribles dans lesquelles on put croire que tout ce qui existait allait périr. Mais nous laissons là ces considérations, pour signaler l'influence que ces deux hommes ont exercée sur l'art dramatique. Là encore, ils nous servirent de guides, et, de l'art, ils nous ramenèrent à la nature.

Le grand problème à résoudre, c'est de produire, par l'apparence, l'illusion d'une réalité supérieure. Mais c'est faire fausse route que de réaliser l'apparence, de manière à ne laisser, à la fin, qu'une réalité vulgaire.

Par l'application des lois de la perspective aux coulisses disposées les unes derrière les autres, la scène avait, comme lien idéal, atteint la plus grande perfection; et voici que, de gaîté de cœur, on voulait renoncer à ces résultats, fermer les côtés de la scène, et former ainsi de véritables murs d'appartement. La pièce elle-même, le jeu des acteurs, tout devait se mettre en harmonie avec un local pareil, et un théâtre nouveau devait en sortir.

Les acteurs français avaient atteint, dans la comédie, le plus haut degré de vérité artistique. Le séjour à Paris, l'observation des mœurs des courtisans, les liaisons amoureuses des acteurs et des actrices avec les rangs les plus élevés, tout concourait à transplanter, pour ainsi dire, sur la scène l'élégance et les belles manières du grand monde; et les amis de la nature trouvaient peu à reprendre dans leur jeu. Mais ils crurent accomplir un grand progrès, en choisissant pour leurs pièces des sujets sérieux et tragiques, dont la vie ordinaire ne manque pas, en employant la prose dans un genre plus relevé, et en bannissant peu à peu les vers qui ne sont pas naturels, ainsi que la déclamation et les gestes tragiques, également hors de la nature.

C'est une chose très digne d'attention, et qui n'a pas été

assez généralement remarquée, qu'à cette époque même la vieille tragédie, la tragédie sévère, soumise au rythme et aux règles de l'art, fut menacée d'une révolution qui ne put être conjurée que par de grands talents et par la puissance de l'habitude.

L'acteur Le Kain, qui jouait ses héros avec une grâce théâtrale toute particulière, avec élévation, aisance, énergie, et qui se tenait éloigné de la nature et de la vie ordinaire, vit surgir à côté de lui un nommé Aufresne, qui déclara la guerre à tout ce qui n'est pas naturel, et qui, dans son jeu tragique, essaya d'exprimer la vérité la plus haute. Ce système n'était pas en harmonie, sans doute, avec celui du personnel dramatique de Paris. Il demeura isolé, les autres s'unirent étroitement; et lui, s'opiniâtrant dans ses idées, préféra quitter Paris, et passa par Strasbourg. Ce fut dans cette ville que nous le vîmes jouer le rôle d'Auguste dans *Cinna*, celui de Mithridate et quelques autres du même genre, avec la dignité la plus vraie et la plus naturelle. Il était grand, beau, plus élancé que fort; il avait l'air sinon imposant, du moins noble et agréable. Son jeu était réfléchi et calme, sans être froid, et assez énergique au besoin. C'était un artiste très exercé, et l'un de ces rares talents qui savent transformer complètement l'art dans la nature et la nature dans l'art. Ces talents mal compris font infailliblement surgir la doctrine du faux naturel.

Je mentionnerai encore un opuscule qui fit une vive sensation; le *Pygmalion* de Rousseau. Il y aurait beaucoup à dire sur ce sujet ; car cette production singulière, oscille, pour ainsi dire, entre la nature et l'art, avec la fausse prétention de résoudre celui-ci dans celle-là. Nous y voyons un artiste qui a achevé l'œuvre la plus parfaite, et qui néanmoins n'est pas satisfait d'avoir exprimé son idée hors de lui, suivant les règles de l'art, et de lui avoir donné la plus haute existence; il veut encore la faire descendre jusqu'à lui dans l'existence terrestre. Il détruira ce que l'intelligence et le travail ont produit de plus sublime, par l'acte sensuel le plus vulgaire.

Tous ces systèmes, et bien d'autres encore, justes ou extravagants, vrais en totalité ou à demi, à l'influence desquels nous étions exposés, contribuèrent encore à confondre nos idées ; nous nous perdîmes dans mille écarts, dans mille détours ; et c'est ainsi que de plusieurs côtés se préparait cette révolution littéraire de l'Allemagne, dont nous avons été témoins, et à laquelle, bon gré mal gré, sciemment ou à notre insu, nous avons coopéré puissamment.

Nous n'avions pas la moindre envie d'être éclairés en matière de philosophie ; nous croyions nous être suffisamment instruits sur les questions religieuses ; et le violent démêlé des philosophes français avec les prêtres nous était assez indifférent. Des livres défendus et condamnés aux flammes, qui firent alors un grand scandale, produisirent peu d'effet sur nous. Je me bornerai à citer le *Système de la nature*, que nous ouvrîmes par curiosité. Nous ne comprîmes pas comment un pareil livre pouvait être dangereux. Il nous parut si décoloré, si glacé, si cadavéreux, que nous eûmes peine à soutenir sa vue, et que nous tremblâmes devant lui comme devant un spectre. L'auteur crut recommander son livre, en déclarant dans la préface que, vieillard épuisé et sur le point de descendre dans la tombe, il voulait annoncer la vérité à ses contemporains et à la postérité.

Cela nous fit rire de pitié ; car nous crûmes avoir remarqué que ce que les vieilles gens apprécient le moins dans le monde, ce sont justement les belles et bonnes choses qu'il renferme. « Les vieilles églises ont des vitres ternes ; demandez aux enfants et aux moineaux le goût des cerises et des groseilles. » Nous nous plaisions à répéter ces proverbes ; et ce livre, vraie quintessence de la vieillesse, nous parut insipide et absurde. Tout aurait été nécessaire, et par conséquent il n'y avait point de Dieu. Mais Dieu ne pouvait-il pas être nécessaire ? C'est ce que nous nous demandions. Nous reconnaissions bien que nous ne pouvions guère nous soustraire aux nécessités des jours et des nuits, des saisons, des influences du climat, des lois physiques et physiologiques ; pourtant nous sentions quelque chose en nous, qui nous apparaissait comme une volonté libre, et quelque autre chose qui cherchait à se mettre en équilibre avec cette volonté.

Nous ne pouvions pas renoncer à l'espoir de devenir toujours plus raisonnables, de nous rendre de plus en plus indépendans des objets extérieurs et de nous-mêmes. Le mot de liberté est si séduisant, que nous ne pouvions pas le sacrifier, dût-il exprimer une erreur.

Aucun de nous n'a lu ce livre jusqu'au bout; car nous nous trouvions trompés dans l'attente qui nous l'avait fait ouvrir. On nous annonçait un système de la nature, et nous espérions en conséquence quelques révélations sur la nature, notre idole. La physique et la chimie, l'astronomie et la géographie, l'histoire naturelle et l'anatomie, et bien d'autres sciences, nous avaient, depuis bien des années, et surtout dans les derniers temps, rappelé sans cesse à l'immense et brillant univers; et nous aurions aimé à trouver des explications détaillées et générales à la fois sur les soleils et sur les étoiles, sur les planètes et sur les lunes, sur les montagnes et sur les vallées, sur les mers et sur les fleuves, sur tout ce qui y vit et qui s'y meut.

Nous n'avions pas le moindre doute que ce livre ne contînt bien des choses que le commun des hommes pouvait juger nuisible, le clergé, dangereux, et l'état, intolérable; et nous espérions qu'il sortirait triomphant de l'épreuve du feu. Mais quel vide affreux nous sentîmes en nous, au milieu de ce triste crépuscule de l'athéisme, où la terre disparaissait avec toutes ses créatures, et le ciel avec toutes ses étoiles! Il y aurait eu une matière en mouvement de toute éternité, et, par ce mouvement à droite et à gauche, et dans tous les sens, elle produisait toute seule les phénomènes infinis de l'existence. Nous aurions été satisfaits, peut-être, si l'auteur, avec sa matière en mouvement, avait en effet reconstruit le monde sous nos yeux. Mais il semblait n'en savoir sur la nature pas plus que nous-mêmes; car, après avoir posé quelques principes généraux, il les abandonnait sur-le-champ, pour transformer ce qui apparaît comme plus élevé que la nature, ou comme une nature supérieure dans la nature même, en une nature matérielle, lourde, en mouvement, il est vrai, mais du moins sans direction et sans forme; et il croyait avoir beaucoup gagné à cela.

Si pourtant ce livre nous a fait quelque tort, c'est seulement celui de nous avoir brouillé pour toujours avec la philosophie, et surtout avec la métaphysique ; en revanche, nous nous sommes attaché avec plus de vivacité et d'ardeur à la science vivante, à l'expérience, à l'action et à la poésie.

C'est ainsi qu'à la frontière de la France, nous rompîmes tout d'un coup et complètement avec l'esprit français. Nous trouvâmes la vie des Français trop arrêtée et trop distinguée, leur poésie froide, leur critique négative, leur philosophie obscure et inacceptable : et nous allions nous abandonner, au moins par forme d'essai, à la nature inculte, si une autre influence ne nous eût pas, depuis long-temps, préparés à des vues philosophiques et à un sentiment littéraire plus élevés, plus libres, et non moins vrais que poétiques, et ne nous eût pas dominés, d'abord en secret et avec modération, puis toujours plus ouvertement et avec une énergie croissante.

Ai-je besoin de dire qu'il s'agit ici de Shakspeare ? Après cette déclaration, je n'ai rien à ajouter. Shakspeare est admiré des Allemands plus que des autres peuples. Nous lui avons abondamment prodigué toute la justice, toute l'équité, tous les ménagements que nous nous refusons entre nous ; des hommes de mérite se sont appliqués à faire paraître ses qualités sous le jour le plus favorable ; et j'ai toujours souscrit avec joie à tout ce qu'on a dit à sa louange et en sa faveur, ou pour son apologie. J'ai déjà retracé l'influence que ce génie extraordinaire a exercé sur moi, et j'ai fait sur ses travaux un essai qu'on a goûté ; et ainsi cette déclaration générale peut suffire pour le moment ; je me réserve de communiquer à mes amis d'autres réflexions, que j'ai été tenté d'insérer ici.

Je dirai seulement aujourd'hui comment je le connus. Ce fut à Leipsick ; bien jeune encore, les *Beauties of Shakspeare* (1), de Dodd, me tombèrent sous la main. Quoi qu'on puisse alléguer contre de pareils recueils qui mutilent les auteurs, ils produisent néanmoins de bons résultats. Nous ne sommes pas toujours assez préparés ni assez intelligents, pour pouvoir nous assimiler une œuvre toute entière, selon son prix. Ne soulignons-nous pas dans un livre certains passages qui se

---

(1) Beautés de Shakspeare.

rapportent directement à nous ? Des jeunes gens surtout, dont la culture est incomplète, sont heureusement excités par des morceaux saillants; et l'époque que cet ouvrage a marquée pour moi, est encore à mes yeux une des plus belles de ma vie. Ces qualités sublimes, ces grandes pensées, ces peintures frappantes, ces traits d'*humour*, tout cela me causa des impressions variées et puissantes.

Alors parut la traduction de Wieland. Elle fut dévorée, puis communiquée et recommandée aux amis intimes et aux connaissances; nous avons le bonheur en Allemagne de posséder plusieurs grands ouvrages étrangers traduits dans notre langue avec facilité et avec goût. Shakspeare traduit en prose, d'abord par Wieland, puis par Eschenburg, a pu se répandre avec promptitude comme un livre populaire et à la portée de tous les lecteurs, et produire une grande sensation. Je fais grand cas du rhythme et de la rime, sans lesquels il n'y a pas de poésie; mais ce qui, dans le poète, produit l'effet profond et essentiel, ce qui forme et ce qui instruit véritablement, c'est ce qui reste de lui, après qu'il a été traduit en prose. Alors demeure dans toute sa pureté le fond, dont un extérieur éblouissant peut souvent dissimuler l'absence, et dont il cache aussi la réalité. Je considère donc les traductions en prose comme plus avantageuses que les traductions en vers, au commencement de l'éducation de la jeunesse; car on peut remarquer que les jeunes écoliers, qui se font un jeu de tout, s'amusent du son des mots; de la chûte des syllabes, et, parodistes espiègles, dénaturent le fond intime de l'œuvre la plus belle.............
Je citerai, à l'appui de ma proposition, la traduction de la Bible de Luther; car cet excellent homme, en nous offrant dans notre langue, comme fondu dans un seul moule, un ouvrage composé avec les styles les plus divers et dont le ton est tour-à-tour poétique, historique, législatif et didactique, a mieux servi la cause de la religion, que s'il eût essayé de reproduire en détail les beautés particulières de l'original. C'est en vain qu'on a essayé plus tard de nous faire goûter les livres de Job, les Psaumes et les autres poèmes dans leur forme poétique. Pour la foule, sur laquelle on veut

agir, une traduction courante est toujours la meilleure. Ces traductions critiques qui rivalisent avec l'original, ne servent qu'à récréer entre eux les érudits.

Ainsi, dans la traduction et dans l'original, par les fragments et par l'ensemble, par des passages et par des extraits, Shakspeare exerça une telle influence sur notre société de Strasbourg, que, de même qu'il y a des hommes forts sur la Bible, nous devînmes peu à peu très forts sur Shakspeare; nous imitions dans nos conversations les qualités et les défauts de son temps qu'il nous fait connaître; nous nous délections de ses *Quibbles*, et par la traduction de ces facéties, par des saillies originales même, nous rivalisions avec lui. Je ne contribuai pas peu à ce résultat, par mon enthousiasme qui surpassait encore celui des autres. L'aveu spontané, qu'un génie supérieur planait au-dessus de moi, fut contagieux pour mes amis, et ils furent tous entraînés. Nous reconnaissions qu'il était possible d'étudier, de comprendre plus à fond de pareilles œuvres, de les juger avec discernement; mais nous réservions cette étude pour plus tard; tout ce que nous voulions pour le moment, c'était une sympathie joyeuse et une imitation vivante; et, au milieu de tant de jouissances, loin d'approfondir et de critiquer l'écrivain qui nous les procurait, nous nous plaisions au contraire à l'admirer sans réserve.

Bientôt Goethe fut obligé de quitter l'Alsace; dans les derniers temps de son séjour, il en visita les plus beaux sites.

...... Je me livrai de grand cœur à ces distractions et à ces joies, afin de m'étourdir sur les tourments que ma liaison avec Frédérique commençait alors à me causer. Une pareille inclination, à laquelle deux jeunes gens s'abandonnent sans souci de l'avenir, peut se comparer à une bombe lancée pendant la nuit, qui trace en montant une ligne douce et brillante, se mêle aux étoiles, paraît séjourner un instant au milieu d'elles, et, descendant ensuite, parcourt une seconde fois, mais en sens contraire, le même chemin, et finit par porter la ruine là où elle achève sa carrière. Frédérique était toujours la même; elle paraissait ne pas penser et ne pas vouloir penser que cette liaison pût sitôt finir. Olivie, que mon éloignement affligeait, mais qui y perdait moins que sa sœur, était plus prévoyante ou plus expansive. Elle s'entretint plus d'une fois avec moi de mon départ probable, et elle cherchait des motifs de consolation pour elle-même et pour Frédérique. Une jeune fille qui renonce à l'homme auquel elle n'a pas caché sa tendresse, est loin de se trouver dans la situation pénible du jeune homme qui s'est avancé autant dans ses déclarations à l'égard d'une jeune fille. Il joue toujours un triste rôle; car, de celui qui commence à être un homme, on attend une certaine connaissance de sa position, et une légèreté trop marquée lui siéd mal. Les motifs d'une jeune personne qui se retire paraissent toujours plausibles; ceux de l'homme ne le paraissent jamais.

Mais comment une passion qui nous flatte, nous laisserait-elle prévoir le but où elle peut nous conduire? Car nous-mêmes alors, quand la raison nous a contraints d'y renoncer, nous ne pouvons pas nous en affranchir; nous trouvons un charme dans la tendre habitude, ce charme fût-il même d'une autre nature. C'est ce que j'éprouvai. Bien que la présence de Frédérique me tourmentât, je n'avais pas de plus grand bonheur que de penser à elle, et de m'entretenir avec elle en son absence. Mes visites étaient plus rares, mais notre correspondance n'était que plus active. Elle me retraçait avec gaîté ce qui lui arrivait, avec grâce ce qu'elle sentait; et moi je me rappelais ses perfections avec amour et avec enivrement. L'absence me rendait plus libre, et ma tendresse ne fut jamais aussi vive que dans ces entretiens à distance. Dans de pareils moments je pouvais m'aveugler sur l'avenir; j'étais assez distrait par le cours du temps et par celui des affaires qui m'accablaient. Je m'étais livré aux travaux les plus variés, par le vif intérêt que je prenais à toutes les choses du présent et du moment; mais, vers la fin, les affaires s'entassèrent les unes sur les autres, comme c'est l'ordinaire quand on veut changer de résidence.....

Au milieu de ce tourment et de cet embarras, je ne pus pas me dispenser d'aller voir encore une fois Frédérique. Nous passâmes des jours pénibles; je n'en ai point conservé de souvenirs. Quand, de mon cheval, je lui tendis encore une fois la main, les larmes lui roulaient dans les yeux, et je n'étais pas ému moins qu'elle. Je chevauchai alors sur le sentier qui mène à Drusenheim, et je fus saisi du pressentiment le plus étrange. Je me vis moi-même, non pas des yeux du corps, mais de ceux de l'esprit, à cheval sur le même chemin, du côté opposé à celui où j'étais, et dans un vêtement tel que je n'en avais jamais porté; il était gris et orné de quelques dorures. Sitôt que je m'éveillai de ce rêve, l'image disparut. Huit années après, portant, non par choix, mais par un hasard singulier, le même habit que j'avais rêvé, je me trouvai sur le même chemin, pour aller voir encore une fois Frédérique. Quoiqu'il en soit de cette vision, ce fantôme merveilleux me procura quelque calme dans ce moment de séparation. Le regret de quitter pour toujours la belle Alsace, avec tout ce que j'y avais conquis, fut adouci; et échappé enfin à l'angoisse de l'adieu, je repris un peu de tranquillité dans un paisible et agréable voyage...

LIVRE DOUZIÈME.

Le petit joueur de harpe. — Merk Méphistophélès. — Rupture avec Frédérique. — La cour de justice de Wesslar. — Études littéraires de Goethe ; son admiration pour Homère. — Circonstances qui préparent la composition de Werther. — Passion de Goethe pour Lolotte.

Goethe retourne à Francfort. Parmi les incidents de son voyage, nous citerons l'anecdote suivante, qui fait connaître un côté de son caractère, et qui rappelle de loin une des créations de son roman de *William Meister*.

A Mayence, un petit joueur de harpe m'avait tellement plu, que je l'invitai à venir à Francfort, où la foire allait se tenir, en lui promettant de le loger et de lui être utile. Ici encore se manifesta chez moi cette disposition particulière qui, dans le cours de ma vie, m'a coûté si cher, et qui me portait à voir avec satisfaction de jeunes êtres se rassembler autour de moi et s'attacher à moi ; il en résultait que je me trouvais finalement chargé de leur destinée. Une série de tristes expériences n'a pas suffi pour combattre une impulsion naturelle qui, aujourd'hui encore, malgré la conviction la plus profonde, menace de temps en temps de m'entraîner. Ma mère, plus prudente que moi, prévit que mon père serait scandalisé de voir un musicien ambulant sortir d'une maison respectable, et courir ensuite les auberges et les cabarets pour gagner son pain ; c'est pourquoi elle lui chercha, dans le voisinage, un logement et une pension ; je le recommandai à mes amis, et l'enfant s'en trouva assez bien. Plusieurs années après, je le revis ; il était devenu plus grand et plus lourd ; mais il n'avait pas fait beaucoup de progrès dans son art.

Arrivé à Francfort, il se lie avec les frères Schlosser, et, par eux, il forme une liaison beaucoup plus importante.

... Par ces deux amis je fus bientôt mis en relation avec Merk, auquel Herder m'avait déjà annoncé de Strasbourg avec éloge. Cet homme bizarre, qui a exercé sur ma vie la plus grande influence, était natif de Darmstadt. J'ai peu de chose à dire de son éducation première. Après avoir achevé ses études, il accompagna un jeune homme en Suisse, où il demeura quelque temps, et il en revint marié. Quand je fis sa connaissance, il était payeur militaire à Darmstadt. Né avec de l'intelligence et de l'esprit, il avait acquis une grande instruction, surtout dans les littératures modernes ; et il avait étudié l'histoire du monde à toutes les époques et dans tous les lieux. Il était doué d'un jugement droit et pénétrant. On l'estimait comme un homme d'affaires actif et résolu, et comme un calculateur achevé. Il était bien accueilli partout, son commerce ayant beaucoup de charmes pour ceux dont il ne s'était pas fait craindre par des traits mordants. Il était grand et maigre, son nez était remarquablement pointu et proéminent; ses yeux incertains entre le bleu pâle et le gris donnaient à son regard mobile quelque chose du tigre. La *physionomique* de Lavater nous a conservé son profil. Son caractère présentait une étrange contradiction; naturellement bon, noble et loyal, il s'était aigri contre le monde ; et cette humeur noire avait pris sur lui un tel empire, qu'il éprouvait un penchant invincible à être, de gaîté de cœur, malin et rusé. Tantôt il était raisonnable, calme et bienveillant ; tantôt, comme le limaçon qui étend ses cornes, il s'avisait de quelque acte humiliant, blessant, nuisible même pour autrui. Mais comme on aime à manier un objet dangereux, quand on croit n'en avoir rien à craindre pour soi-même, je ne fus que plus porté à vivre avec lui et à jouir de ses bonnes qualités, parce que quelque chose me disait intérieurement qu'il ne me ferait jamais sentir les mauvaises. Tandis que, par cet esprit inquiet, par ce besoin de malice et d'ironie, il envenimait autour de lui les rapports sociaux, une inquiétude d'une autre espèce qu'il nourrissait en lui, s'opposait à son bonheur intérieur. Il éprouvait, comme amateur, un certain penchant à produire, auquel il s'abandonnait ; il s'exprimait en effet avec facilité et avec bonheur en prose et en vers, et il aurait été capable de se distinguer parmi les beaux esprits de l'époque. Je possède même encore de lui des épîtres poétiques d'une hardiesse et d'une âpreté rares, et où le fiel de Swift est empreint ; elles se recommandent à un haut degré par l'originalité des vues sur les hommes et sur les choses ; mais elles sont écrites en même temps avec une énergie si blessante, que je ne voudrais pas les publier même aujourd'hui, et que je dois ou les détruire ou les conserver pour la postérité comme des documents curieux des déchirements auxquels notre littérature était secrètement en proie. Il souffrait lui-même de la tendance négative et destructrice de ses travaux......

Goethe rencontra encore à Darmstadt une société d'hommes distingués qui exercèrent sur lui une heureuse influence.

.... Je n'ai pas besoin de dire le courage et l'élan que cette société me donna. On écoutait avec plaisir la lecture de mes œuvres achevées ou commencées ; on m'encourageait, quand j'exposais avec franchise mes projets ; et l'on me blâmait, quand, à chaque émotion nouvelle, je laissais là le travail commencé. *Faust* était déjà avancé ; *Goetz de Berlichingen* s'édifiait peu à peu dans ma tête, l'étude du 15e et du 16e siècle m'occupait ; et la cathédrale de Strasbourg avait laissé en moi une impression grave, qui pouvait servir comme de fond à ces poëmes..........

.... La réponse de Frédérique à une lettre de rupture me déchira le cœur. C'était la même main, la même pensée, le même sentiment qui s'étaient formés pour moi et par moi. Alors seulement je compris la perte qu'elle avait éprouvée, et je ne vis aucun moyen de la réparer ni même de l'adoucir. Frédérique m'était toujours présente ; je ne cessais de sentir qu'elle me manquait, et, pour comble de malheur, je ne pouvais pas me pardonner ma propre infortune. On m'avait ôté Marguerite, Annette m'avait quitté ; mais ici j'étais pour la première fois coupable ; j'avais blessé profondément le plus noble cœur ; et cette époque de sombre repentir, dans la privation d'un amour accoutumé qui m'avait été si doux, fut extrêmement pénible pour moi ; elle me devint même insupportable. Mais l'homme veut vivre ; je m'intéressai donc sincèrement aux autres ; je m'efforçai de les tirer de leurs embarras, et de rejoindre ce qui était prêt à se séparer, afin de leur épargner les maux que j'avais éprouvés moi-même. C'est pourquoi l'on avait coutume de me nommer le confident, et de plus, à cause de mes excursions dans le pays, le pèlerin. Le soulagement que mon cœur ne goûtait qu'en plein air, dans des vallées, sur des hauteurs, dans les champs et dans les bois, était favorisé par la position de Francfort, qui est situé entre Darmstadt et Hombourg, deux endroits agréables, qui entretenaient ensemble de bons rapports à cause de la parenté des deux cours. Je m'accoutumai à vivre sur les grandes routes, et à aller et venir, comme un courrier, entre la montagne et la plaine. Souvent, seul ou avec des compagnons, je passais par ma ville natale comme si elle m'était étrangère : je dînais dans une des grandes auberges de Fahrgasse, et je poursuivais mon chemin après le repas. Plus que jamais je cherchais le grand air et la vaste nature. Je chantais, chemin faisant, des hymnes et des dithyrambes étranges dont un seul est resté, sous le titre de *Chant d'orage du voyageur.* Je chantais avec passion, en marchant, cette quasi-extravagance, lorsque j'étais surpris en chemin par un temps affreux qu'il me fallait braver.

Mon cœur n'avait pas d'objet qui l'émût ni qui l'occupât ; j'évitais scrupuleusement tout rapport intime avec aucune femme ; et ainsi un ange d'amour put s'attacher à moi secrètement et à mon insu. Une femme tendre et charmante nourrissait pour moi une inclination que je ne soupçonnai pas ; et je ne me montrai que plus gai et plus aimable dans sa douce société. Ce ne fut qu'au bout de plusieurs années, après sa mort, que j'appris cet amour secret et céleste, d'une manière bien faite pour m'émouvoir ; mais j'étais innocent, et je pus verser des larmes pures et sincères sur un être innocent aussi, cette découverte étant tombée justement à une époque, où, exempt de toute passion, j'avais le bonheur de vivre pour moi et pour mes goûts intellectuels.

Mais au moment où la douleur que me causa l'état de Frédérique me serrait le cœur, j'eus encore, suivant ma vieille habitude, recours à la poésie. Je poursuivis ma confession poétique accoutumée, afin, par cette expiation volontaire, de mériter l'absolution de ma conscience. Les deux Marie, celle de *Goetz de Berlichingen* et celle de *Clavijo*, pourraient bien être nées de ces pensées de repentir.

.... Les siècles ténébreux de l'histoire d'Allemagne avaient constamment occupé ma curiosité et mon imagination. L'idée de dramatiser Goetz de Berlichingen, au milieu de son époque, me séduisait beaucoup. Je lus soigneusement les principaux écrits sur la matière : l'ouvrage *De Pace Publica* (1), de Datt, fut l'objet de toute mon attention; j'en fis une étude particulière, et j'essayai de me représenter ces curieux détails avec le plus de clarté possible. Je pouvais utiliser autrement ces recherches faites dans un but moral et poétique, me disposant alors à visiter Wesslar; j'étais historiquement assez bien préparé; car la cour impériale de justice avait pris naissance à la suite de la paix publique (2); et l'histoire de ce tribunal pouvait servir de guide à travers le dédale des événements de l'histoire germanique....

Goethe, à qui il n'arriva rien d'important à Wesslar, fait ici une histoire rapide de la cour de justice.

Les maîtres de la terre commandent principalement, parce qu'ils peuvent rassembler autour d'eux les plus sages et les plus justes pendant la paix, comme les plus braves et les plus résolus pendant la guerre. Un tribunal ainsi composé était attaché à la cour des empereurs d'Allemagne, et les accompagnait toujours dans leurs voyages à travers l'empire. Mais ni cette institution, ni le droit de Souabe qui régnait dans le sud de l'Allemagne, ni le droit de Saxe qui régnait dans le nord, ni les juges chargés de les faire respecter, ni les austrègues de la haute noblesse (3), ni les arbitres reconnus par les conventions des parties, ni les arrangements amiables ménagés par les ecclésiastiques, rien ne put apaiser cette ardeur chevale-

(1) De la paix publique.
(2) Cette paix publique consistait dans une interdiction que la diète germanique en 1495 fit aux particuliers de se faire justice par leurs propres mains.
(3) Institution judiciaire du midi de l'Allemagne.

resque pour les querelles, toujours active, laquelle avait été excitée et entretenue chez les Allemands et avait pénétré dans leurs mœurs, par des discordes civiles, par des campagnes à l'étranger, mais surtout par les croisades et par les coutumes judiciaires elles-mêmes. L'empereur et les états les plus puissants voyaient avec une peine extrême les différents qui donnaient occasion aux petits de se faire du mal entre eux, et d'en causer aux grands eux-mêmes en se liguant. Toute puissance extérieure était paralysée, du moment que l'ordre intérieur était troublé. Sur une grande partie du pays, d'ailleurs, pesait le tribunal du Vehmé (1); on se fera une idée de l'épouvante que répandait ce tribunal, si l'on songe qu'il avait dégénéré en une police secrète, qui finit même par tomber aux mains de simples particuliers.

Pour réprimer un peu ces désordres, on fit inutilement plusieurs tentatives, jusqu'à ce qu'enfin les états proposèrent avec insistance l'établissement d'un tribunal à leurs frais. Quelque bonne intention qui présidât à l'institution, elle accusait néanmoins l'extension des privilèges des états et la limitation de la puissance impériale. Sous Frédéric III, l'affaire fut ajournée ; son fils Maximilien, accablé d'embarras extérieurs, céda. Il nomma le président; les états envoyèrent les assesseurs. Il devait y en avoir vingt-quatre, on se borna d'abord à douze.

Une faute que les hommes commettent généralement dans leurs entreprises, fut aussi le premier et l'éternel vice, le vice radical de la cour de justice; on employa pour un grand but des moyens insuffisants. Le nombre des assesseurs était trop petit; comment eussent-ils suffi à une tâche aussi difficile et aussi vaste? Mais qui est-ce qui aurait réclamé la réorganisation de la cour sur un pied suffisant? L'empereur ne pouvait pas favoriser une institution qui semblait fonctionner contre lui plutôt que pour lui; il avait des motifs bien plus pressants d'organiser son propre tribunal, son propre conseil aulique. Si, d'un autre côté, l'on envisage l'intérêt des états, il ne s'agissait proprement pour eux que d'arrêter le sang; il leur importait moins que la plaie se cicatrisât; et c'était

(1) Ou des Francs-Juges.

encore une dépense nouvelle. On semblait n'avoir pas compris que, par cette institution, chaque prince augmentait le nombre de ses serviteurs. Le but était fort net; mais qui donne volontiers de l'argent pour le nécessaire? Chacun voudrait obtenir l'utile pour l'amour de Dieu.

Au commencement, les assesseurs furent réduits à vivre d'épices; puis les États leur accordèrent une modeste allocation : ces deux ressources étaient misérables. Mais, pour satisfaire à ce grand et manifeste besoin, il se trouva des hommes de bonne volonté, des hommes capables, laborieux ; et le tribunal fut constitué. Prévit-on qu'il ne s'agissait ici que d'adoucir et non de guérir le mal, ou, comme dans des cas analogues, se berçait-on de l'espérance de produire beaucoup avec peu? Je ne le déciderai pas; toujours est-il que le tribunal servit de prétexte pour punir les perturbateurs, plutôt que de préservatif contre la violence? Mais à peine fut-il réuni, qu'une force lui surgit de son propre sein, qu'il comprit dans quelle haute sphère il était placé, et qu'il reconnut sa grande importance politique. Il chercha alors, par une activité éclatante, à accroître son autorité; les juges travaillaient sans relâche, ils expédiaient sur-le-champ les affaires qui devaient et qui pouvaient être promptement terminées, les décisions sur les questions du moment, les jugements faciles à rendre. Les affaires plus graves, en revanche, les véritables questions de droit, s'arriéraient, et l'inconvénient n'était pas grand. Ce qui importe à l'état, c'est seulement que la possession soit certaine et assurée ; la légitimité de cette possession l'intéresse moins. Le nombre considérable et toujours grossissant des procès arriérés ne portait donc aucun préjudice à l'empire. On avait pris des mesures à l'égard des personnes qui employaient la violence, et on en venait aisément à bout; mais, quant aux autres qui combattaient juridiquement pour la possession, ils vivaient, dans l'aisance ou dans la misère, comme ils pouvaient ; ils mouraient, ils se ruinaient, ils s'arrangeaient entre eux; mais tout cela, ce n'était que la prospérité ou la ruine de quelques familles; l'empire s'était peu à peu pacifié.

Mais, au moment où nous étions, le nombre des assesseurs

ayant tantôt augmenté, tantôt diminué, le tribunal ayant subi bien des interruptions et bien des translations d'un lieu dans un autre, cet arriéré, ces dossiers s'accrurent nécessairement à l'infini. En temps de guerre on emporta une partie des archives de Spire à Aschaffenbourg, une autre partie à Worms; la troisième tomba aux mains des Français qui crurent avoir conquis des archives d'état, et qui ensuite auraient consenti volontiers à se débarrasser de ce fatras, pour peu qu'on eût voulu fournir les voitures de transport.

Aux négociations de la paix de Westphalie, les hommes habiles qui se trouvèrent rassemblés, comprirent quel levier il fallait employer pour soulever un pareil fardeau. On convint alors de nommer cinquante assesseurs; mais ce nombre ne fut jamais atteint; on se contenta encore de la moitié, parce que la dépense parut trop forte; si cependant toutes les parties intéressées avaient compris leur intérêt dans cette affaire, ce nombre était facile à compléter. Il fallait environ cent mille florins; l'Allemagne n'aurait-elle pas aisément fourni le double? La proposition de doter la cour de justice avec des biens ecclésiastiques confisqués, ne put passer; car comment les deux partis religieux se seraient-ils entendus pour ce sacrifice? Les catholiques ne voulaient pas faire de nouvelles pertes; et chaque état protestant voulait appliquer à un but d'utilité intérieure ce qu'il avait gagné. La division de l'empire en deux partis religieux eut encore ici, sous plusieurs rapports, les conséquences les plus fâcheuses. Alors les Etats prirent toujours moins d'intérêt à leur propre tribunal; les plus puissants cherchèrent à se détacher de l'union; on devint de plus en plus empressé à demander des lettres de franchise, pour n'être appelé devant aucune haute cour de justice; les grands ne payaient jamais, et les petits qui se croyaient lésés sur la matricule, tardèrent le plus qu'ils purent.

Il était donc difficile de recueillir les sommes nécessaires pour les traitements. De là résulta une nouvelle besogne, une nouvelle perte de temps pour la cour de justice; les inspections annuelles, comme on les appelait, furent de bonne heure instituées à cet effet. Des princes en personne, ou leurs conseillers, se rendaient, pour des semaines entières ou pour des mois, dans la résidence du tribunal ; ils visitaient les caisses, constataient l'arriéré, et se chargeaient de le faire rentrer. En même temps, si quelque chose allait mal dans le cours de la justice, s'il s'y glissait quelque abus, ils avaient mission d'y porter remède. Ils devaient chercher et corriger les vices de l'institution ; plus tard, la recherche et la punition des crimes commis par les juges eux-mêmes, devint une de leurs attributions. Cependant, comme les plaideurs veulent toujours prolonger d'un moment le souffle de vie de leurs espérances, et et que, par conséquent, ils demandent et invoquent toujours des juridictions plus élevées, ces inspecteurs finirent par former une chambre de révision, devant laquelle on eut l'espoir d'obtenir, d'abord, réparation, dans des cas déterminés, manifestes, puis délai dans tous les cas et éternisation du procès ; l'appel à la diète de l'empire, et les efforts des deux partis religieux, sinon pour l'emporter l'un sur l'autre, au moins pour se balancer, furent quelque chose dans ce résultat.

Si l'on réfléchit à ce qu'aurait pu être ce tribunal, sans ces obstacles, sans ces circonstances perturbatrices et paralysantes, on ne peut se le représenter assez remarquable ni assez important. Si, dès le commencement, il avait été composé d'un nombre de juges suffisant, et si on leur avait assuré un traitement raisonnable, telle est la solidité des Allemands, que l'influence à laquelle ce corps eût pu parvenir, est incalculable. Ce titre honorable d'Amphyctions qu'on ne leur avait décerné que par forme oratoire, ils l'auraient réellement mérité ; ils auraient pu s'élever à une sorte de puissance intermédiaire, également respectée du chef et des membres de l'empire.

Mais, bien loin d'atteindre si haut, le tribunal, si l'on excepte peut-être un court intervalle, sous Charles-Quint et avant la guerre de trente ans, ne fit que végéter misérablement. Souvent on a peine à comprendre comment il put se trouver des hommes pour cette besogne ingrate et pénible. Mais ce que l'homme fait chaque jour, s'il le fait bien, il y prend goût, dût-il même ne pas apercevoir le fruit qu'il recueillera de ses efforts. L'Allemand, surtout, a cet esprit de persévérance ; et c'est ainsi que, durant trois siècles, les hommes les plus respectables se sont occupés de ces travaux et de ces affaires....

Tous ces vices de vieille et de fraîche date découlent de la première source, de la source unique, un personnel insuffisant. Il avait été réglé que les rapports des assesseurs se feraient suivant un ordre déterminé ; chacun savait quand viendrait son tour, ainsi que celui de chacun des procès qui lui étaient confiés ; il pouvait travailler, il pouvait se préparer en conséquence. Mais le déplorable arriéré grossissait toujours ; il fallut se décider à choisir les affaires les plus importantes et à les rapporter hors tour. L'appréciation de l'importance relative d'une affaire est difficile au milieu de la multitude des cas graves, et déjà le choix prête à la faveur. Mais voici ce qui arrivait. Le rapporteur s'était tourmenté, lui et le tribunal, avec une affaire difficile et embrouillée, et finalement il ne se trouvait personne pour retirer le jugement. Les parties avaient composé, avaient pris des arrangements, étaient mortes ou avaient changé d'avis. C'est pourquoi l'on se décida à n'aborder que les affaires qui seraient rappelées par les parties. On voulait être convaincu de leur persévérance, et ainsi la porte fut ouverte aux plus grands abus ; car, pour recommander son affaire, il faut s'adresser à quelqu'un ; et à qui peut-on mieux s'adresser qu'à celui qui en est chargé ? Il était devenu impossible de tenir secret le nom du rapporteur, comme l'exigeaient les règlements ; car, au milieu de tant de subalternes initiés, comment pouvait-il demeurer inconnu ? Quand on ose demander l'accélération d'un procès, on peut bien aussi solliciter la faveur : par cela même qu'on poursuit sa cause, on montre qu'on la croit bonne. On ne le fera peut-être pas directement ; mais on le fera certainement, au commencement, par l'entremise de subalternes ; on les gagnera, et voilà comment la porte est ouverte à toute sorte d'intrigues et de corruptions.

L'empereur Joseph, de son propre mouvement, et excité par l'exemple de Frédéric, commença par porter son attention sur l'armée et sur la justice. Il s'occupa de la cour ; ses injustices traditionnelles, ses abus invétérés, ne lui étaient pas demeurés inconnus. Là aussi il y avait un élan à donner, une réforme à opérer, quelque chose à faire. Sans examiner si cela était de son intérêt d'empereur, sans s'assurer de la possibilité du succès, il demanda l'inspection et en pressa l'ouverture. Depuis cent soixante-six ans, aucune inspection régulière n'avait eu lieu; un énorme fatras de pièces était amoncelé, et grossissait tous les ans, et les dix-sept assesseurs n'étaient pas en état d'expédier la besogne courante. Vingt mille procès s'étaient accumulés; on pouvait en terminer soixante par an, et chaque année en voyait naître le double. Les inspecteurs allaient trouver en outre une quantité considérable de révisions; on les évaluait à cinquante mille. Bien des abus, d'ailleurs, entravaient le cours de la justice; mais quelque chose de plus grave et qu'on ne faisait qu'entrevoir, c'étaient les délits personnels de quelques assesseurs.

Au moment où je me rendis à Wesslar, l'inspection marchait depuis quelques années; les accusés avaient été suspendus, et l'instruction était très avancée. Les hommes versés dans le droit public allemand n'ayant pas voulu laisser passer cette occasion de montrer leur savoir, et de l'employer au bien général, il parut plusieurs écrits approfondis et consciencieux, dans lesquels ceux qui possédaient quelques connaissances préalables pouvaient trouver une instruction solide. Lorsqu'à cette occasion, l'on revenait sur la constitution de l'empire et sur les écrits qui en traitent, on était étonné de voir que l'état monstrueux de ce corps profondément vicié et qu'un miracle seul maintenait encore en vie, obtenait toute l'admiration des savants. Car le labeur allemand, si respectable d'ailleurs, qui a pour but de réunir et d'expliquer les détails plutôt que d'établir les résultats, trouvait ici une occasion toujours nouvelle pour une occupation incessante; et soit qu'on opposât l'empire à l'empereur, les petits états aux grands, les catholiques aux protestants, il y avait toujours des opinions nécessairement diverses suivant la diversité des intérêts, un aliment à de nouveaux combats et à de nouvelles controverses.

A cette époque, des idées d'indépendance fermentaient dans toutes les jeunes têtes

. . . . Pour moi, je continuai à me servir de la poésie

comme expression de mes sentiments et de mes rêveries. De petits poèmes, le *Voyageur*, par exemple, appartiennent à cette époque ; ils furent insérés dans l'Almanach des Muses de Gottingue. Mais, quelle qu'eût été sur moi la contagion du mal dont je viens de parler, j'essayai peu de temps après de me guérir, en retraçant, dans *Goetz de Berlichingen*, comment, dans des temps anarchiques, l'homme de bien et de cœur se décide, au besoin, à se mettre à la place de la loi et du pouvoir exécutif ; et comment, ensuite, il est désespéré de paraître suspect, rebelle même, aux yeux du souverain qu'il reconnaît et qu'il vénère.

Les odes de Klopstock avaient ouvert l'accès de la littérature allemande, non pas à la mythologie du Nord, mais à la nomenclature de ses divinités ; et bien qu'en général je fusse disposé à me servir de tout ce qui s'offrait à moi, je ne pus pas néanmoins me décider à employer cette mythologie, et cela par les motifs suivants. Je connaissais depuis long-temps les mythes de l'Edda, par la préface de l'histoire du Danemarck de Mallet, et ma mémoire s'en était emparée sur le champ ; ils étaient au nombre de ces contes que j'aimais à raconter dans le monde, quand on m'en priait. Herder me remit Résénius entre les mains, et compléta mon instruction par les légendes des héros. Mais, quelque prix que j'attachasse à toutes ces choses, je ne pouvais pas les admettre parmi mes ressources poétiques ; si puissant que fût leur effet sur mon imagination, elles échappaient tout-à-fait à la perception de mes sens, tandis que les conceptions mythologiques des Grecs, transformées par les plus grands artistes du monde en images visibles et faciles à concevoir, s'offraient toujours en foule à mes regards. Je mettais rarement les dieux en scène, parce qu'à mes yeux ils avaient leur demeure hors de la nature que j'imitais. Qu'est-ce donc qui aurait pu me décider à substituer Wodan à Jupiter, Thor à Mars, et au lieu de ces figures du midi aux contours arrêtés, d'introduire dans mes poèmes des images vaporeuses, de purs sons même ? Ils étaient assez semblables aux héros d'Ossian, comme eux, dépourvus de forme, plus vigoureux seulement et plus gigantesques ; je les transportais dans des contes plaisants ; car le caractère de gaîté qui règne dans toute la mythologie du Nord, m'avait frappé et m'avait plu. Elle me semblait la seule qui plaisante toujours avec elle-même, opposant à une merveilleuse dynastie de divinités des géants aventureux, des magiciens et des monstres, qui ne sont occupés qu'à mettre en défaut les augustes personnages, pendant qu'ils gouvernent, à les railler et à les menacer d'une chute honteuse, inévitable.

Je trouvai un intérêt du même genre, sinon égal dans les fables indoues, que je connus d'abord par les voyages de Dapper, et dont je me plus aussi à grossir ma provision de contes. L'*Autel de Ram* fut celui que je racontai avec le plus de succès ; et, parmi les nombreux personnages de cette *histoire*, le singe Hannemann demeura toujours le favori de mon public. Mais ces monstres difformes ou de forme exagérée ne pouvaient pas satisfaire mon goût poétique ; ils étaient trop éloignés de la vérité vers laquelle mon intelligence aspirait incessamment.

Mais le goût du beau allait être protégé en moi contre ces fantômes anti-artistiques par la plus noble influence. C'est toujours pour une littérature une époque heureuse que celle où de grands monuments du passé sont remis en lumière et reviennent à l'ordre du jour, parce qu'ils produisent alors une impression nouvelle. L'astre d'Homère reparut à nos yeux avec un éclat nouveau, et tout-à-fait au point de vue de l'époque qui seconda puissamment cette apparition ; car, en reportant constamment sa pensée vers la nature, on arriva finalement à apprécier aussi, par ce côté, les œuvres des anciens. Ce que plusieurs voyageurs avaient fait pour éclaircir l'Écriture sainte, d'autres le firent pour Homère. Guys prit l'initiative, Wood donna le branle.....

Nous ne vîmes plus dans ces poëmes un monde héroïque, tendu et guindé, mais le miroir fidèle d'un monde primitif réel, et nous essayâmes de le rapprocher de nous le plus possible. Toutefois nous ne pouvions pas admettre, que, pour bien comprendre la nature homérique, il fallût, comme on le prétendait, étudier les peuples sauvages et leurs mœurs, telles que les voyageurs qui avaient visité le Nouveau-Monde nous les retracent ; car il est incontestable que les Européens, ainsi que les Asiatiques, sont représentés dans les poëmes d'Homère à un haut degré de culture, à un degré trop haut peut-être pour l'époque de la guerre de Troie. Mais cette idée était du moins en harmonie avec le culte de la nature qui dominait alors ; et, en ce sens, nous l'acceptons.

. . . . . Depuis quelques années j'avais recherché les opinions des anciens sur ces graves sujets, sinon par une étude suivie, au moins par des lectures à bâtons rompus. J'avais consulté Aristote, Cicéron, Quintilien, Longin, mais sans résultat ; car tous ces auteurs présupposaient une expérience qui me manquait. Ils m'ouvraient un monde infiniment riche en œuvres d'art ; ils m'exposaient les mérites de poëtes et d'orateurs accomplis, de la plupart desquels nous ne connaissons que le nom ; et ils me faisaient sentir vivement cette vérité, qu'on a besoin d'avoir sous les yeux une grande multitude d'objets, avant d'être en état de raisonner sur ces questions, qu'on doit d'abord produire, avoir erré même, pour apprécier ses propres talents et ceux des autres. Je ne connaissais ces trésors de l'antiquité qu'au point de vue des écoles et des livres ; ma science n'avait rien de vivant, tandis qu'il était évident, des orateurs les plus célèbres surtout, qu'ils s'étaient formés dans la vie, et qu'il était impossible de parler de leurs qualités comme artistes, sans parler en même temps de leurs qualités comme hommes. Cela s'appliquait moins aux poëtes ; mais partout la nature et l'art étaient mis en contact seulement par la vie ; et ainsi le résultat définitif de toutes mes réflexions et de tous mes efforts, ce fut cette vieille résolution d'étudier la nature intérieure et extérieure, et de la faire prévaloir en l'imitant avec amour.

Pour aliment à ce travail intime, qui ne s'arrêtait en moi ni jour ni nuit, j'avais sous la main deux grands, deux immenses sujets, dont je n'avais besoin que d'apprécier un peu la richesse pour produire des œuvres remarquables. L'un était l'époque écoulée dans laquelle tombe la vie de *Goetz de Berlichingen*, et l'autre l'époque moderne, qui est retracée dans *Werther*, au moment funeste de son plus vif éclat.

J'ai déjà parlé des études historiques, qui me préparèrent

au premier de ces travaux ; je vais dire maintenant les circonstances morales qui provoquèrent le second.

La résolution que j'avais prise de laisser une libre action à ma nature intérieure, et de me soumettre aux influences diverses de la nature extérieure, me plongea dans l'élément étrange, où *Werther* a été pensé et écrit. Je tâchai de m'affranchir intérieurement de tout élément étranger, de considérer avec amour les objets extérieurs, et de laisser agir sur moi, chacun à sa manière, tous les êtres, depuis l'homme jusqu'aux plus infimes créatures qu'on puisse concevoir. De là résulta pour moi une merveilleuse parenté avec les différents objets de la nature, une harmonie intime avec ce qui se passait en elle, et une sympathie avec l'ensemble, telle que chaque changement de lieu, chaque variation du jour et de l'année, et tout accident quelconque m'impressionnaient profondément. Le point de vue pittoresque se joignit au point de vue poétique ; un beau paysage, animé par un fleuve agréable, accrut mon penchant à la solitude, et favorisa mes réflexions secrètes, qui se répandaient dans tous les sens.

Mais, depuis que j'avais quitté la vie de famille de Sésenheim, et la société de mes amis de Francfort et de Darmstadt, il m'était resté dans le cœur un vide que je ne pouvais pas remplir ; je me trouvai donc dans cette situation où une inclination, pour peu qu'elle se déguise, peut se glisser inopinément et mettre au néant toutes les bonnes résolutions.

Arrivant à cette partie de sa tâche, l'auteur a pour la première fois le cœur léger en l'accomplissant ; car c'est maintenant seulement que son livre va devenir ce qu'il doit être. Ce livre ne s'est pas annoncé, en effet, comme une œuvre indépendante ; il est destiné, au contraire, à remplir les lacunes d'une vie d'écrivain ; à compléter divers fragments, et à conserver le souvenir d'essais abandonnés et oubliés. Mais on ne doit pas et on ne peut pas répéter ce qui a été fait déjà ; le poète, d'ailleurs, invoquerait inutilement aujourd'hui ses facultés obscurcies ; en vain il leur demanderait de lui remettre devant les yeux les relations charmantes qui lui ont rendu si doux le séjour de Lahnthal. Heureusement le génie qui le protége a déjà pris ce soin ; et il l'a excité, dans toute la force de sa jeunesse, à fixer un passé tout récent, à le retracer, et à le livrer hardiment au public, dans le moment opportun. Chacun devine qu'il s'agit ici de *Werther*; mais je vais présenter quelques éclaircissements sur les personnes qui y figurent, et sur les sentiments qui y sont exprimés.

Entre plusieurs jeunes gens se destinant à la diplomatie, et qui se préparaient à leur carrière future, il y en avait un que nous désignions par le seul mot de fiancé. Il se distinguait par ses manières calmes et égales, par la clarté de ses idées, par la précision qui régnait dans ses actes et dans ses paroles. Son activité enjouée et son travail assidu l'avaient recommandé à ses chefs qui lui avaient promis un emploi prochain. Fort de cette promesse, il célébra ses fiançailles avec une jeune personne qui était parfaitement selon son caractère et selon ses désirs.

Après la mort de sa mère, se trouvant à la tête d'une nombreuse et jeune famille, elle avait déployé une activité rare; son époux pouvait attendre d'elle les mêmes soins pour lui et pour ses enfants, et compter sur un bonheur domestique achevé.

A part toute considération égoïste, chacun reconnaissait qu'on serait heureux avec elle. Elle était de ces femmes qui, à défaut de passions violentes, sont faites pour exciter un sentiment général de plaisir. Une taille élancée, des formes élégantes, une constitution saine, avec l'activité et la gaîté qui en résultent, l'aisance à suffire aux affaires de chaque jour, elle réunissait tout cela. Je me plaisais toujours dans la contemplation de ces qualités, et j'aimais la compagnie de ceux qui les possédaient; et si l'occasion de leur rendre des services sérieux ne s'offrait pas toujours, du moins je partageais avec eux plutôt qu'avec d'autres ces joies innocentes que la jeunesse trouve toujours sous sa main, et qui peuvent être saisies avec peu d'efforts et à peu de frais. En outre, bien que ce soit une chose reconnue que les femmes ne se parent que pour les autres femmes, et qu'elles ne se lassent pas de rivaliser entre elles de parure, je préférais celles qui, par une toilette simple et décente, donnent à leur ami, à leur fiancé, l'assurance muette qu'elles n'ont fait cette toilette que pour lui, et que, sans trop d'embarras et de frais, elles feront de même toute leur vie.

De telles femmes ne sont pas trop occupées d'elles-mêmes; elles ont le temps d'étudier le monde qui les entoure, et le calme nécessaire pour se conformer à ses exigences et pour se mettre en harmonie avec lui; elles sont prudentes et raisonnables sans effort, et elles n'ont pas besoin de beaucoup de livres pour leur éducation. Telle était la fiancée; le fiancé, loyal et confiant de caractère, s'empressait de la faire connaître à ceux qu'il estimait: occupé de ses affaires, comme il l'était pendant la plus grande partie du jour, il était content que son amante, après l'accomplissement de ses devoirs domestiques, se divertît, et fît des promenades et des parties de campagne avec de jeunes hommes et de jeunes personnes de sa connaissance. Lolotte — car c'est ainsi que je l'appellerai, — n'était pas coquette, et cela pour deux raisons : d'abord elle était, de sa nature, plus jalouse d'exciter une bienveillance générale que des inclinations particulières; et puis elle s'était destinée à un homme qui serait digne d'elle et qui se déclarerait prêt à unir pour la vie leurs deux destinées. On respirait autour d'elle l'air le plus doux. Oh! oui, si c'est déjà un beau spectacle que celui des soins ininterrompus que les parents prodiguent à leurs enfants, ces mêmes soins entre frères et sœurs ont quelque chose de plus admirable encore : là, vous croyons voir l'instinct et la coutume ; ici, le choix et le libre mouvement.

Le nouveau venu, libre de tout engagement, auprès d'une jeune fille déjà promise, qui, ne pouvant voir une poursuite dans les soins les plus empressés, devait n'en être que plus flattée, s'abandonna sans crainte à ses impressions ; mais bientôt il fut tellement enlacé et enchaîné, et en même temps il fut traité par le jeune couple avec tant de confiance et d'amitié, qu'il ne se reconnaissait plus lui-même. Oisif et rêveur, parce qu'aucun objet ne pouvait le satisfaire, il trouva ce qui lui manquait dans une amie qui, tout en étendant son existence à l'année entière, semblait ne vivre que pour le moment.

Elle aimait sa société; bientôt il ne put pas vivre loin d'elle, car elle lui embellissait la vie de tous les jours ; les besoins d'un ménage considérable l'appelaient, soit dans les champs, soit dans le pré, dans le verger ou dans le jardin ; ils devinrent bientôt en tous lieux deux compagnons inséparables. Le fiancé était de la partie, quand ses affaires le lui permettaient ; ils s'étaient tous trois habitués les uns aux autres, sans le vouloir ; et ils en étaient venus, sans savoir comment, à ne pouvoir pas vivre séparés. C'est ainsi qu'ils passèrent un bel été, figurant une véritable idylle allemande, à laquelle une terre fertile fournissait la prose, et une tendresse pure, la poésie. Se promenant au milieu de champs de blés mûrs, ils étaient recréés par la rosée du matin ; le chant de l'alouette et le cri de la caille étaient pour eux des sons ravissants ; des heures de chaleur succédaient ; des orages terribles éclataient ; on se serrait davantage les uns contre les autres, et les mille petites contrariétés de famille étaient aisément effacées par un amour constant. Ainsi s'écoulaient les jours les uns après les autres ; et tous paraissaient être des jours de fête ; nous aurions pu marquer de rouge tout le calendrier. Ceux-là me comprendront qui se rappellent ce qui a été prédit de l'ami de la Nouvelle Héloïse, si heureux dans son malheur : « Et assis au pied de sa bien-aimée, il coupera du chanvre, et il désirera couper du chanvre, aujourd'hui, demain, après demain, toute sa vie. »

Je dirai ici quelques mots d'un jeune homme, dont le nom ne fut que trop souvent prononcé dans la suite. Il s'agit de Jérusalem, le fils du théologien, cet esprit indépendant et délicat. Lui aussi était attaché à une ambassade ; sa physionomie était agréable, sa taille moyenne et bien prise ; son visage était plutôt rond qu'ovale, ses traits étaient délicats et doux ; un joli blond en un mot ; ajoutez des yeux bleus, dont le regard était plutôt attirant qu'expressif. Son costume était celui qu'on portait dans la Basse-Allemagne, d'après la mode anglaise : un frac bleu, une veste et un gilet jaune cuir, et des bottes à revers bruns. L'auteur ne lui a jamais rendu de visite, et n'en a jamais reçu de lui ; il l'a plusieurs fois rencontré chez des amis. Le langage de ce jeune homme était réservé, mais bienveillant. Il s'intéressait aux œuvres d'art les plus diverses ; il aimait surtout les dessins et les esquisses, dans lesquels on avait su rendre le calme des lieux solitaires. Dans ce genre, il montrait des gravures à l'eau forte de

Gessner, et il les proposait pour modèles aux amateurs. Il prenait peu ou point d'intérêt aux rêveries chevaleresques et à toutes les autres extravagances; il vivait avec lui-même et avec ses idées. On parlait d'une passion profonde que lui avait inspirée la femme d'un ami; mais on ne les voyait jamais publiquement ensemble. On ne pouvait guère dire de lui autre chose, si ce n'est qu'il s'occupait de littérature anglaise. La fortune de son père lui permettait de ne pas se livrer au tourment des affaires, et de ne pas mettre trop d'empressement à solliciter un emploi...

Merk vint rejoindre son ami Goethe dans cet asile.

..... Il me tardait de l'introduire chez Lolotte; mais son apparition dans cette société ne me porta pas bonheur; car, de même que Méphistophélès, en quelque lieu qu'il paraisse, y apporte rarement la bénédiction, lui aussi, par son indifférence à l'égard de ma bien-aimée, s'il n'altéra pas mes sentiments pour elle, il me fit du moins souffrir. J'aurais pu le prévoir, en me rappelant que ces personnes sveltes et élégantes, qui répandent autour d'elles la gaîté et la vie, sans autre prétention, n'étaient guère de son goût. Il donna sans hésiter la préférence à l'une des amies de Lolotte; et comme le temps lui manquait pour former une liaison intime, il me gronda très sérieusement de n'avoir pas courtisé cette superbe femme, qui était libre et sans engagement quelconque. Je n'entendais pas mes intérêts, disait-il, et il était fâché de retrouver encore en ceci la manie que j'avais de perdre mon temps.

Il est dangereux de révéler à un ami les perfections de sa bien-aimée, parce que celui-ci peut s'éprendre d'elle et la convoiter; il est également dangereux de le faire, par un autre motif, c'est qu'il peut nous troubler par sa froideur. Cela n'eut pas lieu ici, sans doute; l'image des charmes de Lolotte était trop profondément empreinte en moi pour pouvoir s'effacer aisément; mais pourtant la présence de mon ami et ses insinuations hâtèrent la résolution que j'avais prise de partir. Il me présenta sous des formes attrayantes un voyage du Rhin qu'il était sur le point de faire avec sa femme et son fils; et il éveilla en moi le désir de voir enfin de mes yeux cette contrée dont la description avait toujours excité ma curiosité. Quand il se fut éloigné, je me séparai de Lolotte, la conscience plus pure qu'en me séparant de Frédérique, mais non sans douleur. Cette liaison, aussi, par l'effet de l'habitude et du laissez-aller, était devenue de mon côté plus passionnée qu'elle n'eût dû l'être; elle et son fiancé s'étaient conduits à mon égard de la manière la plus gracieuse et la plus aimable; et la sécurité qu'inspirait cette conduite, m'avait fait oublier le péril. Cependant je ne pouvais pas me dissimuler que cette aventure touchait à sa fin; et le placement très prochain du jeune homme allait hâter son union avec la charmante jeune fille. Comme, avec un peu de courage, l'homme se fait fort de vouloir les choses mêmes que la nécessité impose, je pris la résolution de partir de mon propre mouvement, avant d'être éloigné par une situation insupportable.

LIVRE TREIZIÈME.

Composition, publication et succès de Goetz de Berlichingen. — Situation morale de Goethe avant d'écrire Werther, et circonstances qui le déterminent à le composer : succès de cet ouvrage.

..... L'étude passionnée et constante des œuvres de Shakspeare m'avait si fort élargi la tête, que l'espace étroit de la scène, et la brièveté du temps fixé pour une représentation, ne me parurent pas suffire au développement d'un grand sujet. La biographie du bon Goetz de Berlichingen, écrite par lui-même, me suggéra l'idée d'un mode de composition quasi-historique; et, mon imagination se donnant carrière, ma forme dramatique franchissait toutes les règles du théâtre, et cherchait à se rapprocher de plus en plus de la réalité. A mesure que j'avançais, je m'entretenais longuement de ces matières avec ma sœur, qui s'y intéressait de cœur et d'esprit, et j'y revenais si souvent, sans jamais me mettre à l'œuvre, que cette tendre sœur, impatientée, finit par me supplier de ne pas continuer à perdre mon temps en paroles, mais de fixer, enfin, une bonne fois sur le papier des idées si nettes. Cette observation me décida; je pris la plume un matin, sans avoir préalablement tracé d'esquisse ni de plan. J'écrivis les premières scènes, et, le soir, je les lus à Cornélie. Elle les approuva, conditionnellement toutefois; car elle doutait que je continuasse, elle exprimait même une incrédulité profonde à l'égard de ma persévérance. Ces doutes ne firent que m'exciter; je continuai le jour suivant, et de même le surlendemain; l'espoir s'accrut à chacune de mes communications quotidiennes; mon sujet, dont j'étais profondément pénétré, s'anima en moi de plus en plus; et ainsi je travaillai sans interruption à mon œuvre; je la poursuivis obstinément, sans regarder ni en arrière, ni à droite, ni à gauche; et, au bout de six semaines environ, j'eus la satisfaction de voir mon manuscrit broché. Je le communiquai à Merk, qui m'en parla en connaisseur et en ami; je l'envoyai à Herder, qui fut très impoli et très sévère, et, dans quelques épigrammes, m'adressa des qualifications injurieuses. Je ne me déconcertai pas ; je ne perdis pas de vue mon œuvre, elle était exécutée, et il n'y manquait plus qu'un arrangement habile. Je vis bien qu'ici encore je ne recevrais conseil de personne ; et, au bout de quelque temps, quand je fus en état de considérer mon ouvrage comme celui d'un autre, je m'aperçus qu'en sacrifiant l'unité de temps et celle de lieu, j'avais péché aussi contre une unité supérieure, qui n'était que plus nécessaire. M'étant, sans plan et sans esquisse, abandonné à mon imagination et à une impulsion intérieure, dans le commencement, il est vrai, je n'avais guère dévié de ma route, et les premiers actes étaient ce qu'ils devaient être ; mais, dans les actes suivants, et vers la fin surtout, une passion singulière m'avait entraîné à mon insu. En voulant rendre Adelaïde aimable, je m'étais épris d'amour pour elle ; involontairement ma plume s'était donnée toute à elle ; l'intérêt de sa destinée avait prévalu ; et comme, d'ailleurs, vers la fin, Goetz devient inactif, et qu'il ne reparaît ensuite que pour prendre à la guerre des paysans une participation fatale, il était bien naturel qu'une femme attrayante le supplantât chez un auteur qui, secouant le joug de l'art, s'aventurait sur un nouveau terrain. Je m'aperçus promptement de cette défectuosité, ou plutôt de cette vicieuse surabondance ; car mon instinct poétique me ramenait toujours à l'unité. Dès lors, au lieu de la biographie de Goetz et des antiquités allemandes, je portai dans mon esprit mon propre ouvrage, et je m'efforçai de lui donner un caractère de plus en plus historique et national, et d'effacer l'empreinte de l'imagination et de la passion ; je fis plus d'un sacrifice, et l'inclination du jeune homme dut céder devant la conviction de l'artiste. J'étais satisfait, par exemple, d'une horrible scène nocturne entre des Bohémiens, où j'amenais Adelaïde et où je faisais faire merveilles à sa beauté. Un nouvel examen la supprima ; de même, les amours de Franz et de sa gracieuse maîtresse, retracés tout au long dans le quatrième et dans le cinquième acte, furent resserrés, et ne firent plus que paraître dans leurs moments essentiels.

Sans donc rien changer au premier manuscrit que je possède encore dans sa forme primitive, je me décidai à récrire le tout; et j'y mis une telle activité, qu'il en résulta, en peu de semaines, un drame tout nouveau. Je fus d'autant plus prompt à la besogne, que je n'avais pas l'intention de faire imprimer ce second travail; mais je le regardais pour ainsi dire comme un travail préparatoire, qui, plus tard, me servirait de base pour un nouveau remaniement que j'entreprendrais avec plus de soin et de réflexion.

Je soumis à Merk divers projets à cet égard; mais il se moqua de moi, et me demanda à quoi servaient ces perpétuels remaniements? « Le travail n'était que changé, il était amélioré rarement; il fallait voir l'effet produit par une composition, et puis entreprendre une œuvre nouvelle..... »

Je lui répondis qu'il me serait pénible de présenter à un libraire un travail auquel j'avais prodigué tant d'amour, et d'essuyer peut-être un refus; car quel cas feraient-ils d'un écrivain jeune et obscur, et téméraire par-dessus le marché? L'éloignement que j'avais éprouvé pour l'impression s'était peu à peu dissipé; j'aurais bien voulu voir imprimer mes *Complices*, auxquels j'attachais quelque prix; mais je ne trouvais pas d'éditeur.

La passion de mon ami pour l'industrie et pour le commerce trouva ici tout-à-coup un aliment. Par la Gazette de Francfort, il s'était déjà mis en rapport avec des savants et avec des libraires; il fut d'avis que nous devions publier à nos frais cet ouvrage, certainement destiné à faire sensation, et sur lequel il y avait de grands bénéfices à réaliser.

Il fut convenu que je fournirais le papier, et qu'il s'occuperait de l'impression; l'on se mit immédiatement à l'œuvre.....

L'impression terminée, nous fîmes de nombreux envois. Le drame eut sur-le-champ un immense succès, un succès universel; mais, l'exiguité de nos moyens ne nous permettant pas de distribuer en tous lieux nos exemplaires avec une promptitude suffisante, une contre-façon parut tout-à-coup; et, comme nous ne recevions, pour le moment, en échange de nos envois, aucun retour, d'argent comptant du moins, je me trouvai, moi, fils de famille dont la bourse était assez mal garnie, à une époque où j'étais partout l'objet de l'attention et des éloges, je me trouvai extrêmement embarrassé, rien que pour payer le papier, sur lequel j'avais révélé mon talent au monde. Merk, qui était moins gêné que moi, conserva le ferme espoir que nous finirions par nous y retrouver ; mais je ne m'en suis jamais aperçu.

Déjà, par les petites pièces fugitives, que j'avais publiées sous le voile de l'anonyme, j'avais appris à mes dépens à connaître les lecteurs et les critiques ; et j'étais assez bien préparé à l'éloge et au blâme, ayant suivi les revues depuis plusieurs années.....

Le drame de Goethe est attaqué dans un article du *Mercure allemand* ; mais Wieland le défend dans le numéro suivant de la même *Revue*. A cette époque, Merk, le confident de notre auteur, le quitte pour accompagner en Russie la femme du landgrave de Hesse-Darmstadt. Cette amitié lui manqua au moment, dit-il, où il en avait le plus grand besoin.

Car, si l'on se décide volontiers à se faire soldat et à partir pour la guerre, et si l'on se résout avec courage à supporter les dangers et les fatigues, ainsi que les blessures et les douleurs, et la mort même ; on ne se représente point les circonstances particulières, dans lesquelles ces maux, vaguement attendus, nous surprendront péniblement ; il en est de même de tous ceux qui se lancent dans le monde, et surtout des auteurs : je l'éprouvai comme les autres.

Le public, en majeure partie, est affecté par le sujet plus que par l'exécution ; c'était le sujet qui, dans mes œuvres aussi, excitait la sympathie des jeunes gens. Ils y voyaient une bannière, sous laquelle la rudesse et la fougue de la jeunesse pouvaient hardiment se produire ; et toutes les têtes, dans lesquelles avait fermenté quelque chose de semblable, les meilleures même, furent entraînées. Je possède encore de Burger, cet homme excellent et unique à beaucoup d'égards, une lettre adressée je ne sais à qui, laquelle peut être regardée comme un curieux témoignage de l'effet, de l'agitation que produisit mon œuvre à son apparition. En revanche, les esprits calmes me reprochèrent d'avoir représenté, sous des couleurs séduisantes, le droit du plus fort; ils me supposèrent même l'intention de ramener les temps anarchiques où il prévalait. D'autres m'estimèrent un homme de profonde érudition, et ils désiraient que je publiasse une édition nouvelle du récit original du bon Goetz, en l'accompagnant de mes notes; je ne m'y sentis nullement disposé; je permis cependant qu'on inscrivît mon nom sur le titre de l'édition nouvelle. Ayant su cueillir les fleurs d'une grande existence, j'avais été pris pour un jardinier habile et soigneux. Cette érudition et cette profonde connaissance des faits me furent toutefois contestées par d'autres personnes. Un personnage important vint me voir un beau jour. Je me trouvais extrêmement honoré de cette visite, surtout quand il commença la conversation par un éloge de mon *Goetz de Berlichingen* et de mes connaisssances en histoire d'Allemagne; mais quelle fut ma surprise, quand je reconnus qu'il n'était venu que pour m'apprendre que Goetz de Berlichingen n'avait point été le beau-frère de Franz de Sickingen, et que, par cette alliance imaginaire, j'avais porté une grande atteinte à l'histoire! J'essayai de m'excuser sur ce que Goetz le qualifiait lui-même ainsi; mais il me fut répondu que c'était alors une manière de parler, qui n'exprimait autre chose qu'une liaison intime entre amis, comme, de notre temps, on appelait également beaux-frères (schwager) les postillons, sans qu'un lien de parenté nous unît à eux. Je le remerciai de mon mieux de cette leçon, et je regrettai seulement que le mal fût irrémédiable. Il m'exprima de son côté le même regret; en même temps il m'exhorta, avec toute la politesse possible, à étudier plus à fond l'histoire de l'Allemagne et sa constitution; et il m'offrit, à cet effet, sa bibliothèque dont je fis bon usage.

La visite la plus comique que je reçus, ce fut celle d'un libraire qui, avec une candeur parfaite, me demanda une douzaine de pièces pareilles, en me promettant de les bien payer. Je laisse à penser si cette demande nous divertit; et pourtant elle n'était pas si déraisonnable au fond; car je m'occupais alors en secret à parcourir l'histoire d'Allemagne, avant et après l'époque capitale que j'avais traitée, et à élaborer dans le même esprit les événements principaux. Louable projet, qui, comme tant d'autres, a été emporté par le cours rapide du temps !

Cette pièce, toutefois, ne m'avait pas seule occupé ; mais, pendant qu'elle avait été conçue, écrite, remaniée, imprimée et distribuée, bien d'autres images et bien d'autres plans s'étaient agités dans mon esprit. Ceux avec lesquels je voulais composer des drames, obtinrent le privilége d'être médités plus souvent que les autres, et rapprochés de l'exécution ; mais, en même temps, je me tournais vers une autre système de composition, qu'on n'a pas coutume de ranger parmi les formes dramatiques, et qui a pourtant avec elles une grande connexion. Ce changement fut provoqué principalement par une singularité de ma part, celle de convertir le monologue en dialogue.

Habitué à vivre au sein d'une société agréable, je transformais en conversations amicales mes méditations solitaires, et cela de la manière suivante. J'avais coutume, quand j'étais seul, d'appeler près de moi en esprit quelque personne de ma connaissance. Je la priais de s'asseoir, j'allais et venais devant elle, je me tenais debout vis-à-vis, et je traitais avec elle le sujet qui occupait alors ma pensée. Elle répondait de temps en temps, ou, par sa pantomime habituelle, elle exprimait son dissentiment ou son assentiment ; ce que chacun fait à sa manière. Puis, je reprenais la parole, je développais ce qui paraissait plaire à mon hôte, et je restreignais ou précisais plus nettement ce qu'il désapprouvait, et quelquefois aussi je finissais par abandonner ma thèse de bonne grace. Ce qu'il y avait de plus singulier, c'est que je ne choisissais jamais des personnes de mon intimité, mais des personnes que je ne voyais que rarement, plusieurs même qui vivaient loin de moi, dans le monde, et avec lesquelles je n'avais eu que des rapports passagers ; mais c'étaient toujours de ces esprits susceptibles d'impression plutôt qu'expansifs, et disposés à prendre, avec un sens droit, un intérêt calme aux choses qui se trouvent dans leur horizon ; quelquefois, aussi, j'appelais des esprits contradicteurs à ces exercices dialectiques. Des personnes des deux sexes, de tout âge et de tout rang, s'y prêtaient; et elles se montraient complaisantes et gracieuses, parce que nos entretiens ne roulaient que sur des matières à leur portée et de leur goût. Plus d'une, néanmoins, aurait été bien étonnée, si elle avait pu savoir ses convocations fréquentes à ces conversations idéales, elle qui aurait été difficilement amenée à une conversation réelle.

Le rapport intime qui existe entre de pareils entretiens et une correspondance, est assez évident.... Voulant retracer ce dégoût de la vie que l'homme éprouve sans être placé sous le coup de la nécessité, l'idée me vint promptement d'adopter la forme épistolaire; car le découragement est un enfant, un nourrisson de la solitude; celui qui s'y abandonne évite toute contradiction; et y a-t-il pour lui un contradicteur plus puissant qu'une société où règne la joie? Le bonheur des autres est pour lui un pénible reproche; et ainsi ce qui devait l'attirer hors de lui-même, le refoule au-dedans de lui. S'il lui arrive, cependant, de s'expliquer à ce sujet, ce sera par des lettres; car personne n'arrête directement un épanchement écrit, que cet épanchement soit joyeux ou triste; les arguments contradictoires de la réponse fournissent plutôt au solitaire une occasion de se fortifier dans ses rêveries, un motif de s'y enfoncer davantage. Si les lettres de Werther, écrites à ce point de vue, offrent un intérêt si varié, c'est que les matières diverses qui les composent avaient été préalablement agitées dans ces conversations imaginaires avec plusieurs personnes; dans la composition elle-même, elles paraissent adressées à un seul ami, à une sympathie unique. Je n'en dirai pas davantage sur la forme de cet opuscule qui a fait tant de bruit; mais j'ai quelque chose à ajouter sur le contenu.

Le dégoût de la vie a ses causes physiques et ses causes morales; nous abandonnons les premières aux recherches du médecin, les secondes à celles du moraliste; et, dans une question si souvent approfondie, nous ne nous attacherons qu'au point principal, où ce fait appparaît avec le plus de clarté. Tout bonheur dans la vie se fonde sur un retour régulier des choses extérieures. L'alternative du jour et de la nuit et celle des saisons, la succession des fleurs et des fruits, et de tout ce qui reparaît à des termes périodiques, pour être goûté par nous, tels sont les véritables ressorts de l'existence terrestre. Plus nous sommes disposés à jouir de tous ces biens, plus nous nous sentons heureux; mais si ces phénomènes variés se déroulent devant nous sans nous intéresser, si nous sommes insensibles à de si douces sollicitations; alors se manifeste le plus grand des maux, la plus sérieuse des maladies; et la vie devient pour nous un fardeau pénible. On raconte d'un Anglais qu'il se pendit, afin de ne plus s'habiller ni se déshabiller chaque jour. J'ai connu un brave jardinier, chargé de la surveillance d'un grand parc, qui s'écria une fois avec chagrin : « Est-ce que je verrai donc toujours ces nuages pluvieux se diriger de l'ouest à l'est ? » On raconte d'un de nos hommes les plus accomplis, qu'il voyait avec douleur le printemps reverdir, et qu'il aurait désiré le voir paraître une fois rouge pour changer. Tels sont, en effet, les symptômes de ce dégoût de la vie, qui communément aboutit au suicide, et qui, chez les hommes réfléchis et concentrés en eux-mêmes, a été plus fréquent qu'on ne l'imagine.

Mais rien ne provoque plus ce dégoût que le retour de l'amour. Le premier amour est le seul, on a raison de le dire; car, dans le second et par le second, le sens sublime de l'amour est déjà perdu. L'idée de perpétuité et d'infinité, qui l'élève et qui le soutient, paraît éphémère, comme tout ce qui revient. La séparation du physique et du moral qui, dans la complication de notre société civilisée, partage les sentiments tendres, produit encore ici une exagération d'où rien de bon ne peut résulter.

L'homme le plus jeune ne tarde pas à reconnaître, sinon précisément en lui-même, au moins chez les autres, qu'il y a des époques morales, alternant comme les saisons. La faveur des grands, la protection des puissants, les services des hommes actifs, la sympathie de la foule, l'amour des individus, tout cela paraît et disparaît, sans que nous puissions le retenir, pas plus que le soleil, la lune et les étoiles; et toutes ces choses, pourtant, ne sont pas uniquement des phénomènes naturels; elles nous échappent par notre propre faute ou par celle des autres, fortuitement ou fatalement; mais elles changent, et nous ne sommes jamais sûrs d'elles.

Ce qui inquiète surtout le jeune homme dont le cœur est sensible, c'est le retour irrésistible de nos faiblesses. Car ce n'est que tardivement que nous découvrons qu'en perfectionnant nos vertus, nous cultivons en même temps nos défauts. Celles-là reposent sur ceux-ci comme sur leur racine, et ceux-ci se développent en secret, avec autant de force et de variété que les premières, le font en plein jour. Comme nous pratiquons presque toujours nos vertus avec volonté et avec conscience, mais que nos défauts nous surprennent à notre insu, celles-là nous procurent rarement de la satisfaction, ceux-ci, au contraire, nous causent un embarras et un tourment continuels. Là, repose la plus grande difficulté de la connaissance de soi-même, et cette connaissance devient presque impossible. Qu'on se figure, en outre, un jeune sang qui bouillonne, une imagination que des objets particuliers troublent aisément; qu'on y ajoute les vicissitudes du jour, et l'on n'estimera pas contraire à la nature un impatient désir de s'affranchir d'une pareille angoisse.

Ces sombres réflexions, toutefois, qui emportent dans une voie sans issue ceux qui s'y abandonnent, n'auraient pas exercé une influence aussi marquée sur les cœurs des jeunes Allemands, si une provocation extérieure ne les avait encouragés à cette triste occupation. Cette provocation leur vint de la littérature et surtout de la poésie anglaises, dont les grandes qualités sont accompagnées d'une grave mélancolie, contagieuse pour tous ceux qui s'en occupent. L'Anglais intelligent se voit, dès le bas-âge, au milieu d'une société considérable, qui met en jeu toutes ses facultés; il s'aperçoit, tôt ou tard, qu'il a besoin de ramasser toute son intelligence pour s'accommoder avec elle. Combien n'a-t-on pas vu de leurs poètes mener dans leur jeunesse une vie dissolue et bruyante, et se croire de bonne heure en droit de se récrier sur la vanité des choses d'ici-bas! Combien d'entre eux se sont essayés dans les affaires politiques! Combien, au parlement, à la cour, au ministère, dans les ambassades, ont joué, les uns, les premiers rôles, les autres, des rôles subalternes, ont participé à des commotions intérieures, à des changements dans la société et dans le gouvernement; et, sinon par eux-mêmes, au moins par leurs amis et par leurs protecteurs, ont fait des expériences plus souvent amères que consolantes! Combien ont été proscrits, exilés, emprisonnés! Combien ont vu confisquer leurs biens!

Mais il suffit d'être témoin de ces grands événements, pour être disposé au sérieux ; et où le sérieux peut-il mener, si ce n'est à la pensée de la fragilité et du néant de toutes les choses terrestres? L'Allemand aussi est sérieux, et par conséquent la poésie anglaise lui convenait parfaitement; et, comme elle dérive d'un état social supérieur au sien, elle lui paraissait imposante. On trouve constamment en elle une intelligence puissante, solide, exercée par les affaires; un sentiment profond, délicat, de nobles intentions, une action passionnée ; les qualités les plus belles qu'on puisse admirer chez des hommes intelligents et cultivés : mais tout cela réuni ne forme point encore le poète. La véritable poésie se fait reconnaître à cette vertu, que, sorte d'évangile mondain, elle sait, par une sérénité intérieure, par un bien-être extérieur, nous affranchir des fardeaux terrestres qui nous accablent. Comme un ballon, elle nous enlève avec le lest que nous portons, dans des régions supérieures, et elle nous permet de voir, à vol d'oiseau, les dédales confus de la terre se dérouler sous nos yeux. Les œuvres les plus gaies, aussi bien que les plus graves, ont le même but, savoir, de modérer le plaisir comme la douleur, par une peinture heureuse et habile. Examinez à ce point de vue la plupart des poésies anglaises, ordinairement morales et didactiques, et vous n'y verrez guère que l'expression d'un dégoût sombre de la vie. Non seulement les nuits d'Young, où ce thème est remanié sans cesse, mais les autres poésies contemplatives, aboutissent insensiblement à ce triste point, où l'esprit rencontre un problème qu'il est impuissant à résoudre; où la religion elle-même, quelle que soit celle qu'il se crée, lui fait défaut. Des volumes entiers pourraient servir de commentaires à ce texte terrible:

> Then Old Age and Experience, hand in hand,
> Lead him to death, and make him understand,

After a search so painful and so long,
All his life he has been in the wrong (1).

Ce qui achève de rendre les poètes anglais misanthropes, et ce qui répand sur leurs écrits le sentiment profond d'un dégoût universel, c'est qu'au milieu des scissions nombreuses de leur société, ils sont tous obligés de vouer, sinon leur vie tout entière, au moins une portion et la meilleure, à un parti ou à un autre. Dans cette situation, un écrivain ne pouvant pas louer ni glorifier ses amis auxquels il est dévoué, ni la cause à laquelle il est attaché, puisqu'il ne ferait par là qu'exciter l'envie et l'antipathie, exerce son talent à dire de ses adversaires tout le mal possible, et à aiguiser, empoisonner même de son mieux les traits de la satire. La même chose se faisant des deux côtés, le monde intermédiaire se trouve détruit et annihilé ; de sorte que, dans un grand peuple, dans un peuple d'une activité intelligente, avec toute l'indulgence possible, on ne découvrira rien que folie et démence. Leurs poésies tendres s'occupent d'objets mélancoliques. Ici meurt une jeune fille abandonnée ; là se noie un amant fidèle, ou, nageur impatient, avant d'atteindre sa bien-aimée, il est dévoré par un requin ; et quand un poète comme Gray va s'asseoir dans un cimetière de village, et fait entendre ses mélodies si connues, il peut être assuré de rassembler en foule autour de lui les amis de la mélancolie. L'*Allégro* de Milton commence par conjurer le chagrin en vers véhéments, avant de pouvoir atteindre à une gaîté très modérée ; et le joyeux Goldsmith lui-même s'abandonne à des sentiments élégiaques dans son *Deserted Village* (2), où il nous représente, avec autant de charme que de tristesse, un paradis perdu, que son *Traveller* (3) recherche sur toute la terre.

(1) Puis, la Vieillesse et l'Expérience, se donnant la main,
Le mènent à la mort, et lui font comprendre,
Après une recherche si pénible et si longue,
Que toute sa vie il a été dans l'erreur.
(2) Le village abandonné.
(3) Voyageur.

Je ne doute pas qu'on ne puisse me présenter aussi, et m'opposer des ouvrages gais, des poëmes joyeux; mais la plupart et les meilleurs appartiennent incontestablement à l'époque antérieure, et les poëmes modernes qu'on pourrait citer dans le nombre, inclinent en même temps vers la satire : ils sont amers et surtout pleins de mépris pour les femmes.

Quoi qu'il en soit, ces poëmes que je viens de désigner en termes généraux, ces poëmes sérieux qui attaquaient par la base la nature humaine, étaient nos ouvrages favoris, ceux que nous recherchions entre tous les autres; l'un préférait, selon son caractère, la mélancolie douce, élégiaque; l'autre, le désespoir accablant et cynique. Chose étrange ! notre père et notre maître Shakspeare, qui sait répandre une gaîté si pure, confirma lui-même ces sombres dispositions. Hamlet et ses monologues demeurèrent comme des fantômes qui se représentèrent sans cesse à toutes les jeunes imaginations; chacun savait par cœur les passages principaux et se plaisait à les réciter; et chacun croyait avoir sujet d'être aussi mélancolique que le prince de Danemarck, sans avoir vu aucun esprit, et sans avoir, fils de roi, un père à venger.

Mais afin que toute cette mélancolie eût aussi un théâtre approprié, Ossian nous avait attirés sur les rivages lointains de Thulé, où, marchant sur des landes grises, immenses, entre des pierres tumulaires se dressant couvertes de mousse, nous apercevions autour de nous l'herbe agitée par un vent horrible, et un ciel chargé de nuages au-dessus de nos têtes. Ce n'était qu'au clair de lune que cette nuit calédonienne se changeait en jour; des héros éteints, des jeunes filles fanées erraient autour de nous, jusqu'à ce qu'enfin nous crûmes apercevoir l'esprit de Loda lui-même sous son aspect formidable.

Dans un pareil élément et dans un pareil monde, avec des goûts et des études semblables, tourmentés de passions non satisfaites, sans aucun stimulant extérieur qui nous provoquât à une activité sérieuse, nous voyant, pour toute perspective, réduits à traîner une vie languissante, plate, bourgeoise, nous nous familiarisions, dans le désespoir de notre orgueil, avec la pensée de pouvoir quitter la vie à notre gré, quand elle ne nous conviendrait plus; et cette pensée nous aidait à supporter un peu les injustices et les ennuis du jour. Cette disposition était générale, et Werther ne fit une si grande sensation, que parce qu'il trouva partout des sympathies, et qu'il exprima ouvertement et clairement les chimères secrètes d'une jeunesse malade. Les Anglais connaissaient parfaitement ces douleurs, si l'on en juge par quelques lignes remarquables écrites avant l'apparition de Werther :

> To griefs congenial prone
> More wounds than nature gave he knew,
> While misery's form his fancy drew
> In dark ideal hues and horrors not its own (1).

Le suicide est un accident de la nature humaine, qui, bien que mille fois discuté et traité, excite toujours néanmoins un intérêt universel, et doit être examiné de nouveau à chaque époque. Montesquieu accorde à ses héros et à ses grands hommes le droit de se donner la mort à leur gré, en disant que chacun doit être libre de terminer sa tragédie là où il lui plaît (2). Mais il n'est pas question ici de ces personnages qui ont mené une vie active, sérieuse, qui ont dévoué leur existence à un grand État ou à la cause de la liberté ; ceux-là, on ne les blâmera pas, quand l'idée qui les animait a disparu de la terre, de songer à la suivre dans un autre monde. Nous n'avons affaire ici qu'à des hommes qui, faute d'un but d'activité,

---

(1) En proie à des douleurs qu'il apporte en naissant,
Il connut plus de maux que la nature ne lui en avait donné,
Parce que son imagination exagéra le malheur
Sous de sombres et idéales douleurs, et avec des horreurs qui ne lui appartiennent pas.

(2) Montesquieu n'a pas dit cela. Voici ce qu'on lit, *Grandeur et décadence des Romains*, ch. XII :

« On peut donner plusieurs causes de cette coutume si générale
» des Romains de se donner la mort : le progrès et sa secte stoïque
» qui y encourageaient, etc..... Enfin, une grande commodité pour
» l'héroïsme, chacun faisant finir la pièce qu'il jouait dans le monde
» là où il voulait. »

dans la condition la plus paisible, se dégoûtent de la vie par des prétentions exagérées à l'égard d'eux-mêmes. Ayant été moi-même dans cette situation, et sachant très bien quelles peines j'y ai souffertes, quels efforts il m'a fallu pour y échapper, je ne veux pas dissimuler les réflexions auxquelles je me livrai, de propos délibéré, sur les différents genres de mort qu'on peut choisir.

Qu'un homme se sépare violemment de lui-même, non seulement se blesse, mais se détruise; qu'il ait le plus souvent recours à des moyens mécaniques pour mettre à exécution son dessein, cela est contraire à la nature humaine. Quand Ajax se jette sur son épée, c'est le poids de son corps qui lui rend ce dernier service. Quand le guerrier fait promettre à son porte-bouclier de ne pas le laisser tomber aux mains des ennemis, c'est une force extérieure dont il s'assure, une force morale seulement au lieu d'une force physique. Des femmes cherchent à refroidir dans l'eau leur désespoir, et le moyen essentiellement mécanique d'une arme à feu assure un prompt résultat avec l'effort le plus léger. On n'aime pas à parler de la pendaison, parce que c'est une mort ignoble. C'est en Angleterre surtout qu'elle se rencontre, parce que, dès le bas âge, on y voit pendre nombre d'individus, sans que ce supplice ait rien d'infamant. Par le poison, par l'ouverture des veines, on se propose de ne quitter la vie que lentement; et la mort la plus raffinée, la plus prompte, la moins douloureuse, au moyen d'un aspic, était digne d'une reine, qui avait passé toute sa vie dans l'éclat et dans les plaisirs. Mais tous ces moyens ce sont des secours extérieurs, ce sont des ennemis avec lesquels l'homme contracte une alliance contre lui-même.

Quand je réfléchissais sur tous ces moyens, et que je parcourais l'histoire, parmi les hommes ceux qui se sont ôté la vie, je n'en trouvais aucun qui eût montré, dans l'exécution de cet acte, autant de grandeur et de liberté d'esprit, que l'empereur Othon. Général vaincu, il est vrai, mais non réduit aux abois, il se détermine, pour le bien de l'empire, dont il était déjà maître à quelques égards, et par pitié pour tant de milliers d'hommes, à quitter le monde. Il soupe gaîment avec ses amis; et l'on trouve le lendemain qu'il s'est plongé un poignard aigu dans le cœur. Ce mode seul me parut digne d'imitation, et je me persuadai que celui qui ne peut agir en pareil cas comme Othon, ne doit pas se permettre de quitter volontairement la vie. Cette conviction me sauva moins d'un projet que d'une fantaisie de suicide, qui, dans ce beau temps de paix, s'était déjà glissé au cœur d'une jeunesse oisive. Dans une belle collection d'armes que je possédais, se trouvait un poignard précieux et bien aiguisé. Je le mettais tous les soirs près de mon lit, et, avant d'éteindre la lumière, j'essayais si je pourrais m'enfoncer la pointe aiguë, de quelques pouces, dans la poitrine. Mais comme je n'en venais jamais à bout, je finis par me moquer de moi-même, je renonçai à ces sombres extravagances, et je me décidai à vivre. Or, pour pouvoir le faire avec calme, il me fallut achever un poëme, où je pusse exprimer toutes mes sensations, tous mes rêves, toutes mes idées sur ce grave sujet. J'en rassemblai les éléments, qui déjà, depuis plusieurs années, s'agitaient en moi : je me rappelai les circonstances qui m'avaient le plus accablé et tourmenté; mais il ne résultait rien de tout cela; j'avais besoin d'une aventure, d'une fable dans laquelle ces éléments pussent prendre corps.

Tout-à-coup j'apprends la mort de Jérusalem, d'abord par le bruit public, et, immédiatement après, par un récit très exact et très circonstancié; à ce moment, le plan de Werther fut trouvé; les éléments se précipitèrent de toutes parts, et formèrent une masse solide, comme l'eau dans un vase, quand elle est sur le point de se congeler, est transformée par le mouvement le plus léger, en une glace compacte. Conserver ce résultat étrange, me remettre devant les yeux un plan si grave et si varié dans ses éléments, l'exécuter dans toutes ses parties, cela me convenait d'autant mieux que j'étais retombé dans un état pénible, qui me laissait moins d'espérance encore que mes maux passés, et qui ne promettait que des ennuis et des chagrins.

C'est toujours un malheur que de s'engager dans des rapports nouveaux et inaccoutumés; nous sommes souvent, malgré nous, entraînés à un faux intérêt; l'incomplet de pareilles situations nous tourmente, sans que nous apercevions le moyen de les compléter ni d'y renoncer.

Mᵐᵉ de Laroche avait marié sa fille aînée à Francfort ; elle venait souvent lui rendre visite, et elle n'était pas satisfaite d'une situation qu'elle-même avait créée. Au lieu de s'y sentir heureuse, ou au lieu de provoquer un changement quelconque, elle éclatait en plaintes, et l'on devait croire que sa fille était réellement malheureuse, bien que celle-ci ne manquant de rien, et n'étant contrariée par son époux en quoi que ce soit, on ne vît pas clairement en quoi consistait son malheur......

Ma liaison antérieure avec la jeune femme, liaison toute fraternelle, n'avait pas été rompue par son mariage ; mon âge s'accordait avec le sien ; j'étais le seul de toute sa société chez lequel elle entendît encore un écho de ces accents intellectuels auxquels elle était accoutumée dès le bas âge. Nous continuâmes à vivre ensemble dans une intimité d'enfance, et bien qu'il ne se mêlât rien de passionné à notre commerce, il avait cependant quelque chose de pénible ; car elle ne sympathisait pas avec ce qui l'entourait, et, quoique comblée des biens de la fortune, transportée comme elle l'était, de la riante vallée d'Ehrenbreitstein et d'une jeunesse joyeuse, dans une sombre demeure et dans une maison de commerce, il lui fallait encore se conduire en mère à l'égard des enfants de son mari. Je me trouvai pris dans tous ces nouveaux rapports de famille, sans une sympathie vraie, sans une participation réelle. Lorsqu'on était content les uns des autres, les choses paraissaient aller d'elles-mêmes ; mais, dans les contrariétés qui naissaient, presque tout le monde s'adressait à moi, à moi qui, par la chaleur que j'y mettais, avais coutume de les aggraver, plus que d'y porter remède. Je ne tardai pas à trouver cette situation tout-à-fait insupportable ; tous les dégoûts qui résultent ordinairement de ces rapports incomplets m'accablèrent doublement et triplement, et j'eus besoin d'une nouvelle et violente résolution, pour m'affranchir aussi de ces ennuis.

La mort de Jérusalem, causée par la passion malheureuse qu'il avait conçue pour la femme d'un ami, m'éveilla subitement de mes rêves ; et, comme aux réflexions que m'avait suggérées ce qui nous était arrivé à tous les deux, s'ajoutait l'agitation passionnée produite par ce que je venais d'éprouver, je ne pouvais pas manquer de communiquer à l'œuvre que j'entrepris à l'instant cette animation qui confond la fiction avec la réalité. Extérieurement, je m'étais complètement isolé, et j'avais refusé jusqu'aux visites de mes amis ; de même, j'écartai au-dedans de moi tout ce qui ne se rattachait pas directement à mon projet. En revanche, je rassemblai tout ce qui y avait le moindre rapport, et je me rappelai ma vie récente, dont je n'avais pas encore poétiquement exploité les événements. Ce fut dans de pareilles circonstances, après ces longs préparatifs, intimes pour la plupart, que j'écrivis Werther en quatre semaines, sans avoir préalablement tracé sur le papier un plan du travail total, ni l'exécution d'une de ses parties.

J'avais donc sous les yeux mon manuscrit achevé, avec un petit nombre de corrections et de changements. Je le fis relier sur-le-champ ; car la reliure est pour un écrit à peu près ce que le cadre est pour un tableau : on s'assure mieux, par elle, s'il compose un ensemble. Après avoir écrit ce petit ouvrage, sans trop me rendre compte de ce que je faisais et comme un somnambule, j'en fus surpris moi-même, quand je le relus pour le remanier et pour le corriger un peu. Espérant, toutefois, qu'au bout d'un certain temps, en examinant ces opuscules à une certaine distance, il me viendrait plus d'une inspiration qui pourrait lui être profitable, je le donnai à lire à mes jeunes amis, sur lesquels il produisit d'autant plus d'effet que, contre mon habitude, je n'en avais parlé d'avance à personne, et que je n'avais pas trahi mon projet. A vrai dire, cette fois encore, c'était le fond surtout qui produisait cet effet sur eux ; et, par conséquent, leurs dispositions étaient entièrement opposées aux miennes ; car moi, par cette composition plus que par toute autre, je m'étais sauvé d'un élément orageux, sur lequel, par ma propre faute et par celle d'autrui, par ma vie de hasard et par ma vie de choix, par l'effet d'un propos délibéré ou de la précipitation, par l'obstination et par la condescendance, j'avais été ballotté avec une violence extrême. Je me sentis, comme après une confession générale, redevenu dispos et libre, et en droit de commencer une vie nouvelle. La vieille recette me fut, cette fois, très salutaire. Mais, en même temps que je me sentis soulagé et éclairé, pour avoir transformé la réalité en fiction, mes amis s'égarèrent, en croyant qu'on devait transformer la fiction en réalité, imiter un pareil roman, et se tirer, au besoin, un coup de pistolet. Ce qui, au commencement, s'était passé dans un petit cercle, eut lieu ensuite dans le grand public; et cet opuscule, qui m'avait été si utile, fut condamné ensuite comme un écrit extrêmement dangereux.

Tous les maux, néanmoins, tous les accidents dont on se rend responsable, le hasard faillit les prévenir; car, peu de temps après sa naissance, il courut le risque d'être anéanti, et voici comment : Merk était depuis peu revenu de S¹-Pétersbourg; je l'avais vu rarement, parce qu'il était constamment occupé, et je ne l'avais entretenu qu'en termes très vagues de ce Werther qui me tenait au cœur. Une fois il me rendit visite, et, comme il ne paraissait pas disposé à parler, je le priai de m'entendre. Il se mit sur un canapé, et je commençai à lui lire le roman, lettre par lettre. Après avoir continué ainsi pendant quelque temps, sans obtenir de lui une marque d'approbation, je m'efforçai de mettre plus d'accent dans mon débit; mais quelle fut ma consternation, quand, au moment où je fis une pause, il m'atterra, de la manière la plus terrible, par un : « *C'est, ma foi, fort joli!* », et s'éloigna sans dire un mot de plus. J'étais hors de moi; car, comme au premier moment, malgré tout l'amour que j'éprouvais pour mes œuvres, je n'avais pas d'opinion arrêtée sur elles, je crus sérieusement m'être trompé sur le sujet, sur le ton, sur le style, toutes choses très délicates, en effet, et avoir composé un ouvrage absurde. Si un feu de cheminée s'était trouvé près de moi, j'y aurais jeté sur-le-champ mon poème; mais je me possédai, et je vécus dans la douleur, jusqu'à ce que Merk me fît l'aveu qu'il était à ce moment dans la situation la plus affreuse où un homme puisse se trouver. Il n'avait rien vu ni rien entendu, et ne savait pas de quoi il était question dans mon manuscrit. Son affaire s'était depuis arrangée, en tant qu'elle pouvait l'être, et Merk, au temps où il avait de l'énergie, était homme à suppporter les positions les plus critiques; il retrouva sa gaîté; seulement il était devenu plus amer qu'auparavant. Il blâma en termes vifs mon projet de remanier *Werther*, et demanda que ce roman fût imprimé tel qu'il était. Une copie fort propre en fut faite, elle ne demeura pas long-temps entre mes mains; car il se trouva que, le même jour où ma sœur se maria avec George Schlosser, et où notre maison était brillante et animée par une fête joyeuse, je reçus une lettre de Weygang, qui me demandait un manuscrit. Cette coïncidence me parut d'un bon augure; j'expédiai *Werther*, et je fus très content que le prix que je reçus en échange ne fût pas absorbé entièrement par les dettes que j'avais été obligé de contracter pour *Goetz de Berlichingen*. Cet opuscule eut un grand succès, un succès immense même, et il le dut surtout à ce qu'il parut en temps opportun; car, comme il suffit d'une petite étincelle pour faire sauter une mine, l'explosion qui se produisit dans le public à cette occasion, ne fut si puissante que parce que la jeunesse était déjà minée elle-même; et la secousse ne fut si grande, que parce que chacun trouva une occasion de faire éclater ses prétentions exagérées, ses passions non satisfaites et ses souffrances imaginaires. On ne peut pas exiger du public qu'il accueille intellectuellement une œuvre intellectuelle. Il s'attacha uniquement au fond, au sujet, comme je l'avais déjà vu faire à mes amis; et je vis reparaître alors le vieux préjugé, fondé sur la dignité d'une œuvre imprimée, savoir, qu'elle doit avoir un but didactique; mais la véritable peinture n'en a pas, elle n'approuve ni ne blâme; elle déroule les sentiments et les actions dans leur enchaînement; et par là, elle éclaire et elle instruit.

Je fis peu d'attention aux critiques; cette question était vidée pour moi; c'était à ces braves gens à s'arranger comme ils pourraient. Mes amis, néanmoins, ne manquèrent pas de faire une collection de ces choses-là, et, déjà mieux initiés à mes intentions, de s'en divertir. Les *Joies du jeune Werther*, que fit paraître Nicolaï, nous fournirent matière à mille plaisanteries. Cet homme, d'ailleurs excellent, plein de mérite et de science, avait déjà commencé à déprécier et à exclure tout ce qui ne s'accordait pas avec sa manière de voir, que son esprit borné considérait comme la véritable et l'unique. Il se crut obligé de s'attaquer à moi sur-le-champ, et sa brochure nous tomba bientôt entre les mains. La vignette toutà-fait délicate de Chodowiecki me fit beaucoup de plaisir. J'avais pour cet artiste une estime particulière. L'ouvrage luimême était grossier. Sans comprendre qu'il n'y a pas ici de remède possible, et que la jeunesse de Werther paraît, dès le commencement, rongée dans sa fleur par un ver fatal, l'auteur laisse subsister mon plan jusqu'à la page 214; et quand le jeune insensé va se donner le coup mortel, cet habile médecin de l'âme met entre les mains de son malade un pistolet chargé de sang de coq, d'où il résulte un vilain spectacle, mais heureusement point de mal. Lolotte devient l'épouse de Werther, et tout se termine à la satisfaction générale.

Voilà tout ce que je me rappelle de ce livre, que je n'ai pas revu depuis. J'avais détaché la vignette, et je l'avais mise parmi mes gravures favorites. Par une secrète et innocente vengeance, je composai un petit poème satirique, *Nicolaï sur la tombe de Werther*, lequel, toutefois, n'était pas de nature à être publié. Je m'abandonnai, dans cette occasion, à ma passion de tout dramatiser. C'était un dialogue en prose entre Lolotte et Werther, dont le ton était railleur. Werther se plaint amèrement du mauvais succès de sa délivrance par le sang de coq. Il est demeuré en vie, il est vrai, mais il s'est crevé les yeux. Il est maintenant au désespoir d'être le mari de Lolotte et de ne pas la voir; la vue de toute sa personne lui serait plus douce que les détails charmants dont il ne peut se convaincre que par le toucher. Lolotte, telle qu'on la connaît, n'est pas non plus trop satisfaite de posséder un mari aveugle; et l'occasion se présente ainsi de blâmer hautement l'audace de Nicolaï, qui s'est mêlé, sans mission, des affaires des autres...

..... Préparé à tout ce que l'on pourrait alléguer contre Werther, je ne me fâchai d'aucune critique; mais je n'avais pas prévu que les âmes sympathiques et bienveillantes me réservaient un tourment insupportable; car, au lieu de parler obligeamment de mon livre, chacun voulait savoir ce que le roman contenait de vérité. J'en fus très irrité, et je répondis presque toujours très brutalement; car, pour satisfaire à cette question, il m'aurait fallu mettre en morceaux une œuvre composée de tant d'éléments, et dont l'unité poétique m'avait coûté tant de méditations; il m'aurait fallu en détruire la forme, de telle sorte que les parties en auraient été sinon anéanties, au moins dispersées et décomposées. A la réflexion, toutefois, je ne pouvais pas blâmer le public de cette exigence. Le sort de Jérusalem avait produit une vive sensation. Un jeune homme bien élevé, aimable, sans reproche, le fils de l'un de nos théologiens et de nos écrivains les plus distingués, dans la santé et dans l'aisance, quittait tout-à-coup la vie, sans motif connu. Chacun demandait comment cet événement avait pu arriver; et toute la jeunesse, au récit d'un amour malheureux, toute la classe moyenne, à celui des petites contrariétés qu'il avait éprouvées dans le grand monde, avaient été émues: et chacun désirait des détails précis. Alors parut dans *Werther* un tableau détaillé, dans lequel on voulait retrouver la vie et les sentiments de ce jeune homme. Les rapports de lieux et de personnes concordaient; et, à cause du grand naturel qui régnait dans les peintures, on se crut parfaitement instruit, et l'on fut un instant satisfait. Mais, en y regardant de plus près, bien des choses ne s'accordaient pas; les esprits curieux se condamnèrent à de pénibles recherches, et une critique minutieuse fit naître nécessairement mille doutes. Mais il n'était pas possible de pénétrer ce secret; ce que j'avais fait passer de ma vie et de mes souffrances dans la composition, ne pouvait pas être deviné; car, jeune homme inaperçu, j'avais mené une existence sinon cachée, du moins tranquille.

Je m'étais rappelé dans mon travail cet artiste heureux qui avait pu réunir plusieurs beautés pour en composer sa Vénus; et je m'étais permis de même de former une Lolotte avec le caractère et les qualités de plusieurs objets, bien que les traits principaux fussent empruntés au plus chéri de tous. La curiosité du public put donc apercevoir des ressemblances avec plusieurs jeunes femmes; et il ne fut pas indifférent aux dames elles-mêmes d'être prises pour le vrai modèle. Mais ces nombreuses Lolotte me causèrent un tourment sans fin, le premier venu croyant avoir le droit de m'interroger sur la véritable. Je cherchai à m'en tirer, à la manière de Nathan, c'est-à-dire, par un expédient de nature sans doute à être goûté par les esprits élevés, mais non à satisfaire le public, qui croit et qui lit (1). J'espérais être délivré pour quelque temps de ces demandes importunes; mais elles me poursuivirent pendant toute ma vie. En voyage, j'essayai d'y échapper par l'incognito; mais cette ressource même me fut ravie; et l'auteur de cet opuscule, s'il a composé une œuvre criminelle et nuisible, en a été puni suffisamment, trop rigoureusement même, par ces importunités auxquelles il ne put se soustraire.

Ces tourments ne lui firent que trop bien comprendre que l'auteur et le public sont séparés par un abîme immense, dont, pour leur bonheur, ils n'ont, ni l'un ni l'autre, la moindre idée. Il s'était aperçu depuis long-temps de l'inutilité de toutes les préfaces; car plus on s'efforce d'expliquer son dessein, et plus on ouvre la porte à la confusion. Et puis un écrivain aura beau répondre, le public continuera toujours à lui adresser les mêmes demandes, qu'il a déjà essayé d'éluder. Je reconnus aussi de bonne heure une autre singularité du lecteur qui ressemble beaucoup à celle-là, et qui nous parait tout à fait plaisante, chez ceux surtout qui font imprimer leurs jugements. Ils sont imbus de l'opinion qu'en produisant quelque chose, on devient leur débiteur, et qu'on demeure toujours bien au-dessous de ce qu'ils veulent et de ce qu'ils désirent, bien qu'un instant auparavant, avant d'avoir connu notre œuvre, ils ne se doutassent pas qu'il

---

(1) Nathan est une pièce de Lessing. Le sultan demande à un juif de ce nom de se faire musulman : Nathan lui répond par la fable des *Trois Anneaux*, dont voici la substance : « Un anneau merveilleux se transmet dans une famille, et doit être donné par le père à celui de ses enfants qu'il aime le mieux. Un père a trois fils qu'il aime également, et qui le tourmentent chacun pour avoir cet anneau à la possession duquel est attaché le bonheur. Pour les satisfaire tous les trois, il fait faire à un orfèvre deux anneaux pareils au sien, et, au lit de la mort, il en donne un séparément à ses enfants. Chacun d'eux croit posséder le véritable. »

existât ou qu'il pût exister quelque chose de semblable. J'eus d'ailleurs ce bonheur ou ce malheur extrême, que chacun voulut savoir ce que c'était que ce jeune auteur qui se produisait d'une façon si inattendue et si hardie. On désira le voir et lui parler; on voulut savoir quelque chose de lui; et ainsi il se vit l'objet d'un empressement excessif, tantôt agréable, tantôt incommode, mais qui le dissipait toujours; car il avait devant lui assez d'œuvres commencées, il aurait eu même de quoi employer plusieurs années, s'il avait pu se tenir au travail avec l'ardeur accoutumée; mais du calme, du crépuscule, de l'obscurité, sans lesquels la pureté de la production n'existe pas, il avait été appelé à l'éclat du grand jour, où l'on se perd dans les autres, et où l'on est égaré par la sympathie et par l'indifférence, par la louange et par le blâme, parce que les contacts extérieurs ne concordent jamais avec les différentes phases de notre culture intérieure, et, ne pouvant pas servir, doivent nuire nécessairement....

LIVRE QUATORZIÈME.

Relations de Goethe avec Lavater et avec Jacobi. — Plan d'un drame sur Mahomet.

La haute position que dès l'abord Goethe s'était faite dans la littérature allemande, lui permit de se mettre en rapport avec les célébrités littéraires de son pays : une liaison étroite se forma entre Lavater et lui.

.... Je ne tardai pas à me mettre en relation avec Lavater... Notre correspondance devint très active. Il s'occupait sérieusement, à cette époque, de sa grande *Physionomique*, dont l'introduction avait déjà paru. Il invitait tout le monde à lui envoyer des dessins, des esquisses, mais surtout des portraits du Christ ; et, quelle que fût mon inexpérience dans ce genre, il voulut à toute force un Christ dessiné par moi, d'après mes idées particulières. Ces exigences de l'impossible provoquèrent de ma part des plaisanteries, et je ne sus me défendre contre son individualité qu'en lui opposant la mienne.

Le nombre de ceux qui n'avaient pas foi dans la physionomique, ou du moins qui la considéraient comme incertaine et trompeuse, était très grand ; beaucoup de personnes, même bien intentionnées pour Lavater, ne purent résister à l'envie de l'éprouver, et, s'il était possible, de le mettre en défaut. Il avait commandé à un peintre distingué de Francfort le portrait de plusieurs hommes en renom. Celui-ci s'était permis la malice d'envoyer d'abord le portrait de Bahrdt au lieu du mien : il reçut une lettre comico-furieuse, où l'on jurait et protestait que ce n'était pas là mon portrait, par tous les motifs que Lavater pouvait alléguer en pareil cas. Le mien fut envoyé ensuite, et il l'admit comme tel ; mais cette fois encore éclata le dissentiment dans lequel on le vit constamment avec les peintres et avec les individus. Ceux-là n'étaient jamais vrais ni exacts dans leurs portraits ; ceux-ci, avec toutes les qualités qu'ils pouvaient posséder, demeuraient toujours trop au-dessous de l'idée qu'il avait conçue de l'humanité et des hommes, pour que les particularités qui constituent la personnalité d'un individu, n'excitassent pas en lui quelque répugnance. L'idée qu'il s'était formée de l'humanité en lui et d'après sa propre humanité, était si étroitement liée à l'image du Christ, laquelle il portait vivante dans son cœur, qu'il ne comprenait pas qu'on homme pût vivre et respirer sans être chrétien. Pour moi, je ne concevais la religion chrétienne, que par l'esprit et par le sentiment, et je n'avais pas la moindre idée de cette parenté physique à laquelle inclinait Lavater. Je fus donc contrarié par la vivacité importune avec laquelle cet homme d'esprit et de cœur se prit à moi, comme à Mendelsohn et à d'autres, en soutenant qu'on devait être chrétien avec lui, chrétien comme lui, ou l'attirer à soi, et le convaincre de la croyance dans laquelle on trouvait son repos. Cette exigence, si diamétralement opposée à la tolérance du monde, à laquelle peu à peu je m'étais rangé, me fut assez désagréable. Les tentatives de conversion qui échouent, endurcissent ceux qu'on a choisis pour prosélytes; et ce fut ce qui m'arriva, quand Lavater présenta finalement ce dilemme : Ou chrétien ou athée. » Je lui répondis en déclarant formellement que, s'il ne voulait pas me laisser mon christianisme, tel que je l'avais toujours compris, je pourrais bien me résoudre à embrasser l'athéisme; qu'il me semblait d'ailleurs que personne ne sait au juste ce que l'une et l'autre chose signifient.

Cette controverse par écrit, si vive qu'elle fût, ne troubla pas la bonne harmonie qui régnait entre nous. Lavater avait une dose incroyable de patience, de fermeté, de persévérance; il avait foi dans sa doctrine, et, avec l'intention décidée de répandre ses convictions dans le monde, il consentait à opérer, par la patience et par la douceur, ce qu'il ne pouvait obtenir de force. Il était de ce petit nombre d'hommes heureux, dont la vocation extérieure s'accorde complétement avec la vocation intérieure, et chez qui l'éducation première, en harmonie constante avec celle qui l'a suivie, a développé les facultés conformément à leur nature. Doué de l'organisation morale la plus délicate, il se destina à l'état ecclésiastique. Son éducation fut dirigée vers ce but, et il montra beaucoup de dispositions, sans promettre de devenir un savant. Lui aussi, quoique né bien avant moi, fut saisi de l'esprit de l'époque, l'amour de la liberté et de la nature, cet esprit qui murmurait à l'oreille d'un ton flatteur, que, sans tant de secours étrangers, on possédait en soi-même un fonds suffisant, et qu'il ne s'agissait que de le bien cultiver. Le devoir de l'ecclésiastique, qui consiste à exercer une action, morale au point de vue pratique, religieuse à un point de vue supérieur, s'accordait parfaitement avec ses principes. Communiquer aux hommes des sentiments honnêtes et pieux comme ceux qu'il éprouvait lui-même, les exciter en eux, tel était le goût le plus prononcé du jeune homme; et ses deux occupations favorites étaient de s'observer lui-même et d'observer les autres : la première avait été facilitée et provoquée en lui par une rare délicatesse de sentiment; la seconde, par une vue pénétrante des objets extérieurs. Il n'était pas né, toutefois, pour la contemplation; il n'avait pas, à proprement parler, le don de peindre; il se sentait plutôt poussé par toute son organisation à agir, à exercer de l'influence; et je n'ai jamais connu personne d'une activité plus continue que la sienne. Mais notre vie intérieure et morale se réalise dans des conditions extérieures, soit comme membres d'une famille, ou d'une classe, ou d'une corporation, ou d'une ville, ou d'un état; lui aussi, pour exercer de l'influence, il était obligé de toucher et de remuer toute cette vie extérieure; et de là résulta plus d'un choc, plus d'une complication, d'autant plus que la société au sein de laquelle il était né, jouissait dans les limites les plus exactes et les plus précises, d'une liberté précieuse et traditionnelle. A peine sorti de l'enfance, le républicain s'accoutume à réfléchir et à émettre son avis sur les affaires publiques. Jeune homme, il se voit, comme membre d'une corporation, bientôt appelé à donner ou à refuser sa voix. Pour juger avec équité et avec indépendance, il doit, avant tout, s'assurer du mérite de ses concitoyens; il doit les étudier, s'enquérir de leurs opinions, de leurs facultés, et, en essayant ainsi de pénétrer les autres, reporter toujours son regard sur lui-même.

Lavater s'exerça ainsi de bonne heure, et cette activité pratique semble l'avoir occupé plus que l'étude des langues, plus que cette analyse qui y touche de près, et qui sert à cette étude de base comme de but. Dans un âge plus avancé, quand ses connaissances et ses lumières se furent considérablement accrues, il disait assez souvent, d'un ton plaisant ou sérieux, qu'il n'était pas savant; et c'est à ce défaut d'études approfondies qu'il faut s'en prendre, s'il se tint à la lettre de la Bible, à la lettre de la traduction seulement, et s'il y trouva, pour le but qu'il cherchait, une nourriture et des ressources suffisantes.

Mais bientôt cette sphère d'activité si lente de la corporation fut trop étroite pour cette vive nature. Etre juste est facile à la jeunesse, et un cœur pur a horreur de l'injustice, dont il ne s'est pas encore rendu coupable. La tyrannie d'un Landvogt était patente pour les citoyens; mais il n'était pas aisé de la traduire devant la justice. Lavater s'adjoint un ami, et tous deux menacent, sans se nommer, cet homme criminel. L'affaire s'ébruite, on se voit obligé de l'instruire. Le coupable est puni; mais ceux qui ont provoqué ce redressement encourent le blâme. Dans un état bien organisé, rien ne doit s'accomplir injustement, pas même la justice.

Dans un voyage qu'il fit en Allemagne, Lavater se mit en relation avec des hommes éclairés; mais il ne fit que s'affermir davantage dans ses convictions; de retour chez lui, sa spontanéité éclata de plus en plus dans ses actions. Homme généreux et bon, il trouvait en lui une noble idée de l'humanité; et, de toutes les contradictions que l'expérience opposait à cette idée, de tous les défauts incontestables qui éloignent l'homme de la perfection, il essayait de se tirer par cette conception, que la Divinité était descendue, au milieu des temps, dans la nature humaine, pour rétablir la pureté primitive de son image.

Voilà ce que j'avais à dire sur le début de cet homme remarquable; je vais maintenant retracer notre entrevue et les instants que nous passâmes ensemble. Car notre correspondance durait depuis peu de temps, quand il m'annonça, à moi et à d'autres habitants de Francfort, qu'il passerait prochainement par notre ville, dans un voyage sur le Rhin qu'il projetait. A cette nouvelle, le public s'émut ; tout le monde était curieux de voir un homme supérieur ; beaucoup espéraient s'édifier avec lui ; les présomptueux se flattaient de le mettre en défaut et de le confondre par des arguments dans lesquels ils s'étaient affermis ; nous vîmes, enfin, toutes les manifestations, agréables ou non, réservées d'ordinaire à un homme éminent, qui se met en contact avec ce monde mélangé.

Notre première entrevue fut cordiale ; nous nous embrassâmes tendrement ; et je le trouvai ressemblant à ses portraits. Je vis devant moi, vivant et actif, un individu unique, original, tel qu'on n'en avait jamais vu et tel qu'on n'en verra pas. Lui, au contraire, laissa voir, au premier abord, par quelques exclamations, qu'il m'avait imaginé autrement. Je lui répondis, avec mon *réalisme* de naissance et d'éducation, que, puisqu'il avait plu à Dieu et à la nature de me faire ainsi, nous devions nous résigner. Nous nous entretînmes alors de sujets graves, sur lesquels nous n'avions pu nous entendre dans nos lettres ; mais on ne nous laissa pas le temps de les discuter en détail ; et j'éprouvai alors une véritable surprise.

Quand mes amis et moi voulions nous entretenir de matières intellectuelles et morales, nous avions coutume de nous éloigner de la foule, de la société même, parce qu'au milieu des opinions diverses et des différents degrés de culture, il est déjà très difficile de s'entendre, même avec un petit nombre de personnes. Mais Lavater pensait différemment ; il aimait à étendre son activité dans un vaste rayon ; il n'était à son aise qu'au milieu d'une réunion d'hommes, et il savait l'instruire et l'occuper avec un rare talent, qui tenait à sa supériorité comme physionomiste. Il possédait un tact exquis, qui lui faisait apercevoir promptement la situation morale de chacun. Si, de plus, il rencontrait de la franchise dans les aveux, de la sincérité dans les questions, il savait, dans la plénitude de son expérience intérieure et extérieure, répondre à propos, et de manière à contenter chacun. La douceur profonde de son regard, le charme expressif de ses lèvres, jusqu'au dialecte suisse, qui perçait sous le pur allemand qu'il parlait, et bien d'autres qualités caractéristiques, procuraient, à tous ceux auxquels il adressait la parole, le calme d'esprit le plus doux. Sa tenue de corps un peu penchée, que sa poitrine plate déterminait, ne contribuait pas peu à faire pardonner sa supériorité intellectuelle au reste de la société. A l'égard de l'orgueil et de la présomption, il se conduisait avec beaucoup de calme et d'adresse ; car, en paraissant reculer, il faisait briller tout-à-coup, comme un bouclier de diamant, une grande vue, à laquelle l'esprit borné de l'adversaire n'avait jamais songé ; et il tempérait si agréablement la lumière qui en jaillissait, que ces hommes, en sa présence du moins, se sentaient instruits et convaincus. Peut-être ces impressions ont-elles duré chez plusieurs, car les hommes d'amour-propre sont généralement aussi des hommes bons ; il ne s'agit que de faire tomber, par une douce influence, la dure écorce qui entoure le noyau fécond.

Mais ce qui l'affligeait profondément, c'était la présence de ces personnes que la laideur physique semblait avoir irrévocablement marqués pour être les ennemis déclarés de sa doctrine sur la signification des physionomies. Dans leur malveillance et dans leurs doutes mesquins, ces personnes employaient de l'esprit, du talent même, pour discréditer une doctrine qui semblait outrageante pour elles ; car on n'en rencontrait guère qui, avec la noblesse de Socrate, alléguassent leur enveloppe de satyre, en témoignage de leur moralité acquise. La dureté, l'entêtement de ces contradicteurs l'effrayaient ; il n'était pas, dans ces luttes, exempt de passion, semblable au feu de fonte attaquant le métal qui résiste, comme un être odieux et ennemi.

Dans cet état de choses, les conversations intimes nous étaient interdites ; mais, en observant avec attention comment il maniait les hommes, je m'instruisais beaucoup, sans me former cependant ; car ma position différait essentiellement de la sienne. Celui qui exerce une action morale ne perd aucun de ses efforts, et il produit beaucoup plus que ne le reconnaît, avec trop de réserve, la parabole du semeur ; celui qui fait de l'art, au contraire, a tout perdu dans une œuvre qui n'est pas acceptée comme artistique. On n'ignore pas l'impatience que mes chers et bienveillants lecteurs avaient coutume de me causer, et les motifs pour lesquels je répugnais profondément à m'entendre avec eux. Je n'éprouvai que trop alors la différence qui existait entre l'action que Lavater exerçait et la mienne ; la sienne s'opérait toujours sous ses yeux, la mienne dans l'éloignement ; celui qui était mécontent de lui à distance, devenait son ami en l'approchant ; et celui qui, par mes œuvres, me jugeait très aimable, se trouvait bien déçu, en rencontrant un homme raide et froid.

Merk, qui était immédiatement arrivé de Darmstadt, fit le Méphistophélès ; il plaisanta surtout des importunités des femmes... Néanmoins il fallut qu'il se laissât exorciser aussi bien que les autres ; et Leps, qui accompagnait Lavater, dessina son profil avec la même exactitude et le même soin que les portraits des autres hommes, importants ou non, qui devaient enrichir le grand ouvrage de la *Physionomique*.

Le commerce de Lavater fut pour moi très instructif, car ses excitations pressantes stimulaient ma nature d'artiste calme et contemplative ; il ne me profita pas immédiatement, puisqu'il ne fit qu'accroître la dissipation qui s'était déjà emparée de moi ; mais tant de questions avaient été débattues entre nous, que je désirai ardemment continuer nos entretiens. C'est pourquoi je me décidai à l'accompagner dans son voyage vers Ems (1), et, chemin faisant, enfermé dans une voiture et en tête à tête, à traiter en liberté ces sujets qui nous intéressaient tous deux.

Un autre novateur, Basedow, se joignit, dans ce voyage, à Goethe et à Lavater ; arrivés à Cologne, ils passèrent les instants les plus agréables au milieu d'une société d'élite.

..... Dans cette union des âmes et des intelligences, où chacun de nous s'épanchait, j'offris de réciter mes plus récentes et mes plus chères ballades. *Le roi de Thulé*, et *Il y avait un jeune garçon assez hardi*, firent sensation ; et je les débitai avec d'autant plus d'âme, que mes poésies étaient encore attachées à mon cœur, et qu'elles sortaient rarement de ma bouche....

(1) Petite ville du duché de Nassau, renommée pour ses bains.

Bien que la poésie m'occupât de préférence, et convînt particulièrement à ma nature, je ne laissais pas de réfléchir sur toute espèce de matières ; et les méditations de Jacobi sur l'impénétrable, méditations originales et conformes à son génie, m'attachèrent beaucoup... Les pensées que Jacobi me communiqua, jaillissaient directement de son cœur ; et j'étais profondément ému, quand avec une confiance sans bornes, il me révélait les exigences les plus sublimes de l'âme.....

Je m'étais déjà sinon formé, du moins essayé dans cette voie ; et j'avais reçu en moi la vie et la méthode d'un homme extraordinaire, d'une façon incomplète, il est vrai, et comme à la volée ; néanmoins j'en ressentais déjà l'effet à un degré remarquable ; cet esprit qui agissait sur moi avec tant de force, et qui devait exercer une si grande influence sur toute ma pensée, c'était Spinoza. Après avoir cherché inutilement, autour de moi, un moyen de culture pour mon étrange individualité, je finis par tomber sur l'*Éthique* de ce philosophe. Je ne saurais dire exactement ce que j'ai retiré de la lecture de cet ouvrage, et ce que j'ai pu y mettre du mien ; j'y trouvai, du moins, l'apaisement de mes passions ; une grande et large vue du monde physique et moral, sembla se révéler à moi. Mais ce qui m'attachait particulièrement à Spinoza, c'était le désintéressement infini qui éclatait dans chacune de ses maximes. Ce mot admirable : « Celui qui aime Dieu, ne doit pas exiger que Dieu l'aime en retour, » avec toutes les prémisses sur lesquelles il repose, et toutes les conséquences qui en découlent ; ce mot fut ma joie suprême, ma maxime et ma règle de conduite, de sorte que ce mot hardi, qui vint après le premier : « Si je t'aime, qu'est-ce que cela te fait ? » ne fit qu'exprimer le fond de mon cœur. Du reste, nous ne devons pas méconnaître que les alliances les plus intimes ne résultent que des contrastes. Le calme de Spinoza qui apaisait toute chose, contrastait avec mon ardeur qui remuait tout ; sa méthode mathématique était la contre-partie de mon mode poétique de pensée et d'expression ; et ces procédés réguliers qu'on ne voulait pas admettre pour les sujets moraux, me rendirent son disciple passionné, son plus fervent admirateur. L'esprit et le cœur, l'intelligence et le sentiment, se recherchèrent par une sympathie nécessaire ; et par elle s'accomplit l'union des êtres les plus opposés.

Mais alors, dans le premier moment d'action et de réaction, tout fermentait et tout bouillonnait en moi. Fritz Jacobi, le premier auquel je laissai voir ce chaos, lui dont le génie travaillait aussi dans les profondeurs, fut touché de ma confiance ; il y répondit et chercha à m'initier à ses idées. Lui aussi, il éprouvait un inexprimable besoin intellectuel, lui aussi ne voulait pas être soulagé par le secours d'autrui, mais se former et s'éclairer lui-même.... Cette pure parenté intellectuelle était nouvelle pour moi, et elle éveilla en moi le désir de continuer mes confidences. La nuit, quand nous nous étions déjà séparés, et que nous nous étions retirés chacun dans notre chambre à coucher, j'allais le trouver encore une fois. L'image de la lune tremblait sur le Rhin majestueux ; et nous, debout à la fenêtre, nous nous enivrions de la plénitude d'un épanchement mutuel, qui, à cette belle époque d'épanouissement, jaillissait avec abondance.

.... Au milieu de mes divagations, dans ma vie et dans mon activité complètement dépourvues de but et de plan, il ne pouvait pas me demeurer caché que Lavater et Basedow employaient des moyens intellectuels, des moyens spirituels même, pour des buts terrestres. Moi qui prodiguais au hasard mon talent et mes journées, je dus promptement m'apercevoir que ces deux hommes, chacun à leur manière, tout en s'efforçant d'enseigner, d'instruire et de convaincre, dissimulaient certaines arrière-pensées, dont ils avaient à cœur l'accomplissement.

Lavater mettait dans sa conduite de la délicatesse et de l'habileté ; Basedow, au contraire, était emporté et violent ; tous deux étaient tellement pénétrés de leurs idées, de leurs entreprises et de l'excellence de leurs œuvres, qu'on était obligé de croire à leur loyauté, et de leur accorder amour et respect. A la louange de Lavater, en particulier, on pouvait dire qu'il se proposait, en effet, un but sublime, et que, s'il agissait diplomatiquement, il avait lieu de croire que la fin justifie le moyen. En les observant tous les deux, en m'ouvrant franchement à eux et en les écoutant, je vis surgir en moi cette pensée : Quand l'homme éminent veut répandre hors de lui ce qu'il y a en lui de divin, il rencontre le monde grossier, et, pour agir sur ce monde, il est obligé de se mettre à son niveau ; par là il compromet gravement ses hautes qualités, et il finit par s'en dépouiller entièrement. Le céleste, l'éternel s'abaisse en prenant corps dans des vues terrestres, et il est entraîné vers des destinées passagères. Je considérai de ce point de vue la carrière de ces deux hommes, et ils me parurent dignes à la fois de respect et de compassion ; car je crus pressentir que tous deux pourraient se trouver obligés de sacrifier les grandes choses aux petites. Après m'être longuement livré à ces considérations, et après avoir, par delà le cercle de mon étroite expérience, cherché des analogies dans l'histoire, je conçus le projet de dramatiser dans la vie de Mahomet, de cet homme que je n'avais jamais pu considérer comme un fourbe, une carrière qui se présentait d'une manière si vivante à mes regards, et qui conduisait à la perte plutôt qu'au salut. J'avais, peu auparavant, lu et étudié avec un vif intérêt la vie de ce prophète oriental, et cette idée, par conséquent, me trouva assez bien préparé. La pièce, dans son ensemble, se rapprochait davantage de la forme régulière, à laquelle je revenais, tout en continuant à user, avec modération il est vrai, de la liberté, déjà conquise, de disposer arbitrairement du temps et des lieux. Elle commençait par une hymne que Mahomet chante seul, pendant la nuit, sous un ciel serein. D'abord, il adore les astres infinis comme autant de dieux ; puis s'élève la belle étoile de Gad (notre Jupiter), et il adresse exclusivement ses hommages à celle-ci, comme à la reine des étoiles. Peu de temps après, la lune se montre en se balançant, et elle attire les regards et l'amour de l'adorateur ; celui-ci, bientôt, ranimé et recréé puissamment par le soleil qui paraît, commence des louanges nouvelles. Mais cette succession d'objets, quelque agréable qu'elle puisse être, ne satisfait pas ; le cœur sent qu'il doit s'exalter encore ; il s'élève vers Dieu, l'unique, l'éternel, l'illimité, auquel ces êtres si beaux, mais limités, doivent leur existence. J'avais composé cette hymne avec amour ; mais elle s'est perdue....

» S'étant converti lui-même, Mahomet communique aux siens ses sentiments et ses principes ; sa femme et Ali les adoptent sans réserve. Au second acte, il tente lui-même, et Ali avec plus d'ardeur encore, de propager sa foi dans la tribu. Ils trouvent sympathie chez les uns et résistance chez les autres. Le débat commence, la querelle s'irrite, et Mahomet est obligé de s'enfuir. Au troisième acte, il triomphe de ses adversaires, il fait reconnaître sa religion comme religion de l'état, il purge la Caaba des idoles dont elle était remplie ; mais on ne peut pas tout exécuter par la force, il doit recourir aussi à la ruse. L'élément terrestre, en lui, croît et s'étend ; le divin recule et s'obscurcit. Au quatrième acte, Mahomet poursuit ses conquêtes ; la doctrine est plutôt un prétexte qu'un but ; tous les moyens sont employés ; les cruautés même ne manquent pas. Une femme dont il a fait périr le mari, l'empoisonne. Au cinquième acte, il s'aperçoit qu'il est empoisonné. Par sa grande résignation, et par le retour subit qui le rend à lui-même, à une pensée sublime, il devient digne d'admiration. Il épure sa doctrine, affermit son empire et meurt.

Telle est l'esquisse d'un travail qui m'a long-temps occupé ; car, en général, j'avais besoin de rassembler mes idées, avant de me mettre à l'œuvre. Je me proposais de retracer l'action que les hommes de génie exercent par le caractère et par l'esprit, et en même temps ce qu'ils y gagnent et ce qu'ils y perdent. Plusieurs chants que je devais insérer dans ce drame, furent composés préalablement ; il n'en reste qu'un, qui, sous le titre de *Chant de Mahomet*, se trouve parmi mes poésies. Dans la pièce, Ali devait, en l'honneur de son maître, au plus fort de leurs succès, réciter ce chant, un peu avant la catastrophe provoquée par le poison.

LIVRE QUINZIÈME.

Conception des poèmes d'Ahasvérus et de Prométhée. — Première entrevue avec les princes de Weimar. — Les époux tirés au sort; la femme de Goethe; composition de Clavijo.

.... Tout ce que j'accueillais en moi avec amour, tendait aussitôt à revêtir une forme poétique ; je conçus l'idée singulière de composer une épopée avec l'histoire du Juif Errant, que les écrits populaires avaient gravée en moi dès le bas âge. Je voulais, aidé de ce fil conducteur, retracer, selon ma fantaisie, les points saillants de l'histoire de la religion et de l'Église....

Il y avait à Jérusalem un cordonnier, auquel une légende donne le nom d'Ahasvérus. Pour le peindre, j'avais emprunté les traits principaux à mon cordonnier de Dresde. Je lui avais donné libéralement l'esprit et la gaîté de son confrère Hans Sachs (1), et je l'avais ennobli par un attachement pour le Christ. Dans sa boutique ouverte, il causait volontiers avec les passants, il les plaisantait, et, avec la méthode de Socrate, il les excitait, chacun à sa manière ; aussi les voisins et d'autres gens du peuple aimaient à s'arrêter chez lui. Les Pharisiens et les Sadducéens eux-mêmes allaient causer avec cet homme ; et le Sauveur, enfin, accompagné de ses jeunes disciples, allait parfois passer chez lui quelques instants. Le cordonnier, dont la pensée n'était tournée que vers le monde, conçut néanmoins pour Notre-Seigneur une vive affection, qu'il manifestait principalement en essayant de convertir à ses principes l'homme sublime dont il ne comprenait pas la pensée. Il priait donc très instamment le Christ de renoncer à la vie contemplative, de ne plus errer dans le pays avec des oisifs, de ne pas arracher le peuple à ses travaux en l'entraînant dans le désert : un peuple réuni s'exaltait toujours, et il ne pouvait résulter de là rien de bon.

Le Seigneur, de son côté, cherchait à l'instruire, par des pa-

(1) Poète cordonnier de l'Allemagne.

raboles, de ses vues et de ses desseins élevés; mais cet esprit grossier ne les goûtait pas. C'est pourquoi, voyant le Christ devenir un personnage toujours plus important, un personnage politique même, l'artisan dévoué s'exprima avec une vivacité et une aigreur toujours croissantes; il représenta qu'il surviendrait nécessairement des troubles et des séditions, et que le Christ lui-même serait forcé de se déclarer chef de parti, ce qui, sans doute, ne pouvait pas être son intention. Les choses ayant eu l'issue que nous savons, et le Christ ayant été arrêté et condamné, l'émotion d'Ahasvérus redoubla, quand Judas, qui paraissait avoir trahi son maître, entra désespéré dans la boutique, et raconta en gémissant son insuccès. Il avait été fermement convaincu, disait-il, ainsi que les plus clairvoyants parmi les autres disciples, que le Christ allait se déclarer souverain et chef du peuple, que lui, il avait voulu, à toute force, contraindre à l'action l'hésitation jusque-là invincible du maître, et qu'à cet effet il avait poussé les prêtres à des voies de fait, auxquelles eux aussi n'avaient pas encore osé recourir. Les disciples étaient armés, et vraisemblablement ils auraient réussi, si le maître lui-même ne s'était pas rendu, et ne les avait pas abandonnés dans la position la plus critique. Ahasvérus, que ce récit ne disposait pas à la douceur, aigrit encore le désespoir du pauvre ex-apôtre, qui n'eut plus qu'à s'aller pendre en toute hâte.

Quand Jésus, conduit au supplice, passa devant la boutique du cordonnier, ce fut alors qu'eut lieu la scène connue, où le patient succomba sous le fardeau de la croix, et où Simon de Cyrène fut obligé de s'en charger. En ce moment, sort Ahasvérus; comme ces hommes d'une raison sévère, qui, voyant un homme malheureux par sa faute, n'éprouvent aucune pitié, et, saisis d'un esprit de justice intempestif, aggravent le mal par leurs reproches, il s'avance et répète tous ses anciens avertissements qu'il change en accusations violentes, autorisé, comme il le croit, par son affection même pour le martyr. Celui-ci ne répond pas; mais, à ce moment, la tendre Véronique couvre le visage du Sauveur avec le voile; et, quand elle l'ôte et qu'elle l'élève en l'air, Ahasvérus voit sur ce voile la face du Sauveur; mais ce n'est pas la face du martyr, qui est devant lui, c'est celle d'un être glorieusement transfiguré, c'est un visage où rayonne la vie céleste. Ébloui par cette vision, il détourne les yeux, et les paroles suivantes frappent ses oreilles : « Tu erreras sur la terre, jusqu'à ce que tu me revoies sous cet aspect. » Le cordonnier tombe atterré, et ne reprend connaissance qu'au bout de quelque temps ; tout le monde s'est porté en foule vers le lieu du supplice, il trouve les rues de Jérusalem désertes ; l'inquiétude et le désir l'entraînent, et il commence son voyage.

.... Le commencement de ce poëme, quelques morceaux et le dénouement furent écrits ; mais le recueillement me manqua, le temps me manqua aussi pour faire les études nécessaires, et pour être en état de donner à cette œuvre le fond que je désirais ; et le peu de feuilles que j'écrivis en restèrent là. Alors, il faut le dire, s'accomplissait une nouvelle phase de mon existence, qui avait commencé à l'époque où j'écrivis Werther et où je fus témoin de l'effet qu'il produisit.

La commune destinée humaine que nous portons tous, doit être plus lourde à ceux dont les facultés intellectuelles sont plus précoces et plus larges dans leur développement. Nous avons beau croître sous la protection de nos parents et de nos proches, nous avons beau nous appuyer sur nos frères et sœurs et sur nos amis, trouver des distractions avec nos connaissances, le bonheur avec des êtres chéris ; finalement l'homme est toujours forcé de se replier sur lui-même ; et il semble que la divinité même soit vis-à-vis de lui dans une telle situation, qu'elle ne puisse pas toujours reconnaître son respect, sa confiance et son amour, qu'elle ne le puisse pas du moins, au moment pressant. J'avais souvent éprouvé, dès le bas âge, que, dans les instants les plus difficiles, on nous crie : « Médecin, guéris-toi toi-même ; » et que de fois n'ai-je pas dû me dire, avec un soupir douloureux : « Je foule seul le pressoir ! » En songeant aux moyens d'assurer mon indépendance, le talent fécond que je possédais m'en parut la garantie la plus certaine. Depuis quelques années, il ne m'abandonnait pas un seul instant ; ce que j'entrevoyais, éveillé pendant le jour, se façonnait souvent pendant la nuit en rêves réguliers ; et ordinairement, quand j'ouvrais les yeux, un tout nouveau et merveilleux, ou un fragment d'une œuvre en commencement m'apparaissait ; je l'écrivais dès le point du jour ; mais le soir même, et jusque très avant dans la nuit, quand le vin et les charmes de la société excitaient les esprits vitaux, on pouvait me demander ce qu'on voulait; pourvu que le sujet fût bien arrêté, j'étais prêt et dispos. Réfléchissant sur ce don naturel, qui m'appartenait en propre, et que rien du dehors ne pouvait favoriser ni contrarier, je me plaisais à fonder sur lui toute mon existence. Cette idée se changea en une image ; une vieille figure mythologique me frappa, celle de Prométhée, qui, séparé des dieux, peuple tout un monde du fond de son atelier. Je sentais qu'on ne peut produire rien de remarquable qu'en s'isolant. Mes ouvrages qui avaient obtenu tant de succès, étaient les enfants de la solitude ; et, depuis que j'étais plus répandu dans le monde, je ne manquais, sans doute, ni de force ni d'ardeur inventive ; mais l'exécution n'allait pas, parce que je n'avais proprement de style à moi ni en prose ni en vers, et qu'à chaque nouveau travail, les tâtonnements et les essais recommençaient toujours. Voulant écarter, exclure le secours des hommes, je me séparai des dieux eux-mêmes, à l'exemple de Prométhée, et cela tout naturellement, parce que, dans mon caractère et dans mes habitudes intellectuelles, une idée absorbait et chassait toujours toutes les autres.

La fable de Prométhée s'était animée en moi. Je façonnai à ma taille le vieil habit du Titan, et je commençai, sans plus tarder, à écrire une pièce, retraçant le mécontentement que Prométhée avait excité chez Jupiter et chez les nouveaux dieux, en créant des hommes de sa propre autorité, et en les animant sous la protection de Minerve....

Bien que ce sujet puisse donner lieu, comme il l'a fait, à des considérations philosophiques, religieuses même, il est surtout du domaine de la poésie. Les Titans jouent le même rôle dans le polythéisme, que le diable dans le monothéisme ; le diable, néanmoins, ainsi que le Dieu unique auquel il est opposé, n'est pas une figure poétique. Le Satan de Milton, d'ailleurs assez bien tracé, a le défaut d'accomplir une œuvre subalterne, en essayant de détruire la belle création d'un être suprême ; tandis que Prométhée a le mérite de pouvoir créer et produire en dépit d'êtres supérieurs. De plus, c'est une belle pensée, une pensée qui se prête à la poésie, que celle de créer les hommes, non par le souverain maître du monde, mais par un être intermédiaire, qui possède d'ailleurs la dignité nécessaire à cet effet : la richesse de la mythologie grecque en symboles divins et humains est inépuisable.

L'audace des Titans, escaladant le ciel, ne fournit aucun élément à ma poésie. Il me convenait mieux de retracer cette résistance pacifique, féconde, courageuse, qui reconnaît le pouvoir suprême, mais qui voudrait s'élever jusqu'à lui. Les plus hardis de cette race, Tantale, Ixion, Sisyphe, étaient mes saints. Accueillis dans la société des dieux, où ils ne s'étaient pas montrés assez soumis, ils avaient mérité, hôtes présomptueux, le courroux de leur noble protecteur, et un triste exil. Ils excitaient ma compassion ; leur état avait déjà été reconnu par les anciens comme éminemment tragique, et, en les faisant paraître sur l'arrière-plan de mon Iphigénie comme membres d'une opposition fatale, je leur dois bien une partie de l'effet que cette pièce a eu le bonheur de produire.

A cette époque, je ne cessais pas de composer et de dessiner alternativement. Je fis le portrait en profil de mes amis, au crayon. Lorsque je dictais ou que j'écoutais une lecture, j'esquissais l'écrivain ou le lecteur avec les objets qui les entouraient ; la ressemblance était frappante, et ces esquisses étaient bien accueillies. Les amateurs ont toujours cet avantage, parce qu'ils donnent leurs œuvres gratis. Sentant toutefois l'insuffisance de ces dessins, je me remis à la littérature et à la versification, qui me convenaient davantage. La vivacité, la gaîté et l'ardeur avec lesquelles je travaillai, sont attestées par plusieurs poèmes, qui, au moment de leur naissance, nous remplissaient toujours d'un nouveau courage, mes amis et moi....

J'étais une fois dans ma chambre, livré à ces occupations. Éclairée d'un demi-jour, ma chambre offrait au moins l'apparence d'un atelier d'artiste, et les travaux inachevés qui tapissaient les murs, semblaient prouver une grande activité. Je reçus la visite d'un homme de haute taille, que je pris dans l'obscurité pour Fritz Jacobi ; reconnaissant promptement mon erreur, je le saluai comme un étranger. Ses manières dégagées et nobles trahissaient une certaine éducation militaire. Il me dit s'appeler de Knebel ; et une courte explication de sa part m'apprit qu'étant au service de la Prusse, dans un séjour prolongé à Berlin et à

Postdam, il s'était créé de bonnes et actives relations avec les littérateurs de ces deux villes, et avec la littérature allemande en général....

Après quelques généralités sur cette littérature, j'eus la satisfaction d'apprendre qu'il était pour le moment établi à Weimar, et qu'il venait d'être attaché à la personne du prince Constantin. J'avais entendu dire beaucoup de bien de la société de Weimar; il nous était arrivé de cette ville beaucoup d'étrangers qui nous représentaient la duchesse Amalie appelant les hommes les plus distingués pour l'éducation des princes ses fils, l'Académie d'Iéna concourant à ce noble but, par ses professeurs éminents, les arts, enfin, non seulement protégés par cette princesse, mais pratiqués par elle avec supériorité et avec enthousiasme. Je savais aussi que Wieland jouissait à cette cour d'une grande faveur, et que le *Mercure allemand*, qui recueillait les travaux de tant de savants du dehors, ne contribuait pas peu au renom de la ville où il était publié. Cette ville possédait un des meilleurs théâtres de l'Allemagne, un théâtre renommé par ses acteurs, non moins que par les auteurs qui l'alimentaient. Cette situation prospère, toutefois, parut troublée et menacée d'une longue interruption par l'effroyable incendie du château, qui eut lieu au mois de mai; mais chacun était convaincu, tant le prince héréditaire inspirait de confiance, que non seulement le dommage serait bientôt réparé, mais que, malgré cet événement, toutes les espérances ultérieures seraient largement réalisées. Je m'informai donc, comme une ancienne connaissance, des personnes et des choses de la cour de Weimar, et j'exprimai le désir de faire plus ample connaissance avec elles; l'étranger répondit avec obligeance, que rien n'était plus facile, puisque le prince héréditaire venait d'arriver à Francfort avec son frère le prince Constantin, lesquels désiraient me voir et me parler. Je me montrai très disposé à leur rendre mes devoirs; et mon nouvel ami répondit que je n'avais pas de temps à perdre, parce que leur séjour à Francfort devait être court. Je le présentai à mes parents, qui furent extrêmement surpris de sa visite et de son message, et l'entretinrent avec plaisir, pendant que je m'apprêtais. Je me rendis ensuite avec lui auprès des jeunes princes, qui me reçurent sans cérémonie et avec affabilité.

.... La société de jeunes hommes et de jeunes personnes dont j'ai parlé plus haut, et qui devait à ma sœur, sinon son origine, au moins sa consistance, avait subsisté encore après le mariage et le départ de celle-ci; on s'était accoutumé les uns aux autres, et l'on passait agréablement ensemble une soirée par semaine. Cet orateur bizarre que nous connaissons, nous était revenu, après des destinées diverses, plus raisonnable et en même temps plus drôle; il se fit le législateur du petit état. Il avait imaginé un amusement analogue à notre ancien jeu; il s'agissait de tirer au sort tous les huit jours, non pas comme autrefois, des couples amoureux, mais des époux. Nous savions de reste, disait-il, comment on se conduit entre amants; mais comment un mari et une femme doivent-ils se traiter dans le monde? C'est ce que nous ignorions, et ce qu'avançant en âge, nous devions apprendre avant toute chose. Il traça en termes généraux les règles de conduite, qui consistent, comme on sait, à agir comme si l'on ne s'appartenait pas, à ne pas s'asseoir l'un à côté de l'autre, à ne pas causer ensemble, à se permettre encore moins des caresses, et à éviter en même temps tout ce qui peut faire naître de part et d'autre des soupçons et des contrariétés; on méritait les plus grands éloges, quand on savait, sans affectation, se montrer aimable pour son épouse.

Après ce discours, on tira au sort; on rit et l'on plaisanta de quelques accouplements baroques; et cette farce matrimoniale fut commencée gaiement, pour être renouvelée tous les huit jours.

Par un hasard singulier, il arriva que, dès le commencement, le sort me donna deux fois la même femme; c'était une jeune personne excellente, et telle qu'on peut souhaiter une épouse; sa taille était belle et régulière, son visage agréable, et dans ses manières régnait un calme qui témoignait de la santé de son corps et de son esprit. Elle était constamment la même, chaque jour et à toute heure. On vantait beaucoup son activité domestique. Sans être communicative, elle laissait paraître dans son langage un sens droit et une culture naturelle. On témoignait aisément à cette jeune personne des égards et du respect; j'étais déjà accoutumé à le faire, comme tous les autres; une bienveillance habituelle se manifesta alors sous la forme de devoir conjugal. Mais le sort nous ayant pour la troisième fois réunis, le malin législateur déclara solennellement que le ciel avait parlé, et que nous ne pouvions plus être désunis. Nous y consentîmes des deux parts avec joie, et nous nous rendîmes de si bonne grâce, l'un à l'autre, les devoirs publics du mariage, que nous pouvions être cités comme un couple modèle. En vertu de notre constitution générale, tous les couples unis dans la soirée devaient se tutoyer pendant ce court espace de temps; cette in limité de langage nous devint si familière au bout de quelques semaines, que, dans l'intervalle même, quand nous nous rencontrions, le *tu* cordial revenait sur les lèvres. Mais l'habitude est une chose étrange; peu à peu nous trouvâmes que rien n'était plus naturel que ce lien qui nous unissait; cette jeune personne me devint de plus en plus chère, et sa conduite envers moi attestait une noble et calme confiance; au besoin, si un prêtre se fût trouvé là, nous aurions pu, sans trop d'hésitation, nous laisser marier sur-le-champ.

A chacune de nos réunions, on lisait quelque production nouvelle; j'apportai un soir, comme une nouveauté toute fraîche, le mémoire de Beaumarchais contre Clavijo, dans l'original. Il fut écouté avec beaucoup de plaisir; on fit nombre d'observations sur cet ouvrage; et, après qu'on eut beaucoup parlé pour ou contre, ma tendre moitié me dit : « Si j'étais ton amante, au lieu d'être ta femme, je te supplierais de composer un drame avec ce mémoire; il me paraît fait pour cela. — Afin que tu reconnaisses, ma chère amie, que l'amante et l'épouse peuvent être réunies dans la même personne, je te promets de lire dans huit jours le sujet de ce mémoire sous forme de pièce de théâtre, comme aujourd'hui j'ai lu les pages que voici. » On s'étonna d'une promesse aussi hardie; mais je la tins fidèlement, car ce qu'en pareille matière on nomme invention, était instantané chez moi. En reconduisant, quelques instants après, celle que j'appelais mon épouse, j'étais taciturne; elle me demanda ce que j'avais. « Je médite déjà ma pièce, répondis-je, et j'en suis tout occupé. Je désire te prouver combien je suis heureux de faire quelque chose pour l'amour de toi. » Elle me pressa la main; et comme, en revanche, je l'embrassai avec passion, elle dit : « Tu ne dois pas sortir de ton rôle. Le monde pense que la tendresse ne convient pas aux époux. — Le monde pensera ce qu'il voudra, répondis-je, nous nous conduirons, nous, comme nous l'entendrons. »

Avant que je fusse rentré au logis (j'avais fait, il est vrai, un grand détour), ma pièce était déjà en bonne partie conçue; cependant, pour ne pas paraître trop vaniteux, j'avouerai que déjà à la première et à la seconde lecture, le sujet m'avait semblé dramatique, propre au théâtre même; mais sans l'excitation que je reçus, cette pièce serait demeurée, comme tant d'autres, au nombre des productions possibles. On sait comment j'ai exécuté ce sujet. Fatigué des scélérats qui, par vengeance, par haine ou par des vues basses, s'attaquent à une noble nature et la perdent, je voulus montrer, dans le personnage de Carlos, la raison saine de l'homme du monde, jointe à une amitié sincère, luttant contre la passion, la tendresse et les embarras extérieurs, et j'essayai de motiver de la sorte une tragédie. Autorisé par Shakspeare, notre patriarche, je n'hésitai pas un instant à traduire mot à mot la scène principale et toute l'action dramatique. Pour le dénouement, j'empruntai la fin d'une ballade anglaise, et je me trouvai prêt avant le vendredi. On croira sans peine au succès que cette lecture me valut. Mon épouse amante ne fut pas peu satisfaite, et il sembla que notre union se fût resserrée et affermie par cette œuvre, comme par une postérité intellectuelle.

Mais Méphistophélès Merk me causa alors pour la première fois un grave dommage. Quand je lui eus donné communication de la pièce, il me répondit : « Tu ne dois plus à l'avenir écrire de ces bagatelles; tout le monde peut en faire autant. » Il avait tort, car il ne faut pas toujours franchir le cercle des idées reçues; il est bon aussi, par quelques œuvres, de se rapprocher du sens ordinaire. Si j'avais écrit alors une douzaine de pièces comme celles-là, ce qui m'aurait été facile avec quelque encouragement, il en serait peut-être resté trois ou quatre au théâtre...

Il fut question d'un mariage réel entre Goethe et cette jeune personne; mais ce projet n'eut pas de suite.

QUATRIÈME PARTIE.

LIVRE SEIZIÈME.

Admiration de Goethe pour Spinoza.

Il y avait longtemps que je n'avais pensé à Spinoza ; je fus entraîné vers lui par une réfutation de ses doctrines. Je trouvai dans notre bibliothèque un opuscule, dont l'auteur combattait avec vivacité ce penseur original ; et, pour produire plus d'effet, il avait mis le portrait de Spinoza en regard du titre, avec cette épigraphe : « *Signum reprobationis in vultu gerens ;* » c'est-à-dire, portant sur le visage le signe de la réprobation ; ce qu'on ne pouvait pas contester, certes, en regardant le portrait ; car la gravure était pitoyable, c'était une caricature achevée ; cela me rappela ces adversaires qui défigurent l'homme qu'ils détestent, pour le combattre ensuite comme un monstre.

Cet opuscule, néanmoins, ne fit aucune impression sur moi, parce qu'en général je n'aimais pas la controverse, et que j'aimais mieux apprendre d'un homme ce qu'il pensait, que d'entendre dire aux autres ce que ce même homme aurait dû penser. Pourtant la curiosité me fit chercher l'article *Spinoza* dans le dictionnaire de Bayle, ouvrage aussi estimable et aussi utile par l'érudition et par la sagacité, que ridicule et dangereux par le bavardage et par le charlatanisme.

L'article *Spinoza* excita en moi du mécontentement et de la défiance. D'abord on représente ce philosophe comme un athée, et ses principes comme tout-à-fait condamnables; puis on reconnaît qu'il fut un penseur tranquille et tout entier à ses études, un bon citoyen, un homme bienveillant et paisible; et l'on me parut ainsi avoir complétement oublié le mot de l'Évangile : « C'est à leurs fruits que vous les connaîtrez. » Car comment une vie agréable aux hommes et à Dieu pourrait-elle résulter de maximes funestes ?

Je me rappelais encore le calme et la clarté qui s'étaient répandus sur moi, lorsque j'avais feuilleté les œuvres que cet homme remarquable a laissées. Cette impression m'était encore présente, sans que je me rappelasse les détails; je retournai donc à ces œuvres, auxquelles je devais tant, et le même souffle de paix régna autour de moi. Je m'abandonnai à cette lecture, et je crus, regardant en moi-même, n'avoir jamais eu sur le monde des vues aussi claires.

Comme on a beaucoup discuté sur ce sujet, et en particulier dans ces derniers temps, je désire qu'on ne se méprenne pas sur mon compte, et je ne puis me dispenser de dire ici quelques mots sur ce système si redouté, si décrié même.

Notre vie physique et sociale, les mœurs, les habitudes, la politique, la philosophie, la religion, mille événements fortuits, tout nous prêche la loi de la résignation. Il y a mille choses qui sont notre propriété intime et qu'il nous est défendu de produire au-dehors; mille autres, du dehors, dont nous avons besoin pour le complément de notre existence, nous sont refusées; d'autres, au contraire, nous sont imposées, qui nous sont aussi étrangères qu'incommodes. On nous dépouille de ce que nous avons gagné péniblement, de ce qui nous a été généreusement accordé; et, avant de pouvoir nous rendre compte de ce que nous possédons, nous nous trouvons forcés de faire d'abord en détail, et puis en entier, le sacrifice de notre personnalité. On a coutume d'ailleurs de mépriser celui qui s'exécute de mauvaise grâce; plus le calice est amer, plus on doit faire bonne contenance, afin que le spectateur tranquille ne soit blessé par aucune grimace.

Pour accomplir cette terrible tâche, l'homme a reçu de la nature la force, l'activité et la résistance. Mais il est aidé surtout par l'indestructible légèreté, qui lui a été donnée en partage. Par là, il peut à tout instant renoncer à tout objet, pour peu que, le moment d'après, il puisse saisir un objet nouveau; et c'est ainsi que nous réparons sans cesse, à notre insu, toute notre existence. Nous remplaçons une passion par une autre; occupations, penchants, goûts, marottes, nous essayons de tout, pour nous écrier finalement que tout est vanité. Personne n'est révolté de cette maxime fausse et blasphématrice; on croit même, en l'émettant, avoir dit quelque chose de sage et d'incontestable. Il n'y a qu'un petit nombre de personnes, qui pressentent ces sensations pénibles, et qui, pour se soustraire à toutes les résignations partielles, se résignent à tout une bonne fois.

Ces personnes se rendent compte de ce qui est perpétuel, absolu, fatal, et elles essaient de se former des idées qui soient indestructibles, que la considération même des choses passagères confirme au lieu de renverser. Mais, comme il y a dans cette conduite quelque chose de surhumain, elles seront regardées d'ordinaire comme des êtres n'ayant rien d'humain, sans foi en Dieu, sans sympathie pour le monde; on leur donnera même des cornes et des griffes.

Ma confiance en Spinoza reposait sur le calme qu'il avait produit en moi; et elle ne fit que s'accroître, quand on accusa de spinosisme les respectables mystiques mes amis, quand j'appris que Leibnitz lui-même n'avait pu échapper à ce reproche, et que Boërrhave, suspect de pareilles opinions, avait été obligé d'abandonner la théologie pour la médecine.

Qu'on ne croie pas cependant que j'eusse voulu signer les écrits de Spinoza, ni le confesser littéralement. Car je ne savais que trop, par expérience, qu'on ne comprend jamais un autre homme, qu'on n'attache pas aux mêmes termes les mêmes idées, qu'une conversation, une lecture provoque chez différentes personnes les enchaînements d'idées les plus divers; et l'on s'en rapportera bien à l'auteur de *Werther* et de *Faust*, s'il affirme que, profondément pénétré de tous ces désaccords, il n'avait pas la présomption de comprendre parfaitement un homme qui, disciple de Descartes, s'était élevé, par l'étude des mathématiques et de la littérature rabbinique, à la cime de la pensée, et qui, de nos jours encore, paraît être le terme de tous les efforts de la spéculation.

J'aurais assez nettement exprimé les emprunts que je lui fis, si j'avais écrit et conservé la visite du Juif Errant à Spinoza, que j'avais imaginé comme un digne ingrédient du poëme dont j'ai parlé. Mais je me complaisais tellement dans cette conception, et j'éprouvais tant de satisfaction à m'en occuper en secret, que je ne pus me décider à en rien écrire ; et cette idée qui, comme plaisanterie jetée en passant, n'aurait pas été sans mérite, s'étendit à tel point qu'elle perdit sa grâce, et que je la chassai de mon esprit comme importune. Comment ce commerce avec Spinoza m'a-t-il laissé en quelques points essentiels un souvenir ineffaçable, et a-t-il exercé une grande influence sur le reste de ma vie? Je vais l'expliquer et le retracer avec toute la brièveté possible.

La nature agit suivant des lois perpétuelles, absolues, et divines en ce sens que la divinité elle-même ne saurait rien y changer : tous les hommes à leur insu s'accordent sur ce point. Qu'on songe à l'étonnement, à l'effroi que nous cause un phénomène de la nature, qui annonce de l'intelligence, de la raison, seulement même du caprice.

Quand quelque chose qui ressemble à la raison se manifeste dans les animaux, nous ne pouvons nous remettre de notre étonnement ; car si près de nous qu'ils soient, ils semblent séparés de nous par un abîme infini, et relégués dans le domaine de la nécessité. On ne peut donc pas blâmer ces philosophes, qui expliquent la technique infiniment ingénieuse, mais nettement limitée, toutefois, de ces créatures, comme un pur mécanisme.

Si nous passons aux plantes, notre assertion recevra une confirmation plus éclatante encore. Qu'on se rende compte de la sensation qui s'empare de nous, quand, sous l'influence du toucher, la sensitive replie deux à deux ses feuilles empennées, et s'affaisse. Plus vive encore est la sensation inqualifiable qu'on éprouve, en considérant l'*Hedysarum gyrans*, qui, sans cause extérieure visible, relève et incline ses feuilles, et semble jouer avec lui-même, comme avec nos idées. Supposez un bananier, doué de cette propriété, de telle sorte que tour-à-tour il baissât et relevât lui-même ses immenses feuilles en éventail, celui qui le verrait pour la première fois, reculerait de stupeur ; tant est enracinée en nous l'idée de notre propre supériorité, que nous ne voulons jamais en accorder la moindre parcelle au monde extérieur, et que nous la refuserions même à nos semblables, si cela se pouvait!

Nous sommes frappés en revanche d'une stupeur semblable, quand nous voyons un homme agir follement contre les lois morales, agir avec extravagance contre son propre intérêt et contre celui des autres. Pour nous défaire de l'effroi que nous éprouvons alors, nous transformons sur-le-champ cet effroi en blâme, en exécration ; et nous essayons d'éloigner un pareil homme de notre voisinage ou de notre pensée.

Ce contraste que Spinoza met si énergiquement en relief, je l'appliquai d'une façon fort singulière à mon propre individu ; et ce qui précède ne doit servir qu'à faire comprendre ce qui suit.

J'en étais venu à considérer comme une nature le talent poétique qui résidait en moi, d'autant mieux que j'étais autorisé à considérer la nature extérieure comme l'objet de ce talent. L'exercice de cette faculté poétique, sans doute, pouvait être provoqué et déterminé par une occasion ; mais c'était capricieusement, c'était même malgré moi qu'elle se produisait avec le plus de bonheur et de fécondité :

> Errer à travers champs et bois,
> Siffler mes chansonnettes ;
> Ainsi se passait tout le jour.

Il en était de même pendant la nuit, quand je me réveillais ; et souvent l'idée me vint de me faire faire, comme un de mes prédécesseurs, une veste de cuir, et de m'accoutumer à fixer, dans l'obscurité, à tâtons, les vers qui me venaient à l'improviste. Comme, souvent, après m'être récité une chansonnette, je n'avais pas pu la retrouver, je courais quelquefois à mon pupitre, sans prendre la peine de redresser une feuille de papier qui était de travers, et j'écrivais la pièce de vers depuis le commencement jusqu'à la fin, en biais, sans bouger. A cet effet, je saisissais de préférence le crayon, qui se prête mieux au tracé des caractères ; car il m'était quelquefois arrivé d'être réveillé par le cri de ma poésie somnambule, et par le crachement de la plume, de devenir distrait, et d'étouffer à sa naissance une petite production. J'éprouvais un respect particulier pour ces poésies. Je ressentais toujours un nouveau plaisir à les communiquer par une simple lecture; mais la pensée de les échanger contre de l'or, me révoltait...

LIVRE DIX-SEPTIÈME.

Amours de Goethe et de Lilli. — Situation politique de l'Europe et de l'Allemagne en particulier.

.... En commençant le récit de ma liaison avec Lilli, je ne puis m'empêcher de me souvenir que j'ai passé avec elle les heures les plus douces sous les yeux de sa mère, ou en tête à tête avec elle. On me supposait, d'après mes écrits, la connaissance du cœur humain, comme on disait alors; et nous avions, sur ce chapitre, d'intéressants entretiens.

Mais comment eût-on pu s'entretenir de ces choses du cœur, sans s'ouvrir l'un à l'autre? Bientôt, dans une heure calme, elle me raconta l'histoire de ses jeunes années. Elle avait grandi dans la jouissance de tous les avantages sociaux et de tous les plaisirs mondains. Elle me dépeignit ses frères et ses proches, avec les détails de famille les plus intimes; sa mère seule resta dans une obscurité respectable.

Il fut question aussi de ses petites faiblesses, et elle ne put pas cacher qu'elle avait remarqué en elle un certain don d'attirer, joint à une certaine disposition à ne pas retenir. Nous arrivâmes par là, dans la suite de la conversation, à un aveu délicat, savoir, qu'elle avait exercé sur moi aussi cette puissance, mais qu'elle avait été punie, en se laissant elle-même attirer par moi.

Cet aveu partait d'une âme si pure et si naïve, que je finis par lui appartenir tout entier.

Il en résulta un besoin mutuel, une habitude de se voir; mais que de jours, que de longues soirées il m'aurait fallu passer sans elle, si je n'avais pu me résoudre à la voir au milieu de sa société! De là naquit pour moi plus d'un tourment.

.... Celle que j'étais accoutumé à ne voir que dans un négligé simple et uniforme, m'apparaissait toute brillante, dans une élégante parure à la mode; et cependant c'était toujours elle, sa grâce et son affabilité étaient les mêmes: seulement, si j'ose le dire, sa faculté attractive se manifestait davantage ; ce qui tenait peut-être à la présence d'un grand nombre d'hommes, qui lui fournissait une occasion de s'exprimer avec plus de vivacité, de se multiplier même pour recevoir les hommages qui lui arrivaient de tous côtés ; bref, je ne pouvais pas me le dissimuler, ces étrangers, il est vrai, m'étaient incommodes sous un rapport ; mais pourtant je n'aurais pas pour beaucoup renoncé au plaisir de voir briller ses vertus sociales, et de remarquer qu'elle était au niveau d'une condition plus élevée.

C'était bien le même cœur caché à ce moment sous le luxe de la toilette, qui s'était révélé à moi, et dans lequel je voyais aussi clair que dans le mien ; c'étaient les mêmes lèvres, qui avaient été si promptes à me retracer ses premières années. Tous les regards que nous échangions, tous les sourires qui les accompagnaient, exprimaient une harmonie cachée, et je m'étonnais moi-même, au milieu de la foule, de la secrète et innocente intelligence qui s'était établie entre nous de la manière la plus simple et la plus naturelle.

Nous omettons les détails de cette passion, qui n'offrent pas un vif intérêt ; les lignes suivantes montrent qu'elle n'était pas moins vive que les premières.

.... Si mes nombreuses occupations m'empêchaient de passer le jour auprès d'elle, la beauté du soir prolongeait nos entretiens en plein air. Les cœurs tendres seront touchés de ce que je vais raconter.

C'était un état dont il a été écrit : *Je dors, mais mon cœur veille* ; les heures de clarté comme les heures d'obscurité se ressemblaient ; la lumière du jour ne pouvait éclipser l'éclat de l'amour ; et, à la lueur de la tendresse, la nuit devenait le jour le plus clair.

Sous un beau ciel étoilé, nous nous étions promenés dans les champs jusqu'à une heure avancée. Après l'avoir reconduite, elle et les personnes de la société, de porte en porte, et avoir finalement pris congé d'elle, je me sentis si peu de sommeil, que je n'hésitai pas à commencer une nouvelle excursion. Je pris la grande route qui conduit à Francfort, pour m'abandonner à mes pensées et à mes espérances ; je m'assis sur un banc, dans le calme nocturne le plus profond, pour être tout à moi-même et à elle, sous les éblouissantes étoiles du firmament.

J'entendis un bruit mystérieux tout près de moi ; il ne ressemblait pas à un murmure du feuillage et de l'eau ; en redoublant d'attention, je découvris que ce bruit était souterrain, et qu'il provenait du travail de petits animaux. C'étaient sans doute des hérissons ou des belettes, ou tout autre animal travaillant à ces heures.

Alors je continuai mon chemin vers la ville, et j'arrivai au Raderberg, où je reconnus à leur apparence calcaire les degrés qui conduisent aux vignes. Quand je me réveillai, le crépuscule se montrait déjà ; je vis en face de moi le haut rempart qui avait été anciennement construit pour fortifier la ville contre les collines situées vis-à-vis. Le Sachsenhausen s'étendait devant moi ; de légers brouillards marquaient le cours du fleuve ; il faisait frais, et cette fraîcheur me ranimait.

Je demeurai dans cet endroit jusqu'à ce que le soleil, se levant peu à peu derrière moi, éclairât le pays situé en face. C'était là que j'allais revoir ma bien-aimée ; je retournai lentement à ce paradis au sein duquel elle dormait encore.

..... A cette époque, Frédéric II, appuyé sur sa force, semblait toujours l'arbitre des destinées de l'Europe et du monde ; une femme de génie, Catherine, qui s'était jugée elle-même digne du trône, laissait à des hommes habiles, qu'elle comblait de sa faveur, une grande latitude pour étendre de plus en plus la puissance de leur maîtresse ; et, comme cette puissance s'étendait aux dépens de ces Turcs, auxquels nous avions l'habitude de rendre avec usure le mépris qu'ils nous prodiguent, il semblait qu'on n'eût pas immolé des hommes, quand ces infidèles tombaient par milliers. L'incendie de leur flotte dans le port de Tchesmé, répandit une allégresse universelle dans le monde civilisé ; et chacun participa à l'ivresse de la victoire, quand, pour conserver dans un tableau fidèle le souvenir de ce grand événement, et pour aider l'artiste, on fit sauter en l'air un vaisseau de guerre dans la rade de Livourne. Peu de temps après, un jeune roi du Nord saisit pour ainsi dire d'autorité les rênes du gouvernement. Les aristocrates qu'il renversa ne furent pas regrettés; car l'aristocratie en général n'était pas en faveur auprès du public, parce qu'il est dans sa nature d'agir en silence, et avec d'autant plus de sécurité qu'elle fait moins parler d'elle : dans cette circonstance, on augura favorablement du jeune prince, parce que, pour trouver un contrepoids à la classe supérieure, il était obligé de favoriser les inférieures et de se les attacher.

Mais le monde s'intéressa plus vivement encore aux tentatives d'affranchissement de tout un peuple. Déjà on avait admiré le même spectacle en petit; la Corse avait été long-temps le point de mire de tous les yeux. Quand Paoli, hors d'état de poursuivre sa patriotique entreprise, traversa l'Allemagne pour se rendre en Angleterre, il gagna tous les cœurs; c'était un homme beau, svelte, blond, plein de grâce et d'affabilité; je le vis dans la famille Bethmann, où il séjourna quelque temps, et où il accueillit avec obligeance et avec amabilité les curieux qui se pressaient autour de lui. Mais, sur une terre plus éloignée, des scènes semblables allaient se répéter; on faisait mille vœux en faveur des Américains; et les noms de Franklin et de Washington commençaient à briller et à rayonner à l'horizon politique et militaire. On travaille beaucoup au soulagement de l'humanité; et quand un nouveau roi de France, au cœur plein de bonté, se montra disposé à limiter sa propre puissance pour réprimer une multitude d'abus et pour atteindre les plus nobles résultats, à établir une constitution régulière et satisfaisante, à renoncer au pouvoir arbitraire, et à régner seulement par l'ordre et par le droit; les espérances les plus douces se répandirent dans le monde entier, et la jeunesse confiante crut pouvoir se promettre à elle-même et à tous ses contemporains, un beau, un magnifique avenir.

Tous ces événements, néanmoins, ne me touchaient qu'en tant qu'ils intéressaient la civilisation. Dans le cercle étroit où je vivais, nous ne nous occupions pas de journaux ni de nouvelles; notre seule affaire était l'étude de l'homme; quant aux hommes, nous les laissions agir à leur gré.

L'état de paix qui régnait dans l'Allemagne, notre patrie, et dont ma ville natale jouissait aussi depuis plus de cent ans, s'était, malgré bien des guerres et bien des secousses, conservé intact extérieurement. La hiérarchie si diverse, qui, depuis les plus grands jusqu'aux plus petits, depuis l'empereur jusqu'aux Juifs, semblait unir tous les individus au lieu de les séparer, servait à entretenir un certain bien-être. Si les rois étaient subordonnés à l'empereur, leur droit électoral et les priviléges qu'ils avaient conquis et maintenus dans les élections, étaient pour eux un bel équivalent. La haute noblesse se fondait dans les premières maisons royales, de sorte qu'en pensant à ses importants priviléges, elle pouvait s'estimer de pair avec les plus hauts personnages, et supérieure à eux, à quelques égards, puisque les électeurs spirituels avaient le pas sur les autres, et, comme membres de la hiérarchie, occupaient une place respectable et incontestée.

Que l'on songe maintenant aux avantages extraordinaires dont toutes les familles d'ancienne date étaient pourvues, et à la part qu'elles avaient dans les fondations, dans les ordres de chevalerie, dans les monastères et dans les communautés, et l'on croira sans peine que cette multitude d'hommes considérables, qui se sentaient à la fois subordonnés et coordonnés, passaient leur vie dans un rare contentement et dans une activité sociale régulière, et transmettaient aisément à leurs descendants un bien-être semblable. Cette classe ne manquait pas non plus de culture intellectuelle; car, depuis un siècle, la grande éducation militaire et politique avait fait de notables progrès, et elle s'était saisie du grand monde et du monde diplomatique; puis, la littérature et la philosophie, qui s'y étaient mêlées, avaient gagné les esprits et les avaient placés à un point de vue élevé, peu favorable au présent.

Il ne venait guère à l'esprit de personne, en Allemagne, de jalouser cette haute classe privilégiée, ni de lui envier ses avantages sociaux. La classe moyenne s'était, sans distraction, adonnée au commerce et aux sciences, et, par ces carrières, ainsi que par l'industrie qui s'y rattache, elle en était venue à peser son poids dans la balance; des cités libres entièrement, ou à demi, favorisaient cette activité, et les habitants y jouissaient d'une sorte de bonheur tranquille. Celui qui voyait sa richesse s'accroître, son action intellectuelle grandir, surtout dans le droit et dans les emplois publics, celui-là exerçait partout une belle influence. Dans les tribunaux supérieurs de l'empire, en face du banc des nobles, on plaçait celui des savants ; la pensée plus large des uns s'accommodait sans peine des lumières plus profondes des autres ; et l'on ne trouvait dans la vie sociale aucune trace de rivalité. Le noble était tranquille sur ses priviléges inaccessibles et consacrés par le temps, et le bourgeois dédaignait d'aspirer à l'apparence de ces priviléges, en ajoutant une particule à son nom. Le négociant et le manufacturier avaient assez à faire à rivaliser un peu avec les autres nations qui avançaient plus rapidement. Si l'on fait abstraction des vicissitudes ordinaires du jour, on peut dire que c'était, en définitive, une époque de nobles efforts, telle qu'on n'en avait pas vu encore, mais qui ne pouvait pas durer longtemps, à cause des exigences du dedans et du dehors.

A cette époque, j'étais bien posé vis-à-vis des classes supérieures. Bien que, dans *Werther*, les contrariétés qu'on éprouve sur la limite de deux conditions réglées, soient exprimées vivement, on me le pardonnait, en considération du ton passionné de l'ouvrage ; car chacun sentait qu'il ne s'agissait point ici d'une action directe.

Mais *Goetz de Berlichingen* me mit en faveur auprès des classes élevées ; quelque atteinte qui eût été portée aux convenances littéraires, on y voyait retracé avec science et avec vigueur l'aspect de la vieille Allemagne, l'empereur, inviolable, au sommet, au-dessous de lui plusieurs degrés, et un simple chevalier, qui, dans un état de choses anarchique, voulait se conduire, sinon légalement, au moins selon le droit, et par là se compromettait gravement. Ce drame n'était point un ouvrage en l'air ; il était agréable, vivant, un peu moderne en quelques endroits, mais pourtant toujours tracé d'après le récit original d'un homme loyal et énergique...

LIVRE DIX-HUITIÈME.

Voyage de Goethe en Suisse. — Klopstock à Carlsruhe.

Goethe qui veut se guérir de sa passion pour Lilli, entreprend, avec les frères Stolberg, un voyage en Suisse, et va rendre visite à Lavater. Il revient à Francfort, après avoir résisté à la tentation de descendre en Italie.

.... Nous trouvâmes à Carlsruhe Klopstock, qui exerçait avec dignité, sur des disciples respectueux, sa vieille autorité morale, à laquelle, moi aussi, je consentis à me soumettre. Invité à sa cour avec les autres, je jouai assez bien le rôle d'un débutant. On était obligé, chez lui, d'être naturel et grave en même temps...

Il se trouva que le jeune duc de Saxe-Weimar et sa noble fiancée, la princesse Louise, de Hesse-Darmstadt, se rencontrèrent dans cette ville, pour contracter une union solennelle. Le président de Moser était déjà arrivé, pour fixer les bases de ce grave engagement, et pour tout régler avec le premier gouverneur du prince, le comte Gortz. Mes entretiens avec ces deux grands personnages furent affectueux, et se terminèrent, à l'audience de congé, par l'assurance réitérée qu'il leur serait agréable à tous deux de me voir bientôt à Weimar.

Quelques conversations particulières que j'eus avec Klopstock, et dans lesquelles il me témoigna de l'affection, m'inspirèrent pour lui de la confiance ; je lui communiquai les scènes de *Faust*, que je venais d'écrire, et qu'il parut goûter ; j'appris plus tard qu'avec des tiers il en parla dans les termes, assez rares chez lui, d'une approbation marquée, et qu'il avait exprimé le désir de voir la pièce achevée.

LIVRE DIX-NEUVIÈME.

Continuation des amours de Goethe et de Lilli. — Composition du comte d'Egmont.

..... Je n'évitai pas, et je ne pus pas éviter de voir Lilli. Nous demeurâmes dans des termes de réserve délicate. J'appris qu'on l'avait pleinement persuadée, pendant mon absence, qu'elle devait se séparer de moi, et que cette séparation était devenue nécessaire, et facile d'ailleurs, puisque mon voyage et une absence tout-à-fait arbitraire étaient une déclaration assez nette de ma part. Les mêmes lieux, toutefois, à la ville et à la campagne, et les mêmes personnes, initiées à nos amours passées, rapprochaient sans cesse l'un de l'autre, quelque séparés qu'ils fussent, deux êtres qui n'avaient pas cessé de s'aimer. C'était un état maudit, comparable, sous quelques rapports, à l'enfer des anciens, à la société de ces morts qui sont heureux et malheureux à la fois.

Il y avait des moments où le passé semblait renaître, mais ils disparaissaient aussitôt comme des lueurs fantastiques.

Des personnes bienveillantes m'avaient révélé la déclaration que Lilli avait faite, quand on lui avait exposé tous les obstacles qui s'opposaient à notre union : elle aurait le courage, par amour pour moi, avait-elle dit, de renoncer à sa position et à toutes ses relations de société, pour me suivre en Amérique. L'Amérique était alors, peut-être plus qu'aujourd'hui, l'Eldorado des infortunés.

Mais ce qui aurait dû relever mes espérances, ne fit que les abattre. La maison paternelle, cette belle maison qui n'était pas à cent pas de la sienne, était encore un sort plus supportable et promettait plus qu'une position incertaine, dans un pays lointain, au-delà de l'Océan ; mais, je ne le dissimulerai pas, en sa présence renaissaient toutes les espérances, tous les vœux, et j'étais en proie à de nouvelles incertitudes. Ma sœur, cependant, m'interdisait très catégoriquement cet amour; non seulement elle m'avait éclairé sur ma situation, avec toute la sensibilité intelligente dont elle était capable, mais encore, dans des lettres véritablement douloureuses, elle reprenait toujours le même texte, avec des développements plus énergiques... Quelques mois s'écoulèrent dans cette situation, la plus affreuse qu'on puisse imaginer; tous ceux qui m'entouraient s'étaient prononcés contre ce mariage; en Lilli seule, je le croyais, je le savais, résidait une force qui aurait pu triompher de tout.

Les deux amants, connaissant leur situation, évitaient de se rencontrer en tête-à-tête, mais ils ne pouvaient convenablement éviter de se trouver en société. Là, la plus rude épreuve me fut infligée, et tout cœur sensible et noble comprendra combien je souffris.

En général, à une nouvelle connaissance, à une nouvelle inclination qui se forme, l'amant se plaît à tirer un voile sur le passé. L'amour ne s'occupe pas des antécédents; et, comme il se manifeste spontanément et avec la promptitude de l'éclair, il ne veut rien savoir du passé ni de l'avenir. Mon intimité avec Lilli, au contraire, avait commencé par le récit qu'elle m'avait fait de ses années passées, des affections et des dévouements qu'elle avait inspirés, particulièrement aux étrangers qui visitaient en grand nombre la maison de son père, et du plaisir que ces hommages lui avaient causé, sans qu'ils eussent eu d'ailleurs aucune suite. De véritables amants ne voient dans tout ce qu'ils ont précédemment éprouvé qu'une préparation à leur bonheur actuel, qu'une base sur laquelle doit s'élever l'édifice de leur existence. Les inclinations passées apparaissent comme des fantômes, qui s'évanouissent au point du jour.

Mais il arriva qu'à l'époque de la foire, l'essaim de ces fantômes reparut dans sa réalité; tous les correspondants de cette maison considérable arrivèrent successivement, et bientôt il devint manifeste qu'aucun d'eux ne voulait ni ne pouvait se défaire complétement de certaines prétentions sur la charmante jeune personne. Les plus jeunes, sans être indiscrets, se présentaient du moins comme d'anciennes connaissances; les hommes faits, avec un certain air de bienveillance, et comme des gens qui pouvaient se faire aimer, et, au besoin, afficher des prétentions plus hautes...

Mais, ce qui était tout-à-fait insupportable, c'était la familiarité des hommes âgés; ils ne commandaient pas à leurs mains, et, après des caresses odieuses, ils allaient jusqu'à demander un baiser auquel la joue ne se refusait pas. Lilli se prêtait à tout cela avec un naturel et une décence remarquables. Les conversations rappelaient plus d'un souvenir délicat. On causait des parties de plaisir sur terre et sur eau, de divers accidents dont on s'était joyeusement tirés, des bals et des promenades du soir, des railleries adressées aux prétendants ridicules, toutes choses faites pour tourmenter un amant désolé, sur lequel était tombée en quelque sorte la somme de tant d'années. Parmi tant d'importunités, et dans tout ce mouvement, elle ne négligeait pas son ami; et quand elle se tournait de mon côté, elle savait me dire en peu de mots les choses les plus tendres et les mieux appropriées à notre situation réciproque.

Mais détournons nos regards de ces angoisses, dont le souvenir m'est encore presque insupportable, et portons-les sur la poésie, qui me soulagea un peu l'esprit et le cœur.

Le Parc de Lilli date à peu près de cette époque; je n'insère pas cette pièce de vers... La chanson suivante exprime mieux la grâce de cette souffrance, et, par conséquent, elle trouvera ici sa place :

> Vous vous fanez, douces roses;
> Mon amour ne vous porta pas;
> Fleurissez pour l'amant désespéré,
> A qui le chagrin brise le cœur.

> Je pense avec tristesse à ces jours,
>   Ange, où j'étais épris de toi ;
>   Epiant le premier bouton,
>   J'allais de bonne heure à mon jardin.

Toutes les fleurs, tous les fruits,
Je les portais alors à tes pieds ;
Et, devant ton visage,
L'espérance battait dans mon cœur.

Vous vous fanez, douces roses ;
Mon amour ne vous porta pas ;
Fleurissez pour l'amant désespéré,
A qui le chagrin brise le cœur.

.... Une excitation continuelle dans le temps de l'amour heureux, exaltée encore par les chagrins qui survinrent, donna naissance à des chansons (*Lieder*), qui n'avaient rien d'exagéré, mais qui exprimaient toujours la sensation du moment. Depuis les chants d'allégresse jusqu'aux petits envois de cadeaux, tout était vivant, et goûté par une société d'esprits cultivés ; joyeux d'abord, puis triste, et finalement il n'y eut pas de comble de bonheur, pas d'abîme de malheur, auquel un accent n'ait été consacré.

...... Cette *femme d'Etat*, c'est ainsi que mon père qualifiait Lilli en causant confidemment avec ma mère, n'était nullement de son goût. Cependant il laissait l'affaire aller son train, et poursuivait assidûment ses travaux....

Heureusement la voie que je suivais était en harmonie avec ses sentiments et avec ses vœux. Il s'était formé de mon talent poétique une si haute idée, il avait éprouvé tant de joie du succès que mes œuvres avaient obtenu, qu'il me parlait souvent de nouveaux ouvrages à entreprendre immédiatement ou plus tard. Cependant je n'osai rien lui faire voir de mes poésies amoureuses.

Après avoir, dans *Goetz de Berlichingen*, reproduit à ma manière le type d'une époque intéressante, j'étudiai avec soin une phase analogue de l'histoire politique. La révolte des Pays-Bas attira mon attention. Dans *Goetz*, c'était un homme fort qui succombe, pour avoir cru que, dans des temps d'anarchie, l'énergie honnête a quelque pouvoir. Dans *Egmont*, c'étaient des positions solidement établies, qui ne peuvent se maintenir contre un despotisme dur et habilement calculé. J'avais exposé à mon père avec beaucoup de vivacité ce qu'il y avait à faire avec ces éléments, et ce que je me proposais d'exécuter ; et, cette pièce déjà achevée dans ma tête, il brûlait de la voir écrite, imprimée, admirée.

Quand j'avais encore l'espérance de posséder Lilli, j'avais tourné toute mon activité vers l'étude et vers la pratique des affaires civiles ; alors il me fallut remplir, par une œuvre d'esprit et de sentiment, l'affreux abîme qui me séparait d'elle. Je commençai donc, en effet, à écrire *Egmont*, non pas, il est vrai, comme le premier *Goetz de Berlichingen*, avec ordre et avec suite ; mais j'attaquai, immédiatement après l'exposition, les scènes principales, sans m'occuper des liaisons qui pourraient être nécessaires. Si j'atteignis le but, c'est que, dans ma paresse, je fus éperonné, je n'exagère pas, le jour et la nuit, par mon père, qui désirait voir un plan si facilement éclos, exécuté avec la même facilité.

LIVRE VINGTIÈME.

Idées de Goethe sur le monde ; le comte d'Egmont. — Séparation définitive d'avec Lili ; départ pour la cour de Weimar.

...... Dans le cours de cet exposé biographique, on a vu avec détail comment, enfant, adolescent et jeune homme, l'auteur chercha, par des voies diverses, à s'approcher de l'idéal ; comment, d'abord, il aspira avec ardeur vers une religion naturelle, puis s'attacha avec amour à une religion positive ; comment, plus tard, se concentrant en lui-même, il essaya ses propres forces, et finalement embrassa avec joie une croyance universelle. Tandis qu'il errait dans les intervalles de ces régions, cherchant, regardant autour de lui, il rencontra bien des éléments, qui ne pouvaient appartenir à aucune d'elles, et il crut s'apercevoir de plus en plus que le meilleur était de distraire sa pensée de l'immense et de l'insaisissable.

Il crut découvrir dans la nature vivante ou morte, animée ou inanimée, quelque chose qui ne se manifeste que par des contradictions, et qui, par conséquent, ne pouvait être renfermé sous aucune idée, encore moins sous aucun mot. Ce quelque chose n'était pas divin, puisqu'il semblait sans intelligence ; il n'était pas humain, puisqu'il était sans raison ; il n'était pas diabolique, puisqu'il était bienfaisant, ni angélique, puisqu'il trahissait souvent une joie maligne. Il ressemblait au hasard, car on ne voyait pas en lui de suite ; il ressemblait à la providence, car il laissait apercevoir un enchaînement. Tout ce qui nous limite semblait pénétrable pour lui ; il paraissait disposer arbitrairement des éléments nécessaires de notre existence ; il resserrait le temps et il étendait l'espace. Il semblait ne se plaire que dans l'impossible, et repousser le possible avec mépris.

Cet être, qui paraissait intervenir entre tous les autres, pour les séparer et pour les unir, je l'appelai *démoniaque*, à l'exemple des anciens et de ceux qui ont aperçu quelque chose de semblable. J'essayai d'échapper à cet être redoutable, en me réfugiant, suivant mon habitude, derrière une figure.

Parmi les périodes isolées de l'histoire, que j'avais étudiées avec un soin particulier, se rangent les événements qui ont rendu si célèbre la partie des Pays-Bas, qui fut depuis les Provinces-Unies. J'avais exploré laborieusement les sources, et essayé de m'informer de tout, et de tout me retracer d'une manière vivante. Les situations m'avaient paru extrêmement dramatiques; et, comme figure principale, autour de laquelle les autres pouvaient se grouper avec bonheur, le comte d'Egmont m'avait frappé, et il m'avait plu par sa grandeur chevaleresque et humaine.

Mais, dans l'intérêt de mon œuvre, je dus en faire un personnage doué de ces qualités qui conviennent mieux à un jeune homme qu'à un homme âgé, à un garçon qu'à un père de famille; à un homme indépendant qu'à celui qui, malgré la libre allure de son esprit, est enchaîné par des liens de toute espèce.

Après l'avoir ainsi rajeuni dans ma pensée, et l'avoir affranchi de toutes les entraves, je lui donnai l'amour effréné de la vie, une confiance illimitée en lui-même, le don d'attirer à lui tous les hommes (attrativa), et d'obtenir ainsi la faveur du peuple, la tendresse secrète d'une princesse, la tendresse avouée d'une fille de la nature, la sympathie d'un politique, de s'attacher même le fils de son plus grand adversaire.

La bravoure personnelle qui distingue notre héros, est la base sur laquelle repose toute son existence, le fond et le terrain d'où elle surgit. Il ne connaît pas le danger, et il s'aveugle sur le péril suprême qui le menace. Nous nous ouvrons, au besoin, en combattant, un passage à travers les ennemis qui nous entourent; les filets de la politique sont plus difficiles à rompre. La puissance démoniaque, qui est en jeu des deux parts, dans un conflit où ce que nous aimons succombe, et où ce que nous haïssons triomphe; puis, la perspective d'un nouvel état de choses qui surgira, pour satisfaire au vœu général; voilà ce qui a donné à la pièce, non pas, il est vrai, lors de son apparition, mais plus tard, et au moment opportun, la faveur dont elle jouit encore aujourd'hui. Et je veux ici, pour ceux de mes lecteurs qui me sont chers, anticiper sur moi-même, et ignorant si je reprendrai bientôt la plume, exprimer une idée que je n'ai conçue que beaucoup plus tard.

Bien que cet être démoniaque puisse se manifester dans toutes les choses corporelles et incorporelles, que, chez les animaux même, il s'exprime de la manière la plus curieuse, c'est avec les hommes surtout qu'il est étrangement lié, et il constitue une puissance, qui, sans être opposée à l'ordre moral du monde, le divise du moins de telle manière, qu'on peut prendre l'un pour la chaîne, et l'autre pour la trame.

Pour les phénomènes qui sont résultés de là, il existe des désignations sans nombre; car toutes les philosophies et toutes les religions ont essayé, en prose et en vers, de résoudre ce problème, et d'en finir avec cette question, sans y avoir jamais réussi. Mais cette puissance est surtout terrible, quand elle se manifeste avec prépondérance dans un homme. Pendant le cours de ma vie, j'ai pu observer plusieurs de ces hommes, de près ou de loin. Ce ne sont pas toujours les premiers par l'esprit ou par les talents; rarement ils se recommandent par la bonté du cœur; mais une force inouïe émane d'eux, et ils exercent un empire incroyable sur toutes les créatures, sur les éléments eux-mêmes; et qui peut assigner une limite à une pareille influence? Toutes les forces morales conjurées ne peuvent rien contre eux; en vain la portion la plus éclairée de l'humanité les déclare visionnaires ou imposteurs; la foule est fascinée par eux. Il ne se rencontre jamais, ou il se rencontre rarement plusieurs hommes de cette trempe à la fois; et rien ne peut les vaincre que l'univers lui-même, avec lequel ils ont engagé le combat; et ce sont peut-être des observations pareilles qui ont donné lieu à ce mot bizarre, mais profond : *Nemo contra Deum, nisi Deus ipse* (1).

De ces hautes considérations, je retourne à ma petite existence, à laquelle des événements étranges, revêtus au moins d'une apparence démoniaque, étaient réservés. Du som-

---

(1) Personne contre Dieu, si ce n'est Dieu lui-même.

met du Saint-Gothard, tournant le dos à l'Italie, j'étais retourné à la maison, parce que je ne pouvais pas vivre sans Lilli. Un amour fondé sur l'espérance d'une possession mutuelle, d'une union durable, ne meurt pas tout-à-coup ; il trouve un aliment dans la pensée des vœux légitimes et des espérances sincères qu'on entretient.

Il est dans la nature des choses qu'en de pareilles circonstances, la jeune fille se résigne plus tôt que le jeune homme. Issues de Pandore, ces belles enfants ont reçu le don précieux d'attirer, de séduire, et de rassembler les hommes autour d'elles.... Et puis, finalement, elles ont un choix à faire ; l'un d'eux doit être préféré à tous les autres, et emmener la fiancée.

Et combien est fortuite la circonstance qui dirige le choix, qui détermine celle qui choisit ! J'avais renoncé à Lilli avec conviction ; mais l'amour me rendait cette conviction suspecte. Lilli avait pris congé de moi dans les mêmes dispositions ; et j'avais commencé un beau voyage pour me distraire ; mais il avait eu justement l'effet contraire à celui que je désirais.

Pendant mon absence, je crus à l'éloignement, je ne crus pas à la séparation. Tous les souvenirs, toutes les espérances et tous les vœux pouvaient se donner carrière. Je revins ; et si, pour ceux qui s'aiment avec liberté et avec ivresse, se revoir c'est le ciel, pour deux personnes qui ne sont séparées que par des motifs de raison, se revoir est un purgatoire affreux, c'est un vestibule de l'enfer. Quand je fus de retour près de Lilli, je m'aperçus doublement de toutes ces discordances, qui avaient troublé notre amour ; quand je reparus devant elle, j'acquis la conviction pénible qu'elle était perdue pour moi.

Je me décidai donc une seconde fois à prendre la fuite.....

..... Le prince et la princesse de Weimar arrivèrent alors à Francfort, à leur retour de Carlsruhe. La cour ducale de Meiningen s'y trouvait au même moment ; et le jeune prince m'accueillit avec la plus grande politesse, ainsi que le conseiller privé de Turkheim qui l'accompagnait. Un malentendu me mit alors dans un grand embarras.

Les deux cours habitaient le même hôtel. Je reçus une invitation à dîner. J'étais tellement préoccupé de la cour de Weimar, que l'idée ne me vint pas de prendre des informations exactes, n'ayant pas la présomption de penser qu'on s'occupât aussi de moi à la cour de Meiningen. Je me présente en grande toilette à l'hôtel de l'Empereur romain; je ne trouve personne dans l'appartement des Weimar, et, entendant dire qu'ils sont chez les Meiningen, je me rends chez ceux-ci, où je suis accueilli poliment. Je me figure que c'est une visite avant le dîner, ou qu'on dîne peut-être ensemble, et j'attends. Tout-à-coup les Weimar se mettent en mouvement; je les suis; mais ils ne se dirigent pas vers leur appartement; ils descendent l'escalier pour monter dans leurs voitures, et je me trouve seul dans la rue.

Au lieu de m'informer avec prudence et adresse, et de provoquer quelque explication, je pris sur-le-champ, avec ma décision habituelle, le chemin de la maison, où je trouvai mes parents au dessert. Mon père hocha la tête, pendant que ma mère essayait de me consoler. Elle me confia le soir, que, quand j'étais sorti, mon père avait manifesté un étonnement profond, qu'un homme de sens comme je l'étais ne s'aperçût pas que ces gens ne songeaient qu'à me narguer et à m'humilier. Mais cela ne me toucha pas; car j'avais déjà rencontré le seigneur de Turkheim, qui, avec sa douceur ordinaire, m'avait demandé raison de mon absence, en m'adressant de malins et gracieux reproches. Je m'étais éveillé alors de mon rêve; et j'avais eu occasion de témoigner vivement ma reconnaissance pour l'honneur inespéré qu'on m'avait voulu faire, et de solliciter mon pardon.

J'acceptai, pour de bonnes raisons, les propositions bienveillantes de la cour de Weimar; et voici ce dont nous convînmes : Un cavalier, resté à Carlsruhe, qui attendait un landau confectionné à Strasbourg, devait, à un jour fixé, arriver à Francfort; et moi, je devais me tenir prêt à partir sur-le-champ avec lui pour Weimar. L'adieu aimable et gracieux que je reçus du couple auguste et la politesse de sa suite, me firent désirer ardemment ce voyage, pour lequel la voie semblait si agréablement s'aplanir.

Mais cette fois encore l'affaire la plus simple faillit être compliquée par des événements fortuits que la passion dénatura; elle faillit même avorter; car, après avoir fait partout mes adieux et annoncé le jour de mon départ, après avoir empaqueté mes effets à la hâte, sans oublier mes œuvres inédites,

J'attendais l'heure qui devait amener mon compagnon de voyage avec le carrosse neuf, pour me conduire dans un nouveau pays et à une vie nouvelle. L'heure se passa, le jour aussi ; et comme, pour ne pas renouveler mes adieux, et surtout pour ne pas être accablé de visites, j'avais fait défendre ma porte depuis le matin du jour en question, je fus obligé de garder la maison, la chambre même, et je me trouvai par conséquent dans une singulière situation.

Mais l'isolement et la retraite m'avaient toujours été favorables, parce que j'étais contraint de tirer parti des heures qu'ils me donnaient ; je repris alors la composition de mon drame d'*Egmont*, et je le terminai à peu près. Je le lus à mon père, qui s'éprit vivement pour cette pièce, et qui ne désirait rien tant que de la voir achevée et imprimée, espérant qu'elle accroîtrait la réputation de son fils. Il avait besoin d'une consolation pareille et d'un nouveau sujet de satisfaction ; car il faisait sur le retard de la voiture les commentaires les plus sérieux. Il ne voyait encore dans toute cette affaire qu'une déception ; il ne croyait pas à l'existence du landau neuf, et regardait le cavalier retardataire comme un fantôme ; il ne s'en exprima avec moi qu'indirectement, mais il ne se tourmenta que davantage, lui et ma mère.

Pour moi, au commencement, je conservai la foi ; je jouissais de ces heures de solitude que ni amis, ni étrangers, ni aucune distraction de société ne troublaient ; et je continuai avec ardeur à écrire le *Comte d'Egmont*, non toutefois sans être intérieurement ému, et cet état de mon cœur peut bien avoir profité à la pièce elle-même, qui, agitée par tant de passions diverses, n'aurait pas pu être écrite par un homme entièrement exempt de passion.

Ainsi huit jours s'écoulèrent, et je ne sais combien d'autres encore, tellement que cette incarcération complète commença à me peser. Depuis plusieurs années, habitué à vivre en plein air, dans la société d'amis avec lesquels j'entretenais les rapports les plus affectueux et les plus actifs, dans le voisinage d'une amante, dont j'avais résolu de me séparer, il est vrai, mais qui, tant qu'il m'était possible de m'approcher d'elle, m'attirait à elle violemment, je commençai à devenir si inquiet, que la force attractive de ma tragédie menaça de décroître, et la faculté poétique d'être paralysée par l'impatience. Déjà, depuis quelques jours, il m'avait été impossible de rester à la maison le soir. Enveloppé d'un grand manteau, je rôdai dans la ville, passant devant les maisons de mes amis et de mes connaissances, et je ne manquai pas de m'approcher des fenêtres de Lilli. Elle demeurait au rez-de-chaussée d'une maison qui formait le coin d'une rue; les stores verts étaient baissés; mais je pus aisément m'apercevoir que les flambeaux étaient à la place habituelle. Bientôt j'entendis chanter au piano; c'était la chanson : « Ah comme tu m'attires irrésistiblement! » que j'avais composée pour elle il y avait moins d'une année. Il me sembla qu'elle la rendait avec plus d'expression que jamais; je pus en entendre distinctement tous les mots; j'avais appliqué l'oreille aussi près que la saillie formée par la grille le permettait. Après qu'elle eût fini de chanter, je vis, à l'ombre qui se projetait sur les stores, qu'elle s'était levée; elle promena dans la chambre; mais j'essayai en vain de saisir le contour de sa gracieuse personne à travers l'épais tissu. Le ferme propos de m'éloigner, de ne pas l'importuner de ma présence, de renoncer sérieusement à elle, et la pensée de l'effet bizarre que ma réapparition produirait, purent seuls me décider à quitter un si cher voisinage.

Quelques jours encore se passèrent, et l'hypothèse de mon père acquérait chaque jour plus de vraisemblance, puisqu'il n'arrivait pas même de Carlsruhe une lettre qui expliquât les motifs du retard de la voiture. Ma verve poétique se glaça; et l'inquiétude dont j'étais intérieurement rongé donna beau jeu à mon père. Il me représenta que la chose n'était plus entière, que mes malles étaient faites, qu'il me donnerait de l'argent et des lettres de crédit pour l'Italie, mais que je devais me décider sur-le-champ à partir. Après des doutes et des hésitations bien naturels dans une affaire de cette gravité, je consentis enfin à partir, si, à un terme fixé, il n'arrivait ni carrosse ni nouvelle; j'étais convenu de passer d'abord par Heidelberg, d'où je franchirais les Alpes, non plus par la Suisse, comme j'avais dû le faire la première fois, mais par les Grisons et par le Tyrol.

Il arrive de singulières choses, quand une jeunesse sans plan arrêté et qui s'égare si aisément toute seule, est poussée dans une voie fausse par l'erreur passionnée de l'âge mûr. Mais telle est la jeunesse et telle est la vie en général, que nous ne commençons d'ordinaire à connaître la stratégie, que lorsque la campagne est terminée. Dans le cours ordinaire des choses, il aurait été facile de s'éclairer sur un pareil accident ; mais nous sommes trop enclins à conspirer avec l'erreur contre la simple vérité, de même que nous mêlons les cartes avant de les donner, pour ne pas diminuer la part qui revient au hasard dans chaque événement ; et c'est ainsi que naît l'élément dans lequel et sur lequel la puissance démoniaque se plaît à agir, et se joue de nous avec d'autant plus de malice que nous pressentons moins son approche.

J'avais plus d'un motif pour me rendre à Heidelberg ; l'un était un motif de raison ; car on m'avait dit que l'homme de Weimar passerait par Heidelberg en revenant de Carlsruhe ; et, dès mon arrivée, je mis à la poste un billet qui devait être remis à un cavalier dont je donnai le signalement ; l'autre était un motif de passion, et se rapportait à mes relations antérieures avec Lilli. Mlle Delf, qui avait été la confidente de notre tendresse, notre intermédiaire même auprès des parents pour une union sérieuse, demeurait dans cette ville, et je considérais comme un rare bonheur, avant de quitter l'Allemagne, de pouvoir revenir sur ces doux instants, en m'épanchant avec cette digne amie, si patiente et si bonne.

Mlle Delf essaye de retenir Goethe à Heidelberg, et veut le marier avec une jeune personne de cette ville à laquelle il plaît.

..... Je ne repoussais pas ces divers arrangements ; mais ma nature antipathique à toute espèce de plan ne pouvait pas s'accorder avec les plans médités de mon amie ; je vivais des faveurs du moment. L'image de Lilli flottait dans mes veilles et dans mes rêves, et se mêlait à tout autre objet qui aurait pu me charmer ou me distraire. Je me remis devant les yeux l'importance du grand voyage que j'avais entrepris, et je résolus de me dégager d'une manière douce et polie, et de continuer ma route au bout de quelques jours.

Mlle Delf avait passé une partie de la nuit à me retracer en détail ses plans et toutes les intentions qu'on avait à mon égard ; je ne pouvais qu'être reconnaissant pour de pareilles dispositions, bien que le projet que certaines gens avaient conçu de s'affermir par moi et par mon crédit éventuel à la cour, y perçât visiblement. Nous nous séparâmes vers une heure. Je dormais depuis peu de temps, mais d'un sommeil profond, quand je fus réveillé par le cor d'un postillon à cheval, qui s'arrêta devant la maison. Bientôt parut Mlle Delf, un flambeau et une lettre à la main, et elle s'approcha de mon lit : « Nous y voilà, s'écria-t-elle ; lisez, et dites-moi de quoi il s'agit. Certainement cela vient de Weimar. Si c'est une invitation, n'y cédez pas, et rappelez-vous notre entretien. » Je lui demandai le flambeau et un quart-d'heure de solitude. Elle me quitta à contre-cœur. Je demeurai un instant l'œil fixe, sans ouvrir la lettre. La dépêche venait de Francfort ; je reconnus le sceau et l'écriture ; mon homme y était donc arrivé ; et sans aucun doute, il m'écrivait de venir ; l'incrédulité et l'inquiétude nous avaient fait agir précipitamment. Pourquoi, dans un paisible intérieur de famille, n'avoir pas attendu un cavalier positivement annoncé, et dont le voyage avait pu être retardé par mille accidents? Mes yeux se dessillèrent. Les bontés, la faveur et la confiance qu'on m'avait témoignées, se représentèrent vivement à mon esprit ; je fus presque honteux de mon incertitude. J'ouvris alors ma lettre. Tout s'était passé fort naturellement. Mon guide retardataire avait attendu la voiture neuve qui devait venir de Strasbourg, jour par jour, heure par heure, comme nous l'avions attendu lui-même ; puis une affaire l'avait obligé de passer par Manheim en se rendant à Francfort, et là, il avait été consterné de ne m'y pas trouver. Il avait envoyé sur-le-champ par une estafette une lettre écrite à la hâte, dans laquelle il exprimait l'espoir que je reviendrais sur mes pas, aussitôt après avoir reconnu mon erreur, et que je ne lui préparerais pas la mortification d'arriver sans moi à Weimar.

Bien que ma raison et ma sympathie penchassent fortement de ce côté, elles trouvaient un contre-poids sérieux dans mon nouveau projet. Mon père m'avait tracé un charmant itinéraire, et il m'avait donné une petite bibliothèque, afin que je pusse me préparer et me guider sur les lieux mêmes. Dans mes heures de loisir, je n'avais pas eu d'autres occupations; durant mon dernier voyage en voiture, je n'avais pas eu d'autre pensée. Ces objets magnifiques avec lesquels je m'étais familiarisé dès le bas âge par des écrits et par des représentations de toute espèce, se rassemblaient devant moi ; je n'éprouvais pas de désir plus vif que celui de m'en rapprocher, pendant que je m'éloignais résolument de Lilli.

Cependant je m'étais habillé, et j'allais et venais dans la chambre. Ma grave hôtesse entra. « Que dois-je espérer ? s'écria-t-elle. — Ma chère amie, lui dis-je, ne faites pas d'objections; je suis déterminé à retourner sur mes pas; j'ai pesé les raisons en moi-même ; il est inutile de les expliquer. Il faut finir par se décider ; et qui prendra la décision, si ce n'est celui qu'elle concerne en définitive ? »

J'étais ému, elle aussi ; il y eut une scène vive, à laquelle je mis fin, en donnant ordre à mon domestique de commander des chevaux. En vain je priai mon hôtesse de se calmer...... et de réfléchir qu'il n'était question que d'une visite, d'une présentation pour un petit laps de temps; que mon voyage en Italie n'était pas abandonné, et qu'il ne m'était pas interdit de revenir à Heidelberg. Elle n'écouta rien, et accrut encore mon émotion. La voiture attendait devant la porte, toute chargée; le postillon faisait entendre les signes ordinaires de l'impatience; je m'arrachai à cette femme qui ne voulait pas me laisser partir, et qui employait assez habilement tous les arguments que le moment lui suggérait ; à la fin, exalté et inspiré, je m'écriai, comme le comte d'Egmont :

« Enfant ! enfant ! Silence ! Comme fouettés par des esprits invisibles, les chevaux du soleil et du temps emportent le char léger de notre destin ; et il ne nous reste qu'à tenir fortement les rênes, courageusement résignés, et, tantôt à droite, tantôt à gauche, à faire éviter aux roues, ici une pierre, là un précipice. Où va-t-il, qui le sait ? Il se rappelle à peine d'où il est venu. »

FIN DES MÉMOIRES.

MAXIMES ET PENSÉES.

CHAPITRE Ier.

Toute idée saine a déjà été pensée ; il faut essayer seulement de la penser une autre fois.

Comment apprendre à se connaître soi-même ? En réfléchissant ? Non, mais en agissant. Essaie de faire ton devoir, et tu sauras bientôt ce qu'il y a en toi.

Mais qu'est-ce que ton devoir ? C'est l'exigence du jour.

On peut considérer le monde intelligent comme un grand individu qui ne meurt jamais, qui fait sans relâche le nécessaire et se rend par là-même maître du contingent.

Plus j'avance en âge, et plus j'éprouve de douleur, quand je vois l'homme, appelé par le rang élevé qu'il occupe, à régner sur la nature, à s'affranchir lui et les siens de l'impérieuse nécessité, quand je le vois, dis-je, sous l'influence d'une fausse idée préconçue, exécuter tout le contraire de ce qu'il veut, et puis, après avoir manqué sa destination dans l'ensemble, faire une triste besogne dans le détail.

———

Homme de talent et d'activité, mérite et espère :
    Les bonnes grâces des grands ;
    La faveur des puissants ;
    Les services des actifs et des bons ;
    La sympathie des masses ;
    L'affection des individus.

———

Dis-moi qui tu hantes, et je te dirai qui tu es ; si je sais à quoi tu t'occupes, je saurai ce que tu pourras devenir.

———

Chacun a nécessairement sa manière de penser ; car chacun rencontre en son chemin une vérité ou une espèce de vérité qui lui sert de guide dans la vie ; seulement il ne doit pas s'y abandonner, et il doit se contrôler lui-même : le simple instinct ne convient point à l'homme.

———

Une activité sans limites, de quelque nature qu'elle soit, finit toujours par la banqueroute.

———

Dans les œuvres de l'homme, comme dans celles de la nature, ce qu'il faut considérer avant tout, c'est l'intention.

Les hommes se trompent sur leur propre compte et sur celui des autres, en traitant le moyen comme si c'était le but; d'où il résulte que l'activité même est stérile, ou ne produit que des anomalies.

———

Nos conceptions et nos entreprises devraient être en elles-mêmes si belles et si pures, que le monde ne pût que les gâter en les touchant; par là nous conserverions l'avantage de pouvoir remettre à sa place ce qui aurait été dérangé, et réparer ce qui aurait été défait.

———

C'est une lourde et pénible tâche que celle de distinguer entre des erreurs entières, des moitiés ou des quarts d'erreurs, de les passer au crible, et de mettre la vérité qui s'y trouve à la place qui lui convient.

———

Il n'est pas toujours nécessaire que la vérité prenne un corps, il suffit qu'elle voltige çà et là comme un esprit, et qu'elle produise une harmonie, que, semblable au son d'une cloche, elle franchisse les airs, grave et bienveillante.

———

Des idées générales et une grande présomption sont toujours à la veille de produire des malheurs terribles.

« Souffler, n'est pas jouer de la flûte, il faut encore remuer les doigts. (1) »

Les botanistes ont une classe de plantes qu'ils appellent les incomplètes, *incompletæ* ; on peut dire aussi qu'il y a des hommes incomplets. Ce sont ceux dont les désirs et l'ambition ne sont pas en harmonie avec leurs actes et avec leurs œuvres.

Le dernier des hommes peut être complet, s'il se meut dans le cercle de ses facultés et de ses aptitudes ; mais sans cette proportion indispensable, de beaux talens même sont obscurcis, paralysés, annulés. Ce mal se manifestera de plus en plus de nos jours : car le moyen de satisfaire aux exigences d'une époque ambitieuse et pour ainsi dire haletante ?

Les hommes d'une activité prudente, qui connaissent leurs forces, et qui les emploient avec mesure et discernement, ceux-là seuls iront loin dans la politique.

Un grand défaut, c'est de se croire plus que l'on n'est, et de s'estimer plus qu'on ne vaut.

(1) On laisse entre deux guillemets, comme dans l'original, cette phrase et quelques autres qui sont sans doute prises quelque part.

Je vois de temps à autre des jeunes gens en qui je ne voudrais rien changer ni réformer : une chose m'inquiète pourtant, c'est une extrême disposition que je trouve chez beaucoup, à se laisser aller au cours du temps ; et c'est ici où je suis tenté de leur rappeler que l'homme a dans sa main le gouvernail de sa barque fragile, pour obéir, non au caprice des vagues, mais bien à l'impulsion de son intelligence.

———

Comment un jeune homme réduit à ses propres lumières, arriverait-il à regarder comme blâmables et comme nuisibles les choses que tout le monde fait, approuve et favorise ? Comment ne s'y laisserait-il pas entraîner, lui et son naturel ?

———

Le plus grand mal de notre temps, de ce temps qui ne laisse rien mûrir, c'est que l'on consomme au moment même le moment qui fuit, et qu'on vit au jour le jour, sans rien mettre de côté. N'avons-nous pas des journaux pour toutes les parties du jour ? Une bonne tête pourrait bien en intercaler d'autres encore. Par-là, toutes les actions, toutes les productions, tous les projets de chacun sont livrés à la publicité. On ne se réjouit, on ne souffre que pour l'amusement des autres ; et tout se répand de maison en maison, de ville en ville, de royaume en royaume, et enfin d'une partie du monde à l'autre avec une rapidité extraordinaire.

———

Amortir les machines à vapeur, aujourd'hui, cela n'est pas plus possible au moral qu'au physique ; le mouvement rapide du commerce, la circulation bruyante de la monnaie de papier, l'enflement des dettes pour payer les dettes : voilà les éléments monstrueux sur lesquels un jeune homme est placé aujourd'hui. Heureux s'il a reçu de la nature assez de modération et de calme, pour ne pas être exagéré dans ses prétentions à l'égard du monde, et pour ne pas non plus subir sa loi!

———

Mais l'esprit du jour le menace, dans quelque sphère qu'il soit placé; et il n'y a rien de plus nécessaire que de lui faire remarquer de bonne heure la direction suivant laquelle sa volonté doit gouverner.

———

L'importance des paroles et des actions les plus innocentes croît avec les années, et j'essaie toujours de faire comprendre à ceux que je vois souvent, quelle est la différence qui existe entre la sincérité, la confiance et l'indiscrétion ; de leur faire comprendre qu'il n'existe même à proprement parler point de différence, ou du moins, que de la chose la plus indifférente à la plus nuisible, il n'y a qu'une transition légère qu'il faut apercevoir ou plutôt sentir.

———

Nous avons besoin d'exercer notre tact à cet égard ; autrement nous courons le risque de perdre subitement la faveur des hommes, par la même voie par laquelle nous l'avons gagnée. C'est ce que l'on apprend tout seul dans le cours de la vie, mais à ses dépens et par un coûteux apprentissage, qu'on ne peut, hélas ! épargner à ceux qui viennent après nous.

Le rapport des arts et des sciences avec la vie sociale varie beaucoup selon leur degré de développement, les dispositions de l'époque et mille autres circonstances ; aussi personne ne peut-il saisir exactement ce rapport dans sa généralité.

―――

La poésie a plus de prestige au début des époques barbares ou demi-civilisées; ou bien au moment d'un changement de culture, à celui de l'apparition d'une civilisation étrangère ; ainsi l'on peut dire que le charme de la nouveauté aide à son effet.

―――

La musique, prise dans le sens le plus élevé, se passe mieux de la nouveauté ; plus elle est vieille, au contraire, plus on est accoutumé à elle, et plus elle agit.

―――

C'est dans la musique, peut-être, que la dignité de l'art se manifeste au plus haut degré, parce qu'il n'y a pas là de matière à déduire. Elle est à la fois la forme et le fond ; elle élève et elle ennoblit tout ce qu'elle exprime.

―――

La musique est sacrée ou profane. Le caractère sacré convient tout-à-fait à sa dignité, et c'est alors qu'elle exerce sur les hommes l'action la plus grande ; cet effet demeure le même dans tous les siècles et dans toutes les époques. La musique profane doit être toujours gaie.

Le mélange des deux caractères est une impiété; et cette musique bâtarde, qui se plaît dans l'expression des sentiments fades, tristes et plaintifs, est absurde; car elle n'est pas assez sérieuse pour être sacrée, et elle manque du caractère principal de l'autre genre, qui est la gaîté.

———

La sainteté des hymnes d'église, la gaîté et le piquant des chants populaires, sont les deux gonds autour desquels pivote la vraie musique. Dans ces deux genres, elle opère toujours un effet infaillible, savoir : la ferveur, ou la danse. La confusion des deux genres embarrasse; l'atténuation de l'un d'eux dégénère en fadeur; et si la musique va chercher un poème didactique, ou descriptif, ou quelque chose de semblable, elle devient froide.

———

La plastique doit être supérieure pour produire de l'effet; les œuvres ordinaires, en général, peuvent réussir par plus d'un motif; mais, dans cet art, elles causent plus de malaise que de plaisir. Aussi la sculpture doit-elle rechercher avec soin l'intérêt du sujet; et elle le trouve dans la représentation des hommes éminents; mais encore doit-elle atteindre un haut degré dans ce genre, pour être à la fois vraie et noble.

———

La peinture est de tous les arts le plus aisé et le plus commode; car on lui passe beaucoup de choses en considération de la matière et du sujet; elle charme, même lorsqu'elle n'est qu'un métier ou qu'elle est à peine un art; une composition correcte, mais sans génie, excite l'admiration de l'ignorant comme du connaisseur, et, pour peu qu'elle s'élève à la hauteur de l'art, elle cause la sensation la plus vive. La vérité dans le coloris, dans le dessin, dans la disposition des objets les uns par rapport aux autres, plaît déjà beaucoup; et l'œil qui est accoutumé à tout voir, est moins blessé par une difformité ou par un vice d'exécution, que l'oreille ne l'est par une dissonnance. On supporte le plus mauvais tableau, parce qu'on a l'habitude de voir des choses bien plus laides. Une faible dose de talent procure au peintre un public plus considérable que celui sur lequel peut compter un musicien d'un mérite égal; du moins, le peintre médiocre peut-il agir individuellement, tandis que le musicien ordinaire est obligé de s'associer avec d'autres, pour produire quelque effet en commun.

———

On demande si, en examinant les œuvres d'art, il est sage ou non de comparer; nous répondrons de la manière suivante: le connaisseur achevé doit comparer; car l'idéal flotte devant ses yeux, et il se rend un compte exact de ce qui peut et de ce qui doit être accompli; l'amateur, en train de faire son éducation, profite plus en ne comparant pas, mais en étudiant séparément chaque mérite; ainsi se forment peu à peu le sentiment et le goût du beau en général. Comparer, n'est pour l'ignorant qu'un moyen commode de s'épargner la peine de juger.

———

L'amour de la vérité se reconnaît à ce signe, qu'on découvre le bien partout et qu'on l'apprécie.

———

On peut appeler humanité historique (historisches Menschengefühl) ce sentiment qui, dans l'appréciation des mérites contemporains et de leurs qualités distinctives, met le passé en ligne de compte.

———

Le plus grand avantage que nous retirons de l'histoire, c'est l'enthousiasme qu'elle excite.

———

L'originalité provoque l'originalité.

———

Beaucoup de personnes, remarquons-le bien, veulent dire des choses remarquables, qui n'ont pas reçu la faculté de produire : de là les étrangetés qui paraissent au jour.

———

Les esprits profonds et sérieux sont dans une position difficile vis-à-vis de la foule.

———

Pour que j'écoute l'opinion d'autrui, il faut qu'elle soit exprimée d'une manière positive; du problématique, j'en ai assez en moi-même.

———

La superstition est dans la nature de l'homme; voulez-vous la chasser tout-à-fait? Elle ira se cacher dans des coins et dans des réduits incroyables; sitôt qu'elle aura repris confiance, vous la verrez reparaître.

Il y a bien des choses que nous connaîtrions mieux, si nous ne voulions pas les connaître avec trop d'exactitude. Un objet ne peut-être saisi par nous que sous un angle de 45 degrés.

———

Le microscope et la lunette d'approche troublent, à proprement parler, la pureté de l'intelligence humaine.

———

Je me tais sur beaucoup de sujets; car je ne veux pas embarrasser les hommes; et je suis heureux de les voir contents, là où je m'afflige.

———

Tout ce qui affranchit notre esprit, sans nous donner l'empire sur nous-mêmes, est funeste.

———

Le sujet d'une œuvre d'art intéresse plus les hommes que le but pour lequel elle a été faite. Ils peuvent comprendre le sujet dans les détails, et ne peuvent embrasser le but dans l'ensemble. De-là la mise en relief de certains passages, par le moyen desquels, à la longue, si l'on y fait bien attention, l'ensemble produit son effet, *mais à l'insu de chacun.*

———

Cette question: comment le poète a-t-il eu cette idée *(Woher hat's der Dichter)* ? ne se rapporte qu'au sujet; personne ne s'éclaire sur le but qu'il se propose.

L'imagination ne peut être réglée que par les arts, par la poésie surtout. Il n'y a rien de plus dangereux que l'imagination sans le goût.

———

Le maniéré est un idéal manqué, un idéal à l'état subjectif ; aussi l'esprit lui manque-t-il rarement.

———

L'objet du philologue est la concordance des traditions écrites. Un manuscrit sert de base à son travail ; il s'y trouve des lacunes réelles, des fautes de copistes, qui produisent une lacune dans le sens, et toutes les incorrections qu'on peut relever dans un manuscrit. Il existe un second, un troisième exemplaire ; la comparaison qu'il en fait le met à même de mieux reconnaître ce qu'il y a de raisonnable et de sensé dans les traditions. Il ne s'en tient pas là ; il demande à son sens intime, indépendamment de tout secours étranger, de lui faire comprendre, de lui représenter la liaison des idées dans l'ouvrage en question. Comme cet examen demande un tact particulier, une connaissance approfondie de l'auteur ancien, jointe à une certaine dose d'imagination, on ne peut pas blâmer ces philologues, quand ils se permettent de porter des jugements en matière de goût ; pourtant cela ne leur réussit pas toujours.

———

La mission du poète est la représentation. Cette représentation est parfaite, quand elle rivalise avec la réalité, c'est-à-dire, quand ses peintures sont animées par le génie, de manière à faire croire à la présence des objets. La poésie, à son plus haut degré d'élévation, est tout extérieure. Lorsqu'elle se retire au dedans de l'âme, elle est en voie de déclin. Quand elle représente les idées, sans les revêtir d'un corps, ou sans laisser deviner le corps sous l'idée, la poésie est aux degrés inférieurs par lesquels elle entre dans la vie commune.

———

L'éloquence a dans son domaine tous les avantages et tous les droits de la poésie ; elle s'en saisit et elle en abuse, pour obtenir dans la vie sociale certains avantages extérieurs, momentanés, moraux ou immoraux.

———

La littérature est le fragment des fragments ; la plus petite partie de ce qui est arrivé et de ce qu'on a dit, a été écrite ; et de ce qu'on a écrit, la plus petite partie est restée.

———

Vérité et grandeur naturelles, avec quelque chose de sauvage et de pénible : tel est le talent de lord Byron ; nul autre peut-être ne lui est comparable.

———

Ce qui constitue proprement le mérite des chants populaires, comme on les appelle, c'est que leurs motifs sont pris directement dans la nature. Le poète cultivé pourrait s'approprier cet avantage, s'il était habile.

———

Mais ces chants conserveront toujours cette supériorité, que les hommes de la nature savent mieux être brefs que les hommes de la civilisation.

Shakspeare est une lecture dangereuse pour les talents naissants ; ils le reproduisent malgré eux, et ils s'imaginent qu'ils se produisent eux-mêmes.

———

Nul ne peut porter de jugement en histoire, que celui sur qui l'histoire a passé. Il en est de même d'une nation. Les Allemands n'ont pu avoir d'opinion littéraire, que depuis qu'ils possèdent une littérature.

———

On ne vit véritablement, que quand on jouit de la bienveillance des autres.

———

La piété n'est pas un but, mais un moyen ; c'est un moyen d'arriver par la plus entière sérénité de l'âme au plus haut degré possible de perfection.

———

Aussi est-il à remarquer que ceux qui affichent la piété comme leur but et comme leur terme, sont pour la plupart des hypocrites.

———

« Quand on est vieux, on a plus à faire qu'au temps où l'on était jeune. »

Après l'accomplissement d'un devoir, on se sent encore comme endetté, parce qu'on ne s'est jamais satisfait soi-même.

Les indifférents seuls aperçoivent les défauts; ainsi, pour les découvrir, faut-il être indifférent, mais pas plus que cela n'est nécessaire.

Le plus grand de tous les bonheurs est celui qui corrige nos défauts et qui répare nos fautes.

Sais-tu lire? Tu as à comprendre. Sais-tu écrire? Il s'agit d'avoir des connaissances. Sais-tu croire? Il faut concevoir. Si tu demandes, tu auras des obligations; si tu exiges, tu n'obtiendras pas; et si tu as de l'expérience, tu dois être utile aux autres.

Nous n'apprécions que ceux qui nous sont utiles. Nous apprécions le prince, parce que nous voyons la propriété en sûreté sous sa sauve-garde. Nous attendons de lui protection contre les dangers du dehors et du dedans.

Le ruisseau est ami du meûnier, à qui il est utile; et il s'élance avec joie par-dessus les roues du moulin; à quoi lui servirait de serpenter, inutile, au milieu de la vallée?

Celui qui se contente de l'expérience pure, et qui agit en conséquence, possède suffisamment de vérité. L'enfant qui se développe, est sage en ce sens.

———

La théorie en elle-même n'est utile qu'en tant qu'elle nous fait croire à la liaison des phénomènes.

———

Toute idée abstraite a besoin de l'application pour se rapprocher de l'intelligence humaine; et, d'un autre côté, l'intelligence humaine arrive par la pratique et par l'observation aux idées abstraites.

———

Celui qui a trop d'exigences, ou qui se plaît dans l'embrouillé, est sujet aux égarements.

———

Il n'y a pas d'inconvénient à raisonner par analogie; l'analogie a le mérite de ne point conclure et de ne point vouloir de résultat définitif. L'induction, au contraire, a ses dangers; car elle a devant les yeux un but marqué d'avance, et pour y atteindre, elle entraîne tout avec elle, le faux comme le vrai.

———

La vue *ordinaire*, l'exacte appréciation des choses de ce monde, est le partage de la généralité des esprits.

La vue *pure* des choses de l'esprit et du corps est extrêmement rare.

* * *

La première se manifeste dans le sens pratique, dans l'action immédiate ; la seconde se manifeste symboliquement, surtout par les mathématiques, dans les nombres et dans les formules, et par le discours, où elle est primitive et figurée, comme poésie inspirée du génie, ou comme proverbe du sens commun.

* * *

Ce qui est loin de nous, agit sur nous par la tradition. La tradition ordinaire est appelée historique ; une autre plus élevée et qui touche de près à l'imagination, est appelée mystique. Si derrière celle-ci l'on cherche quelque chose de plus, quelque signification, elle se transforme en mysticisme. Elle devient facilement aussi sentimentale, en ne nous transmettant que les choses du cœur.

* * *

Les influences dont nous devons tenir compte, si nous voulons véritablement profiter, sont :

>Celles qui préparent,
>Celles qui accompagnent,
>Celles qui coopèrent,
>Celles qui assistent,
>Celles qui encouragent,
>Celles qui confirment,
>Celles qui empêchent,
>Celles qui succèdent.

Dans la spéculation, ainsi que dans l'action, il faut distinguer ce qui est abordable de ce qui ne l'est pas ; sans quoi on ne réussit guère, ni dans le monde, ni dans la science.

« Le sens commun est le génie de l'humanité (1). »

Le sens commun, dont on fait le génie de l'humanité, doit être d'abord étudié dans ses manifestations. Si nous recherchons en quoi il est utile à l'humanité, voici ce que nous trouvons :

L'humanité est soumise à des besoins. Quand ils ne sont pas satisfaits, elle en témoigne son impatience ; quand ils le sont, elle paraît indifférente. L'homme, en général, oscille donc entre ces deux états ; et sa raison, la raison humaine, comme l'on dit, il l'emploie à satisfaire ses besoins ; cela fait, il lui reste à combler le vide de l'indifférence. Quand on reste dans les limites les plus étroites du strict nécessaire, il y réussit. Mais si les besoins s'élèvent, s'ils sortent de la sphère ordinaire, le sens commun ne suffit plus ; il n'est plus le génie ; la région de l'erreur s'ouvre devant l'humanité.

Il ne se fait rien d'extravagant, que la raison ou le hasard ne puisse rajuster ; rien de raisonnable que la folie ou le hasard ne puisse déranger.

(1) Cette maxime est en français dans l'original.

Sitôt qu'une grande idée apparaît, elle agit tyranniquement ; aussi les avantages qu'elle produit dégénèrent-ils bientôt en inconvénients. La meilleure défense, par conséquent, le plus bel éloge qu'on puisse faire d'une institution, c'est de remonter à ses commencements, et de démontrer que tout ce qui en était vrai dans le principe, en est vrai encore présentement.

―――

Lessing, qui supporta avec douleur bien des privations, met ce mot dans la bouche d'un de ses personnages : « *Personne ne doit devoir* ». Un homme d'esprit et d'enjouement dit : *Qui veut, doit*. Un troisième, sans doute un esprit cultivé, ajouta : *Qui comprend, veut aussi* ; et l'on crut avoir achevé le cercle de la connaissance, de la volonté et du devoir. Mais la connaissance d'un homme, de quelque nature qu'elle soit, détermine en général sa vie et ses actes ; aussi n'y a-t-il rien de plus triste que de voir l'ignorance à l'œuvre.

―――

Il y a deux puissances pacifiques : le droit et les convenances.

―――

Le droit s'occupe des obligations ; la police, des convenances. Le droit pèse et décide ; la police surveille et commande. Le droit concerne les individus ; la police, l'ensemble.

―――

L'histoire des sciences est une grande fugue, où les peuples font successivement entendre leur voix.

CHAPITRE II.

Pour exécuter ce qu'on attend de lui, l'homme a besoin de s'estimer au-dessus de sa valeur réelle.

———

Pourvu que ce sentiment ne soit pas poussé jusqu'à l'absurde, on le tolère volontiers.

———

C'est le travail qui fait le compagnon.

———

On dirait que certains livres ont été écrits, non pour apprendre quelque chose, mais pour faire savoir que leur auteur a de l'instruction.

———

Ils fouettent la boue, pour voir s'il n'en résultera pas de la crème.

———

Il est beaucoup plus facile de se mettre à la place d'un esprit enfoncé dans une erreur complète, qu'à celle d'une intelligence qui se berce de demi-vérités.

Le vague dans lequel les Allemands se complaisent en matière d'art provient de la médiocrité ; un artiste médiocre ne peut pas rendre hommage au vrai, ou ce serait fait de lui.

———

C'est un douloureux spectacle que celui d'un homme extraordinaire, fréquemment en lutte avec lui-même, avec sa fortune, avec son temps, sans arriver à un résultat. Bürger (1) en est un triste exemple.

———

La meilleure manière, pour un auteur, de témoigner l'estime qu'il a pour le public, c'est de ne jamais produire ce qu'on attend de lui, mais ce qui, au degré de culture où il est lui-même et où sont les autres, lui semble convenable et utile.

———

La sagesse ne se trouve que dans la vérité.

———

Si je me trompe, tout le monde pourra s'en apercevoir, mais non, si je mens.

———

L'Allemand est indépendant d'intention ; aussi ne s'aperçoit-il pas que l'indépendance du goût et de l'esprit lui manque.

(1) Bürger est l'auteur de la *Ballade d'Éléonore*.

Le monde n'est-il pas déjà assez plein d'énigmes, pour qu'on transforme encore en énigmes les phénomènes les plus simples ?

———

Le plus petit cheveu jette son ombre.

———

Ce que j'ai essayé de faire dans le cours de ma vie, en vertu de fausses tendances, j'ai pourtant fini par le comprendre.

———

La libéralité gagne tous les cœurs, surtout si l'humilité l'accompagne.

———

Avant l'orage s'élève pour la dernière fois, avec violence, la poussière qui bientôt disparaîtra pour long-temps.

———

Les hommes ont de la peine à se connaître les uns les autres, même avec la meilleure volonté et la meilleure intention ; si la mauvaise volonté s'en mêle, elle défigure tout.

———

Ils se connaîtraient mieux mutuellement, s'ils ne voulaient s'égaler les uns aux autres.

———

Aussi les personnages éminents sont-ils dans une position désavantageuse ; comme on ne se met point en parallèle avec eux, on les observe.

Dans le monde, il ne s'agit pas de connaître les hommes, mais d'avoir, à un moment donné, plus d'esprit que celui qu'on a devant soi. Les saltimbanques des foires l'attestent.

———

Il n'y a pas de grenouille partout où il y a de l'eau; mais il y a de l'eau, partout où l'on entend des grenouilles.

———

Celui qui ne connaît pas de langues étrangères, ne sait rien de sa propre langue.

———

L'erreur est bonne, tant qu'on est jeune; mais il ne faut pas la traîner avec soi dans la vieillesse.

———

Les *travers* (1) qui vieillissent sont un inutile et triste bagage.

———

La despotique démence du cardinal de Richelieu trompa Corneille lui-même sur son propre compte.

———

La nature arrive à des individualisations (specificationen) comme à un impasse; elle ne peut pas aller au-delà et ne veut pas retourner en arrière; de là l'opiniâtreté du type national.

(1) Ce mot est dans l'original.

La métamorphose, dans le sens le plus élevé du mot, où l'on prend et où l'on donne, où l'on gagne et où l'on perd, a été supérieurement décrite par le Dante.

———

Tout homme a quelque chose en lui, qui, s'il le déclarait publiquement, exciterait de la répugnance.

———

Quand l'homme réfléchit sur son physique et sur son moral, ordinairement il se trouve malade.

———

C'est le vœu de la nature, que l'homme soit quelquefois assoupi sans dormir; de là le plaisir qu'on éprouve à fumer le tabac, à boire l'eau-de-vie, à avaler l'opium.

———

Il s'agit pour l'homme zélé de faire le bien, sans s'inquiéter de savoir si c'est le bien qui arrive.

———

Tel frappe le mur avec son marteau, à tort et à travers, qui croit avoir chaque fois frappé la tête du clou.

———

Les mots français ne sont pas dérivés de mots latins écrits, mais de mots latins parlés.

Nous appelons *commun* tout ce qui existe d'une manière contingente, et où nous ne découvrons immédiatement ni une loi de la nature, ni une œuvre de la liberté.

———

Se peindre et se tatouer le corps, c'est retourner à l'état bestial.

———

Écrire l'histoire est une manière de se débarrasser du passé.

———

On ne possède pas ce qu'on ne comprend pas.

———

L'homme, à qui on livre un germe fécond, n'est pas toujours capable de le développer; ce ne sera souvent pour lui qu'une chose vulgaire.

———

La faveur, symbole de la souveraineté, exercée par des hommes faibles.

———

Il n'y a pas de chose commune, qui, bizarrement exprimée, ne puisse paraître comique (humoristisch).

L'homme conserve toujours assez de forces pour exécuter ce dont il est convaincu.

Il importe peu que la mémoire nous manque, pourvu que le jugement ne nous fasse jamais défaut.

Les poètes de la nature, comme on les appelle, sont des talents qu'une nouvelle époque encourage, et qui avaient été dédaignés par une époque antérieure de l'art, surcivilisée (uberbildet), stationnaire et maniérée. Ils ne peuvent pas éviter la vulgarité; et, l'on pourrait, à cause de cela, les considérer comme rétrogrades; mais ils régénèrent l'art et provoquent de nouveaux progrès.

Une nation n'obtient d'être jugée, que lorsqu'elle est en état de se juger elle-même. Mais elle n'arrive que fort tard à jouir de ce grand avantage.

Au lieu de trouver à redire à mes paroles, ils feraient mieux d'agir suivant mon intention.

La nature est muette, quand on la met à la torture; à une interrogation loyale elle répond avec franchise : « Oui! oui! Non! non! » Le reste ne vaut rien.

Les hommes se plaignent que la vérité soit si simple ; ils devraient considérer qu'ils ont encore assez de peine à la faire tourner à leur profit.

———

Je maudis ceux qui créent, pour ainsi dire, un monde d'erreurs, et qui ne cessent de demander que l'homme soit utile à quelque chose.

———

On peut considérer une école comme un seul homme, qui fait avec lui-même un monologue d'un siècle, et qui trouve dans sa propre existence une satisfaction extrême, toute puérile qu'elle soit.

———

Une fausse doctrine ne souffre pas de réfutation ; car elle repose sur la conviction que le faux est le vrai. Mais le contraire, du moins, peut et doit être continuellement répété.

———

Peignez deux bâtons, l'un en rouge, l'autre en bleu ; mettez-les dans l'eau l'un à côté de l'autre ; tous deux vous paraîtront également brisés. Chacun peut vérifier avec les yeux du corps cette simple expérience ; celui qui la regardera avec les yeux de l'esprit, s'affranchira d'illusions sans nombre.

———

Les ennemis d'une idée ne font que frapper sur des charbons ardents, qui sautent de tous côtés, et mettent le feu là où ces charbons ne se seraient pas fait sentir.

L'homme n'occuperait pas le premier rang sur la terre, s'il n'était pas au-dessus d'elle.

———

Ce qui est découvert depuis long-temps s'enfouit de nouveau ; que d'efforts n'a-t-il pas fallu à Tycho-Brahé pour ranger les comètes parmi les corps réguliers, entre lesquels Sénèque les plaçait jadis !

———

Combien de temps on a disserté pour ou contre les antipodes !

———

A certains esprits il faut laisser leurs idiotismes.

———

On voit aujourd'hui des ouvrages qui sont nuls, sans être mauvais ; ils sont nuls, parce qu'ils manquent de fond ; il ne sont pas mauvais, parce que la forme des bons modèles est présente à l'esprit des auteurs.

———

La neige est une fausse pureté.

———

Celui qui a peur des idées, finit par en perdre le sens.

C'est avec raison que nous appelons nos maîtres ceux de qui nous apprenons toujours ; tous ceux qui nous instruisent, ne méritent pas ce nom.

———

La poésie lyrique doit être très-raisonnable dans l'ensemble, et un peu déraisonnable dans les détails.

———

Il en est de nous comme de la mer à laquelle on donne plusieurs noms distincts, et qui n'est en définitive que de l'eau salée.

———

On dit : Notre éloge sent mauvais dans notre bouche (1) ; c'est possible ; mais le blâme des autres, le blâme injuste, quelle odeur a-t-il ? Le public n'est point affecté à cet égard.

———

Le roman est une épopée *subjective*, dans laquelle l'auteur nous demande la permission de traiter le monde à sa manière ; toute la question est de savoir s'il a une manière ; le reste se trouvera.

———

Il y a des natures problématiques qui ne sont à la hauteur d'aucune des positions dans lesquelles elles se trouvent, et qui ne peuvent se contenter d'aucune. De là naît une lutte effroya-

(1) Un proverbe allemand dit : *Eigenlob stinkt : anderer Lob klingt* : la louange propre pue ; celle d'autrui est harmonieuse.

blé dans laquelle la vie se consume sans un moment de plaisir.

———

Le bien réel que nous faisons, arrive le plus souvent *clam, vi, et precario* (1).

———

Un joyeux compagnon est comme une bonne voiture en voyage.

———

La boue reluit quand le soleil brille.

———

Le meûnier s'imagine que le blé ne croît que pour faire aller son moulin.

———

Il est difficile d'être juste à l'égard du moment qui passe: indifférent, il cause de l'ennui; bon, on le porte; mauvais, on le traîne péniblement.

———

Le plus heureux des hommes est celui qui peut nouer la fin de sa vie avec le commencement.

———

L'homme est obstiné dans ses contradictions; il n'accepte

(1) En cachette, par force et d'une façon précaire.

aucune contrainte pour son avantage ; il souffre toutes les gênes à son préjudice.

———

La prévoyance est simple ; la rétrospection est multiple.

———

Une position qui vous attire tous les jours de nouveaux désagréments, n'est pas celle qui vous convient.

———

Rien n'est plus habituel à l'imprévoyance que de chercher des expédiens pour se tirer d'embarras.

———

Les Indous du désert font vœu de ne pas manger de poisson.

———

Une vérité incomplète circule pendant quelque temps ; mais au lieu de vives lumières, une erreur éblouissante apparaît un beau jour ; le monde s'en contente, et voilà les siècles abusés.

———

Il est très-méritoire, dans les sciences, de rechercher la vérité incomplète que les anciens possédaient déjà, et de la développer.

———

Il en est des opinions que l'on aventure comme des pièces que l'on fait marcher les premières sur l'échiquier ; elles peuvent être battues, mais elles ont mis en train une partie qui se gagnera.

———

C'est un fait aussi certain qu'il est étrange, que la vérité et l'erreur découlent de la même source ; aussi doit-on quelquefois se garder de nuire à l'erreur, de peur de nuire en même temps à la vérité.

———

La vérité appartient à l'homme, l'erreur au temps : c'est pourquoi l'on a dit d'un grand homme : « *Le malheur des temps a causé son erreur, mais la force de son âme l'en a fait sortir avec gloire* (1).

———

Chaque homme a ses singularités, et ne peut s'en défaire ; et pourtant bien des gens se perdent par leurs singularités, souvent par les plus innocentes.

———

Celui qui ne s'estime pas trop vaut plus qu'il ne croit.

———

Dans l'art et dans la science, comme dans l'action et dans les affaires, il s'agit de concevoir nettement les objets et de les traiter selon leur nature.

———

Quand des gens âgés, doués de raison et de sens, dédaignent la science, c'est uniquement parce qu'ils ont été trop exigeants envers elle et envers eux-mêmes.

(1) Ces mots sont en français dans le texte.

Je plains les hommes qui se tourmentent de la fragilité des choses, et qui se perdent dans la contemplation du néant terrestre; nous avons la mission de rendre immortel ce qui est passager; et cela ne peut s'accomplir que par une juste appréciation des choses immortelles et des choses passagères.

Un seul phénomène, une seule expérience ne peut rien prouver; c'est l'anneau d'une grande chaîne, laquelle ne signifie rien que par l'ensemble. Si un marchand cachait un collier de perles et ne découvrait que les plus belles, en priant de croire, sur sa parole, que toutes les autres leur ressemblent, on se déciderait difficilement à le lui acheter.

Des dessins, des descriptions, la mesure, le nombre et le signe, tout cela ne suffit pas toujours pour représenter un phénomène. La doctrine de Newton n'a pu subsister si long-temps, que parce que ses erreurs étaient embaumées pour des siècles dans l'in-4° de la traduction latine.

Il faut renouveler de temps en temps sa profession de foi, exprimer ce que l'on approuve et ce que l'on blâme; l'adversaire n'y manquera pas.

Dans le temps où nous sommes, personne ne doit se taire ou se tenir coi; il faut parler et s'agiter, non pour remporter des victoires, mais pour se maintenir à son poste; soyez avec la majorité ou avec la minorité, peu importe.

Ce que les Français nomment *tournure* est un mélange d'assurance et de grâce. On voit par là que les Allemands ne peuvent point avoir de tournure ; leur assurance est rude et acerbe ; leur grâce est timide et humble ; elles s'excluent mutuellement, et ne peuvent se trouver ensemble.

———

Un arc-en-ciel qui dure un quart-d'heure n'est plus regardé.

———

Il m'est arrivé, et cela m'arrive encore, qu'une œuvre de sculpture m'ait déplu au premier abord, parce que je n'étais pas à sa hauteur ; mais si j'y soupçonne quelque mérite, je m'efforce d'y atteindre ; et alors je ne manque jamais de faire les plus agréables découvertes ; je reconnais de nouvelles qualités dans les objets et de nouvelles facultés en moi.

———

La foi est un capital domestique, intime, semblable à ces caisses publiques d'épargne et de secours qui viennent en aide aux particuliers dans les jours de détresse ; le croyant s'en paie secrètement à lui-même les intérêts.

———

Si simple qu'on paraisse, si disposé qu'on soit à se contenter d'une situation commune et de la vie de tous les jours, on nourrit, on caresse toujours en silence des prétentions plus élevées, et l'on recherche le moyen de les satisfaire.

Le véritable obscurantisme ne consiste pas à empêcher la propagation des idées vraies, nettes, utiles, mais à mettre les idées fausses dans la circulation.

Ayant lu d'une manière suivie, depuis quelque temps, des biographies d'hommes peu importants et celles d'hommes considérables, l'idée me vint de comparer les premiers à la chaîne dans le tissu des choses de ce monde, et les seconds à la trame ; les premiers formeraient la largeur de l'étoffe, les seconds la force et la consistance, en y ajoutant peut-être aussi quelque broderie. Le ciseau de la Parque fixerait la longueur à laquelle le tout se réduirait. Nous ne voulons pas pousser plus loin la comparaison.

Les livres aussi ont leur passé qu'on ne peut leur ravir ;

« Celui qui n'a point mangé son pain dans les larmes,
Celui qui, durant des nuits de douleur,
N'est pas resté assis sur son lit en pleurant,
Celui-là ne vous connaît pas, puissances célestes ! (1).

(1) Ces vers appartiennent au 13ᵉ chapitre du roman de *Guillaume Meister*, par Goethe : c'est la première de deux strophes d'une complainte chantée par le père de Mignon : voici la seconde :

« Vous nous introduisez dans la vie,
Vous souffrez que le pauvre devienne coupable,
Puis vous l'abandonnez à la douleur,
Car toute faute s'expie sur la terre.

Ces lignes profondément mélancoliques ont été répétées par une reine accomplie, par une reine adorée, condamnée à l'exil le plus cruel et à une misère infinie. Elle s'était prise d'affection pour le livre qui renferme ces paroles et beaucoup d'autres expériences douloureuses; et elle y puisait d'amères consolations: qui pourrait contester ce résultat, déjà entré dans le domaine de l'immortalité?

———

C'est avec le plaisir le plus vif qu'on remarque dans la salle d'Apollon de la villa Aldobrandini à Frascati, avec quel bonheur le Dominiquin a placé les métamorphoses d'Ovide dans le site le mieux choisi; on se rappelle à cette vue que les événements les plus heureux nous causent une double émotion, quand ils nous arrivent au milieu d'un pays superbe, et même que des moments indifférents empruntent un intérêt immense d'une localité imposante.

———

Mannrauschlein (enivrement de l'homme), tel est le mot expressif par lequel on appelait une amante au dix-septième siècle.

———

Liebes gewaschenes seelchen (chère petite âme toute blanche), telle est l'expression la plus tendre à Odensée.

———

La vérité est un flambeau, mais un flambeau immense; nous essayons tous de passer devant, en clignant simplement de l'œil, et nous craignons encore de nous y brûler.

Les hommes prudents ont beaucoup de rapports les uns avec les autres. (*Eschyle*)

Des personnes, d'ailleurs intelligentes, sont déraisonnables en ceci, qu'elles ne savent pas expliquer ce qu'un autre a dit, s'il ne l'a pas dit comme il l'aurait dû.

Tout homme se croit, parce qu'il parle, en état de parler sur la parole.

Il suffit d'être vieux pour être indulgent; je ne vois point commettre de faute que je n'eusse commise moi-même.

Celui qui agit n'a jamais de conscience; le théoricien seul en a.

Les heureux s'imaginent-ils donc que le malheureux soit obligé de succomber devant eux avec grâce, comme le peuple romain l'exigeait du gladiateur?

Quelqu'un consultait Timon sur l'instruction de ses enfants: « Faites-leur apprendre, dit-il, ce qu'ils ne comprendront jamais. »

Il y a des personnes à qui je veux du bien, et à qui je désirerais pouvoir vouloir mieux encore.

———

L'un des frères brisait des pots ; l'autre des cruches ; ménage ruineux !

———

De même que par habitude on jette les yeux sur une montre arrêtée, comme si elle allait toujours, on regarde le visage d'une belle, comme si elle aimait encore.

———

La haine est un mécontentement actif ; l'envie, un mécontentement passif. Aussi ne doit-on pas s'étonner de voir l'envie se changer si promptement en haine.

———

Le rythme a quelque chose de magique ; il nous fait croire que la majesté est de notre domaine.

———

Le dilettantisme pris au sérieux et la science routinièrement cultivée aboutissent également au pédantisme.

———

Il n'y a que les maîtres qui fassent marcher les arts. Que des protecteurs poussent les artistes, rien de mieux ; mais l'art ne marche pas toujours pour cela.

La clarté est une distribution convenable de lumière et d'ombre. (*Hamann*) (1) Écoutez !

Shakspeare est riche en tropes merveilleux, produits par des idées personnifiées, qui ne nous iraient pas, à nous autres, mais qui chez lui sont tout-à-fait à leur place, parce qu'à son époque l'allégorie régnait dans tous les arts.

Il prend ses comparaisons là où nous n'irions point chercher les nôtres ; dans les livres, par exemple. Quoique l'imprimerie fût inventée depuis plus de cent ans, les livres étaient considérés encore comme quelque chose de sacré, ainsi que nous en pouvons juger par les reliures du temps ; ils étaient, pour le noble poète, un objet d'affection et de vénération ; nous, nous les brochons simplement, et nous n'avons plus de respect pour la reliure d'un livre ni pour son contenu.

Le sieur de Schweinichen (2) est un merveilleux ouvrage d'histoire et de morale ; nous nous trouvons récompensés de la peine qu'il nous a coûtée à lire ; c'est à certains égards une symbolique de l'art le plus parfait. Ce n'est point un livre à relire ; mais c'est un livre qu'il faut avoir lu.

La plus folle de toutes les erreurs est celle de jeunes têtes bien organisées qui croiraient perdre leur originalité, en re-

---

(1) Écrivain allemand.
(2) Le sieur de Schweinichen était un chevalier de Silésie, au 16ᵉ siècle ; ses mémoires qui ont été publiés sont le livre dont Goethe veut parler.

connaissant pour vrai ce que d'autres ont déjà reconnu pour tel.

———

Les savants sont d'ordinaire haineux, dans leurs controverses ; un homme qui se trompe est pour eux comme un ennemi mortel.

———

La beauté ne peut jamais être fixée sur son propre compte.

———

Une fois qu'on a mis la poésie subjective, ou sentimentale, comme on l'appelle, de niveau avec la poésie objective ou descriptive, et il ne pouvait en être différemment, puisque, autrement, il eût fallu désavouer toute la poésie moderne ; il était facile de prévoir que si de vrais génies poétiques venaient au monde, ils seraient plus portés à exprimer la vie intime dans sa sentimentalité, que l'universalité de la grande vie du monde. Les choses sont arrivées à ce point qu'il existe une poésie sans figure, à laquelle, toutefois, on ne peut refuser entièrement son approbation.

———

CHAPITRE III.

L'erreur est beaucoup plus facile à apercevoir que la vérité à découvrir ; elle est à la surface, et l'on en vient aisément à bout ; la vérité repose au fond, et il n'est pas donné à tous de pénétrer jusqu'à elle.

Nous vivons tous du passé ; et c'est le passé qui nous tue.

Quand nous avons quelque chose de grand à apprendre, nous nous réfugions aussitôt dans notre misère native, et nous avons toujours appris quelque chose.

Il importe peu aux Allemands de rester ensemble, mais bien de rester chez eux (Fur sich). Chacun, quel qu'il soit, a son chez soi, qu'il ne se voit enlever qu'à contre-cœur.

Le monde moral de tous les jours se compose principalement de mauvais vouloir et d'envie.

La superstition est la poésie de la vie ; aussi ne sied-il pas mal au poète d'être superstitieux.

C'est une singulière chose que la confiance. Vous n'écoutez qu'une personne ; elle peut se tromper et se faire illusion. Vous en écoutez plusieurs ; elles sont dans le même cas ; et d'ordinaire on n'arrive pas ainsi à la découverte de la vérité.

———

On ne doit jamais souhaiter à personne des relations équivoques ; mais, pour ceux qui y tombent accidentellement, elles sont la pierre de touche de leur caractère et la mesure de l'énergie dont ils sont capables.

———

Un homme borné, mais honnête, pénètre souvent les fourberies des *faiseurs* les plus habiles.

———

Celui qui n'a pas d'affection doit apprendre à flatter, ou il ne réussira pas.

———

Ne cherchez ni à éviter la critique ni à vous défendre contre elle ; affrontez-la hardiment, et peu à peu elle cédera.

———

La foule ne peut pas se passer des hommes éminents ; et les hommes éminents lui sont toujours importuns.

———

Celui qui supporte mes fautes, est mon maître, fût-il mon serviteur.

De haut en bas ou de bas en haut, les mémoires doivent toujours se rencontrer.

———

Quand on impose aux gens des devoirs et qu'on ne veut leur concéder aucun droit, il faut les bien payer.

———

Ce qui constitue le romantique d'un paysage, est un sentiment de majesté calme sous un air de passé, ou, ce qui revient au même, de solitude, d'absence, de séparation.

———

Cette hymne magnifique, *Veni, creator Spiritus*, est une véritable invocation au génie : aussi enthousiasme-t-elle les hommes d'intelligence et de cœur.

———

Le beau est une manifestation des lois secrètes de la nature, qui, sans lui, nous auraient toujours été cachées.

———

Je puis promettre d'être sincère, mais d'être impartial, je ne le promets pas.

———

L'ingratitude est toujours une faiblesse ; je n'ai pas remarqué que des hommes supérieurs aient été ingrats.

Nous sommes tous si bornés, que nous croyons toujours avoir raison ; nous pouvons donc concevoir un esprit extraordinaire qui non seulement se trompe, mais se complaît dans l'erreur.

———

Une juste mesure dans les efforts qui tendent au bien et au vrai est extrêmement rare ; nous voyons d'ordinaire le pédantisme et la témérité, essayant de mettre, celui-là du retard, celui-ci de la précipitation.

———

Les paroles et les images sont des corrélatifs qui se cherchent constamment, comme nous le voyons clairement par les tropes et par les comparaisons. De toute antiquité, ce qui s'est dit à l'oreille ou ce qui s'est chanté, a dû être représenté également à l'œil. C'est ainsi que dans les livres qu'on remet entre les mains de l'enfance, dans la Bible et dans le Livre de morale, nous voyons la parole et l'image toujours l'une à côté de l'autre. Quand on exprimait ce qu'on ne pouvait figurer, et quand on figurait ce qu'on ne pouvait exprimer, tout était pour le mieux ; mais souvent on se trompa, et l'on parla au lieu de peindre : de là naquirent ces monstruosités symbolico-mystiques, doublement condamnables.

———

« Celui qui s'adonne aux sciences, souffre d'abord par les retards, puis par les préoccupations qu'il rencontre. La première fois, les hommes ne veulent reconnaître aucun mérite dans ce que nous leur présentons ; ils donnent ensuite à entendre que tout ce que nous avons pu leur présenter leur était déjà connu. »

Une collection d'anecdotes et de maximes est pour l'homme du monde le plus précieux de tous les trésors, s'il sait placer les premières à propos dans la conversation, et se rappeler à point nommé les secondes.

———

On dit : artiste, étudie la nature. Mais ce n'est pas une petite affaire que de dégager le noble du commun, le beau de l'informe.

———

Où l'intérêt cesse, la mémoire s'efface.

———

Le monde est une cloche qui a une fente ; elle fait du bruit, mais elle ne sonne pas.

———

On doit supporter avec indulgence la présomption des jeunes dilettanti ; devenus vieux, ils rendront à l'art et au maître le culte le plus vrai.

———

Quand les hommes deviennent tout-à-fait mauvais, ils ne s'intéressent plus à rien que par une joie maligne.

———

Les hommes intelligents sont toujours le meilleur dictionnaire de conversation.

Il y a des hommes qui ne se trompent jamais, parce qu'ils ne se proposent jamais rien de raisonnable.

―――

Si je découvre les rapports que j'ai avec moi-même et avec le monde extérieur, je les appelle la vérité. Chacun, de la sorte, peut avoir sa vérité particulière, et c'est pourtant toujours la même.

―――

Le particulier est toujours subordonné au général ; et le général doit toujours s'accommoder au particulier.

―――

Ce qui est doué de puissance productive n'a point de maître, et nul ne peut l'arrêter.

―――

Celui à qui la nature commence à découvrir ses mystères ouverts à tous, éprouve un irrésistible penchant pour l'art, son digne interprète.

―――

Le temps est lui-même un élément.

―――

L'homme ne s'aperçoit pas à quel degré il est anthropomorphiste.

Une différence qui ne présente rien à l'intelligence n'en est pas une.

———

Dans le phanérogame, il y a encore tant de cryptogame, que des siècles ne suffiront pas pour le déchiffrer.

———

Le remplacement d'une consonne par une autre peut tenir à une difficulté de l'organe ; mais le changement d'une voyelle en diphtongue provient d'une exagération emphatique.

———

On ne peut pas vivre pour tout le monde, surtout pour ceux avec lesquels on ne voudrait pas vivre.

———

L'appel à la postérité prend sa source dans un pressentiment pur et vif, qu'il y a quelque chose d'impérissable, qui, s'il n'est pas reconnu immédiatement, finira par obtenir la majorité.

———

Les mystères ne sont pas encore des miracles.

———

I convertiti stanno freschi appresso di me (1).

(1) Les nouveaux convertis sont près de mon cœur.

Le patronage imprudent et passionné des talents problématiques a été une erreur de ma jeunesse, dont je n'ai pu jamais me corriger complètement.

Je voudrais bien être franc avec toi, sans nous brouiller; mais cela ne se peut. Tu t'y prends mal et tu te mets dans un grand embarras: des partisans, tu n'en gagnes pas; et tes amis, tu les perds. Qu'en adviendra-t-il?

Il n'importe que l'on soit grand ou petit; il faut toujours payer son tribut à la nature humaine.

Les écrivains libéraux aujourd'hui ont beau jeu; le public tout entier leur sert de suppléant.

Quand j'entends parler des idées libérales, je m'étonne toujours de voir comme les hommes sont prompts à se payer de mots vides et sonores; une idée ne peut pas être libérale. Une idée peut être vigoureuse, énergique, complète, pour accomplir sa mission divine qui est de fructifier: encore moins la pensée peut-elle être libérale, car elle a une mission toute différente.

Si je dois chercher le libéralisme quelque part, c'est dans les opinions, et celles-ci sont l'expression vivante du sentiment.

Mais les opinions sont rarement libérales, parce qu'elles proviennent directement de la personne, de ses rapports et de ses besoins les plus immédiats.

Nous n'en dirons pas davantage ; mais qu'on mesure à cet étalon tout ce qui se répète journellement.

———

Ce sont toujours nos yeux, toujours notre imagination ; la nature toute seule sait ce qu'elle veut et ce qu'elle a voulu.

———

Donne-moi un point d'appui.
(Archimède.)
Choisis ta place.
(Nose.)
Reste à ta place.
(Goethe.)

———

On s'attache aux rapports de causalité générale, et l'on rapporte à une cause générale tous les phénomènes analogues ; on pense rarement aux causes immédiates.

———

Quand un homme d'esprit fait une sottise, il ne la fait pas petite.

———

Dans une œuvre d'art, grande ou petite, tout, jusqu'aux plus menus détails, dépend de la conception.

———

Il y a une poésie sans tropes, qui elle-même est un trope unique.

Un examinateur vieux et facile dit tout bas à l'oreille d'un élève :

Etiam nihil didicisti (1),

et il reçoit.

———

L'excellent ne sera jamais approfondi, quoi qu'on fasse.

———

Œmilium Paulum, virum in tantum laudandum, in quantum intelligi virtus potest (2).

———

Je me suis occupé d'idées générales, jusqu'à ce que j'aie appris à comprendre la puissance des hommes éminents qui se spécialisent.

———

On ne sait à proprement parler que lorsqu'on sait peu ; le doute croît avec le savoir.

———

Les hommes sont aimables par leurs erreurs mêmes.

———

Bonus vir semper tiro (3).

(1) Vous n'avez rien appris.
(2) Paul-Emile homme qui réalise la plus haute idée qu'on puisse concevoir de la vertu.
(3) L'épreuve dure toujours pour l'homme de bien.

Il y a des personnes qui aiment leur semblable, et qui le recherchent; il y en a d'autres qui aiment leur contraire, et qui s'y attachent.

Celui qui se fût jamais permis de s'imaginer le monde en général aussi mauvais que nos ennemis nous dépeignent, fût nécessairement devenu un misérable.

La jalousie et la haine ne laissent apercevoir que la surface, même lorsque la sagacité les accompagne. Si celle-ci, au contraire, est unie à la bienveillance et à l'amour, elle pénètre le monde et les hommes, elle peut espérer d'atteindre jusqu'au Très-Haut.

Panoramic ability (1), tel est le mérite qu'un critique anglais m'attribue; je lui en dois les plus vifs remercîments.

A tous les Allemands honnêtes on doit souhaiter une certaine dose de génie poétique, comme le vrai moyen de revêtir leur existence, quelle qu'elle soit, d'un peu de grâce et de dignité.

Tout le monde a sous les yeux la matière; celui qui la

(1) Capacité panoramique.

travaille, trouve seul le titre ; la forme est un secret pour le plus grand nombre.

———

Les hommes s'attachent à ce qui est vivant. C'est sur la jeunesse que se forme la jeunesse.

———

Étudions le monde comme nous voudrons ; il conservera toujours un côté éclairé et un côté ténébreux.

———

L'erreur se répète perpétuellement dans les actes ; aussi doit-on assidûment répéter la vérité dans les paroles.

———

De même que dans Rome, outre les Romains, il y avait encore un peuple de statues ; il y a aussi, à côté de ce monde réel, un monde imaginaire, beaucoup plus important peut-être, dans lequel vivent la plupart des hommes.

———

Les hommes sont comme les eaux de la mer Rouge ; la verge les a séparés à peine, un instant après ils se réunissent de nouveau.

———

Le devoir de l'historien est de discerner le vrai du faux, le certain de l'incertain, le douteux de l'inadmissible.

———

Ceux-là seuls écrivent des chroniques, qui prennent un vif intérêt au présent.

Les pensées reviennent, les convictions se propagent, les circonstances passent irrévocablement.

———

« Les Grecs sont, de tous les peuples, ceux qui ont rêvé le plus beau rêve de la vie. »

———

On peut considérer les traducteurs comme des entremetteurs empressés, qui nous vantent les charmes d'une beauté à demi-voilée ; ils excitent une irrésistible désir de connaître l'original.

———

Nous plaçons volontiers l'antiquité au-dessus de nous, mais non la postérité. Le père seul n'est pas jaloux du talent de son fils.

———

Il n'y a point de mérite, en général, à se subordonner ; mais dans la ligne descendante, dans la génération qui vous suit, reconnaître la supériorité de ce qui est au-dessous de vous !

———

Renoncer à l'existence pour exister, c'est-là notre tour de force.

———

Toutes nos affaires, tous nos actes, sont une fatigue ; heureux celui qui ne se lasse pas !

« L'espérance est la seconde âme des malheureux. »

« L'amour est un vrai recommenceur. »

Il existe chez les hommes une disposition à servir ; c'est pour cela que la *chevalerie* des Français fut un *servage*.

« Au théâtre, le plaisir de voir et d'entendre nuit beaucoup à la réflexion. »

L'expérience peut s'étendre à l'infini ; la théorie ne peut de la même manière s'épurer et se perfectionner. L'univers est ouvert dans tous les sens à la première ; la seconde est emprisonnée dans le cercle des facultés humaines. Aussi tous les systèmes doivent-ils reparaître, et voit-on se présenter le cas étrange d'une théorie étroite qui reprend faveur à la suite d'une expérience plus large.

C'est toujours le même monde, qui reste ouvert à la pensée humaine, qui est perpétuellement contemplé ou deviné ; et ce sont toujours les mêmes hommes qui vivent dans la vérité ou dans l'erreur, dans celle-ci plus aisément que dans celle-là.

La vérité répugne à notre nature, non l'erreur ; la cause en est très-simple. La vérité nous oblige de reconnaître que nous sommes bornés; l'erreur nous insinue en nous flattant que d'une manière ou d'une autre nous sommes infinis.

―――

Il y a bientôt vingt ans que toute l'Allemagne fait de la philosophie transcendante. Quand elle s'en apercevra, elle s'étonnera bien d'elle-même.

―――

Que quelques hommes se croient capables d'accomplir encore ce qu'ils ont déjà fait, cela est assez naturel; mais qu'on se croie capable de ce qu'on n'a jamais pu faire, c'est fort étrange, mais ce n'est pas rare.

―――

Dans tous les temps, ce sont les individus qui ont fait marcher la science, ce n'est pas le siècle. Ce fut le siècle qui fit avaler la ciguë à Socrate, le siècle qui brûla Jean Huss; les siècles se sont toujours ressemblés.

―――

La vraie symbolique est celle où le particulier représente le général, non point comme son rêve et comme son ombre, mais comme une manifestation vivante et momentanée de l'impénétrable.

―――

L'idéal, provoqué par la réalité, finit toujours par dévorer celui-ci et lui-même avec. C'est ce que le crédit ou le papier-monnaie fait de l'argent et de lui-même.

L'autorité (Meisterschaft) est prise souvent pour l'égoïsme.

———

Du moment qu'on renonce aux bonnes œuvres et à leur mérite, la sentimentalité se montre à leur place, chez les protestants.

———

Avoir de bons conseillers, c'est la même chose que d'être fort par soi-même.

———

Les mots favoris indiquent ce que l'on n'a pas et ce que l'on désire. On ne le perd pas de vue, comme de juste, un seul instant.

———

« Celui qui ne veut pas soulever une pierre tout seul, doit aussi, lui deuxième, la laisser à terre. »

———

Le despotisme développe les ressources personnelles de chacun, puisque, depuis le sommet jusqu'à la base, il rend l'individu responsable, et provoque ainsi le plus haut degré d'activité.

———

Le spinosisme en poésie devient du machiavélisme à la réflexion.

Il faut payer cher ses erreurs, si l'on veut s'en débarrasser, et s'estimer encore fort heureux.

———

Autrefois, quand un écrivain allemand voulait régner sur ses concitoyens, il n'avait qu'à leur mettre dans l'esprit qu'il y avait quelqu'un qui voulait régner sur eux. Ils étaient alors si intimidés, qu'ils acceptaient le joug du premier venu.

———

« *Nihil rerum mortalium tam instabile ac fluxum est quam potentia non sua vi nixa* (1). »

———

Il y a aussi de faux artistes, les *amateurs* et les *spéculateurs;* les premiers cultivent l'art pour leur plaisir, les seconds pour leur profit.

———

J'étais sociable de ma nature; c'est pourquoi, dans beaucoup d'entreprises, j'ai trouvé des collaborateurs et je me suis fait collaborateur des autres; et j'ai goûté ainsi le bonheur de me voir continuer en eux et eux en moi.

———

Toute mon activité intérieure s'est manifestée comme une méthode vivante d'invention (*lebendige Heuristik*), qui, re-

(1) Rien, parmi les choses d'ici-bas, n'est fragile et éphémère comme la puissance qui ne s'appuie pas sur ses propres forces.

connaissant une règle inconnue et pressentie, s'efforce de la trouver dans le monde extérieur et de l'y introduire.

———

Il y a une réflexion enthousiaste, qui est du plus grand prix, pourvu qu'on ne se laisse pas entraîner par elle.

———

L'école préparatoire n'est qu'à l'école même.

———

L'erreur est à l'égard de la vérité dans les mêmes rapports que le sommeil à l'égard de la veille. J'ai remarqué qu'on se sent comme rafraîchi, quand on quitte l'erreur pour la vérité.

———

On souffre, quand on ne travaille pas pour soi-même. On travaille pour les autres, afin de jouir avec eux.

———

Le saisissable est du domaine des sens et de l'entendement. L'à-propos s'y rattache étroitement, et il tient de près lui-même au convenable. L'à-propos, pourtant, consiste dans un rapport avec un temps particulier et avec des circonstances déterminées.

———

Les seuls livres où nous apprenions quelque chose, sont ceux que nous ne pouvons pas juger. L'auteur d'un livre que nous pouvons juger, a des leçons à recevoir de nous.

C'est pourquoi la Bible est un livre dont l'influence ne périra pas, parce que, tant que durera le monde, personne n'osera se lever et dire : J'embrasse ce livre dans son ensemble, et je l'entends dans ses détails. Mais nous disons modestement : La Bible est vénérable dans son ensemble ; elle est applicable dans ses détails.

———

Le mysticisme est un transcendentalisme, un détachement de quelque objet qu'on croit laisser derrière soi. Plus cet objet auquel on renonce a de grandeur et d'importance, plus les œuvres du mystique ont de richesse.

———

La poésie mystique de l'Orient possède ce grand mérite, que la richesse du monde abandonné par l'adepte est toujours sous la main de celui-ci. Il se trouve donc toujours au milieu de l'abondance dont il se sépare, et il s'enivre encore des délices qu'il voulait quitter.

———

Il ne devrait pas y avoir de mystiques chrétiens, puisque le christianisme lui-même offre des mystères. Aussi les chrétiens mystiques se perdent-ils toujours dans les profondeurs abstruses, dans l'abîme du sujet.

———

Un homme d'esprit disait du mysticisme moderne, qu'il est la dialectique du cœur, que le prestige et la séduction qu'il exerce quelquefois tiennent à ce qu'il traite des choses, auxquelles l'homme n'eût pu atteindre par la voie ordinaire de l'intelligence, de la raison et de la religion. Que celui qui se croit doué d'assez de courage et de force pour l'étudier sans se laisser étourdir, plonge dans cet antre de Trophonius, à ses risques et périls.

———————

Les Allemands devraient, pendant une trentaine d'années, s'abstenir de prononcer le mot de sentiment (Gemuth); alors on verrait peu à peu renaître la chose; il signifie simplement aujourd'hui : indulgence pour les faiblesses d'autrui et pour les siennes propres.

———————

Les préjugés des hommes tiennent à leur caractère individuel; aussi, quand ils sont étroitement liés à leur position, sont-ils invincibles. Ni l'évidence, ni le jugement, ni la raison n'a sur eux la moindre prise.

———————

Il y a des personnes à qui leur caractère fait une loi de la faiblesse. Des hommes qui connaissent le monde ont dit : « Elle est invincible, la prudence derrière laquelle la peur se cache. » Les hommes faibles ont souvent des opinions révolutionnaires; ils pensent qu'ils se trouveraient bien de n'être point gouvernés, et ils ne sentent pas qu'ils ne peuvent se gouverner eux ni les autres.

———————

Tel est le cas des artistes modernes de l'Allemagne : ils déclarent que la branche de l'arbre qu'ils ne possèdent pas, est nuisible et bonne à couper.

L'entendement naît sain chez les hommes bien organisés ; il se développe de lui-même, et se manifeste par la justesse avec laquelle il perçoit et reconnaît ce qui est nécessaire et ce qui est utile. Les esprits pratiques, parmi les hommes et parmi les femmes, s'en servent avec assurance. Là où il manque, les deux sexes prennent ce qu'ils désirent pour le nécessaire, et pour l'utile ce qui leur plaît.

———

Tous les hommes, en arrivant à la liberté, font paraître leurs défauts ; les forts, l'exagération ; les faibles, la négligence.

———

La lutte de l'antiquité, de la conservation, de la perpétuité avec le développement, le perfectionnement et l'innovation, est toujours la même. L'ordre produit toujours à la fin le pédantisme ; pour s'affranchir de celui-ci, on détruit celui-là ; et on est long-temps avant de s'apercevoir que l'ordre doit être rétabli. Classicisme et romantisme, système des corporations et liberté industrielle, amortissement et morcellement du sol, c'est toujours le même conflit, qui à la fin en engendre un nouveau. Le mérite suprême des gouvernants serait de modérer cette lutte, de manière qu'elle s'apaisât sans la défaite de l'un des partis ; mais cela n'est pas donné à l'homme, et Dieu non plus ne paraît pas le vouloir.

———

Quel est le système d'éducation qui doit être réputé le meilleur ? Réponse : celui des Hydriotes. Ces marins insulaires emmènent leurs petits garçons avec eux sur leurs barques, et les dressent déjà au service. Ces enfants participent au gain, en proportion de leur travail; et de bonne heure, ainsi, ils s'occupent de commerce, d'échange et de butin : ainsi se forment les marins les plus habiles sur les côtes et en pleine mer, les commerçants les plus adroits et les pirates les plus intrépides. D'une pareille race d'hommes, il peut en effet sortir des héros, qui iront de leur propre main attacher le brûlot fatal au vaisseau amiral de la flotte ennemie.

———

Toutes les choses excellentes nous causent, au premier abord, un malaise, parce que nous ne nous sentons pas à leur niveau; mais ensuite, lorsque nous nous en sommes pénétrés, que nous les avons appropriées à notre manière de penser et de sentir, nous les aimons et nous les apprécions.

———

Nous ne devons pas nous étonner si nous nous plaisons tous plus ou moins dans le médiocre; car il ne trouble pas notre repos; nous sommes à l'aise avec lui, comme lorsque nous avons affaire avec nos égaux.

———

Il ne faut pas censurer le commun, car il ne se corrige jamais.

———

Nous ne pouvons pas nous soustraire à une contradiction qui s'élève au-dedans de nous; il faut que nous nous efforcions de l'expliquer. Quand d'autres nous contredisent, cela ne nous inquiète pas; c'est leur affaire.

———

Il ne manque pas dans le monde de bonnes et d'excellentes

choses, qui existent en même temps; mais elles ne se touchent pas.

———

Quel est le meilleur des gouvernements? C'est celui qui nous apprend à nous gouverner nous-mêmes.

———

Si tu veux *professer* avec fruit, il faut te rapprocher de la prédication que notre civilisation demande, et qui n'est vraiment utile que quand la conversation se mêle à l'enseignement, comme cela avait lieu dans l'origine. Mais tu pourras *instruire*, et tu instruiras, en réalité, si le fait aide au jugement, et le jugement du fait à la conduite de la vie.

———

Il n'y a rien à dire contre les trois unités, lorsque le sujet est très simple; mais il peut arriver que trois fois trois unités, entremêlées habilement, produisent un effet très agréable.

———

Les hommes qui s'abandonnent aux femmes se font pour ainsi filer par elles comme une quenouille.

———

Il peut bien arriver que l'homme soit de temps à autre rudement battu par quelque calamité publique ou privée; mais le destin impitoyable, en frappant les gerbes pleines, ne froisse que la paille; les grains ne ressentent rien et sautillent gaîment sur l'aire, sans s'inquiéter si on les mènera au moulin ou au champ à ensemencer.

Arden de Feversham, œuvre de la jeunesse de Shakspeare. Elle offre dans sa conception et dans son exécution le sérieux le plus naïf, sans la moindre trace de prétention à l'effet ; elle est tout-à-fait dramatique, mais elle ne convient nullement à la scène.

Les meilleurs ouvrages dramatiques de Shakspeare manquent parfois de facilité (facilitat) ; ils s'élèvent un peu au-dessus de leur destination, et par cela même ils révèlent le grand poète.

La probabilité la plus grande de l'accomplissement admet encore le doute ; aussi l'espoir qui se réalise surprend-il toujours.

Il faut prêter quelque chose aux arts de tous les pays ; il n'y a que l'art grec dont on reste toujours débiteur.

Vis superba formae. Beau mot de Jean Second (1) !

La sentimentalité des Anglais est un mélange de tendresse

(1) L'orgueilleuse puissance de la beauté.

et d'humour; celle des Français est populaire et larmoyante;
celle des Allemands, naïve et positive.

———

L'absurde, rendu avec goût, excite en même temps de la
répugnance et de l'admiration.

———

On a dit de la bonne compagnie : sa conversation instruit,
son silence forme.

———

Quelqu'un a dit d'un poème remarquable, composé par une
femme, qu'on y trouvait plus d'énergie que d'enthousiasme,
plus de couleur que de fond, plus de rhétorique que de poésie,
et dans l'ensemble quelque chose de viril.

———

Rien n'est plus effrayant qu'une ignorance active.

———

Il faut éloigner la beauté et l'esprit, si l'on ne veut être leur
esclave.

———

Le mysticisme est la scholastique du cœur, le dialectique
du sentiment.

———

On a des ménagements pour les vieillards, comme pour les
enfants.

Le vieillard perd un des droits de l'homme les plus précieux, il n'est plus jugé par ses pairs.

———

Il m'est arrivé dans la science ce qui arrive à un homme qui se lève de bonne heure; qui, dans le crépuscule, attend l'aurore, attend ensuite impatiemment le soleil, et, quand il a paru, est ébloui de son éclat.

———

On discute beaucoup et l'on discutera beaucoup encore sur la question de savoir s'il est nuisible ou utile de répandre la Bible. Il est évident pour moi que la Bible fera du mal comme elle en a toujours fait, appliquée comme œuvre dogmatique et fantastique, et qu'elle fera du bien, comme elle en a toujours fait aussi, acceptée comme œuvre didactique et sentimentale.

———

Les grandes forces primitives, développées dans l'éternité ou dans le temps, agissent irrésistiblement; le bien ou le mal qu'elles font est fortuit.

———

L'idée est éternelle et unique; nous avons tort d'en parler au pluriel. Tout ce que nous percevons et tout ce qui peut composer la matière de nos discours, tout cela ne forme que des manifestations de l'idée; ce sont des notions que nous exprimons, et, en tant que nous en parlons, l'idée elle-même est une notion.

En esthétique, il n'est pas bien de dire : l'idée du beau ; par là on individualise le beau, qu'on ne peut pas concevoir séparé. On peut se faire une notion du beau, et cette notion peut être transmise.

————

La manifestation de l'idée, en ce qui concerne le beau, est aussi fugitive que celle du sublime, du spirituel, de l'amusant et du ridicule. Voilà pourquoi il est si difficile d'en parler.

————

Le meilleur moyen d'enseigner l'esthétique, serait de conduire ses élèves devant toutes les belles choses, ou de les leur présenter au moment où elles sont dans leur plus grande splendeur et où ceux-ci sont le mieux disposés. Mais, comme cette condition ne peut s'accomplir, le professeur doit mettre tout son orgueil à faire vivre dans le cœur de ses disciples les notions de tant de manifestations, afin qu'ils soient en état de sentir tout ce qui est bon, beau, grand et vrai, et de le saisir avec ravissement partout où ils le rencontreront en temps convenable. L'idée mère, d'où tout dérive, deviendrait ainsi vivante en eux à leur insu.

————

En considérant les esprits cultivés, on s'aperçoit qu'ils ne sont aptes à comprendre qu'une seule manifestation de la vie, ou du moins un petit nombre, et c'est assez. Le talent développe tout dans la pratique, et n'a pas besoin de tenir compte des détails de la théorie : le musicien peut sans dommage ignorer la statuaire, et le sculpteur, la musique.

On doit envisager toute chose du point de vue de la pratique, et faire en sorte, par conséquent que, celles des manifestations de la grande idée qui se touchent, en tant qu'elles doivent être produites par le moyen des hommes, coopèrent dans des conditions convenables. La peinture, la plastique et la mimique se tiennent par un lien indissoluble ; néanmoins celui qui se destine à l'un de ces arts, doit prendre garde qu'un des autres ne lui fasse tort ; le sculpteur pourrait se laisser séduire par le peintre ; le peintre par le mime ; et tous trois pourraient être entraînés les uns par les autres, de manière à perdre également l'équilibre.

La danse mimique pourrait à bon droit ruiner toute plastique. Heureusement l'enivrement sensuel qu'elle produit est bien fugitif, et, pour plaire, elle a besoin d'exagérer. C'est ce qui en éloigne les autres artistes ; pourtant, s'ils étaient habiles et pénétrants, ils y trouveraient beaucoup à apprendre.

CHAPITRE IV.

Mme Roland, sur l'échafaud, demanda de quoi écrire, afin de confier au papier les pensées originales qui l'assiégeaient à ce moment suprême. On a eu tort de le lui refuser; car, à la fin de la vie, il surgit dans les esprits résignés de ces pensées que jusque-là on n'eût pas conçues; ce sont comme de fortunés démons, qui se posent, resplendissants, sur les cimes du passé.

———

On se dit maintes fois dans la vie qu'il faut éviter la multiplicité des occupations (polypragmosynè), et surtout que, plus on avance en âge, et moins on doit s'engager dans de nouvelles affaires. Mais, on a beau dire, on a beau se conseiller soi et les autres, vieillir n'est autre chose que s'engager dans une affaire nouvelle; tous les rapports s'altèrent, et il faut ou cesser tout-à-fait d'agir, ou accepter résolument ses nouveaux rôles.

———

Les grands talents sont rares, et ils se connaissent rarement; mais cette intelligence, mais cette activité puissante qui n'a pas conscience d'elle-même, produit des résultats à la fois heureux et funestes au plus haut degré; et dans ce conflit une grande existence se consume. Les *Entretiens de Medwin* nous en fournissent des exemples non moins surprenants que douloureux.

———

Je n'ose rien dire de l'absolu au point de vue de la théorie; mais je puis affirmer que celui qui le découvre dans le phénomène et qui l'a toujours devant les yeux, en retirera de grands avantages.

Vivre dans l'idéal, c'est traiter l'impossible comme s'il était possible. Il en est à cet égard du caractère comme de l'esprit; s'il s'unit à l'idéal, on voit naître des événements qui ne laissent pas reposer l'admiration du monde pendant des milliers d'années.

Napoléon, qui vivait tout entier dans l'idéal, ne pouvait pas cependant en acquérir la conscience; il nie complètement l'idéal, et lui refuse toute réalité, tout en travaillant avec ardeur à le réaliser. Mais cette contradiction perpétuelle avec lui-même, son intelligence nette et incorruptible ne peut pas la supporter; et il est très-intéressant de le voir en quelque sorte forcé de s'expliquer à cet égard, ce qu'il fait avec grâce et originalité.

Il considère l'idée comme un être intellectuel qui n'a point de réalité, mais qui, en disparaissant, laisse après lui un résidu, un *caput mortuum*, auquel la réalité ne peut être refusée complètement. Si cela nous paraît bien dur et bien matériel, il s'exprime tout autrement, quand il entretient ses amis avec foi et avec assurance des conséquences irrésistibles de sa vie et de ses actes. Il reconnaît alors volontiers que la vie enfante la vie, qu'une fécondation puissante agit sur tous les siècles. Il se plaît à confesser qu'il a imprimé à la marche du monde une impulsion vigoureuse et une nouvelle direction.

Il n'est pas moins très digne de remarque, que des hommes, dont la personnalité est tout idéale, éprouvent pour le fantastique une répugnance profonde. Tel était Hamann, qui ne pouvait souffrir qu'on parlât devant lui *des choses d'un autre monde*. Il s'en expliqua une fois dans un certain paragraphe, qu'il changea quatorze fois, parce qu'il n'en était pas content, et il ne le fut probablement jamais. Deux de ces ébauches nous sont restées ; nous en avons nous-même risqué une troisième, que les lignes qui précèdent nous autorisent à insérer ici.

L'homme est un être réel, placé au milieu d'un monde non moins réel, et doué d'organes au moyen desquels il peut reconnaître et exécuter ce qui lui plaît et ce qui lui est possible. Tous les hommes bien organisés ont la certitude de leur existence et de quelque chose qui existe autour d'eux. Mais il y a aussi un point creux dans le cerveau, une place où il ne se réfléchit aucun objet, comme il y a dans l'œil même un point qui ne voit pas. Si l'homme applique particulièrement son attention sur cet endroit, s'il s'y absorbe, une maladie intellectuelle le saisit ; il y devine les *choses d'un autre monde* ; ces choses ne sont à vrai dire que néant, elles n'ont ni forme ni étendue, mais elles oppressent comme les espaces vides de la nuit, et elles poursuivent avec plus d'acharnement que des spectres, si l'on ne sait s'y soustraire.

Histoire des Hohenstaufen par Frédéric de Raumer. — J'ai lu avec plaisir les quatre volumes les uns après les autres, en peu de temps et avec un sentiment de reconnaissance pour l'auteur. On aime, à l'âge où je suis, à voir les fantômes qui passèrent un à un, il y a long-temps, sous nos yeux, et qui se sont évanouis, reparaître tout à coup réunis, et marcher devant nous avec une allure animée. Voici que des noms oubliés se présentent avec leur signification propre ; des faits qui se tiennent, mais qui, dans nos souvenirs, se groupaient le plus souvent autour d'une seule figure, et qui se trouvaient ainsi séparés de leurs causes et de leurs conséquences, se lient clairement à ceux qui les précèdent et à ceux qui les suivent; et la folie des affaires de ce monde semble prendre un peu de raison. La courte analyse de cet ouvrage dans le *Literarisches conversationsblatt* (1) est très-agréable et très-instructive.

Ce livre trouvera beaucoup de lecteurs; on doit se faire une loi de ne pas le lire à la manière nouvelle, c'est-à-dire, à plusieurs reprises et par morceaux détachés, mais d'achever sa tâche chaque jour; ce qui est facile, l'habile distribution de l'ouvrage en chapitres et les résumés permettant d'avancer sans distraction.

Si j'avais un conseil à donner aux jeunes gens qui se destinent à la haute politique et à la diplomatie, je leur recommanderais ce livre comme un manuel qui leur montrera la manière de rassembler une masse innombrable de faits, et de se former finalement une conviction. Cette conviction, il est vrai, peut n'être pas historique, et quelque critique pourra l'attaquer; mais comme elle est pratique, quelque heureux événement en fera reconnaître la justesse.

La dernière édition du *Manuel de l'histoire de la littérature par Wachler* m'a fait beaucoup de plaisir. Lorsqu'on s'est occupé, dans le cours d'une longue carrière, de toutes les branches de la littérature, on croit, en lisant ce livre, vivre une seconde fois, avec moins de peine, il est vrai.

De ce qui est arrivé, comme on a peu écrit! De ce qui a été écrit, comme il est peu resté! La littérature est essentiellement fragmentaire; parmi les monuments de l'esprit humain, elle ne présente que ceux qui ont été écrits et qui ont subsisté.

(1) Feuille de la Conversation littéraire.

Et pourtant, malgré tout l'incomplet de la littérature, nous trouvons mille répétitions qui attestent les bornes étroites de l'esprit de l'homme et de sa destinée.

———

Pendant que nous sommes appelés, en qualité d'assesseurs, quoique *sine voto*, au conseil général du monde, et que nous écoutons quotidiennement les rapports des journalistes, nous sommes heureux de trouver aussi d'habiles rapporteurs du passé. C'est ce que de Raumer et Wachler ont été pour moi dans ces derniers temps.

———

Quel est le premier, du poète ou de l'historien? Cette question ne doit pas être posée. Ils ne concourent pas ensemble, pas plus que l'athlète et le coureur. A chacun sa couronne.

———

L'historien a deux devoirs à remplir, le premier envers lui-même, le second envers son lecteur. Il doit vérifier scrupuleusement, à part lui, ce qui a dû arriver; et il doit constater, pour le lecteur, ce qui est arrivé. Il peut rendre compte à ses confrères de sa manière de procéder envers lui-même; mais il ne faut pas que le public soupçonne le secret de ses incertitudes en matière historique.

———

Les livres font sur nous le même effet que les nouvelles connaissances. Nous sommes ravis au premier abord, si nous trouvons entre eux et nous une harmonie générale, et si nous nous sentons flattés par quelque côté capital de notre existence ; une connaissance plus intime met ensuite les différences en relief ; il est sage alors de ne point s'éloigner tout-à-coup, comme on le fait dans la jeunesse, mais de maintenir avec soin l'harmonie là où elle existe, et de s'expliquer nettement sur les différences, sans néanmoins essayer une conciliation.

———

C'est ainsi que j'ai trouvé un ami d'un commerce aussi agréable qu'instructif dans la *Psycologie de Stiedenroth*. Il est incomparable, quand il expose l'action du non-moi sur le moi ; et nous croyons voir le monde renaître peu à peu en nous. Mais il n'est pas aussi heureux, pour la réaction du moi sur le non-moi. Il ne rend pas justice à l'*entéléchie*, qui ne reçoit rien sans se l'approprier en y mettant du sien ; à ce point de vue, le génie ne trouve pas son compte ; et quand il veut déduire l'idéal de l'expérience, en disant que *l'enfant n'idéalise point*, il est facile de lui répondre que *l'enfant n'engendre point ;* car il y a aussi un âge de puberté pour le sentiment de l'idéal. Il m'en reste pas moins pour moi un ami digne d'estime, un compagnon inséparable.

———

Quiconque vit beaucoup avec les enfants, reconnaîtra que toute influence extérieure qui agit sur eux, est suivie chez eux d'une réaction.

———

Cette réaction est même passionnée chez les êtres tout-à-fait enfantins, et l'effet en est puissant.

———

Aussi les jugements précipités, pour ne pas dire les préjugés, sont-ils les éléments au sein desquels ils vivent; il faut du temps, avant que la notion qu'ils ont conçue promptement et par un seul de ses aspects s'efface pour faire place à une autre plus générale. Ne pas perdre cela de vue est un des plus grands devoirs de l'éducateur.

Un enfant de deux ans avait compris l'idée de l'anniversaire de la naissance; à son propre anniversaire, il prenait avec joie et reconnaissance les cadeaux qu'on lui faisait; à la fête de son frère, il n'enviait pas à celui-ci les siens.

Sous la préoccupation de ses souvenirs, un soir de Noël, où beaucoup de cadeaux étaient étalés, il demanda quand son Noël à lui arriverait. Il fallut une année entière pour lui faire comprendre le caractère général de cette fête.

Ce qui fait la grande difficulté des méditations psycologiques, c'est la nécessité où l'on est de considérer le moi et le non-moi parallèlement ou plutôt enchevêtrés l'un dans l'autre. C'est toujours la *systole et la diastole*, l'inspiration et l'expiration de l'être vivant; s'il est impossible d'exprimer ce que c'est, qu'on l'observe du moins et qu'on l'examine avec attention.

Ma liaison avec Schiller eut pour principe notre tendance manifeste vers le même but; et nos efforts en commun, la diversité des moyens par lesquels nous cherchions à y atteindre.

Au sujet d'une différence légère que nous avions une fois relevée entre nous, et qui me revint à l'esprit en lisant un passage d'une de ses lettres, je fis les réflexions suivantes :

« Il est très-différent pour le poète de rechercher le particulier en vue du général, ou d'apercevoir le général dans le particulier. La première méthode produit l'allégorie, où le particulier n'est autre chose qu'un exemple du général ; la seconde est l'essence même de la poésie ; elle exprime quelque chose de particulier, sans s'inquiéter du général et sans appeler l'attention sur lui. Celui qui saisit vivement le particulier, perçoit en même temps le général ; mais il ne s'en aperçoit pas du tout, ou il ne s'en aperçoit que tardivement.

Windischmann, sur un desiratum de la médecine. — L'auteur n'a point facilité à ses lecteurs l'intelligence ou l'examen rapide de son ouvrage ; le texte marche depuis le commencement jusqu'à la fin, presque sans s'arrêter ; il n'y a pour nous guider, ni livres, ni chapitres, ni indications en marge ; si l'on a réussi enfin à s'y retrouver, on s'aperçoit avec étonnement qu'il est écrit tout entier au point de vue *égyptien*, et qu'il faut être un prêtre pour prétendre à être un médecin accompli.

L'histoire, pourtant, nous enseigne le contraire ; car voici ce que dit Wachler, dans sa première partie, page 132 :

« La médecine, pendant long-temps propriété exclusive des prêtres, des Asclépiades de Thessalie en particulier, commença insensiblement à rompre sa liaison étroite avec les superstitions religieuses, quand elle fut en partie admise par les philosophes d'Ionie dans le cercle de leurs recherches sur la nature des choses. Pythagore la comprit dans le domaine de la politique et de la législation, et il apprécia principalement la diététique. Plusieurs de ses disciples exercèrent la médecine, en allant de ville en ville ; Alcméon de Crotone et Empédocle firent des recherches sur la génération et sur quelques parties de la physiologie ; il en fut de même de quelques philosophes de la nouvelle école des Éléatiques et d'Anaxagore. Ainsi le monopole de la médecine du temple touchait à son terme. Les Asclépiades se mirent à ramener leurs expériences à des principes, et l'on vit naître l'école empirique de Cnide et l'école philosophique de Cos.

« De cette dernière sortit le père de la science médicale, Hippocrate de l'île de Cos, Asclépiade, et le plus célèbre des sept hommes de cette famille qui portèrent le même nom. Il se forma par de longs voyages et par l'étude de la philosophie, etc. » Je recommande vivement la suite aux amis de la sagesse.

A chacune des absurdités du jour on devrait toujours se contenter d'opposer les grandes masses de l'histoire.

Anthropologie de Heinroth. — L'auteur gâte lui-même les qualités nombreuses qu'on reconnaît dans cet ouvrage, en franchissant les limites que Dieu et la nature lui ont tracées. Nous sommes convaincus sans doute que l'anthropologue pouvait, devait même conduire son homme-enfant jusque sur le vestibule de la religion, mais il ne devait pas le mener au-delà de cet endroit où le poète le rencontre et s'écrie avec ferveur :

« Il y a dans la partie la plus pure de notre cœur un désir de se dévouer par un élan de reconnaissance à un être inconnu plus élevé, plus pur; de déchiffrer l'énigme éternelle de cet être sans nom; nous l'appelons la piété. »

Quand je regarde autour de moi dans une grande ville ou dans une ville de médiocre étendue, et que j'examine où les hommes vont passer leur soirée, je trouve toujours qu'on se rend là où l'on échange des politesses, là où l'on écoute avec plaisir et où on est écouté de même, où l'on est toujours sûr de faire sa *partie* au jeu ou à la conversation.

C'est de cette manière que j'ai pris plaisir au *Litterarisches Conversationsblatt*, qui a pris l'engagement de ne venir me voir que sans forme de *cahier*. Le monde ne nous laisse pas manquer de distractions ; quand je lis, je veux me recueillir et non, comme ce sultan des Indes, me faire amuser par des contes interrompus.

———

L'amitié a besoin de pratique, pour naître et pour durer. La sympathie, l'amour même, tout cela ne produit pas l'amitié. La véritable amitié, l'amitié agissante, efficace, a lieu seulement, quand nous marchons du même pas dans la vie, quand mon ami approuve mes vues, et moi les siennes, et que nous avançons constamment ensemble, quelle que soit la différence de notre manière de penser et de vivre.

———

La lettre qu'on a insérée dans le 240ᵉ numéro du *Conversationsblatt* de cette année (1825), m'a causé un vif plaisir. Elle m'a à la fois ému et encouragé. Uni de pensée avec l'auteur, voici comment j'exprime ma reconnaissance :

Le plus grand avantage que nous retirions de la lecture des anciennes lettres, est de nous voir transportés dans une situation antérieure, passée pour ne plus revenir. Elles ne sont point une relation, un récit, une exposition réfléchie et méditée ; elles nous procurent une vue claire de ce présent d'alors, à ce point que nous croyons le voir face à face.

S'il en est ainsi à l'égard de l'avenir en général, ces documents redoublent d'intérêt pour celui qui a vécu au temps où ils ont été écrits ; vieillard, ou jeune homme, il se sentira transporté dans une situation que le sentiment, l'imagination et la mémoire auraient peine à lui rendre.

En lisant cette lettre, on verra à quel point un homme,

jeune alors, maintenant avancé en âge, comprend les vieillards de son époque, et se rend compte de la manière dont il a atteint peu à peu un plus haut degré de culture.

Cet ami inconnu me donne du courage pour l'accomplissement d'une tâche difficile, celle de rédiger ma correspondance avec Schiller. Je vais me hâter à cause de lui; et, par amour pour lui, je fais imprimer mes lettres de 1802. Il les joindra aux lettres de Schiller de la même année, et se trouvera confirmé dans ses sentiments, dans ses remarques et dans ses réflexions.

Je le prie aussi de lire immédiatement après la petite pièce, *Was wir bringen* (1); et cette époque se lèvera vivante devant lui, surtout si, ce qui est bien possible, il a assisté lui-même à la représentation de cet ouvrage.

(1) Ce que nous apportons.

CHAPITRE V.

Le sentier de la vie a ses secrets qui ne doivent pas, qui ne peuvent pas être divulgués ; il y a des pierres d'achoppement contre lesquelles chaque voyageur doit venir se heurter. Mais le poète indique leur place.

———

Il ne servirait à rien d'avoir vécu soixante-dix ans, si toute la sagesse du monde n'était que folie devant Dieu.

———

La vérité ressemble à Dieu ; nous ne la voyons pas directement, nous sommes obligés de la deviner dans ses manifestations.

———

Le véritable écolier apprend à expliquer l'inconnu par le connu, et c'est ainsi qu'il s'approche du maître.

———

Mais les hommes ont peine à expliquer l'inconnu par le connu ; car ils ignorent que leur intelligence emploie les mêmes procédés que la nature.

———

Les dieux, en effet, nous instruisent à imiter leurs œuvres

les plus particulières; mais nous savons seulement ce que nous faisons, nous ne reconnaissons pas ce que nous imitons.

———

Tout est égal, tout est inégal; tout est utile et nuisible; tout est parlant et muet, raisonnable et déraisonnable. Et ce que nous affirmons de chaque chose en particulier, est souvent contradictoire.

———

Car les hommes se sont eux-mêmes imposé la loi, sans savoir sur quoi ils la portaient; mais ce sont les dieux qui ont réglé la nature.

———

Or, ce que les hommes ont établi, juste ou non, ne convient pas toujours; ce que les dieux établissent, juste ou non, est toujours à sa place.

———

Je veux prouver que les arts humains ressemblent aux opérations secrètes ou visibles de la nature.

———

Prenons pour exemple l'art de la divination. Il découvre le caché sous le visible, l'avenir dans le présent, la vie dans la mort, et le sens de ce qui n'a pas de sens.

———

L'homme instruit comprend toujours exactement la nature humaine; l'ignorant la voit tantôt d'une façon, tantôt d'une autre; chacun l'imite à sa manière.

Quand un homme s'unit à une femme, et que de cette union naît un enfant, c'est un être inconnu qui provient de quelque chose de connu. Puis, en recevant dans son intelligence confuse des notions distinctes, l'enfant se fait homme, et il apprend à découvrir l'avenir dans le présent.

———

Ce qui ne meurt pas ne peut se comparer à ce qui vit et meurt; et pourtant ce qui ne fait que vivre a son intelligence. L'estomac sait bien quand il a faim et quand il a soif.

———

Tel est le rapport de la divination avec la nature humaine. Toutes les deux satisfont toujours l'homme intelligent; l'homme borné les voit tantôt d'une façon, tantôt d'une autre.

———

On amollit le fer dans la forge, en le soumettant à l'action du feu, et en purgeant la barre de ses éléments superflus; est-il purifié, on le bat et on le plie, puis on lui rend sa fermeté au moyen d'un élément étranger, qui est l'eau. L'homme est traité de même par son instituteur.

———

Convaincu, comme nous le sommes, que celui qui contemple le monde intellectuel et qui découvre la beauté du pur intellect, peut apercevoir aussi le créateur qui est élevé hors de la portée de nos sens; essayons de pénétrer dans cette question selon notre force, et d'exprimer pour notre compte, en tant que ces matières comportent la clarté, comment nous pouvons contempler la beauté de l'esprit et celle du monde.

Supposez donc deux blocs de pierre placés l'un à côté de de l'autre; l'un est brut et vierge de tout travail artistique; l'autre est devenu sous la main de l'art une statue, celle d'un homme ou d'une divinité. Si c'est celle d'une divinité, elle pourra représenter une grâce ou une muse; si c'est celle d'un homme, ce ne sera pas celle d'un individu, mais plutôt un type que l'art a formé en réunissant toute sorte de beautés éparses.

———

La pierre, à laquelle l'art a donné une belle forme, vous paraîtra belle, non parce qu'elle est pierre, car l'autre bloc vous semblerait également beau, mais à cause de la forme qu'elle a reçue de l'art.

———

Mais cette forme n'appartenait pas à la matière; elle était dans la pensée de l'artiste, avant de paraître sur la pierre. Elle n'était point chez l'artiste, parce qu'il avait des yeux et des mains, mais parce que l'art lui avait été départi.

———

L'art avait donc en lui-même une beauté bien supérieure; car la forme qui est dans l'art n'est pas celle qui paraît sur la pierre; elle y reste toujours; ce qui se produit, c'est une forme inférieure qui ne conserve pas sa pureté, et qui ne réalise les désirs de l'artiste qu'en tant que la matière obéit à l'art.

Mais lors que l'art produit ce qui est en lui, lorsqu'il produit le beau selon la raison, à laquelle il obéit toujours, cette raison elle-même qui possède une beauté artistique supérieure, est plus parfaite que toute manifestation.

———

Car lorsque la forme s'étend en se produisant dans la matière, elle devient plus faible que celle qui conserve son unité. Ce qui éprouve, en effet, de l'extension en soi, se sépare de soi-même ; la force de la force, la chaleur de la chaleur, la puissance de la puissance ; ainsi la beauté de la beauté. L'agent doit donc être plus excellent que l'effet. Ce n'est pas la proto-musique (urmusik), c'est la musique qui fait le musicien ; et la musique idéale produit celle des sons.

———

Mais si quelqu'un dédaignait les arts, parce qu'ils imitent la nature, on pourrait lui répondre que la nature elle-même imite bien d'autres choses ; que d'ailleurs les arts n'imitent point directement ce qu'on voit avec les yeux, mais qu'ils remontent aux lois rationnelles qui constituent la nature et suivant lesquelles elle agit.

———

Les arts, au surplus, produisent beaucoup d'eux-mêmes, et en outre ils ajoutent des perfections qui manquent quelquefois à la nature, parce qu'ils possèdent en eux-mêmes la beauté. Ainsi Phidias a pu représenter la divinité, sans reproduire rien de visible ; mais il se le figura dans sa pensée tel que paraîtrait Jupiter, s'il se montrait à nos yeux.

On ne peut blâmer les idéalistes, anciens et modernes, s'ils mettent tant d'insistance à prêcher l'unité d'où tout découle et vers laquelle tout devrait être ramené. Car, en vérité, le principe de vie et d'ordre est tellement à l'étroit dans le phénomène, qu'il a peine à en sortir sain et sauf. Mais, d'un autre côté, nous ne trouvons pas notre compte, quand nous resserrons le principe formateur et la forme sublime elle-même dans une unité qui échappe à nos sens et à notre conception.

———

Notre domaine à nous autres hommes, c'est l'étendue et le mouvement; ce sont là les deux formes générales, dans lesquelles se révèlent toutes les autres, surtout les formes sensuelles. Mais une forme spirituelle ne perdra rien à se manifester, pourvu, bien entendu, que sa manifestation soit un véritable engendrement, une véritable procréation. Le créé n'est pas moindre que le créateur; la création vivante a même cet avantage, que le créé peut valoir plus que le créateur.

———

Poursuivre ces idées et les rendre tout-à-fait évidentes, ou, ce qui serait mieux encore, tout-à-fait pratiques, serait une tâche d'une haute importance. Un développement circonstancié et logique pourrait exiger de la part du public une trop forte dose d'attention.

———

Inutilement vous jetterez ce qui vous appartient, vous ne vous en déferez pas.

La nouvelle école philosophique de nos voisins de l'ouest prouve que l'homme a beau s'en défendre, il revient toujours à son naturel, et les nations aussi. Comment en serait-il autrement, puisque c'est là ce qui détermine sa manière d'être et de vivre?

———

Les Français ont renoncé au matérialisme; et ils ont accordé un peu plus d'esprit et de vie aux principes des choses; ils se sont affranchis du sensualisme, et ils ont reconnu au fond de la nature humaine un développement spontané; ils admettent en elle une énergie productrice, et ils ne songent plus à expliquer tous les arts par l'imitation des objets extérieurs. Puissent-ils persévérer dans cette voie!

———

Il ne peut pas y avoir de philosophie éclectique, mais bien des philosophes éclectiques.

———

Est éclectique tout homme qui, dans ce qui l'entoure, dans ce qui arrive autour de lui, s'approprie ce qui est conforme à sa nature; cela comprend tout ce qu'on appelle civilisation et progrès, théoriquement et pratiquement parlant.

———

Il peut donc arriver que deux philosophes éclectiques soient les plus grands antagonistes du monde, si, organisés contradictoirement, ils s'approprient chacun, dans les traditions philosophiques, ce qui leur convient. Qu'on regarde autour de soi, et l'on reconnaîtra que nous procédons tous de cette manière ; ce qui fait que nous ne comprenons pas pourquoi nous ne pouvons pas convertir les autres à notre opinion.

———

Même à une extrême vieillesse, il est rare que l'homme devienne historique pour lui-même, et que ses contemporains le soient assez à ses yeux, pour qu'il veuille et pour qu'il puisse s'abstenir de toute controverse.

———

Quand on y regarde de près, on trouve que l'histoire est difficilement historique, même pour l'historien ; car l'historien, à quelque époque qu'il vive, écrit toujours comme s'il eût été contemporain, il ne reproduit pas les faits dans leur réalité. Dans le chroniqueur lui-même, on retrouve plus ou moins l'esprit exclusif et le cachet particulier de sa ville ou de son cloître, comme de son temps.

———

Divers axiômes des anciens, qu'on a l'habitude de répéter souvent, avaient une signification tout autre que celle qu'on voudrait leur donner maintenant.

———

Ce mot : aucun homme ignorant de la géométrie, étranger à la géométrie, ne doit être admis dans l'école des philosophes, ne veut pas dire qu'il soit nécessaire d'être mathématicien, pour être philosophe.

———

Il s'agit ici de la géométrie réduite à ses premiers éléments, tels qu'Euclide nous les expose, et tels que nous les enseignons aux commençants. Dans ces termes, elle est la préparation, ou, pour mieux dire, l'introduction la meilleure à la philosophie.

———

Quand l'enfant commence à comprendre qu'un point invisible doit précéder un point visible, et que le chemin le plus court entre deux points est déjà considéré comme une ligne, avant que cette ligne soit tracée sur le papier avec le crayon, il éprouve une certaine fierté, un certain contentement. Et ce n'est pas sans raison, car la source de toute pensée lui est ouverte ; l'idée et sa réalisation, *potentiâ et actu*, se sont manifestées à son esprit, le philosophe ne lui découvre rien de nouveau ; c'est le géomètre qui lui a révélé la base de toute conception.

———

Prenons maintenant ce mot si grave : *Connais-toi toi-même*; nous ne devons pas l'entendre mystiquement. Il ne s'agit point de la connaissance de soi de nos modernes hypocondriaques, de nos humoristes et de nos tourmenteurs d'eux-mêmes (1) ; mais ce mot veut dire simplement : examinez-vous un peu vous-mêmes, rendez-vous compte de ce que vous êtes, afin de découvrir dans quels rapports vous êtes avec vos semblables et avec le monde. Les tourments psychologiques ne sont pas nécessaires pour cela ; tout homme bien organisé sait par expérience ce qu'il en est ; c'est là un bon conseil, dont chacun peut retirer un grand profit dans la vie pratique.

———

Qu'on songe à la grandeur des anciens et surtout à celle de l'école de Socrate ; cette école met devant les yeux la source et la règle de toute vie et de toute action, pour exciter, non à des spéculations creuses, mais à la vie et à l'action.

(1) Mot à mot, de nos *heautontimoruménes*, du nom d'une comédie de Térence.

Puisque notre système d'instruction classique nous ramène toujours à l'antiquité, et qu'il encourage l'étude de la langue grecque et de la langue latine, félicitons-nous de voir que ces études si nécessaires pour une haute culture de l'esprit ne rétrogradent point.

———

Quand nous nous plaçons vis-à-vis de l'antiquité, et que nous la contemplons sérieusement, avec le désir de nous former par elle, quelque chose nous dit intérieurement : ce n'est que d'aujourd'hui que nous sommes devenus des hommes.

———

Le pédagogue qui essaie d'écrire et de s'exprimer en latin, est, à ses propres yeux, quelque chose de plus grand et de plus considérable, qu'il ne croit l'être dans sa vie habituelle.

———

L'esprit capable de sentir les créations de la poésie et de la sculpture, se trouve, en présence de l'antiquité, transporté dans un état de nature de l'idéalité la plus gracieuse ; et aujourd'hui encore les chants d'Homère ont le pouvoir, au moins pour quelques instants, de nous décharger du poids énorme que la tradition de plusieurs milliers d'années a accumulé sur nous.

———

Tandis que Socrate a appelé à lui l'homme moral, afin que celui-ci fût éclairé sur sa propre nature, de la manière la plus simple, au moins à quelques égards, Platon et Aristote ont apparu également avec la vocation, le premier, de s'unir à la nature par l'esprit et par le sentiment ; le second, de la conquérir par la pénétration et par la méthode. Aussi, chaque fois que nous pouvons approcher de ces trois hommes, pour l'ensemble et pour le détail, nous éprouvons la joie la plus vive, et rien ne contribue d'une manière plus énergique à notre développement.

———

Pour échapper à la multiplicité infinie, au morcellement et à la complication de l'histoire naturelle des modernes, et pour aboutir au simple, il faut toujours se poser cette question : comment Platon se serait-il comporté à l'égard de la nature, si elle lui fût apparue, telle qu'elle peut nous paraître à nous-mêmes, avec une variété plus grande, au milieu de son unité essentielle ?

———

Nous croyons être sûr, en effet, que, par la même voie, nous pouvons arriver, avec notre organisation, jusqu'aux dernières ramifications de la connaissance ; et que, sur cette base, nous pouvons peu à peu construire et consolider chaque science jusqu'à son sommet. Quels secours et quels obstacles trouvons-nous en cela dans l'activité de notre époque ? C'est une recherche que nous devons recommencer tous les jours, si nous ne voulons rejeter l'utile, et accueillir le nuisible.

———

On fait honneur au dix-huitième siècle de s'être principalement occupé d'analyse ; il reste une mission au dix-neuvième, celle de découvrir les fausses synthèses qui subsistent, et d'analyser de nouveau leur contenu.

———

Il n'y a que deux vraies religions, l'une qui reconnaît et

qui adore sans forme ce qu'il y a de saint en nous et autour de nous ; l'autre, qui lui prête la forme la plus belle. Tout ce qui est entre les deux est de l'idolâtrie.

———

On ne peut s'empêcher de reconnaître que l'esprit tenta de s'émanciper par la réformation ; la connaissance de l'antiquité grecque et latine fit naître le désir, le vœu ardent d'une vie plus libre, plus noble et plus élégante. Mais ce qui ne la favorisa pas médiocrement, ce fut que le cœur tendait à retourner à un certain état de simplicité naturelle, et l'imagination à se concentrer.

———

Tous les saints à la fois furent chassés du ciel ; et, de la mère divine, portant un enfant délicat, les sens, la pensée, le sentiment se reportèrent sur l'homme fait, exerçant une action morale ; sur celui qui souffre injustement, qui, plus tard, transfiguré comme un demi-dieu, fut reconnu et honoré comme un dieu véritable.

———

Il apparut devant l'espace obscur dans lequel le créateur a déployé l'univers ; de lui émana une vertu spirituelle ; on s'appropria ses souffrances comme un exemple ; et sa transfiguration fut le gage d'une vie éternelle.

———

Comme l'encens rallume un charbon, la prière ranime les espérances du cœur.

———

Je suis convaincu que la Bible paraît plus belle, à mesure

qu'on la comprend mieux ; c'est-à-dire, qu'on reconnaît et qu'on sent mieux que toutes les expressions entendues par nous dans un sens général, et appliquées à nous-mêmes avaient une relation propre, déterminée et tout-à-fait spéciale à certaines circonstances et à des rapports de temps et de lieu.

———

A bien voir les choses, nous avons besoin de nous réformer sans cesse, et de protester sans cesse contre les autres, mais non pas seulement en matière de religion.

———

Il est de la plus haute importance de s'appliquer sans relâche à trouver le mot qui rend le plus fidèlement possible tout ce qui est senti, pensé, éprouvé, imaginé et conçu.

———

Que chacun s'interroge soi-même, et il reconnaîtra que c'est beaucoup plus difficile qu'on ne pourrait le croire ; car, hélas ! les mots ne sont d'ordinaire pour l'homme que des à peu près (surrogate) ; il pense et il sait le plus souvent beaucoup mieux qu'il ne s'exprime.

———

Persévérons du moins dans nos efforts pour écarter, autant que possible, à force de clarté et de conscience, tout ce qu'il pourrait se développer ou se glisser chez nous ou chez les autres, de faux, d'inconvenant et d'incomplet.

———

Les épreuves croissent avec les années.

Là où je dois cesser d'être moral, je deviens impuissant.

La censure et la liberté de la presse lutteront toujours l'une contre l'autre. Le puissant veut la censure, et il l'exerce ; la liberté de la presse est demandée par le faible. Le premier n'aime pas à être gêné dans ses plans et dans son activité par des contradictions arrogantes, et il veut être obéi : le second voudrait exprimer les motifs par lesquels il légitime sa désobéissance.

Il faut pourtant remarquer encore que le faible, l'opprimé, essaie aussi à sa manière d'étouffer la liberté de la presse ; par exemple, quand il conspire et qu'il ne veut pas être trahi.

On n'est jamais trompé, on se trompe soi-même.

Notre langue (allemande) manque d'un mot qui soit à peuple, ce qu'enfance est à enfant (1). L'instituteur doit écouter l'enfance et non l'enfant ; le législateur et le gouvernant, l'intérêt populaire (Volkheit) et non le peuple. L'intérêt populaire parle toujours le même langage ; il est raisonnable, il est persévérant, il est pur, il est vrai ; le peuple, à force de vouloir, ne sait

(1) Goethe propose *Volkheit*, de *Volk* peuple. Le mot manque aussi en français, mais nous ne pouvons pas le composer aussi facilement.

jamais ce qu'il veut. C'est dans ce sens que la loi doit et peut être l'expression générale de la volonté populaire, cette volonté que la foule n'exprime jamais, mais que l'homme raisonnable entend, que l'homme habile sait satisfaire, et que l'homme de bien aime à contenter.

———

Quel est notre droit à gouverner? Nous ne nous en inquiétons pas; nous gouvernons. Le peuple a-t-il le droit de nous déposer? Nous ne nous en occupons nullement; nous veillons seulement à ce qu'il ne soit pas tenté de le faire.

———

Si l'on pouvait abolir la mort, nous ne nous opposerions pas à ce qu'on le fît; mais il est difficile d'abolir la peine de mort. Si cela arrive, nous la rétablirons à la première occasion.

———

Si la société renonce au droit d'appliquer la peine de mort, la défense personnelle reparaît immédiatement; la vengeance de la famille (Blutrache) frappe à la porte.

———

Toutes les lois sont faites par des hommes, et par des hommes âgés. Les jeunes gens et les femmes veulent les exceptions; les vieux sont pour la règle.

———

Ce n'est pas l'homme intelligent qui gouverne, c'est l'intelligence; ce n'est pas l'homme raisonnable, c'est la raison.

On s'égale à celui qu'on loue.

Il ne suffit pas de savoir, il faut appliquer ; il ne suffit pas de vouloir, il faut agir.

Il n'y a point d'art national, ni de science nationale. L'art et la science appartiennent au monde entier, comme toutes les grandes choses ; et ils ne peuvent avancer que par une libre action réciproque de tous les contemporains les uns sur les autres, accompagnée d'une étude constante des débris que nous possédons du passé.

La femme la plus accomplie est celle qui est capable de remplacer le père auprès de ses enfants, s'il vient à leur manquer.

C'est un avantage inappréciable pour les étrangers, que de commencer aujourd'hui seulement l'étude sérieuse de notre littérature ; car ils sautent par-dessus les crises du développement, dans lesquelles nous avons dû passer presque tout le siècle ; et cette étude, faite avec succès, ne peut que contribuer heureusement à leur culture.

Là où les Français du dix-huitième siècle détruisent, Wieland harcelle.

Le talent poétique est donné au paysan comme au gentilhomme ; il s'agit uniquement de se bien rendre compte de sa position et de la traiter comme il convient.

———

« Qu'est-ce qu'une tragédie, sinon les passions versifiées de gens qui se font des objets extérieurs un je ne sais quoi ? »

———

Yorik (1) Sterne était le plus beau des génies ; en le lisant, on se sent libre et noble ; son *humour* est inimitable ; et toute *humour* ne met pas l'âme à l'aise.

———

« La modération et un ciel serein, c'est Apollon et les Muses. »

———

La vue est le plus noble des sens ; les quatre autres ne nous apprennent rien que par le moyen du tact ; c'est par un attouchement que nous entendons, que nous sentons, que nous flairons et que nous palpons ; la vue est infiniment plus élevée ; elle est plus délicate que la matière, et elle approche des facultés de l'esprit.

———

Si nous nous mettions à la place des autres, l'envie et la

(1) Yorik n'est pas le prénom de Sterne, mais un pseudonyme qu'il se donne lui-même.

haine que nous éprouvons si souvent à leur égard, s'évanouiraient; et si nous les mettions à la nôtre, notre orgueil et notre présomption baisseraient beaucoup.

———

On a comparé la réflexion et l'action à Rachel et à Lia; celle-là était plus gracieuse, celle-ci plus féconde.

———

Il n'y a rien dans la vie de plus précieux que la science, après la santé et la vertu; rien n'est si facile à atteindre, rien ne coûte si peu; être *calme*, voilà tout le travail; la dépense, c'est le temps, le temps que nous n'épargnons jamais sans le dépenser.

———

Si l'on pouvait mettre de côté le temps, comme l'argent comptant, sans l'employer, l'oisiveté de la moitié du monde trouverait une sorte d'excuse, mais non une excuse complète; car ce serait comme un ménage dans lequel on vivrait du capital, sans se soucier des intérêts.

———

Les poètes modernes mettent beaucoup d'eau dans leur encre.

———

Parmi les absurdités étranges qui fourmillent dans les écoles, je n'en connais pas de plus ridicule que ces débats sur l'authenticité des anciens écrits, des anciens ouvrages. Est-ce l'auteur ou l'écrit, qui est l'objet de notre admiration ou de notre blâme? C'est toujours l'auteur que nous avons sous les yeux ; que nous importe le nom, quand nous expliquons une œuvre intellectuelle ?

———

Qui osera soutenir que c'est Virgile ou Homère que nous avons sous les yeux, quand nous lisons les écrits qu'on leur attribue ? Nous avons du moins les écrivains, et que voulons-nous de plus ? En vérité, les érudits qui discutent si scrupuleusement ces puérilités, ne me semblent pas plus sensés que cette jolie femme qui me demandait un jour, en souriant le plus gracieusement du monde : Quel est donc l'auteur des drames de Shakspeare ?

———

Il vaut mieux faire la chose la plus futile que de perdre une demi-heure.

———

Le courage et la modestie sont les vertus les moins équivoques ; car elles sont de celles que l'hypocrisie ne peut imiter ; elles se ressemblent aussi par la propriété qu'elles ont de s'exprimer toutes deux de même.

———

De tous les voleurs, les sots sont les plus détestables ; car ils nous volent deux choses, le temps et le calme de l'esprit.

———

Le respect de nous-mêmes est le principe de notre morale ; l'estime pour les autres est la règle de notre conduite.

L'art et la science sont deux mots qu'on emploie souvent, sans en comprendre l'exacte différence ; on les emploie même l'un pour l'autre.

———

Les définitions qu'on en donne ne me plaisent pas. J'ai vu quelque part comparer la science à l'esprit, et l'art à l'humeur. Je trouve dans cette comparaison plus d'imagination que de précision philosophique ; elle nous donne bien une idée de la différence qui existe entre les deux choses, mais non du caractère propre de chacune.

———

Il me semble qu'on pourrait appeler la science la connaissance du général, le savoir abstrait ; l'art, au contraire, serait la science mise en œuvre ; la science serait la raison, et l'art, son mécanisme ; aussi pourrait-on appeler celui-ci la science pratique. En un mot la science serait le théorême, l'art le problême.

———

On me fera peut-être cette objection : la poésie est rangée parmi les arts, et pourtant elle n'a rien de mécanique ; mais je nie qu'elle soit un art ; elle n'est pas non plus une science. Par la réflexion, on arrive aux arts et aux sciences, mais non à la poésie ; car elle est une inspiration ; elle était déjà conçue dans l'âme, dès qu'elle a donné signe de vie. Ce n'est ni art ni science qu'il fallait l'appeler ; son nom est génie.

———

Aujourd'hui encore les esprits cultivés devraient relire les œuvres de Sterne, afin que le dix-neuvième siècle apprît ce que nous lui devons déjà, et pressentît ce que nous pourrons lui devoir.

———

Dans le développement des littératures, les œuvres initiatrices sont oubliées, et celles qu'elles ont provoquées, restent; aussi fait-on sagement de regarder de temps en temps en arrière. Le meilleur moyen d'entretenir et d'exciter ce qu'il y a en nous d'original, c'est de ne pas perdre de vue nos ancêtres.

———

Puisse l'étude de la littérature grecque et latine servir toujours de base à la haute culture intellectuelle!

———

Les antiquités chinoise, indoue, égyptienne, ne sont toujours que des objets de curiosité; il est fort bien de les étudier pour soi et pour le monde; mais la morale et l'art ont peu à y gagner.

———

Le plus grand danger que puissent courir les Allemands, c'est de se laisser influencer par leurs voisins. Il n'y a peut-être pas de nation mieux disposée à se développer spontanément; aussi leur a-t-il été extrêmement avantageux de n'avoir attiré sur eux que très tard l'attention des étrangers.

———

Si nous nous reportons à notre littérature telle qu'elle était il y a un demi-siècle, nous reconnaissons que rien ne s'y est fait en vue des étrangers.

Les dédains du grand Frédéric qui ne voulut pas en entendre parler, piquèrent pourtant les Allemands ; et ils firent tout leur possible pour paraître quelque chose à ses yeux.

———

Maintenant qu'apparaît une littérature cosmopolite, ce sont, à bien prendre, les Allemands qui ont le plus à y perdre ; ils feront bien de ne pas négliger cet avertissement.

———

Des esprits même éclairés ne s'aperçoivent pas qu'ils cherchent à expliquer des choses qui constituent des expériences fondamentales sur lesquelles on devrait être tranquille.

———

Il se peut cependant que cela ait quelque utilité, sans quoi on cesserait bientôt ses recherches.

———

Celui qui ne s'adonne pas aujourd'hui à la pratique d'un art ou d'un métier, s'en trouvera mal. La science ne suffit plus, dans le rapide train du monde ; avant de s'être mis au fait de tout, on se perd soi-même.

———

Le monde aujourd'hui nous impose pour ainsi dire notre éducation générale ; nous n'avons donc pas besoin de nous en occuper davantage ; c'est la spécialité qu'il nous faut acquérir.

Les plus grandes difficultés se trouvent là où nous ne les cherchons pas.

———

Laurent Sterne naquit en 1715, et mourut en 1768. Pour le comprendre, il faut tenir compte de la culture morale et religieuse de son époque; il faut se rappeler aussi qu'il était l'ami intime de Warburton.

———

Une âme indépendante comme la sienne est exposée à devenir licencieuse, si une noble bienveillance ne rétablit l'équilibre moral.

———

Doué d'une sensibilité exquise, son développement fut tout spontané; dans ses luttes persévérantes, il distingua la vérité du mensonge, s'attacha fermement à celle-là, et se montra impitoyable pour celui-ci.

———

Il détestait franchement le sérieux, parce qu'il est didactique et dogmatique, et qu'il tourne aisément au pédantisme, lequel lui faisait éprouver un dégoût extrême. De là son aversion pour la terminologie.

———

Avec ses études et ses lectures immenses, il découvrait partout l'incomplet et le ridicule.

Il appelle *chandéisme* l'impossibilité de penser deux minutes de suite à un sujet sérieux.

Ce passage rapide du sérieux au plaisant, de l'intérêt à l'indifférence, de la tristesse à la joie, paraît appartenir au caractère irlandais.

Sa sagacité et sa pénétration n'ont pas de bornes.

Sa bonne humeur, sa sobriété, sa patience en voyage, et en voyage ces qualités sont particulièrement mises à l'épreuve, seraient difficiles à égaler.

Au milieu du plaisir que nous éprouvons à contempler une âme indépendante telle que la sienne, tout néanmoins nous fait sentir que nous ne voudrions nous approprier rien, du moins presque rien, de ce qui nous charme en lui.

L'élément de sensualisme, dans lequel il montra tant de grâce et de raison, en aurait perdu beaucoup d'autres.

Ses rapports avec sa femme et avec le monde sont dignes

de remarque. « Je n'ai pas profité de mon malheur en homme sage, dit-il quelque part. »

———

Il plaisante agréablement sur les contradictions qui rendent sa situation équivoque.

———

« Je ne puis pas supporter la prédication ; je crois que je m'en suis rassasié dans ma jeunesse. »

———

Il ne peut servir de modèle en rien ; mais en tout c'est un guide et un excitateur.

———

« L'intérêt que nous prenons aux affaires publiques n'est le plus souvent que du charlatanisme (Philisterei). »

———

« Rien ne doit être estimé plus haut que le prix du jour. »

———

Pereant qui ante nos nostra dixerunt (1) ! Ce mot singulier n'a pu sortir que de la bouche d'un homme qui se figurait être autochtone. Celui qui se fait gloire d'avoir des hommes éclairés pour ancêtres, leur accordera volontiers au moins autant d'intelligence qu'à lui-même.

(1) Périssent ceux qui ont dit avant nous ce que nous avions à dire !

Les auteurs les plus originaux de notre temps ne le sont pas, parce qu'ils produisent du nouveau, mais uniquement parce qu'ils sont capables de dire des choses connues, comme on ne les avait jamais dites avant eux.

———

Aussi le signe le plus éclatant de l'originalité consiste-t-il à savoir donner des développements féconds à une idée reçue, dont un autre aurait difficilement pénétré le contenu.

———

Beaucoup d'idées ne surgissent que d'une culture générale, comme les boutons sur la branche verte. Dans la saison des roses, on voit partout la rose fleurir.

———

Tout dépend, à vrai dire, des opinions ; là où elles sont, les idées se produisent ; et c'est par les opinions que sont déterminées les idées.

———

« Il est difficile de rien représenter impartialement. » On pourrait dire : le miroir fait exception, et pourtant nous n'y voyons pas toujours notre visage fidèlement réfléchi ; le miroir va jusqu'à renverser notre visage, et mettre notre main gauche à droite. C'est le symbole de toutes nos réflexions sur nous-mêmes.

———

Au printemps et en automne, on ne pense guère à se chauffer à une cheminée ; si pourtant le hasard nous conduit auprès du feu, la sensation qu'il nous procure nous paraît si douce, que nous y resterions volontiers. Il en est de même de toutes les tentations.

« Gardez-vous de perdre patience, si l'on n'admet pas vos arguments. »

Celui qui a vécu dans de grandes relations, n'a pas éprouvé sans doute tout ce qui peut arriver à l'homme, mais du moins l'analogue, et peut-être aussi quelque chose d'exceptionnel.

FIN.

TABLE DES MATIÈRES.

Introduction . . . . page v

MÉMOIRES DE GOETHE.

PREMIÈRE PARTIE.

LIVRE PREMIER. — Naissance de Goethe; la maison de ses parents; le *Gérams* et les pots cassés; la chambre de la grand'maman; frayeurs de l'enfant pendant la nuit. — Vues de Rome et passion du père pour l'Italie. — Les marionnettes de la grand'maman. — Foires de Francfort; le *Geleitstag*; le tribunal des fifres. — Le tremblement de terre de Lisbonne; effet qu'il produit sur l'esprit de Goethe; ses études sous la direction de son père, et sa prodigieuse facilité. — Sectes religieuses de l'époque, et culte dont elles lui suggèrent l'idée. 4

LIVRE II. — Commencement de la guerre de sept ans; la politique divise la famille de Goethe. — Il organise un théâtre avec ses camarades, et il amuse ceux-ci avec des contes. — Klopstock et la Messiade; anecdote plaisante à ce sujet. 17

LIVRE III. — Théâtre français à Francfort, pendant le séjour des Français; Goethe y va tous les soirs, et fait de grands progrès dans la langue française. Sa liaison avec un enfant de la troupe. Disposition de la scène à cette époque. — Combat de Bergen; les Français sont vainqueurs, chagrin du père et scène qui en résulte. — Études dramatiques de Goethe 25

LIVRE IV. — Curiosité de Goethe pour les phénomènes naturels. — Il écrit un roman épistolaire, et il étudie l'hébreu. — Il compose un poème avec l'histoire de Joseph. — Ses désirs de gloire littéraire. 42

LIVRE V. — Le premier amour de Goethe; Marguerite (Gretchen). — L'archiduc Joseph, couronné roi des Romains; fêtes célébrées à Francfort, à cette occasion. — Séparation cruelle de Goethe et de Marguerite. 80

DEUXIÈME PARTIE.

Livre VI. — Dénoûment de l'histoire de Marguerite. — Dispositions de Goethe à l'égard de la philosophie. — Ses émotions dans la solitude. — Portrait de sa sœur. — Société de jeunes gens qui se réunit autour de celle-ci; les couples tirés au sort. — Études diverses de Goethe, cas qu'il fait de la langue latine; il se prépare à partir pour une université. — Son séjour à Leipsick; influence de diverses personnes sur son goût littéraire. . . . 97

Livre VII. — Théorie littéraire des Suisses. — Annette: les larmes du tilleul, conduite bizarre de Goethe à l'égard de cette jeune fille; il écrit le *Caprice de l'amant* et les *Complices*. — Comparaison du culte catholique et du culte protestant. . . . 115

Livre VIII. — Le cordonnier de Dresde. — Mlle de Klettenburg. — Études cabalistiques de Goethe. — Ses idées cosmogoniques. 126

Livre IX. — Arrivée de Goethe à Strasbourg; première vue de la cathédrale et de l'Alsace. — Passage de Marie-Antoinette. — Portrait de Lerse. — Description de la cathédrale; réflexions sur l'architecture gothique. — Les deux filles du maître de danse. 134

Livre X. — Les poètes allemands: Klopstock, Gleim. — Goethe se lie avec Herder. — Réflexions sur l'ingratitude et sur la reconnaissance. — Goethe projette *Goetz de Berlichingen* et *Faust*. — Réflexions sur le pasteur de campagne. — Visite de Goethe au pasteur de Sésenheim; Frédérique 152

TROISIÈME PARTIE.

Livre XI. — Continuation des amours de Goethe et de Frédérique. — Opinions du jeune étudiant sur la langue et sur la littérature française. — Son enthousiasme pour Shakspeare. — Son départ de Strasbourg et ses adieux à Frédérique 179

Livre XII. — Le petit joueur de harpe. — Merk Méphistophélès. — Rupture avec Frédérique. — La cour de justice de Wetzlar. — Études littéraires de Goethe; son admiration pour Homère. — Circonstances qui préparent la composition de *Werther*. — Passion de Goethe pour Lolotte 212

Livre XIII. — Composition, publication et succès de *Goetz de Berlichingen*. — Situation morale de Goethe avant d'écrire *Wer*-

tier, et circonstances qui le déterminent à le composer : succès de cet ouvrage. 252

LIVRE XIV. — Relations de Goethe avec Lavater et avec Jacobi. — Plan d'un drame sur Mahomet 255

LIVRE XV. — Conception des poëmes d'Ahasvérus et de Prométhée. — Première entrevue avec les princes de Weimar. — Les époux tirés au sort ; la femme de Goethe ; composition de *Clavijo* 266

QUATRIÈME PARTIE.

LIVRE XVI. — Admiration de Goethe pour Spinoza. 275
LIVRE XVII. — Amours de Goethe et de Lilli. — Situation politique de l'Europe et de l'Allemagne en particulier 281
LIVRE XVIII. — Voyage de Goethe en Suisse. — Klopstock à Carlsruhe. 287
LIVRE XIX. — Continuation de amours de Goethe et de Lilli. — Composition du *Comte d'Egmont* 288
LIVRE XX. — Idées de Goethe sur le monde ; le *Comte d'Egmont*. — Séparation définitive d'avec Lilli ; départ pour la cour de Weimar. 295

MAXIMES ET PENSÉES.

Chapitre Ier 303
Chapitre II 324
Chapitre III 345
Chapitre IV 373
Chapitre V 383

FIN DE LA TABLE.

Au Mans, imprimerie de FLEURIOT, rue de la Préfecture, 21.

ERRATA.

Introduction, page xxiii, ligne 19, au lieu de *toute allemande*, lisez : *tout allemande*.

Mémoires, page 31, ligne 3, au lieu de *métamorphosé en lazareth*, lisez : *métamorphosé en hôpital*.

Id. même page, ligne 27, au lieu de *distributions de pain de toute espèce*, lisez : *distributions de toute espèce*.

Id. page 81, ligne 26, au lieu de *sur les épaules de son amant*, lisez : *sur l'épaule de son amant*.

Id. page 244, note 2, ligne 4, au lieu de *le progrès et sa secte stoïque qui y encourageaient*, lisez : *les progrès de la secte stoïque qui y encourageait*.

Id. page 245, ligne 32, au lieu de *parmi les hommes ceux qui se sont ôté la vie*, lisez : *parmi les hommes qui*, etc.

www.ingramcontent.com/pod-product-compliance
Lightning Source LLC
Chambersburg PA
CBHW050248230426
43664CB00012B/1867